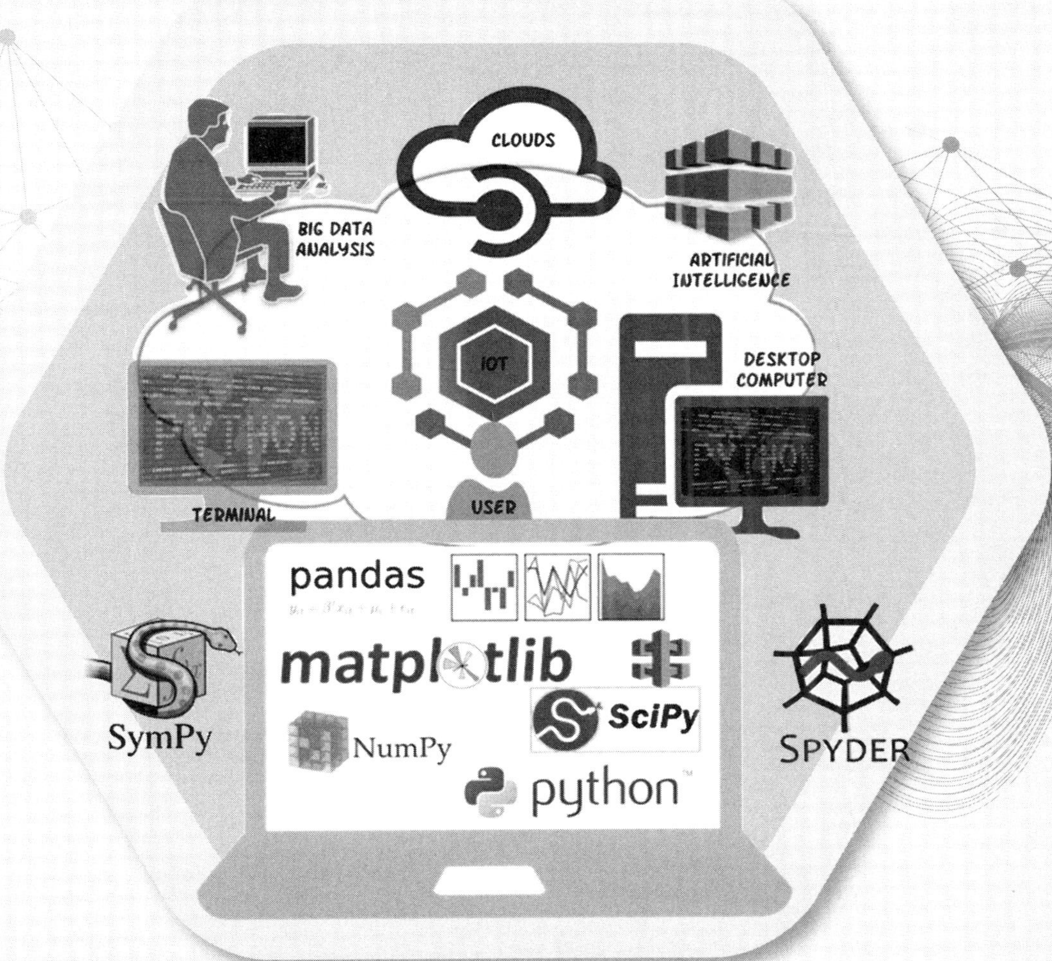

과학적 컴퓨팅을 위한 파이썬

PYTHON FOR SCIENTIFIC COMPUTING

이정환 · 신항식 · 민세동 · 김경호 지음

홍릉과학출판사

서문

4차산업혁명 물결의 산업기술의 변화에서, 공학자나 과학자들의 역활은 매우 중요하게 요구되고 있는데, 보다 스마트하고 효율적인 데이터의 처리, 분석 및 알고리즘의 개발은 다양한 산업분야에서 매우 시급하게 필요로 되어지고 있다.

또한, 연구/프로젝트 진행에서 실험데이터의 수집, 처리 및 분석할 수 있으며, 얻어진 데이터 기반으로 실험 대상의 상태를 이해하기 위하여 결과를 가시화하며, 보고서, 논문 등의 결과를 도식화하기 위한 결과들의 전달이 매우 중요하게 여겨지고 있는 상황이다.

이에, 본 교재는, 빠르게 변화하는 기술적 흐름을 쉽고 빠르게 접근하기 위하여, 최근 10년사이에 컴퓨터 프로그래밍 언어로서 부상하고 있는 파이썬을 익히고, 프로그래밍을 기반으로 하는 공학적/과학적 데이터의 처리 및 분석을 위한 패키지들에 대하여 설명하고 이를 활용하는 방법을 살펴보고자 한다.

본 교재에서는 파이썬 프로그래밍과 관련된 자세한 문법은 자세히 언급하지는 않았다. 프로그래밍을 위한 보다 자세하고 설명이 잘 되어 있는 많은 프로그래밍 교재들이 있기 때문이다. 본 교재의 목적은 먼저, 파이썬이라는 프로그래밍 언어의 기본문법을 이해하고(1~5장), 공학/과학분야에서 필수적으로 필요한 수치해석을 위한 배열과 행렬 데이터의 처리 및 분석을 위한 넘파이(Numerical Python : Numpy)의 활용방법을(6~9장), 그리고 데이터의 시각화를 위한 메트플롯립(Matplotlib)(10장), 보다 높은 수준의 선형대수 연산이나 신호처리, 영상처리 알고리즘을 포함하는 과학적 컴퓨팅을 위한 싸이파이(Scipy : scientific computing)(11장)에 대하여 살펴 볼 것이다. 또한, 심볼릭 변수를 이용하여 수학식을 직관적으로 사용하여 수식을 계산할 수 있는 심파이(Sympy : Symbolic Mathematics)(12장)에 대해서도 살펴본다.

더욱이, 스프레드시트 형식으로 수집된 실험이나 통계자료와 같은 많은 양의 데이터를 처리 및 분석하기 위한 팬다스(Pandas)(13장)의 활용에 대해서도 살펴본다. 그리고, 마지막 장, 14장(파이썬에서의 날짜와 시간처리 : Python, Date and Time)은 파이썬에서 날짜와 시간에 대한 클래스를 살펴보고, 이의 처리 방법에 대한 부분을 추가하였다. 이는 일반적으로 우리가 실험이나, 통계자료 들을 수집하는 경우, 시간적으로 기록된 데이터를 처리해야 하는 경우가 대부분이기 때문에, 이런 날짜시간 형식의 데이터를 어떻게 파이썬에서 처리할 수 있는가를 보여주기 위해서 이다. 물론, 이외에도 정규식(RegEx)과 같이, 텍스트 방식의 데이터를 처리하는 방법들도 있으나, 이 모든 것을 설명하고자 한다면, 더 많은 분량의 내용이 필요로 하기 때문에, 본 교재에서는 다루지 않기로 하였다.

전체적인 책의 구성을 표로 정리해 보면 다음과 같다.

	제목	내용
1장	공학자를 위한 파이선(Python)	현대적이고 범용적인 객체지행 프로그램언어인 파이썬에 대하여 설명한다. 또한 과학분야에서 어떻게 파이썬이 구성되어 활용될 수 있는지에 대하여 살펴본다.
2장	파이썬(Python) 프로그래밍 01	파이썬의 기본 구성에 대하여 살펴본다. 모듈의 내용과 실행, 변수 및 데이터의 유형, 산술, 관계, 논리 연산자들, 복합 데이터유형인 문자열, 리스트, 사전에 대하여 살펴 본다.
3장	파이썬(Python) 프로그래밍 02	파이썬에서 프로그램의 흐름제어(if, while, for 등)에 대하여 살펴 본다.
4장	파이썬(Python) 프로그래밍 03	객체지향 프로그래밍 언어로서의 파이썬의 특징을 살펴본다. 또한 함수, 키워드 매개변수, 가변 길이의 매개 변수에 대해서도 설명한다.
5장	파이썬(Python) 프로그래밍 04	파이썬에서의 화일 입출력에 대하여 살펴보고, 순차적 데이터 우형과 리스트와 사전 데이터형의 활용에 대하여 발펴 본다.
6장	수치해석을 위한 파이썬 : 넘파이(Numpy)	파이썬에 강력한 다차원배열 데이터 구조를 제공함으로써 보다 풍성하게 하는 넘파이에 대하여 살펴본다.
7장	넘파이(Numpy) 배열에 대한 수치 연산	넘파이의 강력한 배열과 행렬에 대한 연산방법에 대하여 살펴본다.
8장	넘파이(Numpy) 배열 : 연결, 차원 감소 및 차원 추가	넘파이의 강력한 배열과 행렬에 대한 추가적인 연산방법에 대하여 살펴본다.
9장	넘파이(Numpy) 에서의 행렬 산술연산	넘파이의 행렬 산술연산(백터의 가산과 감산, 스칼라 곱, 내적 외적 등)에 대하여 살펴 본다.
10장	데이터의 시각화: 매트플롯립(Matplotlib)	MATLAB과 유사한 시각화를 지원하는 그래픽 패키지에 대하여 살펴본다. 넘파이와 싸이파이와 함께 사용되면서 최근 MATLAB의 대인으로도 알려져 있다.
11장	고수준의 과학적 컴퓨팅 : Scipy	과학계산에서 일반적인 문제에 대한 다양한 모듈들에 대하여 살펴본다. 보간, 적분, 최적화, 영상처리, 통계, 신호처리 등에 대한 함수들의 사용법을 설명한다.
12장	파이썬의 심볼릭 수학: Sympy	수학적 객체의 계산을 위한 상징적 심볼을 이용하여 계산하는 심볼릭 수학을 지원하는 심파이에 대하여 살펴 본다.
13장	데이터 분석을 위한 팬다스(Pandas)	팬다스는 넘파이, 싸이파이, 메트플롯립을 기반으로 데이터의 분석을 위한 모듈이다. 수치 테이블 및 시계열 데이터 처리 및 분석을 위한 함수들의 활용 방법에 대하여 살펴본다.
14장	파이썬에서의 날짜와 시간처리 (Python, Date and Time)	파이썬에서 날짜(Date)와 시간(Time) 데이터를 처리하기 위한 다양한 기능을 제공한다. 이에 대한 표준 라이브러이의 함수들의 활용방법에 대하여 살펴본다.

본 교재는 문법을 흘러가듯이 설명을 읽으면서 독자가 코드에 대하여 생각하고, 또 Jupyter Notebook형식으로 제공되는 노트북을 한줄 한줄 실행시켜 가면서 결과를 확인하는 방식으로 기술되어 있다. 기존 프로그래밍 언어에 대한 교재들과는 사뭇 다른 접근방법이라 생각한다. 따라서, 독자 스스로가 예습과 복습을 하면서 생각할 수 있는 시간을 가질 수 있도록 구성한 것이다.

파이썬이란 프로그래밍 언어를 공학/과학적으로 적용하는 방식은 이미 10여년전 부터 시도되어 왔으며, 지금도 활발히 여러 산업 분야에서 적용되어지고 있다. Cloud 응용에서부터 ARM 마이크로프로세서가지, 4차 산업혁명의 물결과 더불어 많은 관심을 불러 일으키고 있다. 본 교재는 이러한 관심을 가지고 시작하는 단계에서 그 가능성을 살펴보고자 한다.

차례

5장 파이썬(Python) 프로그래밍 - Part 04

6장 수치해석을 위한 파이썬 - 넘파이(NumPy)

7장 넘파이 배열에 대한 수치 연산 (Numerical Operations on NumPy Arrays)

8장 넘파이 배열 : 연결, 차원 감소 및 차원

9장 넘파이에서의 행렬(Matrix)에 대한 산술연산

10장 데이터의 시각화 : Matplotlib

11장 고수준의 과학적 컴퓨팅 : 싸이파이 (SciPy)

12장 파이썬의 심볼릭 계산 : 심파이 (SymPy)

13장 데이터 분석을 위한 팬다스(Pandas)

14장 파이썬에서의 날짜와 시간처리(Python, Date and Time)

공학자를 위한 파이선(Python) 1장

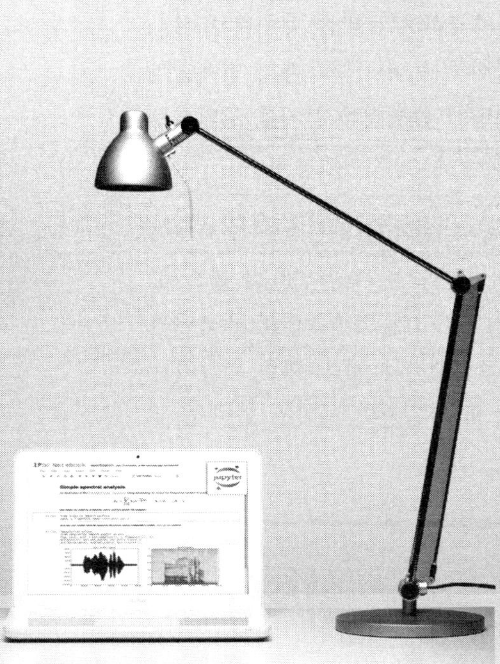

1.1 왜 파이선(Python) 프로그래밍 언어인가?

▲ 귀도 반 로썸(Guido van Rossum)

▲ 파이썬 공식 로고(Officeial Logo of Python)

일반적으로 공학자나 과학자들의 연구/프로젝트 진행에서 요구되어지는 상황들은 측정 또는 실험 데이터를 수집하고(신호처리나 시뮬레이션을 수행하기 위한), 데이터를 처리하고 분석할 수 있으며, 얻어진 데이터를 기반으로 어떤 상태에 있는지를 이해하기 위하여 결과를 가시화하며, 보고서나, 논문, 또는 발표자료의 결과를 도식화하기 위하여 결과들을 전달하고 싶어한다.

이를 위하여 대학에서는 공학을 전공하는 학생들에게 자신이 측정하거나 만든 데이터를 가공하고 분석하기 위한 프로그래밍 교육을 실시하고 있는데, 다양한 컴퓨터 프로그래밍 언어들이 공존하고 있는 현실에서 어떠한 언어를 공부해야 할지? 또 어떻게 활용해야 할지를 고민하는 경우를 많이 보게 된다.

궁극적으로 측정된 데이터/신호를 활용하기 위해서는 프로그래밍 언어는 고전적인 수치해석 방법론이나 기본적인 데이터 처리를 수행하는 다양한 라이브러리 모듈을 제공하면 더 좋을 것이다. 왜냐하면, 일반적으로 측정된 데이터의 그래프(곡선)을 그리거나 주파수변환(퓨리에변환)을 하거나, 또는 데이터를 fitting하는 알고리즘을 다시 프로그램하는 것을 매우 원하지는 않는다(즉, 다시말해, Don't reinvent the wheel!..이라는 모토를 가슴깊이 새기고 있기 때문이다).

그러면서도, 일단 프로그래밍 언어가 배우기 쉬어야 한다. 왜냐하면, 컴퓨터 과학은 공학자들의 주된 직업도 아니고 궁극적인 교육의 목표도 아니기 때문이다(그러나, 어떤 알고리즘의 원리를 이해하는 것도 매우 중요한 점이라는 것을 절대 잊어서는 안된다!).

우리는 그냥 그래프를 그리고, 신호의 잡음을 제거하여 부드럽게 만들고, 짧은 시간안에 퓨리에변환을 하는 것을 일반적으로 필요로 하기 때문이다.

대학의 연구실이나 회사에서 구현한 알고리즘 코드를 활발히 적용하고 활용하기 위해서는, 연구자, 학생, 또는 소비자들과 쉽게 코드에 대하여 대화할 수 있어야 한다, 따라서, 프로그래밍 코드는 책처럼 읽기 쉬어야 하며, 프로그래밍 언어는 가능한 적은 수의 "문법심볼"(syntax symbols) 또는 불필요한 서브루틴(subroutine)을 가져서 개발자가 프로그램 코드에 대한 수학적 또는 과학적 이해에 대한 주의를 다른 방향으로 돌려줄 필요가 있는 것이다.

또한 빨리 실행되는 효율적인 프로그램 코드이어야 한다. 그러나 두말할 것 없이, 코딩을 하는데 더 많은 시간을 소비한다면 아무런 의미가 없을 것이다. 그래서 빠른 개발 시간과 빠른 실행시간을 필요로 하는 것이다. 그리고, 모든 상황이나 환경에 맞추어 하나의 단일화된 개발환경/프로그램 언어면 금상첨화일 것이다. 왜냐하면, 매번 새로운 문제에 대하여 새로운 프로그래밍 언어의 문법을 배우는 것은 매우 고통스러운 일이기 때문이다.

그러면, 대부분의 공학자나 과학자들은 어떤 방법(프로그래밍 언어)을 사용할까? 가장 기본적인 구분으로 컴파일된 기계어를 실행하는 방법과 스크립트 언어(인터프리터 방식)을 이용하는 방법이 있을 것이다. 이의 장, 단점을 정리하면 다음과 같다.

컴파일된 프로그래밍 언어: C, C++, Fortran, 등.

- **장점**: – 매우 빠르며, 컴퓨터에 최적화된 컴파일러(compiler)를 제공한다. 많은 계산을 필요로하는 경우, 이 언어들을 능가하기가 쉽지 않다.
  – 최적화된 과학적 계산용 라이브러리들이 존재한다(대표적인 예로, 벡터나 행렬연산을 위한 BLAS 라이브러리가 있다.)

참고 BLAS란?

Basic Linear Algebra Subprograms의 줄임말로, 기본적인 벡터나 메트릭스 연산을 수행하기 위한 함수들의 라이브러리를 말한다. BLAS는 효율적이고 다양한 컴퓨터에 이식 가능하며 널리 사용 가능하기 때문에 고품질의 선형대수 소프트웨어의 개발에 일반적으로 사용된다. 예를 들면 LAPACK이 있으며, MATLAB에서도 이 라이브러리를 활용하고 있다.

• 단점 : 사용하기 너무 힘들다는 점이다. 개발과정에서 필요로 되어지는 컴파일 단계에 대한 설명이 부족하며, 장황한 문법으로 포장되어 있고, 다소 교묘한 방법으로 메모리를 관리하기 때문에, 사용자가 원하는 응용 환경에 맞게 개인이 코드를 수정하는 작업이 매우 어렵다는 것이다. 즉, 일반적인 비-컴퓨터 과학 전공자들에게는 너무 어렵다는 점이다.

스크립트 언어: MATLAB

• 장점 : - 다양한 응용분야에서 필요로 하는 최적화된 알고리즘들로 구성된 많은 라이브러리들을 제공하며, 기본 라이브러리 함수들은 컴파일된 프로그래밍 언어로 작성되어져 실행 속도도 빠른 편이다.
- 사용자에게 친근한 UI를 가진 통합개발환경을 제공하며, 포괄적이며 체계적인 도움말을 지원하고 있다.
- 상업적으로 개발되어 유지/보수를 지원한다.

참고 MATLAB은 Java로 만들어 졌나?

MATLAB에서 작성한 코드에 사용된 명령의 90% 이상이 C++로 작성되었다. 어떤 부분은 perl의 '정규식'(regex)을 활용하기도 하였다. 그러나 MATLAB 데스크탑/UI, UI 플롯 및 GUIDE 패키지는 대부분 Java로 만들어졌다.

다른 스크립트 언어들: Scilab, Octave, Igor, R, IDL 등

• 장점 : - 오픈소스로 개발되어 무료로 사용할 수 있다(MATLAB보다 유지/보수비용이 매우 저렴한 비용으로 운영이 가능하다)
- 어떤 기능들은 상당히 진보된 기능들을 지원한다(R패키지의 통계 기능, Igor의 그림 기능 등)

• 단점 : MATLAB보다는 적은 알고리즘을 지원하며, 프로그래밍 언어가 다소 진보적이다.

그러면, 파이썬(python)은 어떠한 특징을 가진 프로그래밍 언어인가?

파이썬(Python) 프그래밍 언어는 네덜란드 프로그래머인 '귀도 반 로섬'(Guido van Rossum)이 발표한(1999) 고급 프로그래밍 언어로, '개발 생산성'에 중점을 두고 개발된 프로그래밍 언어이다. 문법이 쉽고 빠른 프로그램의 개발이 가능하고 라이브러리의 활용성, 확장성 및 재사용을 극대화하면서도 컴퓨터 운영체계의 독립성 확보로 어떠한 운영체계에서나 제한없이 사용할 수 있는 플랫폼 독립적 언어를 만들자는 의도에서 탄생한 언어이다.

파이썬이라는 이름은 귀도가 좋아하는 TV 코미디 쇼인 "Monty Python's Flying Circus"에서 따온 것으로 알려져 있다. 파이썬은 비영리의 '**파이썬 소프트웨어 재단**'(Python Software Doundation)이 관리하는 개방형, 공동체 기반 개발 모델을 가지고 있으며, C-언어로 구현된 C-파이썬 구현이 사실상의 표준이다.

파이썬은 초보자부터 전문가까지 다양한 사용자층을 보유하고 있으며, '동적 타이핑' (dynamic typing)기능의 범용 프로그래밍 언어로, Perl 및 Ruby와 자주 비교되어 진다. 다양한 OS플랫폼(Window, Mac, Linux 등)에서 사용되어 지고 있으며, 라이브러리(모듈)가 매우 풍부하여 전 세계 대학을 비롯한 여러 교육기관, 연구기관 및 산업계에서 활용이 증가하고 있다.

파이썬의 가장 큰 장점은 배우기가 쉬운 프로그래밍 언어라는 점이지만, 다른 프로그래밍 언어(C/C++등)로 만들어진 라이브러리(모듈)들을 쉽게 연결할 수 있는 접착제와 같은능력을 발휘하는 프로그래밍 언어(glue/sticky language)라는 점이다.

실제 파이썬은 많은 상용 응용프로그램에서 스크립트 언어로 채용되어 사용되고 있으며, 유니코드 문자열을 지원해서 다양한 국가언어의 문자 처리에도 매우 유용하게 활용되어지고 있다.

파이썬은 기본적으로 해석기(Interpreter)위에서 바이트 코드의 형식으로 실행되도록 설계되었으며, 실행과 동시에 '자료형'(data type)을 검사하는 '동적 타이핑'(dynamic typing)기능, '속성'(characteristics)이나 전용의 메서드(private method) 훅(hook)을 만들어 객체(object)의 멤버(member)에 접근을 제한할 수는 있지만, 기본적으로는 객체의 멤버에 무제한으로 접근할 수 있는 특징을 가지고 있다.

최신의 파이썬은 여전히 해석기 언어처럼 동작하나 사용자가 모르는 사이어 내부적으로 소스코드를 컴파일하여 바이트 코드(Byte code)를 만들어 냄으로써 다음에 수행할 때에는 처음 실행때보다 빠른 속도를 보여 준다. 또한 실행속도를 향상시키기 위하여 다양한 해석 프로그램을 지원하고 있는데, 대표적인 해석 프로그램은 다음과 같다.

- CPython : C-언어로 작성된 인터프리터.
- Stackless Python : C스택을 사용하지 않는 인터프리터.
- Jython(JPython) : 자바 가상 머신용 인터프리터.
- IronPython : .NET framwork용 인터프리터.
- PyPy : 파이썬으로 작성된 파이썬 인터프리터.

이 밖에도 실행 시간에서뿐만 아니라 MCU에 최적화된 '이진코드'(native binary code)를 만들어 주는 C/C++과 같은 언어에 비해 실행 속도가 다소 느리다는 문제점도 가지고 있다.

그러나 현대의 일반적인 컴퓨터 응용환경에서는 처리 속도의 차이는 그다지 크지 않으며, 빠른 처리속도를 필요로 하는 프로그램의 경우에도 프로토타이핑한뒤 빠른 처리 속도가 필요한 부분만 골라서 C-언어로 모듈화 할 수 있는 장점이 있다(ctypes, SWIG, SIP 등의 wrapper 생성 프로그램들이 지원 함).

또한 Pyrex, Psyco, NumPy, SciPy 등을 이용하면 수치를 빠르게 연산할 수 있기 때문에 공학 및 과학 분야에서도 그 활용도가 매우 빠르게 증가하고 있다. 파이썬이 빠르게 인가가 증가하고 있는 경향은, Codeeval에서 발표하고 있는 전세계 프로그래밍 언어의 인기도의 비율을 살펴보면 알 수 있다.

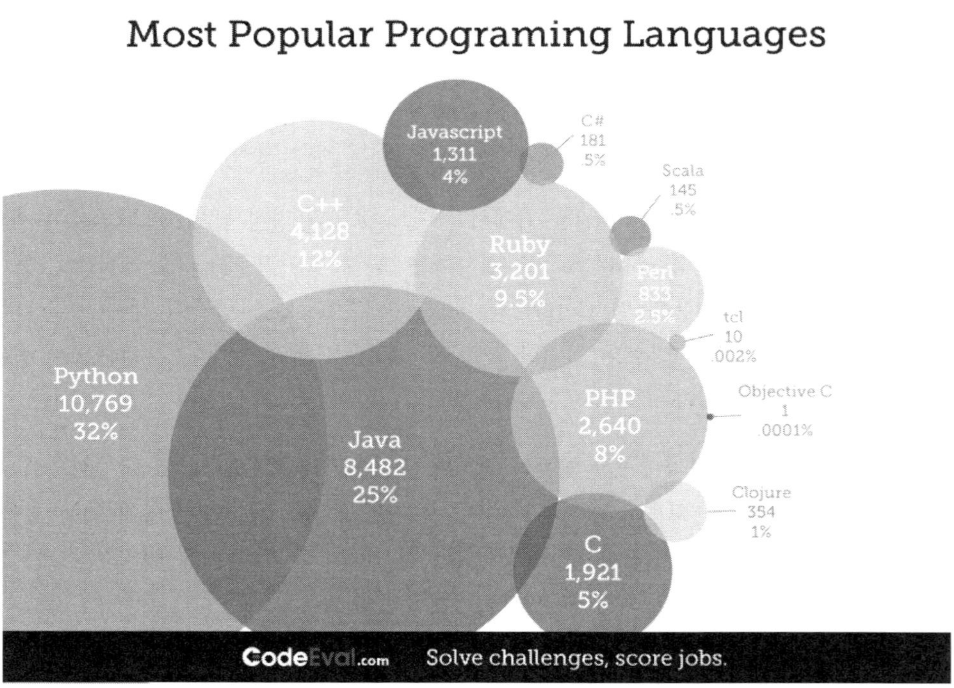

그림 1-1 Codeeval(http://blog.codeeval.com/)에서 예측한 '18년 컴퓨터 언어 인기도

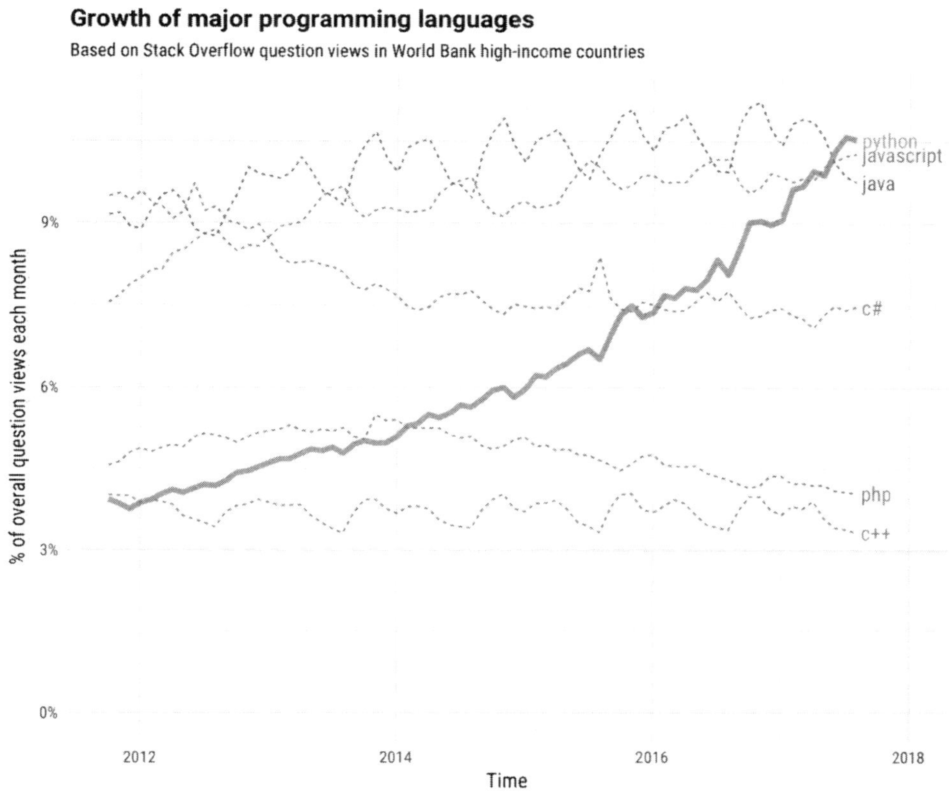

그림 1-2 미국 Stack Overflow에서 실시한 지난 5년간 가장 빠르게 성장하고 있는 프로그래밍 언어에 대한 설문조사 결과 (2017년 9월)

- 장점 : – 방대한 과학적 계산 라이브러리를 지원한다(MATALB과 매우 유사하다).
  - 세심하게 고려된 프로그래밍 언어로 체계적이고 가독성이 상당히 뛰어나다(We code what we think! 철학을 담고 있다).
  - 과학적 계산 이외의 다른 작업들을 위한 다양한 라이브러리를 지원한다(예를 들어, 웹서버 관리, 시리얼 포트, USB, 쓰레딩 등)
  - 오픈소스로 개발되어 무료로 사용할 수 있으며, 다양한 분야의 컴뮤니티가 형성되어 있다.
- 단점 : – MATLAB보다는 다소 덜 세련된(?) 개발환경이다(약간은 컴퓨터 괴짜들을 위한 개발환경처럼 보인다).
  - 보다 전문적인 소프트웨어나 툴박스에서 찾아 불 수 있는 계산 알고리즘은 지원하지 않는다.

1.2 파이썬(Python) 언어의 실행환경

기본적으로 파이썬은 Linux와 마찬가지로 '파이썬 소프트웨어재단'(python software foundation)에 의하여 관리되고 배포되어 지고 있으며, 누구나 무료로 다운받아 사용할 수 있다. Mac OS 10.8 이상이나 대부분의 Linux에는 이미 설치되어 배포되고 있다.

윈도우의 경우에는 몇 가지 배포판을 사용자가 선택적으로 다운받아 설치할 수 있는데, 대표적인 파이썬 배포판(Distribution)은 다음과 같다.

- ActivePython (http://www.activestate.com/activepython)
  : ActiveState사에서 관리하는 무료 Python 배포판
- Canopy (https://www.enthought.com/products/epd/)
  : Enthought사에서 관리하는 무료 Python 배포판
- Anaconda (https://www.continuum.io/downloads)
  : Continuum사에서 관리하는 무료 python 배포판

파이썬은 기본적으로 크게 2.x버젼과 3.x버젼으로 구분되는데, 문법에 차이가 있어 호환에 문제가 될 수 있다. 가장 대중적으로 사용되고 있는 2.7버젼을 본 책에서는 중심으로 설명하도록 한다.

배포판에는 기본적인 파이썬 인터프리터와 패키지(라이브러리)들을 포함하고 있는데, 기본 파이썬 인터프리터를 설치한 후에 여러 패키지들을 사용자가 하나하나씩 설치하는 경우, 개별 패키지들의 의존성과 같은 문제때문에 필요한 패키지들을 일일이 설치하는게 상당히 불편하다. 따라서 가능한 통합되어 있는 배포판을 사용하는 것이 좋다. 저자는 개인적으로 Anaconda를 Mac과 윈도우에 설치하여 사용하고 있는데, 다양한 공학적 계산 라이브러리 들이 포함되어 있어 매우 편하게 사용하고 있다.

1.3 공학적 파이썬 개발 환경의 구성 요소들

파이썬은 MATLAB, Scilab, R-package와는 다르게, 과학적 계산을 위한 라이브러리를 하나의 통합된 형태로 제공하지 않는다. 여러 관련 패키지들을 편리하게 사용할 수 있도록 묶어서 사

용하는 통합환경을 개발자 그룹에서 만들어 배포하고 있는데, 이의 대표적인 패키지가 "스파이더"(Spyder : Scientific PYthon Development EnviRonment)이다.

Spyder는 오픈소스로, 파이썬 언어를 기반으로 공학/과학적 프로그래밍을 위한 플랫폼 독립적인 통합개발환경 프로그램으로, 다차원 배열의 행렬연산과 선형대수를 지원하는 NumPy, 데이터의 분석과 수치해석, 신호처리를 지원하는 SciPy, MATLAB의 데이터 가시화(data visualization)기능을 지원하는 matplotlib 패키지, 그리고 데이터 분석, 데이터 처리 등을 쉽게 하기 위해 만들어진 pandas 패키지를 포함하는 공학/과학용 통합개발환경의 소프트웨어이다.

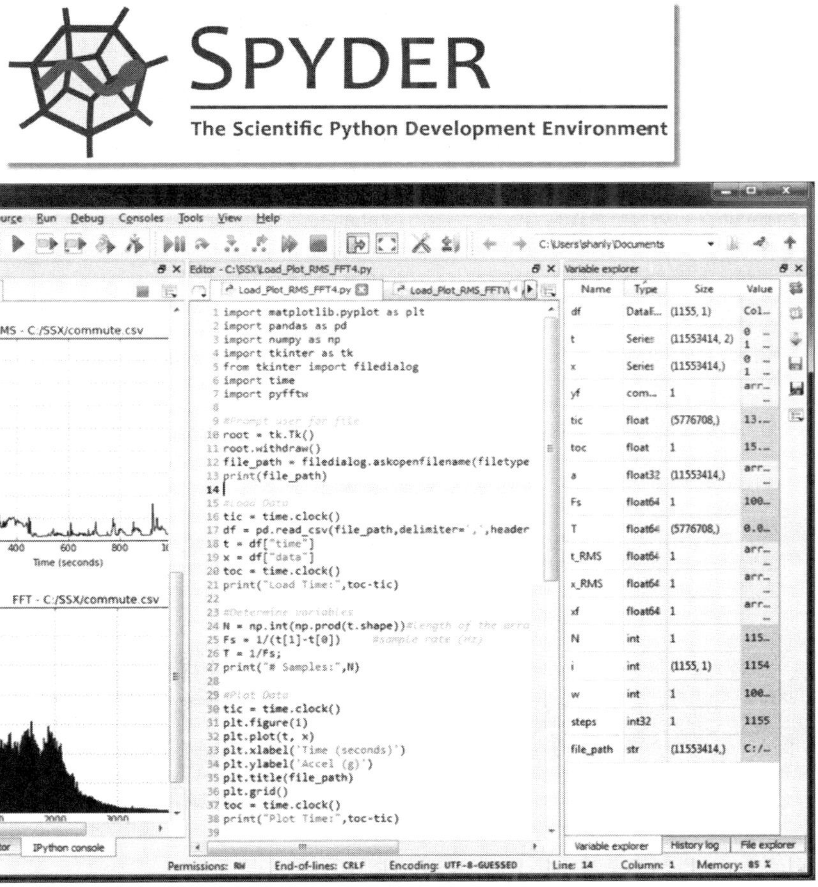

그림 1-3 Spyder 통합개발환경은 MATLAB과 유사한 사용자 인터페이스(UI)를 가지고 있다.

일반적인 공학/과학 개발용 프로그램과 Spyder의 차이는 오픈소스라는 점과, 플랫폼 독립적이라 윈도우뿐만 아니라 맥OS, 리눅스와 같은 다른 운영체계를 지원한다는 점이며, 스크립언어의 구조가 유연하고 다른 프로그램 언어(예를 들어, C/C++)와의 연결이 용이하여 많은 과학계산용 라이브러리를 함께 사용할 수 있는 장점이 있으며, 객체지향 언어로서 사용자가 원하는 계산이나 제어 동작을 수행할 수 있는 프로그램이 가능하다는 점이다.

대표적으로 공학/과학적 프로그래밍을 위한 파이썬 통합개발환경인 'Spyder'을 구성하는 파이썬 패키지들은 다음과 같다.

NumPy — Base N-dimensional array package

SciPy — Fundamental liberary for scientific computing

matplotlib — Comprehensive 2D Plotting

IP[y]: IPython Interactive Computing — Enhanced Interactive Console

Sympy — Symbolic mathematics

pandas — Data structures & analysis

그림 1-4 공학/과학적 프로그래밍을 위한 파이썬 통합 개발환경인 'Spyder' 구성 패키지들

1.3.1 NumPy, SciPy 패키지 (http://www.numpy.org/, https://www.scipy.org/)

NumPy는 2005년 MIT 공대생인 Travis Pliphant에 의하여 만들어 졌다. 주된 목적은 파이썬에서 수학적인 다차원 배열 연산처리에 대한 필요성과 선형대수 기능을 파이썬 언어의 형식으로 활용하려는 목적으로, 기존에 개발되어진 Numeric 이란 수치연산 라이브러리를 확장하여 개발한 라이브러리이다.

이전에 Travis는 Eric Jones와 Pearu Peterson등과 함께 수치해석 및 데이터 분석에 필요한 계산 함수들을 모아서 SciPy 라는 파이썬 패키지를 2001년에 만들었는데, 이때, 필요한 다차원 배열 및 행열에 대한 처리를 위하여 NumPy에 대한 필요성을 느꼈다고 한다. 결국 NumPy와 SciPy는 서로가 의존적인 라이브러리(패키지)가 되었다.

이 두 패키지들은 항상 하나의 패키지처럼 사용하게 되데, 특히, 선형대수에 대한 함수들은 MATLAB과 마찬가지로 90년대에 공학/과학 계산용으로 전세계적으로 알려진 FORTRAN 라이 브러리 LAPACK(Linear Algebra Package)와 BLAS(Basic Linear Algebra Subprogram)를 사용하고 있다.

1.3.2 Matplotlib 패키지 (http://matplotlib.org/)

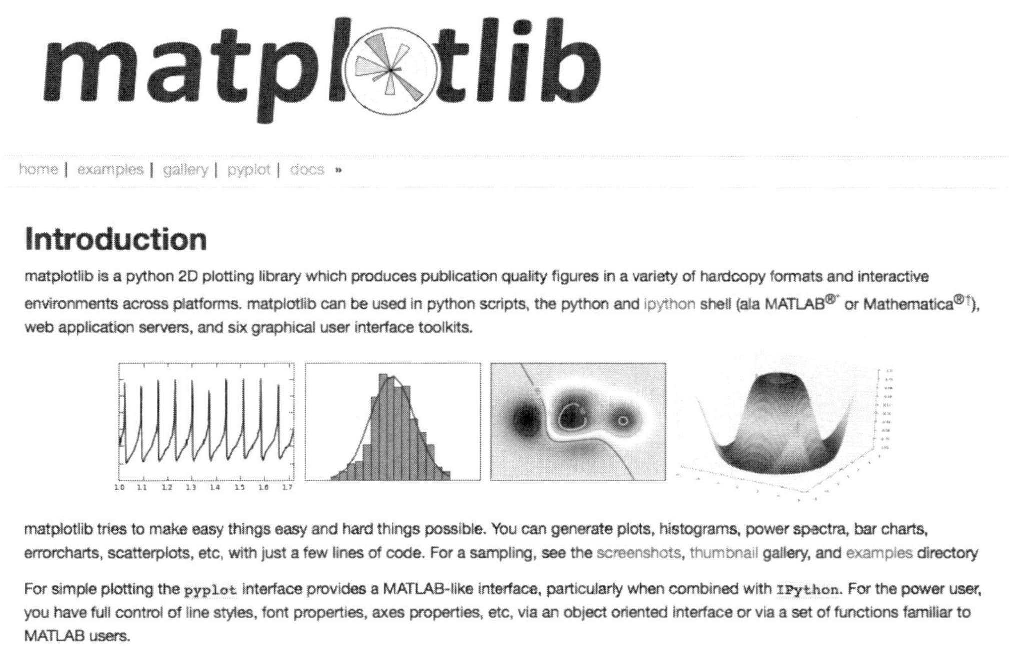

그림 1-5 파이썬을 위한 데이터 가시화 라이브러리(GNU GTK+ 등의 범용 GUI 라이브러리 기반)

Matplotlib은 파이썬을 위한 데이터 가시화 라이브러리이다. NumPy와 wxPython이나 Qt 또는 GTK+ 등의 범용 GUI 라이브러리를 이용하여 만들어 졌다. 기본적으로 matplotlib은 MATLAB의 GUI를 그대로 모방하는 함수 API를 가지고 있는 것이 특징이다. 2013년 John D.

Hunter에 의하여 오픈소스 커뮤니티에서 만들어져 BSD형식의 오픈소스 라이센스에 의하여 배포되어지고 있으며, 파이썬 2.7버젼에서부터 3.5버젼까지 지원하고 있으며, SciPy 역시 matplotlib을 사용하고 있다.

1.3.3 IPython – 대화형 파이썬 (https://ipython.org)

그림 1-6 대화형(interactive) 방식의 진보된 파이썬 쉘(Shell) IPython

IPython, 진보된 파이썬 쉘(Shell)이다. 대화형(interactive)방식으로 사용자의 명령을 받아 인터프리터 방식으로 처리된 결과를 바로 화면으로 대화하는 형태로 출력한다.

대화형(interactive)방식으로 사용자의 명령을 받아 인터프리터 방식으로 처리된 결과를 화면으로 출력해주는 진보된 파이썬 쉘(Shell)이다. 다양한 언어지원과 대화형 시각화 및 GUI지원을 위하여 IPython Notebook으로 발전하였으며, 2014년 경에 브라우져기반의 Jupyter프로젝트로 발전하였다. 이 프로젝트에서 만들어진 것이 Jupyter Notebook (또는 Python Notebook으로도 알려져 있는)이다.

1.3.4 Jupyter Notebook – 쥬피터 노트북 (http://jupyter.org)

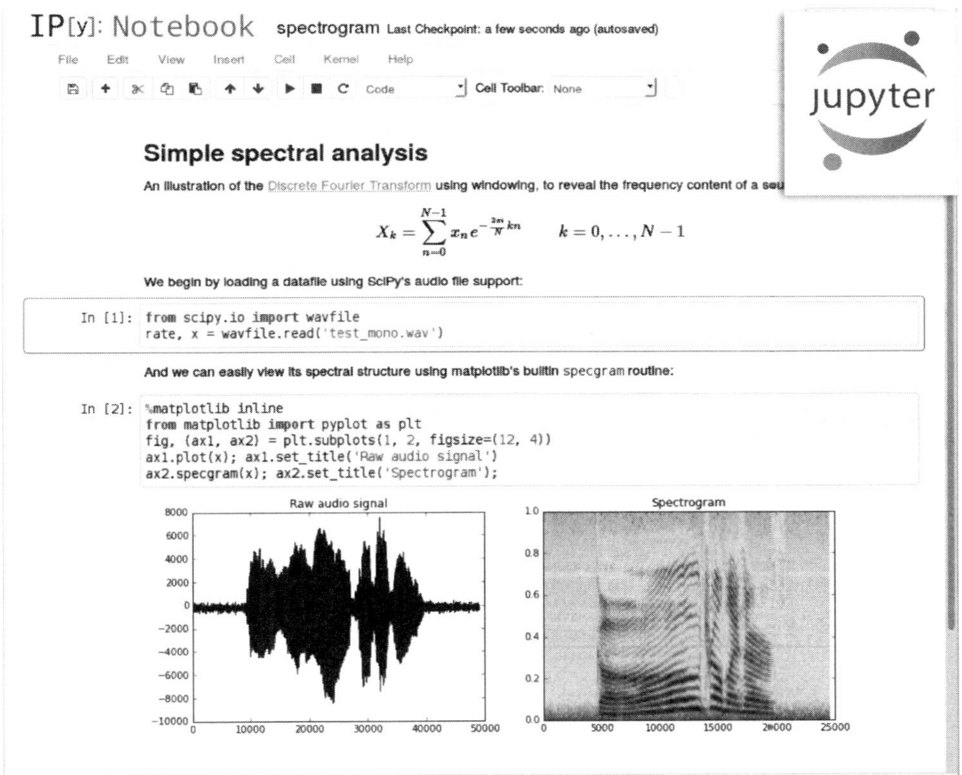

그림 1-7 오픈소스 Web Application 쥬피터 노트북(Jupyter Notebook): 라이브 코드, 수식, 시각화와 설명을 위한 텍스트 등을 포함한 문서를 만들고 공유할 수 있는 파이썬 통합환경.

Jupyter Notebook은 다양한 수학적 방정식을 지원하기 위하여, 태그 등을 이용하여 문서나 데이터의 구조를 명기하는 마크업 언어(Markup language)의 일종인 Markdown을 지원하고 있다. Markdown은 가벼운 마크업 언어로서 사람들이 읽기 쉽고 쓰기 쉬운 일반 텍스트 형식을 사용하여 작성한 다음, 구조적으로 유효한 XHTML(또는 HTML)로 변환할 수 있다.

1.4 학습을 위한 파이썬 작업환경의 선택

앞에서 알아본것 처럼, 파이썬을 이용한 다양한 분석 및 프로그래밍 환경은 하나의 통일된 프로그래밍 환경을 지원하지 않지만, 나름대로의 기본 가이드라인을 통한 대중성을 가지는 개발 환경들이 나타나고 있다 그 중, IPython, Spyder 또는 Jupyter환경이 가장 많이 활용되어지고 있다. 각각의 장단점이 있기는 하나, 공학 및 과학분야에서는 MATLAB과 유사한 UI를 제공하는 Spyder가 더 편리할 것이다.

본 교재에서는, 처음 파이썬을 시작하여, 공학적 또는 과학적인 데이터 분석 결과를 문서화 시키는 방법을 배우기 위하여, IPython기반의 Web환경에서 실행되는 Jupyter를 기반으로 모든 코드의 실행을 구성하였다. 사용한 Jupyter는 독립적인 설치를 하지 않고, 누구나 쉽게 다운받아 설치할 수 있는 Anaconda 패키지를 사용하였다. 또한, 컴퓨터의 운영체계에 의한(윈도우, 맥, 리눅스 등) 일부 명령어(commands)의 차이 때문에 다른 결과가 나타나는 불필요한 설명을 최대한 자제하였다. 따로 설명이 필요한 부분은 각 chapter에서 따로 주석을 달아두었다. 따라서, Anaconda 배포판을 설치하는 것으로, 학습을 위한 준비과정은 끝난 것이다.

교재 마지막 부분 부록 A,B 부분에의 설치 방법과 간단한 Jupyter Notebook의 사용방법을 설명해 두었다. 본 교재를 통하여 학습을 하기 전에 반드시 읽어 보기 바란다.

파이썬(Python) 프로그래밍 - Part 01

2장

2.1 파이썬 프로그램 파일과 실행

파이썬의 프로그램 코드는 일반적으로 확장자가 ".py"로 끝나는 파일로, 텍스트 파일의 형식으로 저장된다.

```
myprogram.py
```

파이썬 프로그램 파일의 모든 행은 파이썬 프로그램의 일부라고 인식된다. 단 하나의 예외가 있는데, 주석행으로, "#" 문자로 시작하는 경우에는 말 그대로 주석으로 인식된다. (선택적으로 앞에 임의의 수의 공백문자, 즉 탭 또는 공백이 있을 수 있다). 주석행은 일반적으로 파이썬(Python) 인터프리터에서 무시된다.

주피터(Jupyter)에서 사용되는 화일의 확장자는 ".ipynb"로 끝나는데 이는 ipython note book화일을 의미한다. 확장자가 ".py"로 끝나는 파일을 jupyter에서는 일반 text화일로 인식하는 차이가 있다.

우리가 일반적으로 사용하는 명령행(command line) 프롬프트에서 파이썬 프로그램을 실행하려면, 프롬프트($)에서 다음과 같이 입력하면 된다.

```
$ python myprogram.py
```

그러나, Jupyter에서는 실행메뉴(cell → Run cells)를 누르거나, Ctrl + Enter↵ 또는 Alt + Enter↵ 키를 누르면 실행이 되어, 바로 아래에 결과가 나타나게 된다. 이 두 명령어의 차이는, Ctrl + Enter↵는 현재의 셀(cell)을 실행하고(cell → Run cells and select below), Alt + Enter↵는 현재의 셀을 실행하고, 그 다음에 새로운 셀을 추가(cell → Run cells and insert below)하는 것이 다르다. 필요에 따라 적절히 혼용하여 사용하면 좋다.

2.1.1 IPython 노트북

IPython 노트북 파일은 일반적인 텍스트 파일에서 파이썬 코드를 작성하는 표준패턴을 따르지 않는다. 대신, IPython 노트북은 JSON 형식의 파일로 저장된다. 장점은 형식화된 텍스트, 파이썬 코드 및 코드 출력을 혼합할 수 있다는 것이다. 그 외에, 프로그램 파일이나 IPython 노트북으로 들어가는 Python 코드에는 차이가 없다.

2.2 파이썬의 모듈들(Modules)

파이썬의 대부분의 기능은 모듈(modules)이라고 하는 특별한 형태의 라이브러리에 의해 제공된다. 파이썬 표준 라이브러리는 운영체제, 파일 I/O, 문자열 관리, 네트워크 통신 등과 같은 공통기능의 크로스 플랫폼 구현을 제공하는 대규모 함수들의 모음이다.

파이썬 프로그램에서 모듈을 사용하려면 먼저 모듈을 가져와야 한다(이 부분은 Java와 같은 객체지향언어가 지향하는 방식이기도 하다). 모듈은 import 문을 사용하여 가져올 수 있다. 예를 들어, 많은 표준 수학함수를 포함하는 math 모듈을 import하려면 다음같이 입력하면 된다 :

```
In [6]: import math
```

import문을 사용하면, 전체 모듈을 불러오게 되는데, 뒤애 다시 설명하겠지만, 선택적으로 필요한 함수들을 포함시켜 사용할 수 있다. 예를 들어 다음과 같이 코드를 실행해 보자.

```
In [7]: print (dir(math))

['__doc__', '__file__', '__name__', '__package__', 'acos', 'acosh', 'asin
', 'asinh', 'atan', 'atan2', 'atanh', 'ceil', 'copysign', 'cos', 'cosh',
'degrees', 'e', 'erf', 'erfc', 'exp', 'expm1', 'fabs', 'factorial', 'floo
r', 'fmod', 'frexp', 'fsum', 'gamma', 'hypot', 'isinf', 'isnan', 'ldexp',
'lgamma', 'log', 'log10', 'log1p', 'modf', 'pi', 'pow', 'radians', 'sin',
'sinh', 'sqrt', 'tan', 'tanh', 'trunc']
```

import된 모듈에 포함된 함수와 변수들을 보려면, dir 파이썬 함수를 사용하면 된다. 함수의 실행 결과는 모듈안에 포함된 심볼/함수들을 나타내고 있다.

```
In [8]: help(math.log)

Help on built-in function log in module math:

log(...)
    log(x[, base])

    Return the logarithm of x to the given base.
    If the base not specified, returns the natural logarithm (base e) of
x.
```

그리고, help 함수를 사용하면 각 함수에 대한 설명을 얻을 수 있다. (모듈안에 있는 거의 모든 함수는 docstring이라는 문자열 변수를 가지고 있다. 그러나 모든 함수가 반드시 가지고 있는 것은 아니다. 기술적으로는 호출되지만, 대부분의 함수는 이 방법으로 문서화 된다).

자, 그럼 다음의 예제를 살펴보자.

```
In [9]: import math
        x = math.cos(2 * math.pi)
        print(x)

        1.0
```

math모듈의 cos함수와 모듈안에 정의된 상수 pi(π)를 이용하여 cos(π)를 계산하는 파이썬 코드이다. math 모듈 전체를 불러(import)왔기 때문에, 해당 모듈안에 있는 특정한 함수를 사용하려면, 함수가 정의된 '이름공간'(name space)을 접두어(prefix)로 지정해 주어야, 다른 모듈의 함수들과 혼동이 되지 않고 필요로 하는 함수나 상수를 불러 올 수 있다.

그러나, 불러오는 모든 모듈의 이름공간을 개별적으로 지정하는 것은 매우 번거로운 일이 될것이다. 따라서, 그런 경우에는 모듈의 모든 함수(변수 또는 기호 등을)를 현재 '이름공간'(name space)로 가져오는 방법을 사용하면 된다. (따라서 math모듈 접두사를 사용할 필요가 없다.)

```
In [10]: from math import *
         x = cos(2 * pi)
         print(x)

         1.0
```

위와 같은 방법은 매우 편리할 수 있지만 많은 모듈을 포함하는 큰 프로그램에서는 import math 방식을 사용하여 각 모듈의 심볼을 고유한 이름공간에 보관하는 것이 좋다. 이렇게 하면 이름공간 충돌과 관련하여 혼란스러울 수 있는 문제가 없어지게 된다.

또, 다른 방법으로는, 와일드카드 문자 *를 사용하는 대신, 불러올 함수나 상수, 기호를 명시적으로 나열하여 해당 모듈에서 선택된 몇 개의 함수/기호만 가져오는 방법이 있다.

다음의 예를 보자.

```
In [11]: from math import cos, pi # ---(1)
         x = cos(2 * pi)
         print(x)

         1.0
```

첫번째 줄(1)에서, 포함할 함수와 변수 (cos, pi)를 명시적으로 지정함으로써, 작업 공간에 지정한 함수와 상수만을 포함 하도록 했다. 이렇게 함으로써 필요한 함수나 상수만을 포함시켜, 작업이나 연산의 효율을 높일 수도 있다.

2.2.1 모듈에 포함된 내용과 문서

모듈을 import하면 dir 함수를 사용하여 모듈안에 포함된 심볼/함수들을 살펴볼 수 있다.

```
In [12]: import math
         print(dir(math))

         ['__doc__', '__file__', '__name__', '__package__', 'acos', 'acosh', 'asin
         ', 'asinh', 'atan', 'atan2', 'atanh', 'ceil', 'copysign', 'cos', 'cosh',
         'degrees', 'e', 'erf', 'erfc', 'exp', 'expm1', 'fabs', 'factorial', 'floo
         r', 'fmod', 'frexp', 'fsum', 'gamma', 'hypot', 'isinf', 'isnan', 'ldexp',
         'lgamma', 'log', 'log10', 'log1p', 'modf', 'pi', 'pow', 'radians', 'sin',
         'sinh', 'sqrt', 'tan', 'tanh', 'trunc']
```

그리고, help 함수를 사용하면 각 함수에 대한 설명을 확인할 수 있다. (모듈안에 있는 거의 모든 함수는 docstring이라는 문자열 변수를 가지고 있다. 그러나 모든 함수가 반드시 가지고 있는 것은 아니다. 대부분의 함수는 이 방법으로 문서화 된다).

예를 들어, math모듈에 있는 log함수에 대한 설명을 살펴보자.

```
In [13]: help(math.log)

         Help on built-in function log in module math:

         log(...)
             log(x[, base])

             Return the logarithm of x to the given base.
             If the base not specified, returns the natural logarithm (base e) of
         x.
```

math모듈의 로그함수는 인자(argument)를 기본으로 한개 이상을 받아들이는데, 하나만 입력하게 되면 자연로그(natural logarithm)를, 한개 이상이면, 두 번째로 들어오는 값을 베이스(base)로 하는 로그 값을 반환하는 함수라는 것을 알 수 있다.

```
In [14]: log(10)

Out[14]: 2.302585092994046
```

```
In [15]: log(10, 2)
Out[15]: 3.3219280948873626
```

앞의 예제 결과에서 확인한 것 처럼, log(10)은, 10에 대한 자연로그 값을, log(10,2)는 2를 베이스로 하는 10의 로그 값을 반환하는 것을 볼 수 있다.

2.3 변수 및 데이터 유형

2.3.1 심볼 이름

파이썬에서 변수 이름은 영숫자 a-z, A-Z, 0-9 및 _ 와 같은 특수문자를 포함할 수 있다. 일반적인 변수 이름은 문자로 시작해야 한다. 관례적으로 변수 이름은 소문자로 시작하고 클래스 이름은 대문자로 시작한다. 또한 변수 이름으로 사용할 수 없는 파이썬 키워드가 이미 예약되어 있는데, 대표적인 키워드는 다음과 같다.

```
and, as, assert, break, class, continue, def, del, elif, else, except,
exec, finally, for, from, global, if, import, in, is, lambda, not, or,
pass, print, raise, return, try, while, with, yield
```

참고 과학 프로그램에서 자연스러운 변수 이름이 될 수 있는 예약 키워드 'lambda' 를 알고 있어야 한다. 그러나 키워드이기 때문에 변수 이름으로 사용할 수 없다.

2.3.2 대입문

파이썬에서의 대입 연산자는 = 이다. 파이썬은 동적타입(dynamic typing) 언어이므로, 변수를 작성할 때 변수의 유형을 지정할 필요가 없다. 대입문은 오른쪽에 수식과 그 결과를 저장하는 변수로 이루어져 있으며, 새 변수에 값을 할당하면 변수가 새롭게 생성되어 만들어진다.

다음의 예를 살펴보자.

```
In [16]: # variable assignments ---(1)
         x = 1.0 # ---(2)
         my_variable = 12.2  # ---(3)
```

(1) 파이썬에서 주석문(comments)은 문장의 시작이 #으로 시작된다. 그러면 해당 줄은 주석문으로 인식되며, 그 줄 끝까지 무시된다. (2)~(3) 새로운 변수에 값을 대입하면 변수가 생성되어 만들어진다.

명시적으로 변수의 데이터 유형을 지정되지는 않았지만 변수에는 연관된 데이터 유형이 있다. 데이터 유형은 대입되는 값에서 파생된 관련성이 제일 높은 데이터 유형(data type)으로 자동으로 설정된다.

```
In [17]: type(x)
Out[17]: float
```

변수의 유형(type)을 살펴보려면, type 함수를 이용하면 확인할 수 있다 같은 변수에 새로운 데이터 유형을 갖는 새로운 값을 대입하면 변수의 유형이 변경될 수 있다.

```
In [18]: x = 1 # ---(1)
         type(x)
Out[18]: int
```

앞의 예제에서, 변수 x는 부동소수점형(float) 이었으나, 새로운 값(정수)를 대입시킴으로써 (1), 변수 x가 정수형의 변수로 변환된 것을 확인할 수 있다. 이처럼, 파이썬에서는 동적으로 데이터의 유형이 변화를 일으키는 특징을 가지고 있다. 파이썬은 내부에서 아직 선언(정의)되지 않은 변수를 사용하려고 하면 NameError가 발생한다:

```
In [19]: print(y)

         NameErrorTraceback (most recent call last)
         <ipython-input-19-36b2093251cd> in <module>()
         ----> 1 print(y)

         NameError: name 'y' is not defined
```

2.3.3 파이썬의 기본 데이터형

파이썬에 사용되는 기본 스칼라 데이타 유형(Scalar data type)은 다음과 같다.

데이터 유형	설명	표현 예
int	정수형 데이터	100, 0xFF(16진수), 0o56(8진수)
float	소수점을 포함한 실수	a = 10.25
bool	참, 거짓을 표현하는 부울 값	a = True
None	Null과 같은 표현	a = Null
complex	실수부와 허수부를 갖는 복소수	a = 1+2j

```
In [20]: # integers
         x = 1
         type(x),int(3.5)
Out[20]: (int, 3)
```

정수형은 소숫점을 갖지 않는 정수를 의미한다. 데이타를 특정 타입으로 변경하기 위하여 int(), float(), bool() 등과 같은 타입 생성자를 사용할 수 있다. 예를 들어, int(3.5)는 float 데이타를 정수형으로 변경하여 정수값 3을 반환한다.

```
In [21]: # float
         x = 1.0
         type(x), float("1.6")
Out[21]: (float, 1.6)

In [22]: float("inf"), float("-inf")
Out[22]: (inf, -inf)
```

float형은 소숫점을 갖는 실수 데이타 타입이다. float("1.6")은 float형 1.6 을 반환한다.

```
In [23]: # boolean
         b1 = True
         b2 = False
         type(b1)
Out[23]: bool

In [24]: bool(0), bool(-1), bool("False"), bool(False)
Out[24]: (False, True, True, False)
```

bool 형은 True 혹은 False 만을 갖는 부울형을 의미한다. bool 형은 숫자의 경우 0 값만을 '거짓'(False)으로 인식하고, 문자형이나 컬렉션형들은 비어 있으면 '거짓'으로 인식된다. 앞의 예제인 bool("False")는 문자열이 비어있지 않으므로 '참'(True)으로 인식된다.

```
In [25]: # complex numbers: note the use of `j` to specify the imaginary part
         x = 1.0 - 1.0j
         type(x)
Out[25]: complex
```

```
In [26]: print(x)
         (1-1j)
```

```
In [27]: print(x.real, x.imag)
         (1.0, -1.0)
```

파이썬은 복소수형(complex type)을 지원하는데, 복소수는 a+bj와 같이 표현된다. (일반 수학에서는 복소수를 표현할 때 i 를 사용하지만 파이썬에서는 j를 사용하는 것을 혼동하지 말아야 한다). 실수부의 값을 얻기 위해서는 변수명.real을, 허수부의 값을 얻기 위해선 변수명.imag를 사용한다.

2.3.4 유형 유틸리티 함수

파이썬의 types 모듈은 변수가 특정 유형인지를 검사하는데 사용할 수 있는 여러 가지 데이터 유형의 정의를 포함하고 있다.

```
In [28]: import types  # ---(1)
         # print all types defined in the `types` module
         print(dir(types)) # ---(2)
         ['BooleanType', 'BufferType', 'BuiltinFunctionType', 'BuiltinMethodType',
         'ClassType', 'CodeType', 'ComplexType', 'DictProxyType', 'DictType', 'Dic
         tionaryType', 'EllipsisType', 'FileType', 'FloatType', 'FrameType', 'Func
         tionType', 'GeneratorType', 'GetSetDescriptorType', 'InstanceType', 'IntT
         ype', 'LambdaType', 'ListType', 'LongType', 'MemberDescriptorType', 'Meth
         odType', 'ModuleType', 'NoneType', 'NotImplementedType', 'ObjectType', 'S
         liceType', 'StringType', 'StringTypes', 'TracebackType', 'TupleType', 'Ty
         peType', 'UnboundMethodType', 'UnicodeType', 'XRangeType', '__all__', '__
         builtins__', '__doc__', '__file__', '__name__', '__package__']
```

```
In [29]: x = 1.0 # ---(3)
         # check if the variable x is a float
         type(x) is float # ---(4)
Out[29]: True
```

```
In [30]: # check if the variable x is an int
         type(x) is int # ---(5)
Out[30]: False
```

앞의 예제를 살펴보자.

먼저 types모듈을 불러들이고(1), dir함수를 이용하여, 모듈안에 정의된 모든 유형들을 화면에 출력해 보면 상당히 많은 내부적으로 정의된 데이터 유형이 나타나게 된다(2). 이 데이터 유형들은 표준 파이썬이 지원하는 데이터 유형으로, 사용자가 따로 정의한 데이터형은 포함하지 않고 있다. 예를 들어, x=1.0이라고 대입하고(3), type함수를 이용하여, 변수 x의 데이터 유형이 float인지 확인할 수 있다(4). 만약 정수형(int)과 비교를 한다면 False의 부울값을 얻을 것이다(5).

변수의 타입을 테스트하기 위해서는 isinstance 함수를 사용할 수도 있다.

```
In [31]: isinstance(x, float)
Out[31]: True
```

2.3.5 데이터의 형변환

파이썬에서도 변수의 데이터 유형을 변환시킬 수 있는 방법이 있다. 이를 일반적으로 "형변환"(type casting)이라고 하는데, C/C++과 같은 고급 프로그래밍언어에서 처럼, 변수앞에 변환할 데이터 유형을 표시하는 방법이 아니라, 데이터 유형 함수를 호출함으로써 형변환이 이루어지는 방식을 지원한다.

```
In [32]: x = 1.5
         print(x, type(x))
         (1.5, <type 'float'>)
```

먼저, x에 1.5를 대입 시키면, 파이썬 인터프리터는 자동으로 이에 적절한 데이터 형을 선정하여 변수 x의 유형(이 경우 에는 부동소수점형-float가 될 것이다)을 결정하게 된다. 변수 값과 그 유형을 출력해 보면 확인할 수 있다.

```
In [33]: x = int(x)
         print(x, type(x))

         (1, <type 'int'>)
```

변수 x를 정수형(int)으로 변환을 하기 위하야 int함수를 이용하여 정수형으로 변환하여, 다시 자기자신에 데이터를 대입한다면, 파이썬을 자동으로 x의 형을 정수형으로 바꾸고, 1.5를 정수형으로(소수점 부분은 버린다) 변환하여 변수 x에 대입하게 된다.

```
In [34]: z = complex(x)
         print(z, type(z))

         ((1+0j), <type 'complex'>)
```

다시 정수형 변수 x를 복소수형(complex)로 변환하게 되면, 복소수형으로 변환이 되는데, 이때 이전의 정수값은 복소수의 실수부로 대입되고, 허수부는 0으로 대입된다.

```
In [35]: x = float(z)

         TypeErrorTraceback (most recent call last)
         <ipython-input-35-e719cc7b3e96> in <module>()
         ----> 1 x = float(z)

         TypeError: can't convert complex to float
```

그러나, 복소수를 부동소수점형(float)이나 정수형(int)로의 변환은 형변환 오류(TypeError)를 발생시키는데, 이는 복소수의 경우, 실수부와 허수부를 어떻게 처리할지에 대한 사전에 정의된 방법이 없기 때문에, 오류를 실행시키게 된다. 이때는 z.real 또는 z.imag를 사용하여 필요로하는 실수부나 허수부의 값을 가지고 와야 한다.

```
In [36]: y = bool(z.real)
         print(z.real, " -> ", y, type(y))

         y = bool(z.imag)
         print(z.imag, " -> ", y, type(y))

         (1.0, ' -> ', True, <type 'bool'>)
         (0.0, ' -> ', False, <type 'bool'>)
```

복소수변수 z의 실수부와 허수부의 값을 각각 bool함수로 부울값으로 변환을 하여 출력하면 위와 같은 결과를 얻게 되는데, bool함수는 입력 인자가 0이 아니면 True(참)의 값을 들려주고, 0인 경우에 False(거짓)값을 반환한다.

2.4 산술연산자와 논리/관계 연산

파이썬의 산술적 연산을 수행하는 연산자(operator)는 일반적인 프로그래밍 언어에서 지원하는 연산자들과 유사하게 동작한다. 정수형 나눗셈(integer division 또는 floor division이라고 함)은 소수점 이하 자릿수가 제거된 '몫'을 결과로 제공하는 나눗셈이다. 그러나 피연산자 중 하나가 음수이면 결과는 0에서 반올림 된다.

산술연산자	설명	적용 예
+	addition	a + b
-	Subtraction	a - b
*	Multiplication	a * b
/	Division	a / b
%	Modulus	a % b
**	Power	a ** 2
//	Intetger Division	a // b

```
In [37]: 1 + 2, 1 - 2, 1 * 2, 1 / 2
Out[37]: (3, -1, 2, 0)
```

앞의 결과는 일반적인 덧셈, 뺄셈, 곱셈, 나눗셈의 결과이다. 연산에 사용된 데이터가 정수형이므로 나눗셈의 경우, 정수값 0으로 나타나고 있다.

```
In [38]: 1.0 + 2.0, 1.0 - 2.0, 1.0 * 2.0, 1.0 / 2.0
Out[38]: (3.0, -1.0, 2.0, 0.5)
```

부동소수점형의 경우, 나눗셈의 결과가 정확하게 표현된다.

```
In [39]: # Integer division of float numbers
3.0//2.0, -11//3
Out[39]: (1.0, -4)
```

이 연산은 부동소수점의 정수형 나눗셈으로, 결과에서 정수부분만 결과로서 나타나게 된다.

```
In [41]: # Note! The power operators in python isn't ^, but **
2**2
Out[41]: 4
```

제곱승 연산자의 결과를 보여준다.

```
In [42]: # modulus operator
quotient = 7/3
remainder = 7%3
print (quotient,remainder)

(2, 1)

In [43]: # Extracting Most-significant digits or Least-significant digits
print (13%10, 123%100)

(3, 23)
```

나머지 연산자(modulus operator)는 정수에 사용하며, 첫번째 피연산자를 두 번째 피연산자가 나눌때 나머지 값이 출력된다. 파이썬에서 나머지 연산자는 퍼센트 기호(%)다. 구문은 다른 연산자와 동일하다.

나머지 연산자는 매우 유용한 연산자이다. 예를 들어 한 숫자를 다른 숫자로 나눌 수 있는지 없는지를 확인할 수도 있는데, x%y값이 0이라면, x를 y로 나눌 수 있다. 또한, 숫자에서 가장 오른쪽 숫자를 분리하는데도 사용된다.

예를 들어 x%10은 x가 10진수인 경우 가장 오른쪽 숫자를 분리할 수 있고, 동일한 방식으로 x%100은 가장 오른쪽 2개 숫자를 분리할 수도 있다.

> **참고** 이 예제에서는 파이썬 2.7을 기준으로 설명을 하고 있어 정수형 나눗셈과 부동소수점의 나눗셈을 다르게 표현하고 있으나, 파이썬 3.x에서는 나눗셈은 모두 부동소수점으로 나누기를 수행한다.
>
> 만약에 1/2.0과 같이 정수형과 소수점형이 혼재되어 산술연산이 이루어 진다면, 모든 수는 부동소수점형으로 변환되어 연산이 이루어지게 된다. 복소수의 경우, 일반적인 복소수 연산으로 수행된다.

논리 연산자(Logical operators) : 파이썬에서 논리 연산자는 and, not 그리고 or 연산자를 사용한다.

논리연산자	설명	적용 예
and	논리 AND연산, 둘다 참(True)일때만 참	a and b
or	논리 OR연산, 둘 중 하나만 참(True)이어도 참	a or b
not	논리 NOT연산, 논리 상태를 반전	not a

```
In [44]: True and False
Out[44]: False

In [45]: not False
Out[45]: True

In [46]: True or False
Out[46]: True
```

파이썬의 '비교 연산자'(Comparison operators)는 양쪽의 값을 비교하고 두 연산자의 관계를 결정한다. '관계 연산자'(relational operator)라고도 한다. 비교 연산자의 결과는 부울 값으로 True이거나 False값을 가진다.

관계연산자	설명	적용 예
==	두 값이 동일하다	a == b
!=	두 값이 동일하지 않다	a != b
>	왼쪽 값이 오른쪽 보다 크다	a > b
<	왼쪽 값이 오른쪽 값보다 작다	a < b
>=	왼쪽 값이 오른쪽 값보다 크거나 동일하다	a >= b
<=	왼쪽 값이 오른쪽 값보다 작거나 동일하다	a <= b

```
In [47]: 2 > 1, 2 < 1
Out[47]: (True, False)

In [48]: 2 > 2, 2 < 2
Out[48]: (False, False)
```

```
In [49]: 2 >= 2, 2 <= 2
Out[49]: (True, True)
```

```
In [50]: # equality
         [1,2] == [1,2]
Out[50]: True
```

```
In [51]: # objects identical?
         l1 = l2 = [1,2]
         type(l1), l1 is l2
Out[51]: (list, True)
```

앞의 예제에서는 아직 소개하지 않은 새로운 데이터형이 등장하게 되는데, "리스트형"(list) 데이터 유형를 이용하고 있다. [1,2]는 리스트형 데이터를 의미하는데, 파이썬의 비교 연산자는 모든 데이터형의 비교를 허용하고 있다. 비교의 대상이 정수형, 부동소수점형, 복소수형, 부울형 이외에도 어떤한 파이썬 "객체"(object)에 대한 비교가 허용되기 때문이다.

2.5 복합 데이터 유형 : 문자열, 리스트 그리고 사전

2.5.1 문자열 (Strings)

문자열은 파이썬에서 가장 인기있는 데이터 유형이다. 문자열은 텍스트 메시지를 저장하는데 사용되는 변수 유형으로, 문자를 따옴표로 묶어 간단하게 만들 수 있는데, 파이썬에서는 작은 따옴표를 큰 따옴표로 취급한다. 문자열을 만드는 방법은 변수에 값을 할당하는 것만큼 간단하다.

```
In [52]: s = "Hello world"
         type(s)
Out[52]: str
```

파이썬에서는 '문자'(char)형을 지원하지 않는다. 이 문자형은 길이가 1 인 문자열로 취급되므로 부분 문자열로 인식되기 때문이다.

```
In [53]: # length of the string: the number of characters
         len(s)

Out[53]: 11
```

파이썬의 문자열 데이터형은 내부에 많은 내장 함수를 포함하고 있다. 파이썬 데이터 객체의 "내장함수"라는 개념은, 파이썬이 객체지향형 언어라는 점에서, 모든 데이터 유형들은 하나의 "객체"(object)로 부터 파생되어 진다는 개념을 이해함으로써 알수 있다. 문자열 데이터의 "내장 함수"인 len함수는 저장된 문자열의 길이를 결과값으로 돌려준다.

```
In [54]: # replace a substring in a string with something else
         s2 = s.replace("world", "test")
         print(s2)

         Hello test
```

문자열 데이터의 내장함수인 replace함수는 지정한 문자열 전체에서 부분 문자열(world)을 찾아 새로운 부분 문자열로(test)로 대체하는 기능을 제공한다. 문자열은 연속적인 문자들(characters)로 구성된 하나의 배열이기 때문에, 내부의 부분 문자열에 액세스하려면 대괄호([])를 사용하여 인덱스하여 내부 부분 문자열을 가져올 수 있다. 이를 **슬라이싱**(slicing)이라고 한다. 즉, 대괄호([])를 사용하여 문자열의 문자를 색인 할 수 있다.

```
In [55]: s[0]

Out[55]: 'H'
```

위의 예제는 문자열 변수s의 첫 번째 부분 문자열 H를 나타낸다. 또한 색인(index)은 start와 stop-1 (색인 stop에 있는 문자는 포함되지 않음) 사이의 문자를 축출하는 구문 [start : stop]을 사용하여 문자열의 일부를 축출할 수도 있다.

주의 할 점 : *파이썬에서 모든 인덱싱은 0에서부터 시작한다!*

```
In [56]: s, s[0:5]

Out[56]: ('Hello world', 'Hello')

In [57]: s, s[4:5]

Out[57]: ('Hello world', 'o')
```

위의 예제는 문자열 s에서 처음에서부터 6번째까지의 문자열을 가져오고, 두번째 예제는 문자열에서 4~5번째 문자열을 가져오는 것을 보여준다. '[start : stop]'에서 start 또는 stop 중 어느 하나(또는 둘 다)를 생략하면 기본값은 각각 문자열의 시작과 끝이 된다.

다음의 예를 살펴보자:

```
In [58]: s, s[:5]
Out[58]: ('Hello world', 'Hello')

In [59]: s, s[6:]
Out[59]: ('Hello world', 'world')

In [60]: s, s[:]
Out[60]: ('Hello world', 'Hello world')
```

위의 예제에서, s[:5]는 처음부터 5번째, 즉 앞에서 6개의 글자를 축출하여 문자열로 보여준다. s[6:]는 6번째 부터 마지막 까지의 문자를 축출하여 문자열로 보여준다. 마지막, [:]의 경우는, 처음부터 마지막까지의 모든 문자들을 축출하여 문자열로 보여주게 된다. [start : end : step] (step의 기본값은 1이다.) 구문을 사용하여 인덱스의 증가 단계 크기를 사용자가 임의로 정의할 수도 있다.

```
In [61]: s, s[::1] # 원래 기본값을 사용하고 있다.
Out[61]: ('Hello world', 'Hello world')

In [62]: s, s[::2] # 한 글자씩 건너서 축출된다.
Out[62]: ('Hello world', 'Hlowrd')
```

이러한 색인 방식을 슬라이싱(slicing)이라고 하는데, 이외에도 텍스트 처리를 위한 매우 다양한 함수들을 제공하고 있다.

2.5.2 문자열 형식

이 절에서는 파이썬에서 보기 좋게 문자열를 출력하는 방법에 대해 살펴볼 것이다. "문자열 형식(string format)"은 훨씬 유연한 파이썬적인 접근 방식이다(사실, FORTRAN에서 아이디어를 얻어 구현한 것으로 생각된다). 지금까지 print 함수를 두 가지 방법으로 사용했다. 두 가지 이상의 값을 출력해야 했다. 가장 쉬운 방법이지만 효율적인 방법은 아니다.

다음 예제에서 볼 수 있듯이, 쉼표로 구분된 값 또는 문자열 목록을 인쇄하여 결과를 볼 수 있다. 모든 문자열은 공백으로 구분되며 이는 파이썬의 가장 기본적인 동작이다. 또, 파이썬은 모든 데이터형을 인자로 받아들여 문자열로 변화할 수 있으며, +연산자는 문자열의 "연결연산자" 기능을 수행함으로서 다양한 문장을 부분 문장들을 연결하여 생성할 수도 있다.

```
In [63]: q = 459
         p = 0.098
         print(q, p, p * q) # print함수는 문자열을 공백으로 연결한다.

         (459, 0.098, 44.982)

In [64]: print("str1", "str2", "str3")  # print함수는 문자열을 공백으로 연결한다.

         ('str1', 'str2', 'str3')

In [65]: print("str1", 1.0, False, -1j)  # print함수는 모든 인수를 문자열로 변환한다.

         ('str1', 1.0, False, -1j)

In [66]: print("str1" + "str2" + "str3") # +가 추가된 문자열은 공백없이 연결된다.

         str1str2str3
```

파이썬은 C-언어 스타일의 문자열 포맷을 사용하여 새로운 형식의 문자열을 만들 수 있다. '%' 연산자는 형식문자열과 함께 "튜플(tuple)" (고정 크기의 리스트)로 묶인 변수 집합을 형식화 하는데 사용되며(이를 "문자열 모듈러스 연산자"라 한다), 형식문자열은 %s와 %d 같은 특수 기호를 포함하는 "인수–지정자"와 함께 일반 텍스트를 포함하는 문자열을 의미한다.

파이썬에서 자주 사용되는 가장 기본적인 "인수–지정자"(argument specifier)는 다음과 같다.

인수지정자	설명
%s	문자열 (또는 숫자와 같은 문자열 표현이 있는 객체)
%d	정수형(Integers)
%f	부동소수점형(Floating point numbers)
%.<자릿수>f	점의 오른쪽에 고정된 숫자가 있는 부동소수
%x / %x	16진수 (소문자/대문자)

```
In [67]: print("value = %f" % 1.0)        # C-스타일의 문자열 형식을 사용할 수 있다.

         value = 1.000000
```

```
In [68]: # this formatting creates a string
         s2 = "value1 = %.2f. value2 = %d" % (3.1415, 1.5)
         print(s2)

         value1 = 3.14. value2 = 1
```

다음의 다이어그램은 "문자열 모듈러스 연산자"의 작동 방식을 보여준다.

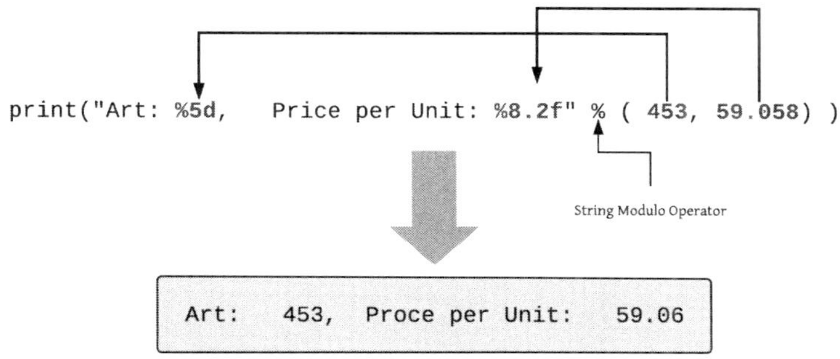

"문자열 모듈러스 연산자"의 왼쪽에는 '형식문자열'이 있고 그 오른쪽에는 출력할 값을 가지고 있는 튜플이 '형식문자열'안에 있는 '인수지정자'와 일대일 대응하게 된다. 값은 문자, 변수 또는 임의의 산술식이 올 수도 있다.

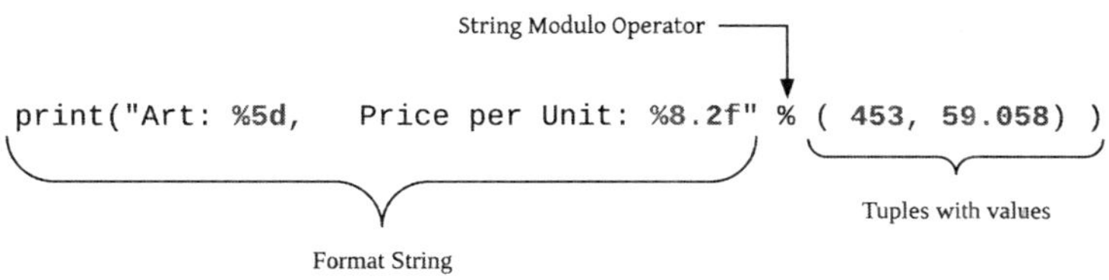

'형식문자열'에는 '자리표시자'(placeholder)를 포함할 수 있다. 이 예제에는 두 가지의 형식(%5d 및 %8.2f)을 보여준다. '형식-자리표시자'에 대한 일반적인 구문은 다음과 같다.

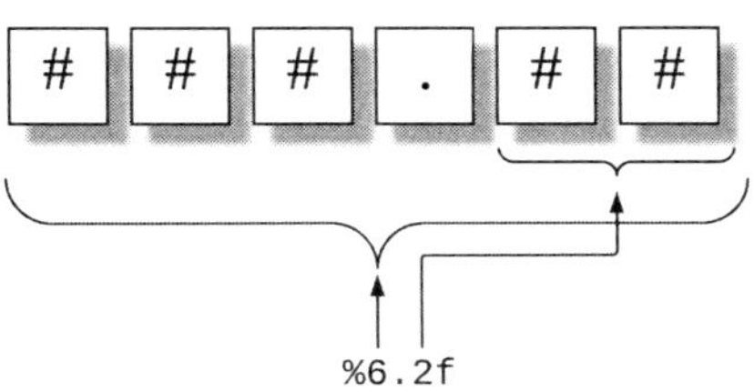

'자리표시자'를 살펴 보자. 두 번째 %8.2f는 부동 소수점 숫자에 대한 형식 설명이다. 다른 '자리표시자'와 마찬가지로 %문자를 사용한다. 그 다음에 문자열에 포함되어야하는 총 자릿수가 온다. 이 숫자에는 소수점과 모든 자릿수, 즉 소수점 앞과 뒤가 포함된다. 실수 59.058은 전체 8자리로 형식을 지정하고 있으며, 숫자 또는 정밀도의 소수 부분은 2로 지정하고 있다. 즉, . 다음에 오는 숫자를 말한다. '자리표시자'의 마지막 문자 f는 float 부동소수점형을 의미한다.

결과를 보면 세자리 10진수가 반올림 되었음을 알 수 있다. 또한, 숫자 앞에 3개의 공백이 있는 문자열로 출력되었다. 첫 번째 자리표시자 '%5d'는 튜플의 첫 번째 구성 요소, 즉 정수 453에 해당된다. 이 숫자는 5자리로 출력된다. 453은 3자리 숫자로만 이루어져 있으므로 출력에는 2개의 공백이 채워지게 된다. '%5d' 대신 '%5i'를 예상했을 수도 있는데, 그럼 차이점은 무엇일까? 간단하다. 'd'와 'i'사이에는 차이가 없다. 둘 다 정수 서식지정에 사용되고 있다. 등일한 패턴으로 둘 이상의 라인이 인쇄되는 경우, 형식화된 출력의 이점을 볼 수 있다.

다음의 그림은 자리 표시자를 '%6.2f '로 사용하여 5개의 부동 소수점 숫자를 출력하였을 때 어떻게 적용되는지를 보여준다.

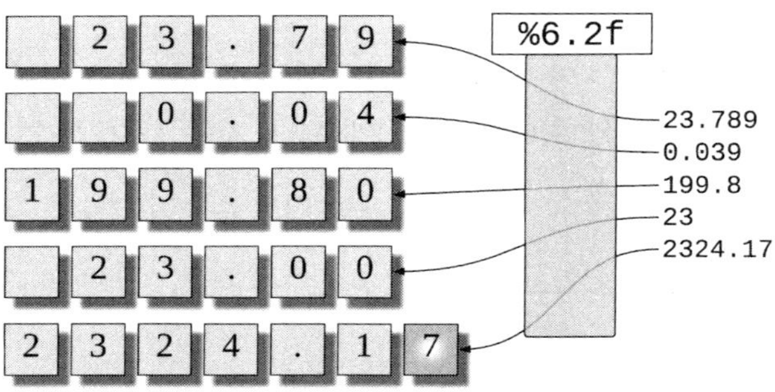


```
In [69]: print("%10.3e"% (356.08977))
         print("%10.3E"% (356.08977))
         print("%10o"% (25))
         print("%10.3o"% (25))
         print("%10.5o"% (25))
         print("%-10.5o"% (25)) #--- '-'가 앞에 오면, 결과과 좌측으로 정렬된다.
         print("%5x"% (47))
         print("%5.4x"% (47))
         print("%5.4X"% (47))
         print("%#5.4x"% (47))  #--- '#'플래그: o, x 또는 X 지정자와 함께 사용하면 값 앞에 각
         각 0,0o,00,0x 또는 0X가 온다.
         print("Only one percentage sign: %% " % ())

          3.561e+02
          3.561E+02
                 31
                031
              00031
```

```
00031
   2f
 002f
 002F
0x002f
Only one percentage sign: %
```

파이썬적인 방법: 문자열 형식함수 format의 활용

앞에서 설명했던 문자열 형식의 지정은 매우 지루하고, 따분한 작업으로 여겨지고 있다. 마치 FORTRAN이나 C-언어와 유사한 느낌이 나기도 한다. 따라서, 파이썬을 이용한 프로그래밍에서는 보다 진보적이고 현대적인 문자열 메서드 형식 'str.format()'의 사용을 적극 권장한다. 'format'함수는 파이썬 2.6부터 지원하고 있는데, 일반적인 형식은 다음과 같다.

```
template.format(p0, p1, ..., k0=v0, k1=v1, ...)
```

템플릿(또는 형식문자열)은 상수 텍스트에 포함된 하나 이상의 형식코드(바꿀 필드)를 포함하는 문자열을 의미한다. "대체 할 필드"는 중괄호(curly braces) '{}'로 묶는다. 우리가 곧 지정할 규칙에 따라 중괄호와 내부의 "코드"는 인수 중 하나에서 형식이 지정된 값으로 대체된다. 중괄호 안에 포함되지 않은 내용은 변경되지 않고 그대로 출력된다.

중괄호 문자를 인쇄해야하는 경우 중괄호 문자를 중첩하면 된다 : '{{' 그리고 '}}'. '.format()' 메서드에는 두 가지 종류의 인수가 있다. "인수목록"은 위치 인수 '(p0, p1, ...)'로 시작하며, 그 뒤에 '이름 = 값' 형식의 키워드 인수가 올 수 있다. 포맷 방법의 위치 매개변수(parameter)는 중괄호 다음에 매개 변수의 인덱스(색인)를 배치하여 접근 할 수 있다. '{0}'은 첫 번째 매개변수에 해당되고, '{1}'은 두 번째 매개 변수에 해당된다. 중괄호 안의 인덱스 다음에 콤마(',')과 형식 문자열이 올 수 있다. 이 문자열은 모듈러스 문자열의 표기법과 유사하다. 예를들어 '{0:5d}'와 같이 표현할 수 있다.

위치 매개변수가 쓰여진 순서대로 사용되면 중괄호 안의 위치 인수지정자는 생략될 수 있으므로 "{} {} {}"은 "{0} {1} {2}"와 같은 의미로 해석된다. 그러나 다른 순서로 액세스하려면 "{2} {1} {0}"처럼 인덱스를 지정해 주어야 한다. 다음 다이어그램은 위치 매개 변수에 대해 문자열 메서드 "형식"이 어떻게 적용되는지를 보여준다.

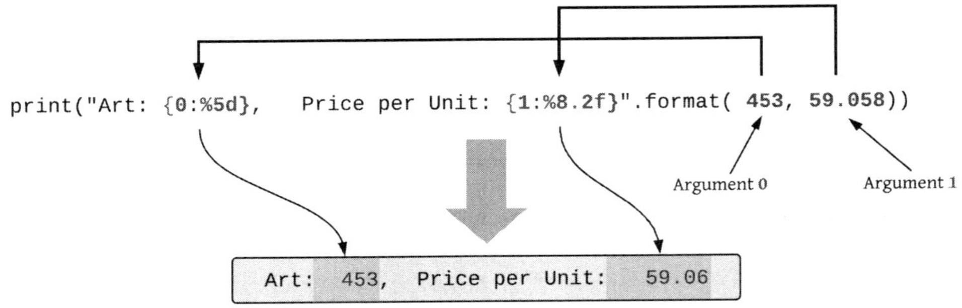


```
In [70]: # 문자열을 형식화하는 직관적인 방법 : .format() 함수의 적용
         s3 = 'value1 = {0}, value2 = {1}'.format(3.1415, 1.5)
         print(s3)

         value1 = 3.1415, value2 = 1.5

In [71]: s4 = 'value1 = {1}, value2 = {0}'.format(3.1415, 1.5)
         print(s4)

         value1 = 1.5, value2 = 3.1415

In [72]: s5 = 'value1 = {0:7.2f}, value2 = {1:4.2f}'.format(3.1415, 1.5)
         print(s5)

         value1 =    3.14, value2 = 1.50

In [73]: s6 = 'value1 = {0}, value2 = {1}, value3 = {0}'.format(3.1415, 1.5)
         print(s6)  # 위치 매개변수는 여러번 불러서 사용할 수 있다.

         value1 = 3.1415, value2 = 1.5, value3 = 3.1415
```

다음 예제에서는 키워드 매개변수를 format메서드와 함께 사용하는 방법을 보여준다.

```
In [74]: "Art: {a:5d},  Price: {p:8.2f}".format(a=453, p=59.058)
Out[74]: 'Art:   453,  Price:    59.06'
```

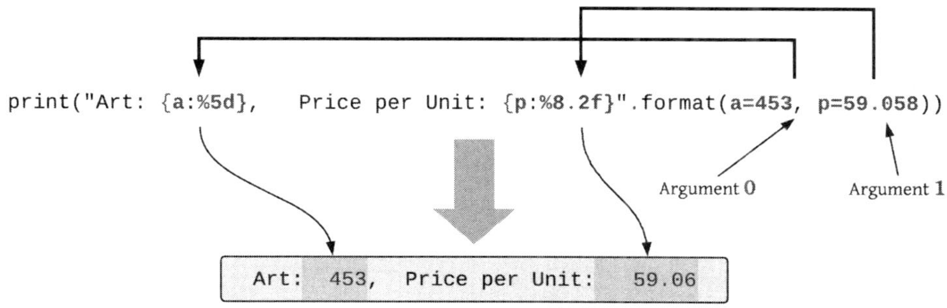

형식 메서드를 사용하여 데이터를 왼쪽 또는 오른쪽으로 정렬 할 수도 있다. 이를 위해 서식의 앞에 '<'(왼쪽 맞춤) 또는 '>'(오른쪽 맞춤)을 사용하면 된다. 다음 예제를 보면 사용방법을 알 수 있다.

```
In [75]: "{0:<20s} {1:6.2f}".format('Spam & Eggs:', 6.99)
Out[75]: 'Spam & Eggs:           6.99'

In [76]: "{0:>20s} {1:6.2f}".format('Spam & Eggs:', 6.99)
Out[76]: '        Spam & Eggs:   6.99'
```

삼중 인용부호

파이썬의 삼중 인용부호(세 개의 연속된 작은 따옴표 또는 큰 따옴표)는 개행(NEWLINE), 탭(TAB) 및 기타 특수 문자를 포함하여 문자열이 여러 줄에 걸쳐 있는 문자열을 만들 수 있다.

```
In [77]: str = """심장의 전도계는 꽤나 복잡하지만, 일단 제일 대표적인 요소로 Sinoatrial Node(동방 결절)와
Atrioventicular Node (방실 결절)을 꼽을 수 있다. Sinoatrial Node (줄여서 SA Node)는 심장의
기본적인 페이스메이커로써, 정상적인 심장이라면 SA 노드에서만 전류 신호가 발생한다."""
print str

심장의 전도계는 꽤나 복잡하지만, 일단 제일 대표적인 요소로 Sinoatrial Node(동방 결절)와
Atrioventicular Node (방실 결절)을 꼽을 수 있다. Sinoatrial Node (줄여서 SA Node
)는 심장의
기본적인 페이스메이커로써, 정상적인 심장이라면 SA 노드에서만 전류 신호가 발생한다.
```

파이썬(Python) 프로그래밍 - Part 02

3장

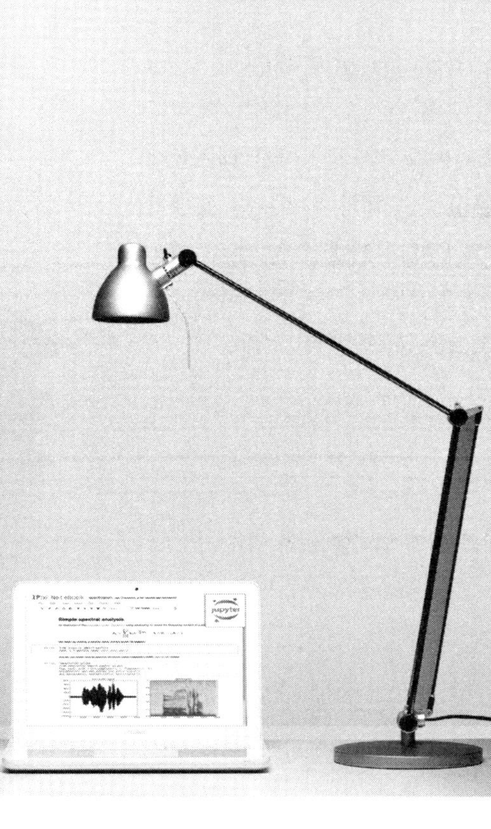

3.1 프로그램 흐름 제어

어떤 일을 수행하는데 결정을 내릴 수 없다면 어떻게 될까?

이 질문은 순수하게 수사학적인(rhetorical) 질문이다. 왜냐하면 실생활에서뿐만 아니라 프로그래밍에서 항상 결정이 내려지기 때문이다. 'if'문 형태의 조건문은 프로그래밍 언어의 필수적인 요소 중 하나이며 파이썬에서도 예외는 아니다. 'if'문이 없는 프로그래밍 언어는 상상할 수도 없다. 적어도 프로그램 코드가 어떤 문제를 해결해야하는 경우, 코드 흐름에 분기를 두지 않고 프로그래밍하는 방법은 불가능하기 때문이다. 스크립트 또는 프로그램이 선택할 수 있는 동작, 즉 다른 계산(처리)을 선택할 수 있는 지점에 도달하면 어떻게든 결정을 내려야 한다. 대부분의 경우 변수 또는 산술 표현식의 값에 따라 분기가 결정되는데, 이 표현식은 부울 값 참(True) 또는 거짓(False)로 평가되어 진다. 이렇게 결정을 내리는 문장을 **조건문**이라고 한다. 다르게는 **조건부 표현식** 또는 **조건부 구문**이라고도 한다.

이 장에서는 파이썬의 조건문에 대하여 살펴보고자 한다. 또한 조건문과 함께 파이썬 블럭 원칙을 살펴 보고자 한다 파이썬으로 코드를 작성하려면 문장을 블럭(block)으로 결합하는 방법을 알아야 한다.

블록 구축의 개념은 '자연어'에서도 사용되고 있다. 다음 텍스트를 통하여 추론해 볼 수 있다.

> 내일 비가 오면 지하실을 정리할 것이다.
> 이 후에 나는 벽에 페인트를 칠할 것이고 그래도 시간이 남은 경우 세금신고서를 작성한다.

짐작하겠지만, 아마 우리는 세금신고서를 처리할 시간은 없을 것이다. 우리는 이전 텍스트에서 시간순으로 수행해야 하는 일련의 작업을 볼 수 있는데, 문장을 꼼꼼히 살펴보면 표현이 모호하다는 것을 알 수 있다. 벽에 페인트하는 동작은 비가 올 경우에도 연결될까? 특히 세금 신고서를 작성하는 것은 비오는 상황에 달려 있는가? 비가 오지 않으면 이 사람은 무엇을 할 것인가? 우리는 추가적으로 모호성을 만들어 다음과 같이 텍스트를 확장할 수 있다.

> 내일 비가 오면 지하실을 정리할 것이다.
> 이 후에 나는 벽에 페인트를 칠할 것이다.
> 그래도 시간이 남은 경우 세금 신고서를 작성할 것이다.
> 그러나, 그렇지 않으면 수영하러 가야지. 그리고 저녁에는 여자친구와 함께 영화를 보러 가즈아!

그런데, 그의 여자친구가 영화에 초청되기를 진정 원하는가? 그녀는 비가 내리기를 기도하거나 희망해야 하는건가? 이러한 문장을 프로그래밍 코드나 파이썬 코드에 더 가깝고, 명확히 하기 위해 다음과 같은 방식으로 표현할 수 있다.

```
내일 비가 오면 다음과 같은 일을 할 것이다:
  - 지하실을 정리한다.
  - 벽에 페인트를 칠한다.
  - 그래도 시간이 남는다면,
  - 세금 계산서를 작성한다.

그렇지 않으면, 다음과 같은 일을 할 것이다:
  - 수영하러 간다.

저녁에 여자친구와 함께 영화 보러 간다.
```

이러한 일련의 "작업흐름"(work flow)은 프로그래밍에서 소위 '흐름도(flow chart)' 또는 '프로그래밍 흐름도(programming flow chart)'로 공식화된다.

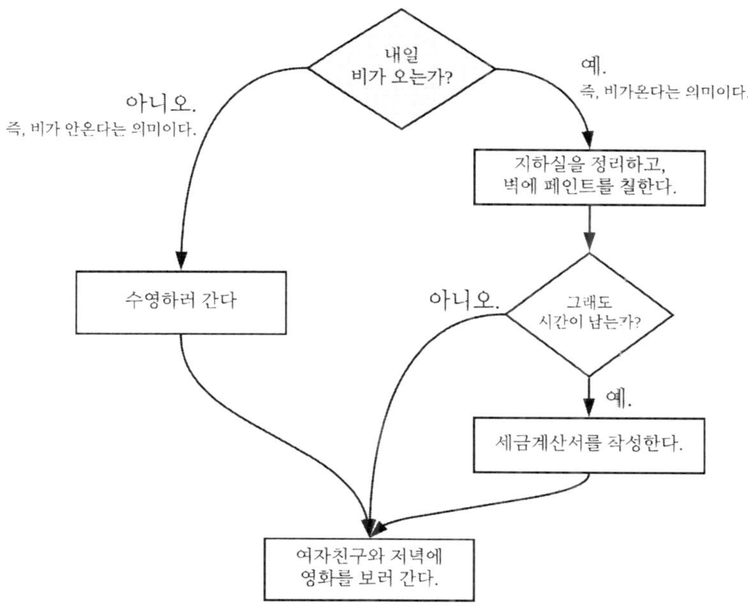

그림 3-1 일련의 작업을 표현하기 위한 작업의 흐름도

대부분의 프로그래밍 언어에서 발견되는 일반적인 의사 결정 구조의 일반적인 형태는 다음과 같다.

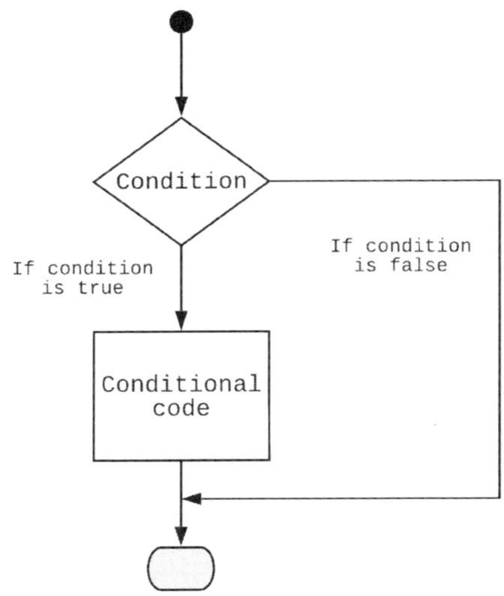

그림 3-2 일반적인 프로그래밍 언어의 IF구문에 의한 의사결정 구조의 형태(흐름도)

블록은 하나의 명령문인 것처럼 명령문 그룹을 보거나 처리할 수 있도록 프로그래밍할 때 사용된다. 블록은 하나 이상의 명령문으로 구성되는데, 프로그램은 명령문과 다른 중첩된 블록으로 구성된 블록으로 볼 수 있는 것이다. 프로그래밍 언어에서 구문론적(syntactically)으로 블록을 기술하는 방법은 다양하다. 예를 들어 'ALGOL 60'과 'Pascal'은 'begin'과 'end'를 사용하고, 'C'와 유사한 언어는 중괄호(curly braces) "{"와 "}"를 사용한다. 유닉스의 쉘인 'Bash'에서는 'do ... done'과 'if ... fi' 또는 'case ... esac' 구문을 사용한다.

이러한 모든 접근법에는 큰 단점이 있는데, 프로그램 코드는 "인터프리터"(interpreter) 또는 "컴파일러"(compiler)에는 적합할 수는 있지만, 사람은 이를 다르게 해석할 수 있다는 문제점이다. 이것을 다음과 같은 "의사"(pseudo) C-코드 조각(snippet)으로 설명할 수 있다.

```
if (raining_tomorrow) {     // 내일 비가 오면
    tidy_up_the_cellar();   // 지하실을 정리한다
    paint_the_walls();      // 벽에 페인트를 칠한다
    if (time_left)          // 그래도 시간이 남는다면
          do_taxes();       // 세금 계산서를 작성한다
} else   // 그렇지 않으면
    enjoy_swimming();       // 수영하러 간다
go_cinema();  // 영화 보러 간다
```

의사 C-코드의 문제는 코드를 '들여쓰기'(indentation)하는 방법이 컴파일러에게 아무런 의미

가 없다는 것이며, 코드를 이해하려고 시도한다면 사람에게는 잘못된 해석을 제안할 수 있다는 것이다. 이러한 단점은 파이썬 언어와 다른 점이다. 모든 블록은 들여쓰기로 만들어 지며, 들여쓰기로 만들어진 블럭은 다르게 해석되는 것이다. 위의 예를 파이썬 코드로 변환한다면, 다음과 같이 된다.

```
if raining_tomorrow:  # 내일 비가 오면
    tidy_up_the_cellar() # 지하실을 정리한다
    paint_the_walls()  # 벽에 페인트를 칠한다
    if time_left:     # 그래도 시간이 남는다면
          do_taxes()  # 세금 계산서를 작성한다
else:   # 그렇지 않으면
    enjoy_swimming()   # 수영하러 간다
go_cinema()   # 영화 보러 간다
```

파이썬으로 변환된 코드에는 모호성이 많이 줄어든 것을 볼 수 있다. 날씨에 관계없이 영화관을 방문해야 한다. 'go_cinema()' 호출을 'enjoy_swimming()'과 동일한 들여쓰기 수준으로 이동하면 제법 행동의 흐름이 변경될 것이다. 즉, 비가 내리면 영화관에 갈일이 없어지기 때문이다.

파이썬 코드는 정확한 들여쓰기를 사용해야만 구조화될 수 있다. 이것은 파이썬 프로그래머가 멋진 코드를 작성하기 위해 어쨌든 들여쓰기를 사용하도록 만든다. 따라서 파이썬은 무의식적으로 잘못된 들여쓰기를 사용하여 프로그램 구조를 '난독화'(obfuscate)하지 못하게 한다. 파이썬에서 코드블록은 동일한 간격의 공백이나 탭으로 들여쓰기 되어야 한다. 우리는 파이썬의 조건문에 대하여 더욱 깊게 살펴보도록 하자.

3.1.1 조건문 : if, elif, else

'if' 조건문은 파이썬 프로그램에서 프로그램 제어의 흐름을 변경하는데 사용된다. 이렇게 하면 코드 또는 다른 블록을 실행할 것인지 여부를 실시간으로 결정할 수 있다. 파이썬에서 가장 간단한 'if' 조건문은 다음과 같다.

```
if 조건(condition):
    실행문1(statement1)
    실행문2(statement2)
    # ... 필요한 경우 더 들여쓰기된 실행문
```

들여쓰기된 코드 블록은 조건이 "참"(True)으로 평가될 때만 실행된다. 즉, 논리적으로 참을 의미한다. 'if' 조건문의 끝에는 '콜론'(:)이 오고, 조건문 내부에서의 실행문은 최소 하나의 공백 이상의 들여쓰기를 해야 한다. 코드의 조건부 실행을 위한 파이썬 구문은 'if', 'elif'(else if), 'else' 키워드를 사용한다.

```
if 조건1(condition1):
    실행문1(statement1)
    실행문2(statement2)
    ...
elif 조건2(condition2):
    실행문3(statement3)
    실행문4(statement4)
    ...
else:
    실행문5(statement5)
    실행문6(statement6)
    # ... 필요한 경우 더 들여쓰기된 실행문
```

'if' 조건문은 대부분 많은 'elif'와 'else'분기를 가질 수 있다. 좀더, 정확히 말하면, 하나 이상의 'elif'분기가 있을 수 있지만 'else'분기는 하나만 있을 수 있는 것이다. 'else'분기는 'if' 조건문의 마지막 끝 부분에 위치해야 한다. '조건1'이 '참'이면 '실행문1' 블록의 명령문이 실행되며, 그렇지 않은 경우 '조건2'가 평가된다. '조건2'가 '참'(True)로 평가되면 '실행문3'과 '4'가 실행되고 '조건2'가 '거짓'(False)이면 다음 'elif' 조건의 다른 조건이 검사된다. 마지막으로 '참'(True)으로 평가되지 않으면, 'else' 키워드에 의하여 그 다음에 들여쓰기된 블록, '실행문5'와 '6'이 실행되는 것이다.

그럼, 다음의 예를 살펴보자.

```
In [1]: condition1 = False
        condition2 = False

        if condition1:
            print("condition1 is True")

        elif condition2:
            print("condition2 is True")

        else:
            print("condition1 and condition2 are False")

condition1 and condition2 are False
```

앞의 예제를 동일한 C-언어 코드와 비교해 보면:

```
if (condition1)
  {
      printf("condition1 is True \n");
  }
  else if (condition2)
  {
      printf("condition2 is True \n");
  }
  else
  {
      printf("condition1 and condition2 are False \n");
  }
```

C-언어 블록은 둘러싸는 중괄호 '{' 와 '}'에 의해 정의된다. 그리고 들여쓰기의 레벨 (코드 문장 앞의 공백)은 중요하지 않다 (완전히 선택 사항임). 그러나 파이썬에서 코드 블록의 범위는 들여쓰기 레벨 (일반적으로 탭 또는 네 개의 공백)으로 정의된다. 이것은 코드를 올바르게 들여 쓰기해야 한다는 것을 의미한다. 그렇지 않으면 구문 오류가 발생한다.

Examples: ¶

```
In [2]: statement1 = statement2 = True

        if statement1:
            if statement2:
                print("both statement1 and statement2 are True")
```

```
both statement1 and statement2 are True
```

```
In [4]: # 잘못된 들여쓰기!
        if statement1:
            if statement2:
            print("both statement1 and statement2 are True")  # this line is not p
        roperly indented
```

```
  File "<ipython-input-4-78979cdecf37>", line 4
    print("both statement1 and statement2 are True")  # this line is not
properly indented
        ^
IndentationError: expected an indented block
```

앞의 예제는, 들여쓰기가 제대로 이루어지지 않은 경우 "에러"(IndentationError)가 발생하는데, '실행문2'가 'if' 조건문으로 선언되어, 그 다음의 실행문 'print'함수는 최소 하나 이상의 공백으로 들여쓰기를 해야하기 때문이다.

```
In [10]: statement1 = False

         if statement1:
             print("printed if statement1 is True")

             print("still inside the if block")
```

```
In [8]: statement2 = False
        if statement2:
            print("printed if statement2 is True")

        print("now outside the if block")

        now outside the if block
```

앞의 두 예의 결과를 보자. 첫번째 예제에서는 'if' 조건문 블럭에 두개의 'print'문이 들어가 있으나, 그 사이에 아무런 코드가 없는 빈줄이 들어가 있다. 그러나, 마지막까지 들여쓰기된 실행문이 있으므로, 아직 'if' 조건문이 끝나지 않은 것으로 처리되어, 두번째 'print'문이 출력되지 않는다. 그러나, 두번째 예는 다르다. 처음의 'print'함수는 들여쓰기 되어져 'if' 조건문의 일부로 해석되지만, 두번째 'print'문은 다시 내어쓰기가 되어져, 'if' 조건문을 벗어난 것으로 처리되기 때문이다.

3.1.2 논리의 "참"(True)과 "거짓"(False)

일반적으로 어떤 논리의 "참"(True)과 "거짓"(False)을 구별하는 것이 파이썬에서처럼 쉽지만은 않다. 다음 객체는 파이썬에서 "거짓"으로 평가되는 사례를 보여준다.

- 숫자 0 (0, 0L, 0.0, 0.0 + 0.0j),
- 부울 값 False,
- 빈 문자열,
- 빈 리스트(list) 및 빈 튜플(Tuple),
- 빈 사전(dictionary),
- 그리고 특별한 값이 없는 경우.

이외의 다른 모든 값 또는 데이터는 논리 "참"으로 간주된다.

3.1.3 조건부 삼항 연산자로서의 if

C-언어 프로그래머는 보통 'if' 구문에 대해 다음과 같은 함축적인 '조건부 삼항 연산자'로서의 표기법을 알고 있다.

```
max = (a > b) ? a : b;
```

이 표현은 다음의 C-코드 표현의 단축된 표현이다.

```
if (a > b)
   max=a;
else
   max=b;
```

파이썬에서는 다음과 같은 표현으로 조건부 삼항연산의 기능을 제공하고 있다.

```
max = a if (a > b) else b
```

파이썬의 표현방법이 훨씬 더 직관적으로, 코드를 읽어가기가 쉽다는 것을 느낄 것이다. 위의 표현식은 "max는 a가 b보다 큰 경우 a가 되고, 그렇지 않으면 b가 된다"라고 읽을 수 있다. 그러나 삼항조건 'if'문은 단순한 약자가 아니라, 다른 표현식 내부에서 사용할 수 있는 또 다른 표현식 그 자체인 것이다.

```
In [13]: a = 1.0
         b = 3
         max = (a if (a > b) else b) * 2.45 - 4
         print max

         3.35
```

3.2 루프(Loops) : 명령문의 반복

많은 알고리즘은 프로그래밍 언어가 일련의 명령문을 반복적으로 수행할 수 있게 하는 구조를 필요로 한다. 루프 내부의 코드, 즉 반복적으로 수행되는 코드를 "루프 본문"이라고 한다.

일반적인 프로그래밍 언어에는 기본적으로 다음과 같은 세 가지 종류의 루프구문이 있다.

1) 카운트 제어 루프 (Count-controlled loops)

루프를 일정 횟수 반복하기위한 구성이다. 이러한 종류의 루프 구문의 예는 프로그래밍 언어의 for-loop로 알려져 있다.

C-언어의 경우 : for (i = 0; i <= n; i ++) (파이썬은 이러한 종류의 루프 구문을 지원하지 않는다.)

2) 조건 제어 루프 (Condition-controlled loop)

주어진 조건이 변경될 때까지 루프본문을 반복하는 구성이다. 예로서는 While 루프가 있고, 주어진 조건이 "거짓"(False)이 될 때까지 루프본문을 반복 실행한다.

3) 수집 제어 루프 (Collection-controlled loop)

이것은 '배열'(array), '리스트'(list) 또는 다른 순서화된 시퀀스가 될 수 있는 "콜렉션"(collection)의 요소를 반복 할 수있게 해주는 특별한 구조이다.

예로서는 배쉬(bash)셸의 for루프 또는 펄(Perl)의 foreach 루프가 있다.

파이썬에서는 while루프와 for루프라는 두 가지 종류의 루프구문을 제공하는데, 이는 '조건 제어 루프'와 '수집 제어 루프'에 해당한다.

루프 형식	설명
while	주어진 조건이 "참"(True)일 때, 명령문이나 명령문 그룹, 즉 루프본문을 반복한다. 루프본문을 실행하기 전에 조건을 먼저 평가한다.
for	일련의 명령문을 여러 번 실행하고 '루프 변수'를 관리하는 코드를 약어로 나타낸다
중첩 루프(nested loops)	하나 이상의 루프를 while, for 또는 do..while 루프 내에서 사용할 수 있다.

루프 명령문을 사용하면 명령문이나 명령문 그룹을 여러 번 실행할 수 있다. 다음의 다이어그램은 루프문을 보여준다.

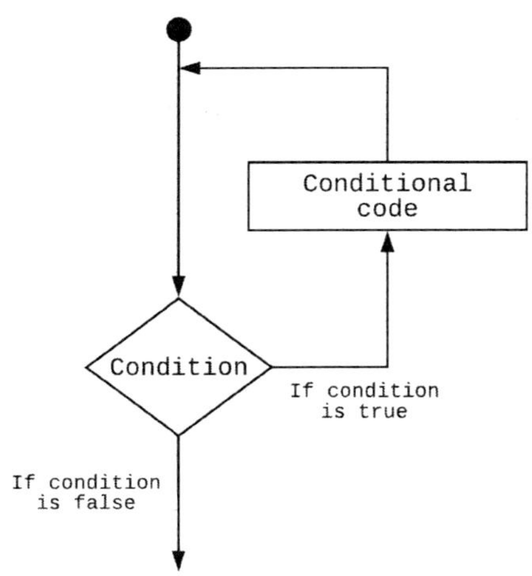

그림 3-3 파이썬 Loop 구문의 의사결정 흐름도

대부분의 루프는 계산과정에서 값을 변경하는 '카운터' 또는 보다 일반적으로 '변수'를 포함하는데, 이러한 변수는 루프가 시작되기 전에 초기화 되어야 한다. 루프의 본문에서 변경할 수 있는 '카운터' 또는 기타 '변수'는 조건문에 포함되며, 루프본문이 실행되기 전에 조건이 평가된다. "거짓"(False)으로 평가되면 while 루프가 완료되며, 프로그램의 흐름은 while문 다음에 오는 첫 번째 실행문, 즉 while 루프와 동일한 들여쓰기 위치에서 계속 진행하게 된다. 조건이 "참"(True)으로 평가되면, 본문, 즉 "while"이 있는 줄 아래에 들여쓰기된 블록이 실행되게 되는 것이다. while 내부의 본문, 즉 루프본문의 실행이 끝나면 다시 조건문이 평가된다. 조건이 "참"(True)이면 다시 루프 본문이 실행된다.

3.2.1 While 루프가 있는 간단한 예제

간단한 예제를 통하여 루프의 작동 원리를 살펴보자. 다음의 예제 코드는 1에서 100까지의 숫자의 합을 계산하는 코드이다. 뒷부분에서는 보다 우아한 방법을 소개할 것이다.

```
In [2]: n = 100   # ---(1)
        s = 0
        counter = 1
        while counter <= n:   # ---(2)
            s = s + counter
            counter += 1   # ---(3)

        print("Sum of 1 until %d: %d" % (n,s))   # ---(4)
```

```
Sum of 1 until 100: 5050
```

먼저 (1)에서, 변수 n에는 루프의 전체 횟수를 지정하고, 변수 s는 합산의 결과를 저장하기 위한 변수로, 초기값 0을 대입한다. (2)의 while문은 지정된 루프의 반복횟 수 보다 변수 counter의 값이 작으면 "참"으로 평가되어 다음의 루프 본문을 실행한다. (3)에서 변수 counter는 매번 루프가 실행때마다 1씩 증가하도록 설정하여, while문의 실행이 끝났을때, 전체 루프의 횟수를 확인한다. 변수 counter의 값이 전체 루프 횟수 100보다 커지는 순간 while 루프의 실행이 끝나고, 그 결과(4)를 출력하는 코드이다.

3.2.2 while 루프에서의 else문

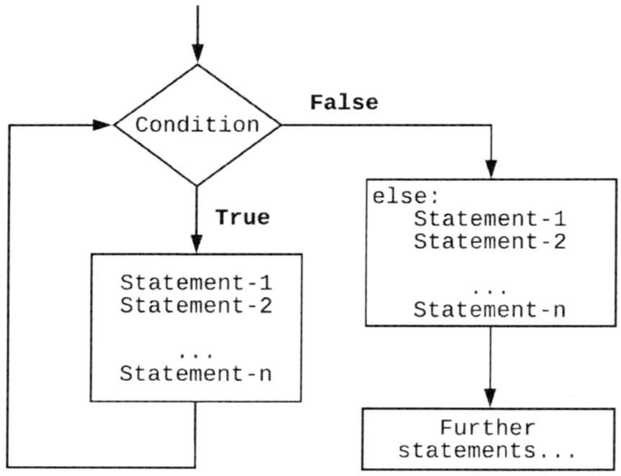

그림 3-4 While 루프의 의사결정 흐름도

if 문과 비슷하게 파이썬의 while 루프는 선택적인 else 부분을 가질 수 있다. 이것은 전통적인 프로그래밍 언어구조와는 비교되는 익숙하지 않은 구조이다. 조건이 더 이상 충족되지 않으면 else 부분의 명령문이 실행된다. 그럼, 이런 흐름 제어의 구조를 가지는게 어떤 이익이 있는 것일까?. 추가적인 else 부분의 문장이 else 문없이 while 루프 바로 뒤에 온다면, 어쨌든 명령문이 실행되었을 것이다. while 루프의 부가적인 else문의 장점을 이해하려면, 새로운 언어 구조, 즉 break 문을 이해해야 한다.

파이썬의 while 루프의 일반 구문은 다음과 같다.

```
while condition:
  statement_1
  ...
  statement_n
else:
  statement_1
  ...
  statement_n
```

3.2.3 while 루프의 조기 종료: Break문

지금까지 while 루프는 반복 조건이 충족되면 종료되었다. 그러나, break 문을 사용하면 while 루프가 종료되는 조건에 도달하기 전에, 일찍 종료시킬 수 있다. 즉 프로그램의 제어 흐름이 while루프 (또는 다른 루프) 내부에서 중단되자 마자 루프를 즉시 벗어나는 것이다.

"break"문은 "continue" 문과 혼동되어서는 안된다. "continue"는 루프의 현재 반복을 중지하고 조건을 평가하여 다음 반복을 시작하게 만드는 제어 명령어 이다. 여기서 한 가지 명심해야할 포인트가 있다. 즉, 조기 중단으로 루프를 벗어나게 되면 뒤에 오는(만약에 있다면) else 부분이 실행되지 않는다는 점이다.

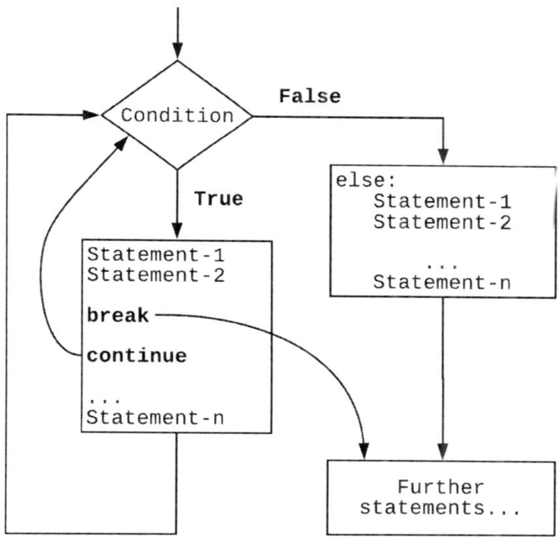

그림 3-5 continue문과 break문이 있는 While 루프의 의사결정 흐름도

이 동작은 다음의 예제인 '숫자 추측 게임'으로 살펴보자. 게임은 방법은 다음과 같다.

- 플레이어는 1에서 n 사이의 숫자를 추측한다.
- 플레이어는 자신의 추측한 숫자를 입력한다. 프로그램은 플레이어의 비밀번호(즉, 프로그램이 무작위로 생성 한 번호)보다 큰지 작은지 또는 같으가를 플레이어에게 알려준다.
- 플레이어가 포기하기를 원하면 0 또는 음수를 입력 할 수 있다.

힌트 : 프로그램에서 임의의 수를 만들어야 하는데, 이를 위하여 파이썬의 "랜덤"(random) 모듈을 포함시켜야 한다.

In [3]:
```
import random # ---(1)
n = 20
to_be_guessed = int(n * random.random()) + 1
guess = 0  # ---(2)
while guess != to_be_guessed: # ---(3)
    guess = int(raw_input("New number: ")) # ---(4)
    if guess > 0:  # ---(5)
        if guess > to_be_guessed:
            print("Number too large")
        elif guess < to_be_guessed:
            print("Number too small")
    else:  # ---(6)
        print("Sorry that you're giving up!")
        break
else:  # ---(7)
    print("Congratulation. You made it!")
```

```
New number: 3
Number too small
New number: 9
Number too small
New number: 12
Number too small
New number: 15
Congratulation. You made it!
```

(1) 프로그램에서 임의의 숫자를 만들어야 하기 때문에, 파이썬의 "랜덤"('random')모듈을 포함시킨다. 이 모듈은 마치 주사위를 던져 그때 나오는 수를 택한다고 했을때 처럼 무작위로 수를 발생시키는 함수들의 집합이다. 'random' 함수는 이러한 임의의 숫자 값을 반환하는데, 그 값의 범위가 '0~1' 사이의 부동소수점 값(예, '0.389642...')을 결과로 반환한다. 그 값에 20을 곱하여 1을 더해주는 것은 단지 무작위로 발생한 수의 범위가 최대 21을 넘지 않게하기 위함이다. 필요하다면 그 범위를 바꾸면 된다.

(2) 플레이어로부터 입력받는 추축변수 'guess'는 0으로 초기화하였다.

(3) 플레이어로부터 입력받은 수와 프로그램이 내부적으로 선택한 비밀번호('to_be_guessed')와 같은지 비교한다. 같지 않은 경우에 'while'루프를 반복한다.

(4) 플레이어로부터 새로운 추축 수를 입력받는다. 여기서 'raw_input' 함수는 키보드로부터 입력되는 문장을 받아 돌려주는(이 함수는 문자열('string')을 돌려준다) 파이썬 내장 함수이다.

(5) 'if' 조건문은 플레이어가 입력한 숫자가 0이상인지를 검사하고, 0보다 크면, 입력된 수가 비밀번호보다 큰지, 작은지를 비교하여 플레이어에게 알려준다. 만약, 입력된 숫자가 0이거나 음수이면, 'else'문 '(6)' 으로 분기하고, 화면에 포기하고 있다는 메시지를 출력하고, 프로그램은 'while'문을 빠져나와 종료되어 버린다. 이때는 (7)번문이 실행되지 않는다는 점에 주의하기 바란다.

```
New number: 8
Number too small
New number: 15
Number too large
New number: 0
Sorry that you're giving up!
```

3.2.4 For 루프: 지정된 횟수의 명령문 반복!...

while루프와 마찬가지로 for루프는 코드 블록이 특정 횟수만큼 반복되도록 하는, 즉 반복문(iteration statement)이다. for 루프가 없는 프로그래밍 언어는 거의 없지만 for루프는 다양한 형태로 존재하고 있다. 즉 구문과 의미가 프로그래밍 언어마다 약간씩 다르게 되어있다.

카운트 제어 for루프(Count-controlled for loop)

가장 일반적인 유형이다. 이 유형은 C-언어에서 주로 사용되는 유형으로, for 루프의 헤더는 3개의 매개변수 루프 제어 표현식으로 구성된다. 일반적으로 형식은 다음과 같습니다.

```
(A; Z; I)
```

A는 초기화 부분이고 Z는 종료 표현식을 결정하고 I는 계수식이다. 여기서 루프 변수는 증가되거나 감소한다. 이러한 종류의 루프의 예는 C-언어의 for-loop이다.

```
C : for (i = 0; i <= n; i ++)
```

그러나, 파이썬에서는 이런 종류의 for 루프를 지원하지 않는다!.

반복자 기반 for 루프(Iterator-based for loop)

이 종류의 for 루프는 항목 집합의 열거를 반복하는 구조를 의미한다. 일반적으로 암시적(implicit) 또는 명시적(explicit) 반복자를 사용하는 것이 특징인데, 각 반복 단계에서 루프 변수는 시퀀스 또는 다른 데이터 수집의 값으로 설정되는 방식이다. 이런 방법은 대부분의 '유닉스'(Unix) 및 '리눅스'(Linux) 쉘(shell) 스크립에서 사용하는 방식으로 파이썬에서도 이 방법을 따라, for루프를 지원하고 있다.

3.2.5 For루프 구문

앞에서도 언급했듯이, 파이썬의 for 루프는 반복자(iterator)기반 루프 형태이다. 리스트(List), 튜플(tuple), 문자열(string), 사전(dictionary) 및 기타 반복가능한 항목을 단계적으로 반복하는 것이다. 파이썬의 for루프는 "for" 키워드 다음에 임의의 변수명이 오고, 이어서 일련의 값을 포함하고 있는 "시퀀스"(sequence) 객체가 위치한다. 일반 구문은 다음과 같다.

```
for <variable> in <sequence>:
  <statements>
else:
  <statements>
```

반복 가능한 시퀀스 객체의 항목은 루프변수에 차례로 대입되게 된다. 정확한 말하면, 변수는 항목을 가리키는 것이다. 각 항목에 대해 루프본문이 실행되게 되는데, 이러한 for루프에 대한 제어의 흐름 다이어그램은 다음과 같다.

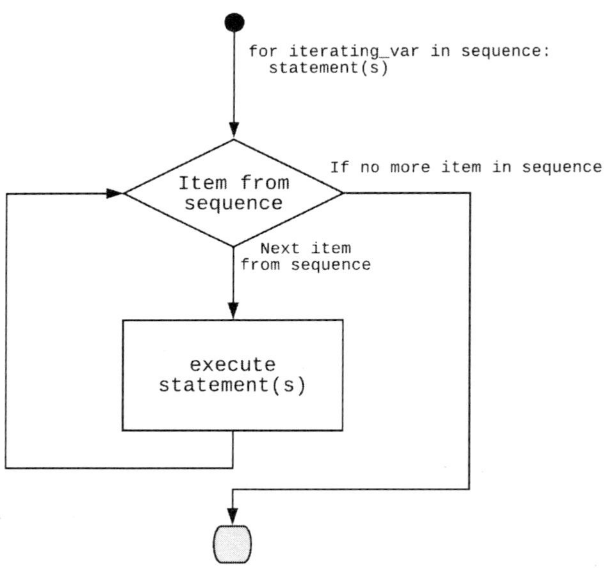

그림 3-6 for루프의 의사결정 흐름도

for 루프의 간단한 예는 다음과 같다.

```
In [7]: languages = ["C", "C++", "Perl", "Python"] # ---(1)
        for x in languages: # ---(2)
            print(x)
```

```
C
C++
Perl
Python
```

(1) 여기서 처음으로 “리스트”('List') 데이터형이 나오고 있다. 파이썬의 가장 기본적인 데이터 구조는 “시퀀스”('sequence')인데, 시퀀스의 각 요소에는 숫자(위치 또는 색인)가 지정된다. 그래서 첫번째 인덱스는 0이고, 두번째는 1, 이런씩으로 지정된다. 파이썬에는 여섯 가지 내장형 데이터 유형이 있는데, 가장 일반적으로 많이 사용되어지는 데이터형이 ‘리스트’('list')와 ‘튜플’('tuple')이다. (추후에 다시 리스트에 대하여 살펴볼 예정이다).

리스트을 작성하는 것은 여러 개의 쉼표(',')로 값을 구분하고 ‘대괄호’('[', ']')로 묶으면 된다. 이 예제에서는 문자열을 콤마로 구분하고 대괄호로 묶어서 'language'라는 리스트 데이터를 만든 것이다.

(2) 'for'구문에서, 리스트 'language' 문자열의 시퀀스를 가지고 있기 때문에, 시퀀스의 첫 번째 항목이 반복변수 'x'에 할당되고, 다음 명령문인 'print'함수가 실행된다. 리스트의 각 항목은 변수 'x'에 할당되고 'print'명령문 블록은 전체 시퀀스가 소진될 때까지 반복하게 된다.

for루프에서도 else 블록을 사용할 수 있는데, 좀 의미가 특별하다. Perl 프로그래머에게는 익숙하지만 C/C++ 프로그래머에게는 잘 알려지지 않은 개념이기 때문이다. 의미상으로는 while 루프의 선택적인 else와 정확히 동일하게 동작한다. break 문에 의해 루프가 “끊어진” 경우에만 실행되는 것이다. 따라서 for구문 헤더의 모든 시퀀스 항목이 소진된 후에만 실행된다. break 문을 for 루프의 프로그램 흐름에서 실행해야 한다면 루프가 종료되고 for 루프에 이어지는 첫번째 명령문이 있는 경우, 프로그램 흐름이 계속될 것이다.

일반적으로 break 문은 조건문에 싸여 있다. 다음의 예를 살펴 보자.

```
In [32]: edibles = ["ham", "spam", "eggs","nuts"]  # ---(1)
         for food in edibles:  # ---(2)
             if food == "spam":
                 print("No more spam please!")
                 break  # ---(3)
             print("Great, delicious " + food)
         else: # ---(4)
             print("I am so glad: No spam!") # ---(5)
         print("Finally, I finished stuffing myself")  # ---(6)
```

```
Great, delicious ham
No more spam please!
Finally, I finished stuffing myself
```

(1) 음식 이름의 문자열을 담아두기 위한 리스트 변수이다. (2) 리스트 변수 내부 각각의 항목들은 변수 'food'에 하나 하나씩 대입시키면서 다음의 'if '조건문을 반복한다. 다음의 오는 'if '조건문은 음식 이름중에 스팸('spam')인지 아닌지를 비교하여, 스팸이면 그만 먹을 것을 권유하는 문자열을 출력하고, 이어서 'break'문, 즉 루프의 조기종료를 실행한다. 이 경우, 'for'루프문과 같은 레벨의 'else'구문 '(4)'으로 분기하여 'print'함수 '(5)'를 실행하지 않고, 루프를 벗어나, 외부의 'print'함수 '(6)'를 실행한다. 만약, 리스트 변수에서 스팸을 제거하고 실행한다면, 다음과 같은 결과를 얻을 수 있다.

```
Great, delicious ham
Great, delicious eggs
Great, delicious nuts
I am so glad: No spam!
Finally, I finished stuffing myself
```

앞선 예제는 for루프안에 break문이 들어 있는 경우에 프로그램의 흐름이 어떻게 변경되는가를 살펴 보았다. 그럼, 계속문(continue)문이 들어가면 어떻게 될까? 앞의 예제에 break문을 continue문으로 바꾼 경우에 실행 결과를 살펴 보자.

```
In [11]: edibles = ["ham", "spam", "eggs","nuts"]  # ------(1)
         for food in edibles:  # ------(2)
             if food == "spam":
                 print("No more spam please!")
                 continue  # ------(3)
             print("Great, delicious " + food)
         else: # ------(4)
             print("I am so glad: No spam!") # ------(5)
         print("Finally, I finished stuffing myself")  # ------(6)

         Great, delicious ham
         No more spam please!
         Great, delicious eggs
         Great, delicious nuts
         I am so glad: No spam!
         Finally, I finished stuffing myself
```

(1) 음식 이름의 문자열을 담아두기 위한 리스트 변수이다. (2) 리스트 변수안에 각각의 항목들은 변수 'food'에 하나 하나씩 대입시키면서 다음의 'if' 구문을 반복하게 된다. 다음의 오는 'if' 구문은 음식 이름중에 스팸(spam)인지 아닌지를 비교하여, 스팸이면 그만 먹을 것을 권유하는 문자열을 출력하고, 이어서 'continue' 문을 실행함으로써, 'for' 루프를 벗어나지 않고 계속 남아있는 리스트 변수의 항목들이 소진될때까지 루프를 반복하게 된다. 루프가 끝나면, 이 경우, 'for' 루프문과 같은 레벨의 'else' 구문 '(4)'으로 분기하여 'print' 함수 '(5)'를 실행하고, 다음의 실행문인 'print' 함수 '(6)'를 실행한다.

3.2.6 range()함수

내장함수 range()는 일련의 숫자를 반복하는데 사용하기 가장 적합한 함수이다. 이 함수는 "산술급수"(arithmetic progressions/series), 즉, 일정한 비율로 나열되어 있는 "급수"(series)의 반복자를 생성하는 함수이다. 다음의 예를 살펴보자.

```
In [18]: range(10)
Out[18]: [0, 1, 2, 3, 4, 5, 6, 7, 8, 9]

In [19]: type(range(10))
Out[19]: list

In [17]: list(range(5))
Out[17]: [0, 1, 2, 3, 4]
```

range(n)은 0에서 시작하여 (n−1)로 끝나는 정수를 진행하는 반복자를 생성한다. 또는 다르게, 연속된 숫자를 가진 리스트를 생성하기 위해 list()를 사용하여 range()를 형−변환해도 같은 결과를 얻을 수 있다. range함수는 두 개의 인수를 사용하여 호출 할 수도 있습니다.

```
range(begin,end)
```

위와 같은 함수의 호출은 내부적으로 포함된 "시작(begin)"부터 "끝(er.d)"보다 하나 작은 숫자의 리스트 반복자를 생성한다.

```
In [20]: range(4,10)
Out[20]: [4, 5, 6, 7, 8, 9]
```

지금까지 range() 함수의 증가는 1씩 증가되었다. 세번째 인수를 추가함으로서 다른 증가분을 지정할 수도 있다. 증가분을 "단계(step)"라고 하는데, 음수 또는 양의 정수일 수 있지만 0은 올수 없다.

```
range(begin,end, step)
```

다음의 증가분에 대한 예를 살펴 보자.

```
In [21]: range(4,50,5)
Out[21]: [4, 9, 14, 19, 24, 29, 34, 39, 44, 49]
```

숫자의 범위는 '역방향'(backwards)으로도 수행할 수 있다.

```
In [22]: range(42,-12,-7)
Out[22]: [42, 35, 28, 21, 14, 7, 0, -7]
```

range()함수는 다음 예제에서 볼 수 있듯이, for루프와 함께 사용할 때 더욱 유용하다. range()함수는 for루프에 대해 1부터 100까지의 숫자를 제공하여 연속된 숫자의 합을 계산할 수 있다.

```
In [23]: n = 100
         sum = 0
         for counter in range(1,n+1):
             sum = sum + counter
         print("Sum of 1 until %d: %d" % (n,sum))

         Sum of 1 until 100: 5050
```

3.2.6.1 range함수의 활용: 피타고라스 숫자 찾기.

다음의 관계 $a^2 + b^2 = c^2$를 만족하는 3개의 정수를 "피타고라스 수"(Pythagorean numbers) 라고 한다. 다음 프로그램은 사용자가 입력하는 최대 숫자보다 작은 모든 피타고라스 수치를 찾는 프로그램이다.

```
In [27]: from math import sqrt  # ---숫자의 제곱근을 계산하기 위해서는 수학(`math`)모듈을 가져와
         야 한다.
         n = int(input("Maximal Number? "))
         for a in range(1,n+1):
             for b in range(a,n):
                 c_square = a**2 + b**2
                 c = int(sqrt(c_square))
                 if ((c_square - c**2) == 0):
                     print(a, b, c)

         Maximal Number? 15
         (3, 4, 5)
         (5, 12, 13)
         (6, 8, 10)
         (9, 12, 15)
```

3.2.6.2 range함수의 활용: 리스트(List)의 반복(Iterating)

리스트의 개별 요소에 접근해야하는 경우 for루프를 사용하여 리스트를 반복하는 것이 좋다. 모든 요소에 액세스 할 수 있지만 요소 색인은 사용할 수 없다. 그러나 요소의 색인과 요소 자체에 모두 액세스 할 수 있는 방법이 있는데, 데이터 객체의 길이를 찾아주는 len() 함수를 range함수와 같이 사용하는 것이다. 리스트나 튜플에 len()함수를 사용하면 시퀀스의 항목 수를 얻을 수 있다.

다음의 예를 살펴 보자.

```
In [28]: fibonacci = [0,1,1,2,3,5,8,13,21]  #(1)=====
         for i in range(len(fibonacci)): #(2)======
             print(i,fibonacci[i])
         print()

(0, 0)
(1, 1)
(2, 1)
(3, 2)
(4, 3)
(5, 5)
(6, 8)
(7, 13)
(8, 21)
()
```

(1) 피보나치 수열을 리스트로 구현하고 있다. 피보나치 수열이란 뒤에 오는 숫자가 바로 앞에 두 개의 숫자를 더하여 만들어 지는 수열을 의미한다. (2) 리스트 변수 'fibonacci'의 항목의 수를 알 수가 없기 때문에, 리스트의 길이를 찾아주는 'len'함수를 이용하여 항목의 수를 얻는다. 그리고 'range'함수를 이용하여, 같은 길이의 수열 리스트를 만들어 'for'루프를 반복한다.

다른 방법으로는 리스트 값의 색인을 만들기 위하여 enumerate 함수를 사용할 수도 있다. enumerate함수는 입력값으로 시퀀스 자료형(리스트, 튜플, 문자열)을 입력으로 받아 enumerate객체를 돌려준다. enumerate객체는 첫 번째로 그 순서값, 두 번째로 그 순서값에 해당되는 시퀀스 자료형의 실제값을 갖는 객체이다. 반복구간에서 시퀀스 자료형의 값 뿐만 아니라 현재 어떤 위치에 있는지에 대한 인덱스값이 필요한 경우에 enumerate함수는 매우 유용하다.

```
In [35]: fibonacci = [0,1,1,2,3,5,8,13,21]
         for i,value in enumerate(fibonacci):
             print(i,value)

(0, 0)
(1, 1)
(2, 1)
(3, 2)
(4, 3)
(5, 5)
(6, 8)
(7, 13)
(8, 21)
```

파이썬(Python) 프로그래밍 - Part 03

4장

4.1 파이썬의 함수 (Functions)

함수의 개념은 수학에서 가장 중요한 개념 중 하나인데, 컴퓨터 언어에서 함수의 일반적인 사용은 수학함수를 구현하는 것이다. 이러한 함수는 매개변수(parameters)라는 인자를 통하여, 함수에 데이터를 전달하고, 하나 이상의 결과를 계산하여 돌려주게 된다.

가장 일반적인 의미에서, 함수는 프로그래밍 언어에서 구조화 요소로서, 일련의 실행문 또는 명령문을 그룹화하여 프로그램에서 여러 번 재활용할 수 있도록 해준다. 함수없이 프로그램 코드를 실행하는 단순하지만, 유일한 방법은 코드를 복사하고 다른 컨텍스트에 맞게 코드를 계속적으로 재사용하는 것이다. 함수를 사용하면 대개 프로그램의 '이해도'(comprehensibility)와 '품질'(quality)이 향상된다. 또한 소프트웨어의 개발 및 유지 보수 비용을 낮출수 있다.

함수는 프로그래밍 언어 영역에서 '서브루틴'(subroutine), '루틴'(routine), '프로시저'(procedure), '메서드'(method) 또는 '서브 프로그램'(sub-program) 등, 다양한 이름으로 사용되고 있다.

파이썬에서 함수의 선언은 키워드 def문을 사용하여 정의된다. 함수의 일반 구문은 다음과 같다.

```
def function-name(Parameter list):
  statements, i.e. the function body
```

함수이름(function-name), 괄호()안의 매개변수(parameters) 리스트, 콜론(:)으로 정의된다. 들여쓰기 레벨이 하나 추가된 다음의 코드는 함수 본문이 된다. 매개변수 리스트는 하나 이상의 매개 변수로 구성되는데, 함수가 호출되면 매개변수를 '인수'(arguments)라고도 한다. 함수 본문은 들여쓰기 된 문장으로 구성되며, 함수 본문은 함수가 호출될 때마다 실행된다. 매개변수는 '필수'(mandatory) 또는 '선택적'(optional) 매개변수가 될 수 있다. 선택적 매개변수(0 이상)는 주로 필수적인 매개변수 다음에 위치한다.

함수 본문에는 하나 이상의 return 문이 포함될 수 있는데, 함수 본문의 어느 위치에나 배치할 수 있다. return문은 함수 호출의 실행을 끝내고 그 결과, 즉 return 키워드 뒤에 나오는 표현식의 값을 호출자에게 "반환"하게 된다.

반환(return) 문에 표현식이 없으면 함수는 None이라는 특수한 값이 반환하게 된다. 만약, 함수 코드에 return 문이 없는 경우라면, 프로그램의 제어 흐름이 함수 본문의 끝에 도달하면 자동적으로 None이 반환된다. 함수에 대한 정의에서 선택적이지만, 정의하고자 하는 함수의 목적과 행동에 대한 설명을 정의 할 수 있는데, docstring은 함수 정의 바로 뒤에 '삼중 인용부호'("""..."""")로서 정의할 수 있으며, 함수 본문의 코드 앞에 위치되야 한다.

앞의 설명은 파이썬에서 함수를 정의하고 구현하는데 일반적으로 권장하는 방법이다. 그럼, 다음의 함수 예제를 살펴보자.

```
In [5]: def fahrenheit(T_in_celsius):  # ------(1)
            """ returns the temperature in degrees Fahrenheit """  # ------(2)
            return ((T_in_celsius * 9 / 5) + 32 )  # ------(3)

        for t in (22.6, 25.8, 27.3, 29.8): # ------(4)
            print(t, ": ", fahrenheit(t))

        (22.6, ': ', 72.68)
        (25.8, ': ', 78.44)
        (27.3, ': ', 81.14)
        (29.8, ': ', 85.64)

In [4]: print fahrenheit.func_doc

         returns the temperature in degrees Fahrenheit
```

(1) 함수 'fahrenheit'를 정의하고 있다. 이 함수는 '섭시'('celcius')온도를 입력으로 받아, '화씨'(farenheit)로 변환하는 함수를 구현한 것이다.

$$T_F = \left\{ T_C \times \frac{9}{5} \right\} + 32$$

(2) 삼중 인용부호('Triple Quotes')이며, 여기서는 함수의 설명('docstring')을 기술하고 있다. 여러 줄에 걸쳐 있는 문자열을 만드는데 사용되는데, 여기서는 함수의 설명을 포함하고 있다.

(3) 'return'구문에 이어서, 함수에서 돌려 주는 값을 계산하는 계산식을 표현하고 있다. 현재 'retunr'문에 있는 계산식이 하나이기 때문에, 하나의 실행문이 실행된 뒤, 그 결과만 반환한다. 반환하는 값이 여러개인 경우, 콤마(',')로 구분할 수 있는데, 그렇게 되면 되돌려 주는 값이 튜플('tuple')된다. 이 튜플 데이터 형에 대해서는 나중에 설명하도록 한다.

(4) 위의 예제는 코드가 시작하자 마자, 함수의 정의로 시작하였다. 'for 루프에 와서야, 파이썬은 실행을 하기 시작하는데, 정의된 함수는 기억을 하고 있다. 사용자가 함수를 호출할 때마다 불려지는 것이다. 이 예제는 섭씨 22.6도, 25.8도, 27.3, 29.8도에 대하여, 'for'루프를 통하여 반복적으로 'fahrenheit'함수를 불러, 화씨로 변환된 온도를 출력하고 있다.

4.1.1 선택적 매개변수

함수에는 기본(default) 매개변수라고도 하는 선택적 매개변수(optional parameters)가 있을 수 있는데, 기본 매개변수는 함수가 호출될때 반드시 주어질 필요는 없다. 이 경우 기본값(default)이 사용된다.

예제를 통해 기본 매개변수의 작동 원리를 살펴보자.

```
In [2]: def Hello(name="everybody"):  # ------(1)
            """ Greets a person """
            print("Hello " + name + "!") # ------(2)

        Hello("Peter") # ------(3)
        Hello() # ------(4)

        Hello Peter!
        Hello everybody!
```

(1) 'Hello'함수의 선언이다. 함수의 매개변수로 'name'을 정의하고, 초기값으로 "모두('everybody')"라고 정의하고 있다. 이 변수가 기본 매개변수이다. (2) 함수에 인자로 넘겨받는 이름은 " 'Hello' "문자열 뒤에 연결하여 화면에 출력하는 코드이다. 이 함수의 경우, 'return'값이 설정되지 않았기 때문에, 이 함수가 되돌려 주는 값은 'None'이 된다. (3) 함수의 인자로 '"Peter"'라는 이름을 지정하였다. 그러면, 매개변수 'name'에 'Peter'라는 문자열이 대입되어, 함수의 내부에서는 'Peter'라는 값을 사용할 수 있다. (4) 함수의 인자가 주어지지 않았다. 즉, 기본 매개변수를 사용하겠다는 의도로, 함수의 선언에서 지정해준 '"모두(everybody)"'가 매개변수 'name'에 대입된 상태로 사용되어 진다.

함수 본문의 첫 번째 문은 일반적으로 "함수명.__doc__"을 사용하여 액세스할 수 있는 문자열인데, 이를 Docstring이라고 한다. 여기서 doc앞뒤에 붙는 기호는 두개의 연속된 언더바(언더스코어: underscore)를 의미한다. 앞의 예제 hello함수에다 다음을 실행하면, 함수의 설명을 출력할 수 있다.

```
In [3]: print("The docstring of the function Hello: " + Hello.__doc__)

        The docstring of the function Hello:  Greets a person
```

4.1.2 키워드 매개변수

키워드 매개변수를 사용하는 것은 함수 호출을 수행하는 다른 방법이다. 이때 함수의 정의는 변경되지 않는다. 키워드 매개변수는 위치 매개변수(positional arguments)로 사용되지 않는 매개변수를 말한다.

다음의 예를 살펴보자.

```
In [5]: def sumsub(a, b, c=0, d=0): #(1)=========
            return a - b + c - d #(2)=========

        print(sumsub(12,4))  #(3)==========
        print(sumsub(42,15,d=10)) #(4)==========
        print(sumsub(42,15,0,10)) #(5)==========

        8
        17
        17
```

(1) 함수 'sumsub'을 정의하고 있다. 매개변수로 'a', 'b', 'c', 그리고 'd'를 정의하고 있는데, 'c'와 'd'는 선택적 매개변수로 초기값을 지정하고 있다. (2) 함수가 되돌려 주는 값을 정의하는데, a-b+c-d를 계산하여 돌려준다. (3) 함수의 호출이다. 정의된 함수는 모두 4개의 인자를 필요로 하는데, 이미 2개가 선택적 매개변수로 초기화되어 있기 때문에, 2개의 인자('a', 'b')에 해당하는 값만 지정하고 있는 상황이다. 그렇게 되면 'a'와 'b' 매개변수는 위치 매개변수가 되어, 들어오는 인자의 순서에 따라 차례로 'a'에는 12가, 'b'에는 4가 대입되어 (2)번 실행문에 의하여 그 결과가 8이 된다. (4) 함수를 호출하는데, 위치 매개변수와 키워드 배개변수를 혼합하여 사용하고 있다. 앞에서 두 숫자는 위치 매개변수로 'a'에는 42, 'b'에는 15가 대입된다. 그리고 세번째에 오는 매개변수는 키워드 매개변수로 'd'변수를 지정하여 10을 'c'에 대입시키지 않고, 'd'에 대입시키고 있는 것이다. 그 결과 42−15+0−10 = 17이 되는 것이다. 그 결과는 (5) 실행문의 결과가 같은 것을 확인 할 수 있다.

4.1.3 반환 값

앞의 예제에서는 sumsub함수에서 return키워드를 사용했지만 Hello에서는 반환 키워드를 사용하지 않았다. 따라서 return키워드가 반드시 있어야 하는 것은 아니다. 그러나 명시적으로(explicitly) 반환문을 사용하지 않으면 어떤 값이 반환될 것인가?. 다음의 예제를 살펴보자.

```
In [8]: def no_return(x,y):
            c = x + y

        res = no_return(4,5)
        print(res)

        None
```

반환된 값은 None이 된다. 즉, 반환 값이 없다는 것을 의미한다. 따라서, 함수에서 계산된 결과의 값을 반환하려면, 반드시 return문 다음 반환할 표현식이나 변수를 지정해 주어야 한다.

```
In [9]: def return_sum(x,y):
            c = x + y
            return c # ------(1) 반환 할 변수 c를 지정해 주어야 한다.

        res = return_sum(4,5)
        print(res)

        9
```

일반적으로 함수는 정확히 하나의 값을 반환할 수 있다. 그렇지 않으면 추가적인 반환 객체를 더 사용해야 한다. 객체는 정수 또는 실수와 같은 숫자 값일 수 있으나, 리스트 또는 사전과 같은 객체일 수도 있다. 예를들어 세 개의 정수 값을 반환해야 한다면, 세 개의 정수 값을 가진 리스트나 튜플을 반환할 수 있다. 즉, 이 말은 간접적으로 여러 개의 값을 반환 할 수 있다는 것을 의미한다.

다음 예제는 3개의 반환 값으로 구성된 튜플을 반환하는 코드이다.

```
In [12]: def powers(x): #(1)======
             """
             Return a few powers of x.  # __Docstring__
             """
             return (x ** 2, x ** 3, x ** 4)  #(2)========

         powers(2)
Out[12]: (4, 8, 16)
```

(1) 제곱을 계산하는 함수의 선언문이다. 하나의 매개변수를 사용하고 있다. (2) 함수의 반환 값이 세개이다. 첫번째는 'x'의 2승, 다음은 'x'의 3승, 그리고 'x'의 4승을 차례로 콤마로 구분하여 나열하고 있는데, 이는 뒤에서 설명할 '튜플'('tuple')이라는 데이터 객체이다. 튜플형으로 여러개의 계산 결과를 반환할 수 있다.

4.1.4 함수의 지역 변수(local variables)와 전역 변수 (global variables)

함수 내부에서의 변수는 기본적으로 변수가 정의되어지는 함수의 이름공간(name space)에 대하여 지역변수로 인식된다. 다음의 두개의 예를 살펴보자

```
In [6]: def f():
            print(s) # ------(1)

        s = "Python" # ------(2)
        f()  # ------(3)
```

```
Python
```

```
In [7]: def f():
            s = "Perl" # ------(4)
            print(s)

        s = "Python" # ------(5)
        f() # ------(6)
        print(s) # ------(7)
```

```
Perl
Python
```

두 예제코드의 차이는 무엇인가?

(1) 함수 'f'에서 처음으로 문자열 변수 's'를 사용하고 있는데, 함수의 내부에서 선언된 지역변수로, 함수가 불려지지 전 까지는 이 문자열 변수를 알지 못하기 때문에 처리가 유보될 것이다.

(2) 이 예제코드의 처음 실행은 바로 이 지점에서 시작하게 된다. 그래서 문자열 변수 's'에 'Python'이라는 문자열을 대입하고 (3)에서 함수를 호출한다.

(3) 함수 'f'를 부르는 시점에 변수로서 기억되고 있는 변수, 즉 전역변수는 's'뿐이다. 따라서 호출된 함수의 내부에서 문자열 변수 's'를 참조하게 되면 전역변수 's'를 참조하여 출력하게 된다.

(4) 두번째 예제코드에서는, 'f'함수의 내부에서 새로운 문자열 변수 's'(이 변수는 지역변수로 인식된다)를 선언하고 초기화하고 있다. 이렇게 전역 변수와 같은 이름을 사용한다면, 에러나 변수가 충돌하지 않을까? 파이썬은 현명하게도 같은 이름의 변수라도, 그 변수가 어디에서 선언되어지는가를 판단하여 '지역변수'와 '전역변수'로 자동적으로 분류하여 처리한다. 여기서 선언된 문자열 변수 's'는 함수 'f'의 이름 공간안(이름공간)에서만 존재하는 지역변수로 간주되는 것이다.

(5) 여기서도, 다시 함수 외부에서 문자열 변수 's'를 선언하고 초기화하고 있는데, 이때는 전역변수로 인식된다.

(6) 따라서, 함수 'f'를 호출하면, 출력에서 'Python'이 출력되지 않고, 지역변수에 의하여 'Perl'이 출력된다.

(7) 함수 밖에서 문자열 변수 's'를 출력하면 전역변수 's'의 내용인 'Python'이 출력된다.

그럼, 다음의 예제를 살펴보자.

```
In [5]: def f():
            print (s)
            s = "Perl"
            print (s)

        s = "Python"
        f()
        print (s)
```

```
---------------------------------------------------------------------------
--
UnboundLocalError                         Traceback (most recent call las
t)
<ipython-input-5-67ca56ce7d70> in <module>()
      5
      6 s = "Python"
----> 7 f()
      8 print s

<ipython-input-5-67ca56ce7d70> in f()
      1 def f():
----> 2     print (s)
      3     s = "Perl"
      4     print (s)
      5

UnboundLocalError: local variable 's' referenced before assignment
```

이 예제를 실행하면 다음과 같은 오류 메시지가 출력된다.

```
UnboundLocalError: local variable ‘s’ referenced before assignment
```

함수 f안에서 문자열 변수 s의 정체성이 모호한 상황이다. 즉, 함수 f의 첫 번째 출력에서 사용되는 전역변수 s는 “Python”값과 함께 사용될 수 있다. 이후에 대입하는 문자열 s는 Perl을 가진 지역 변수 s를 정의하는 것이다.

위와 같은 문제를 해결하기 위하여 global키워드를 사용하여 함수내부의 문자열 변수 s가 전역변수임을 선언하는 것이다. 그렇게 함으로써 함수 f의 본문 내부에서 함수 외부의 전역 변수 s에 대입을 수행하게 된다. 예제코드를 수정하면 다음과 같이 될 것이다.

```
In [8]: def f():
            global s
            print s
            s = "dog"
            print s
        s = "cat"
        f()
        print s
```

```
cat
dog
dog
```

4.1.5 가변 길이의 매개변수 (Variable Length of Parameters)

프로그래밍에서 필요한 매개변수의 정확한 수를 선험적으로 결정할 수 없는 경우가 있다. 파이썬에서는 **튜플 참조**(tuple references)라고 하는 방법으로 임의의 매개변수 숫자를 확인할 수 있다. '별표'(asterisk) *는 마지막 매개 변수 이름 앞에 사용하여 튜플 참조를 나타낸다. 이 별표는 C-언의 포인터 표시와 유사한데 혼동되어서는 안된다.

다음의 예를 살펴 보자.

```
In [9]: def arithmetic_mean(first, *values):  # ------(1)
            """ This function calculates the arithmetic mean of a non-empty
                arbitrary number of numerical values """
            return (first + sum(values)) / (1 + len(values))  # ------(2)

        print(arithmetic_mean(45, 32, 89, 78))  # ------(3)
        print(arithmetic_mean(8989.8, 78787.78, 3453, 78778.73))  # ------(4)
        print(arithmetic_mean(45, 32))  # ------(5)
        print(arithmetic_mean(45))  # ------(6)
```

```
61
42502.3275
38
45
```

(1) 산술평균을 계산하는 함수의 선언이다. 두번째 인수가 튜플참조_로 선언되었다. 즉, 두번째부터 들어오는 인수의 갯수를 모르기 때문에, 튜플참조를 사용한 것이다. (2) 반환값을 계산하는 계산문이다. 입력된 숫자들을 합하여 전체 갯수로 나눈 산술평균을 계산하는 부분이다. (3)~(6)까지는 산술평균 함수를 호출하면서 임의의 갯수의 값을 함수의 인자로 넘겨주고 있다. 계산결과는 모두 정확하게 계산이 되어지는 것을 확인할 수 있다.

앞의 예제의 결과는 훌륭하지만 여전히 한가지 문제가 있다. 즉, 함수의 인자가 일련의 숫자가 들어있는 리스트인 경우에는 함수를 호출할 수 없다는 점이다. 예를 들면,

```
In [10]: x = [3, 5, 9]  # 변수 x는 리스트형 변수로 선언되었다.
         arithmetic_mean(x)

---------------------------------------------------------------------------
--
TypeError                                 Traceback (most recent call las
t)
<ipython-input-10-a5319ec8ed11> in <module>()
      1 x = [3, 5, 9]
----> 2 arithmetic_mean(x)

<ipython-input-9-ed19bbd05218> in arithmetic_mean(first, *values)
      3         arbitrary number of numerical values """
      4
----> 5     return (first + sum(values)) / (1 + len(values))
      6
      7 print(arithmetic_mean(45,32,89,78))

TypeError: can only concatenate list (not "int") to list
```

이 오류의 이유는 “arithmetic_mean” 함수는 리스트형 데이터를 처리하도록 코딩되어 있지 않기 때문이다. 따라서 다음과 같이 함수를 호출하여야 한다.

```
In [11]: arithmetic_mean(x[0], x[1], x[2])
Out[11]: 5
```

임의의 인수를 넘겨받는 것을 목적으로 하기에는 다소 어색한 부분이 있는데, 이는 리스트형 데이터의 길이를 사전에 알아야 하기 때문이다. 그러나, 이 문제의 해결책은 의외로 간단하다. 즉, 함수를 호출할 때, 변수 x 앞에 ‘별표’(asterisk)을 추가하는 것이다.

```
In [12]: arithmetic_mean(*x)
Out[12]: 5
```

파이썬에서 사용하고 있는 이 방법은 리스트형 데이터를 구성요소들로 풀어버리거나(unpack) 단수화(singularize)시키는 것을 의미한다. 예를 들어, 다음과 같은 리스트가 있다고 가정하자.

```
In [13]: my_list = [('a', 232),
                    ('b', 343),
                    ('c', 543),
                    ('d', 23)]
```

이 리스트형 데이터를 다음과 같은 리스트로 변경하고자 한다면:

```
[('a', 'b', 'c', 'd'), (232, 343, 543, 23)]
```

다음과 같은 방식으로 별표*연산자와 zip 함수를 사용하여 변경할 수 있다. (다소 초보자에게는 어려운 고급과정의 내용이다. 이해가 되지 않는다고 실망할 필요는 없다.)

```
In [14]: list(zip(*my_list))
Out[14]: [('a', 'b', 'c', 'd'), (232, 343, 543, 23)]
```

4.1.6 가변 길이의 키워드 매개변수 (Variable Length of Keyword Parameters)

앞의 절에서는 임의의 수의 '위치 매개변수'를 함수에 전달하는 방법을 살펴 보았다. 함수에 임의의 수의 '키워드 매개변수'를 전달하는 것도 가능한데, 연속된 두 개의 별표 **를 사용하면 된다.

다음의 예제를 살펴보자.

```
In [3]: def f(**kwargs):
            print(kwargs)

        f()
        f(de="German",en="English",fr="French")

        {}
        {'fr': 'French', 'de': 'German', 'en': 'English'}
```

- Python의 함수 정의에서 특수 구문 '** kwargs'는 키워드가 지정된 가변길이의 인수 리스트를 전달하는데 사용된다. 우리는 이중 별(*)과 함께 kwargs라는 이름을 사용하는데, 이중 별이 키워드 인수(임의의 개수)를 통과 할 수 있기 때문이다.
  키워드 인수는 변수를 함수에 전달할 때 변수에 이름을 제공하는 것으로, kwargs는 각 키워드를 전달하는 값으로 매핑한 사전이라고 생각할 수 있는데, 이것은 kwargs를 반복할 때 출력되는 순서가 없는 것과 같은 의미다.

4.1.7 이름없는 함수 : 람다(lambda) 함수

'람다 연산자'(lambda operator) 또는 '람다함수'(lambda function)는 작은 익명의 함수, 즉 이름 없는 함수를 만드는 방법을 의미한다. (C-언어의 inline 함수와 유사하다.)

def 키워드를 사용해서 함수를 정의해야 할 정도로 복잡하지 않거나, def를 사용할 수 없는 작은 함수에 주로 쓰인다. '람다함수'의 일반적인 구문은 다음과 같다.

```
lambda 인수1, 인수2, ... : 인수를 이용한 표현식
lambda argument_list: expression
```

인수 리스트는 쉼표(,)로 구성되며, 인수를 이용한 표현식은 인수들을 이용한 산술 표현식이 주로 쓰인다. 변수에 함수를 할당하여 이름을 지정할 수 있다. 다음의 람다함수 예제를 살펴보자.

```
In [6]: f1 = lambda x: x**2

        # is equivalent to

        def f2(x):
            return x**2

        f1(2), f2(2)
Out[6]: (4, 4)
```

위의 예제는 간단한 람다함수를 선언하고 있지만, 함수에 함수이름을 부여하지 않고, 변수 f1에 할당이 되어지는 형식을 취하고 있다. 마치 함수를 변수처럼 사용하는 방법을 보여주는데, 이러한 형식 때문에 이름없는 함수라고 한다. 무엇보다도 함수 f2와 같이 기존의 함수정의를 사용하여 동일한 결과를 얻을 수 있다는 점을 기억하기 바란다.

'람다 연산자'의 장점은 파이썬의 내장함수(built-in function)인 map함수와 함께 사용할 때 나타난다. 파이썬의 map함수는 다음과 같이 두 개의 인수를 갖는다.

map(func, seq)

- 첫 번째 인수 func는 함수의 이름이고, 두 번째 인수는 시퀀스 (예를들어, 리스트)를 의미한다.
- map함수는 함수 func을 시퀀스 seq의 모든 요소에 적용하여 그 결과를 반환하게 된다. 파이썬3 이전에 map함수는 리스트를 리턴한다.
- 결과 리스트의 각 요소는 리스트의 해당 요소 또는 튜플 seq에 적용된 함수func의 결과이다.

이 방법은 다음의 예제코드와 같이 간단한 함수를 인수로 다른 함수에 전달하고자 하는 경우에 매우 유용하게 구현할 수 있다.

```
In [7]: # map is a built-in python function
        map(lambda x: x**2, range(-3,4))

Out[7]: [9, 4, 1, 0, 1, 4, 9]

In [8]: # in python 3 we can use `list(...)` to convert the iterator to an explici
        t list
        list(map(lambda x: x**2, range(-3,4)))

Out[8]: [9, 4, 1, 0, 1, 4, 9]
```

4.2 클래스 : 객체지향 프로그래밍 언어인 파이썬

객체지향 프로그램이란?

이 절에서는 파이썬의 객체지향(object oriented) 접근법에 대해서 알아보자. 객체지행 프로그램(object oriented program : OOP)은 파이썬의 가장 강력한 도구 중 하나이지만, 그것을 의식하지 않아도 강력하고 효율적인 프로그램을 작성할 수 있다.

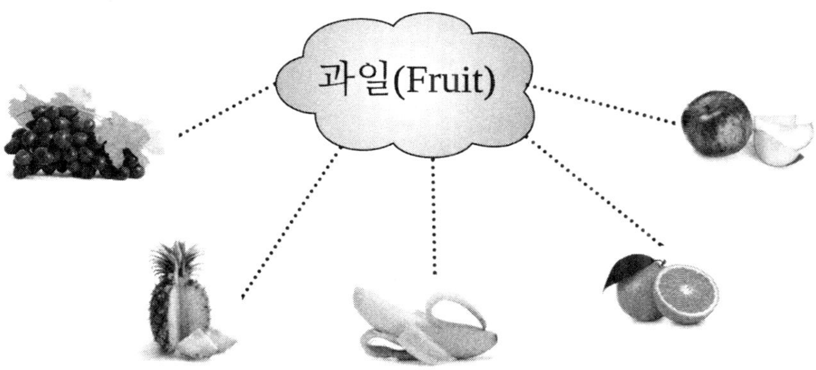

그림 4-1 과일(fruit)클래스의 개념

일반적으로 '객체지행 프로그램'(OOP)을 현대적인 프로그램의 기본 패러다임으로 여기지만, 그 출발은 1960년대로 거슬러 올라간다. '객체'(object)라는 개념을 사용하는 최초의 프로그래밍 언어는 Simula67이었다. OOP를 번성게하고 객체지향 방식으로 프로그램되지 않은 것은 좋지 않은 것이라고 생각하는 사람들이었다.

반면에 OOP를 비판하는 컴퓨터 과학자와 전문가들도 있었다. 대표적인 객체지향언어인 C++ 표준 템플릿 라이브러리의 기본 설계자이자 구현자인 "알렉산더 스테파노프(Alexander Stepanov)"는 OOP가 수학적으로 제한된 관점을 제공하고 "인공 지능과 같은 사기극"이라고 까지 하였다.

일반적으로 객체지향의 네 가지 주요 원칙은 다음과 같이 정의할 수 있다.

(1) 캡슐화(Encapsulation)
(2) 데이터 추상화(Data Abstraction)
(3) 다형성(Polymorphism)
(4) 상속(Inheritance)

객체 지향 프로그램(OOP)은 클래스(Class)를 기반으로 하며, 프로그램이 함수와 루틴으로 구성되는 기존 모델과 달리 상호작용하는 객체의 모음으로 구성된다. OOP에서 각 객체는 메시지를 수신하고 데이터를 처리하며 다른 객체에 메시지를 보낼 수도 있다.

클래스 개념의 유사성(analogy): 케익-클래스

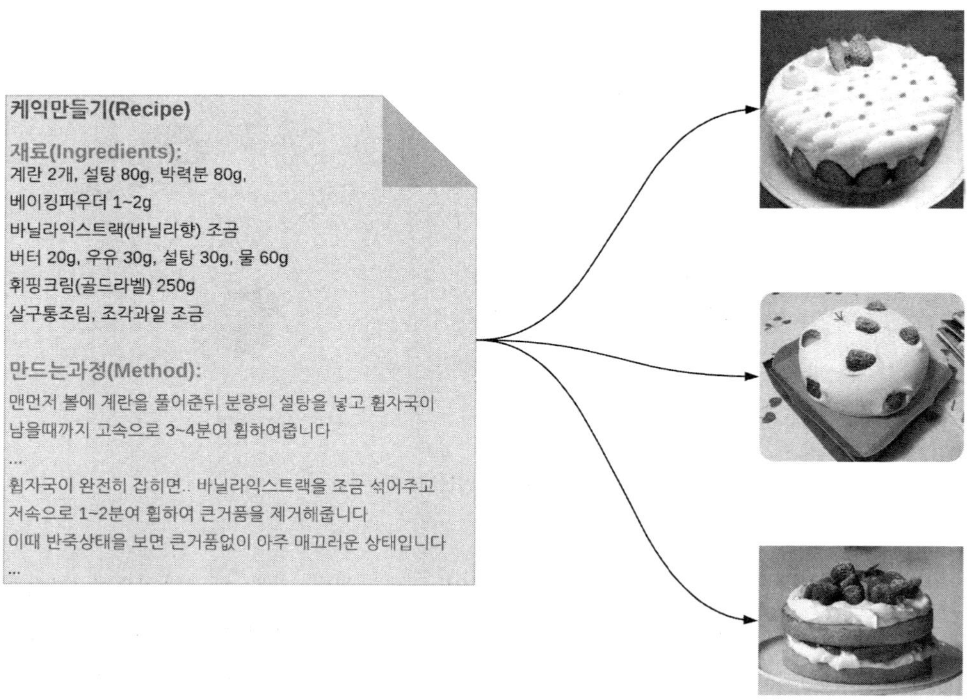

그림 4-2 클래스의 개념과 케익 레서피(recipe)의 유사성(analogy)

클래스의 개념은 케익을 구워 내기위한 '레서피'(recipe)와 비교 될 수 있다. 케익을 만들려면, 케이크를 굽는 조리법이 필요하다. 레서피(클래스)와 케익(레서피의 인스턴스 또는 객체)간의 주요 차이점은 분명하다. 케익은 구운 후에 먹을 수 있지만, 인쇄된 종이의 맛을 좋아하지 않는 한, 레서피, 즉 조리법은 먹을 수는 없다. 케익을 굽는 것처럼, 객체 지향 프로그램(OOP)은 클래스 정의에 따라 객체를 구성한다. 클래스는 변수(variables)와 메서드(methods)를 포함한다.

케익을 구우려면 재료와 지침, 즉 요리법이 필요한데, 재료는 변수에, 지침은 메서드에 대응된. 따라서 클래스에는 변수와 메서드가 필요하다. 클래스 변수는 모든 메서드에서 동일한 값을 가지며, '인스턴스'(instance) 변수는 일반적으로 서로 다른 객체에 대해 서로 다른 값을 가진다. 클래스는 데이터에 액세스하는데 필요한 모든 메서드를 정의하고 있어야 한다.

4.2.1 클래스, 객체, 인스턴스 (Classes, Objects, Instances)

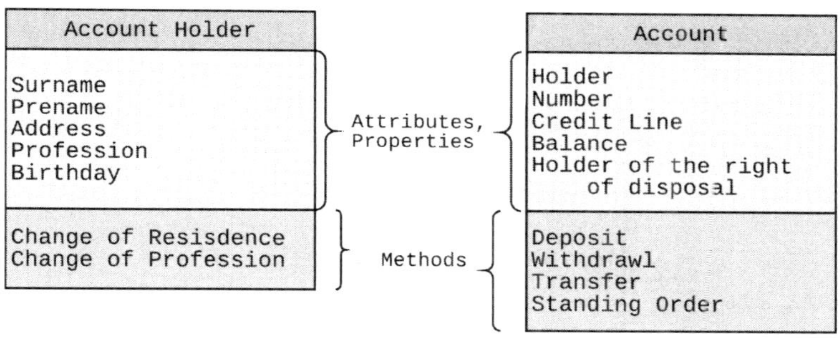

그림 4-3 계좌(Account) 클래스와 예금주(Account Holder) 클래스의 속성과 메서드 예.

클래스는 변수, 속성 및 메서드를 포함하는 데이터 유형을 정의한다. 클래스는 실제 상황의 추상적인 특성을 포함하고 있는 개념이라고 생각할 수 있으며, 객체라는 것은 클래스의 실체, 즉 인스턴스를 나타낸다. "실생활"이라는 표현에는 "은행계좌(bank account)" 또는 "예금주(account holder)"와 같은 개념(즉, Class)이 있다. "사물(thing)"의 추상적인 특성에는 '속성'(attributes)과 '특성'(properties), 사물의 행동, 즉 이 물건의 방법과 동작이 포함된다.

클래스에는 "인스턴스"(instances)와 "객체"(object)가 있을 수 있다. "인스턴스"(instances)는 런타임에 생성된 클래스의 객체를 의미한다. 예를 들면, "딸기 타르트"는 딸기 제조법 클래스의 인스턴스가 되는 것이다. 특정 객체의 속성 값 집합을 "상태(state)"라고 하는데, 객체는 "상태"(state)와 객체의 클래스에 정의된 행동(behaviour)으로 구성된다. 일반적으로 객체

(object)와 인스턴스(instance)라는 용어는 동의어로 사용된다.

앞에서 언급했듯이, 클래스는 보통 이러한 인스턴스와 '속성'(attributes), '특성'(properties) 및 '메서드'(methods)를 포함하고 있다. 기본적으로 메서드는 함수이지만 클래스에 속하는 특별한 종류의 함수이다. 즉, 클래스내부에 정의되어 있으며 이 클래스의 인스턴스 및 클래스 데이터에서 동작하는 것을 기본으로 하고 있다. 메서드는 클래스 또는 서브 클래스의 인스턴스를 통해서만 호출될 수 있다. 즉, 클래스 이름 뒤에 점(.)을 찍고 메서드 이름을 사용하여 호출된다.

위의 그림 예에서는 두 개의 클래스 "계좌(Account)"와 "예금주(Account Holder)"의 예를 나타내었다. "예금주"의 데이터는, 예를 들어, 성(surname), 이름(prename), 주소, 직업 및 생일로 구성된다. 메서드, 즉 클래스의 행동방법은 "거주 변경"과 "직업 변경"이 있는 경우이다. 이 모델은 실제로는 더 많은 데이터가 필요하고, 무엇보다도 추가적인 메서드, 예를들어, 예금주의 생일 설정 및 가져 오기 등의 메서드가 더 필요하기 때문에 완전하지는 않다.

4.2.2 데이터의 캡슐화 (Encapsulation of Data)

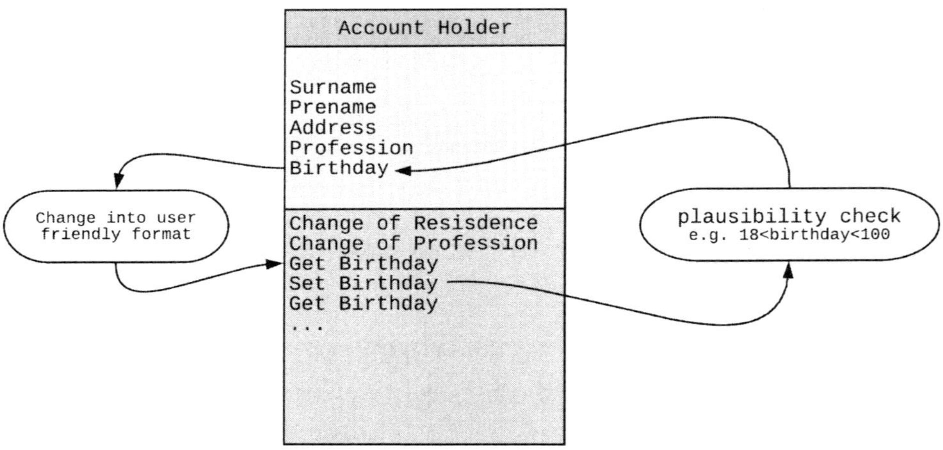

그림 4-4 객체의 구성요소에 제한적으로 접근하기 위한 Get함수와 Set함수의 사용 예

객체지향 프로그램의 또 다른 중요한 특징은 데이터 캡슐화에 있다. 우리는 객체 지향 프로그래밍이 캡슐화에 크게 의존한다고 말할 수 있다. "캡슐화"(encapsulation) 및 "추상화"(abstraction)라는 용어는 종종 동의어로 사용되는데, 사실 거의 동일하다. 즉 '추상화'는 '캡슐화'를 통해 이루어지기 때문이다. 데이터 숨기기 및 캡슐화는 동일한 개념이므로 동의어로 사용해도 무방하다.

일반적으로 '캡슐화'는 객체의 구성요소 중 일부에 대한 액세스를 제한하기 위한 메커니즘이다. 즉, 객체의 내부 표현을 객체 외부에서 볼 수 없도록 하기 위해서이다. 이 데이터에 대한 액세스는 일반적으로 '게터'(getter)와 '세터'(setter)와 같은 특별한 방법을 통해서만 가능하다.

get() 및 set() 메서드만 사용하여 내부 데이터가 우연히 일치하지 않거나 유효하지 않은 상태로 설정되지 못하도록 한다. 그러나, 이러한 보호 메커니즘을 우회하는 것은 사실 가능하다. 예를들어, C++에서는 "친구(friends)"메커니즘을, 자바(Java)나 루비(Ruby)에서는 리플렉션 API를 통하거나 또는 파이썬에서는 이름 '뒤썩기'(mangling) 또는 '장식'(decoration)으로 나타나고 있다. (예, 함수앞의 밑줄 문자 "_")

4.2.3 클래스의 상속

클래스는 다른 클래스를 상속할 수 있다. 클래스는 '수퍼 클래스'(super class)라는 다른 클래스에서부터 '속성' 및 '동작'(메서드)을 상속받을 수 있다. 수퍼 클래스에서 상속받은 클래스를 '하위 클래스'(sub-class)라고 하고, 수퍼 클래스는 "조상(ancestors)"이라고도 한다.

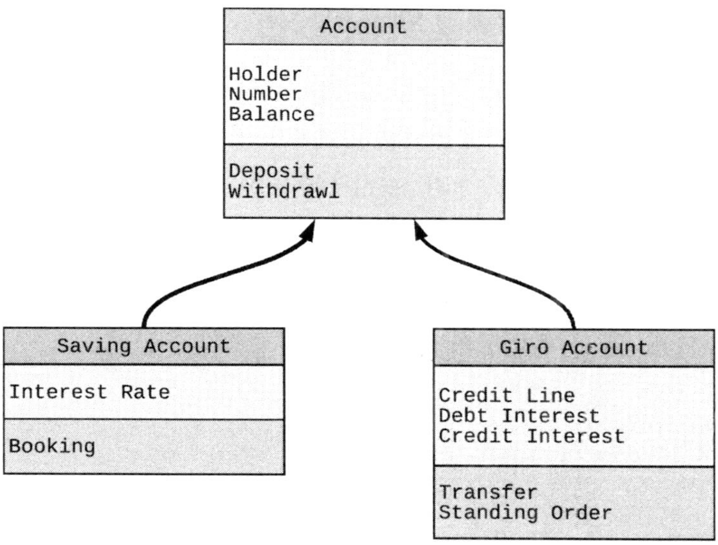

그림 4-5 클래스의 계측구조. 기초 클래스로부터 상속받아 새로운 클래스를 만들 수 있다.

클래스 사이에 계층구조 관계(hierarchy relationship)가 있다. 클래스 계정에 대한 앞의 예제를 다시 살펴보면, 이 모델이 실제 은행의 요구를 충족시킬 수 있음을 알 수 있다. 은행에는 일반적으로 여러 종류의 계좌가 있다 (예 : 저축예금 계좌 및 지로계좌 등). 이러한 서로 다른 계정 유형은 상당히 다르지만 그럼에도 불구하고 공통된 많은 특성과 방법이 있다. 예를 들면, 각 계좌에는 계좌번호, 예금주 및 잔액 등이 공통으로 있다. 또한 각자가 돈을 예금하거나 인출할 수도 있다. 그래서, 그들이 상속하는 "근본적인(fundamental)계정"과 같은 기초 클러스가 있을 것이다. 상속은 이러한 기초 클래스를 사용하여 새 클래스를 만드는 데 사용된다. 기존 클래스를 확장하거나 제한하여 새로운 클래스를 만들 수 있다.

이제는 파이썬으로 돌아와서 파이썬에서 클래스가 어떻게 구현되는지 살펴볼 차례이다. 가장 간단한 클래스부터 시작해 보자. 클래스의 이름을 지정하고 추가적인 자세한 사양은 생략하기로 하자. 간단한 '계좌'(account) 클래스에서 속성이나 메서드를 정의하지 않았다

In [2]:
```
class Account(object):
    pass

x = Account()
print x
```

```
<__main__.Account object at 0x108a9c850>
```

4.2.4 메서드의 정의 (Definition of Methods)

클래스에 소속되는 메서드(mathods) 함수는 두 가지 측면에서 일반적인 함수와 다르다. 그것은 클래스에 속하며 클래스 내부에서 정의된다. 메서드 정의의 첫 번째 매개변수는 클래스의 인스턴스, 즉 자기자신에 대한 참조 "self"로 시작해야 한다. 메서드는 "self"라는 매개변수 없이 호출된다.

우리는 몇 가지 메서드 함수들을 정의하여 앞에서 정의한 계좌 클래스를 확장해 보자. 그러나, 이 메서드 함수들의 본문은 추후에 작성할 것이다.

```
class Account(object):
    def transfer(self, target, amount):
        pass

    def deposit(self, amount):
        pass

    def withdraw(self, amount):
        pass

    def balance(self):
        pass
```

4.2.5 클래스의 생성자(Constructor)

파이썬에는 C++나 자바와 같은 명시적(explicit) 생성자가 없지만 __init__ 메서드는, 엄격히 말하면 생성자는 아니지만, 여러 측면에서 생성자와 유사하게 동작한다. 이것은 클래스의 새로운 인스턴스가 생성될 때 호출되는 첫 번째 메서드이다. 메서드 이름은 생성자 "__init__"처럼 되어 있지만, 엄밀히 말하면, __init__ 메서드가 호출될 때까지 이미 new 인스턴스가 "생성"되어 있기 때문에 생성자라고 부르는 것은 잘못된 것이다. 그러나 어쨌든, __init__ 메쏘드는 다른 객체지향 프로그래밍 언어의 생성자처럼 객체의 인스턴스 변수를 초기화하는데 사용된다.

```
def __init__(self, holder, number, balance,credit_line=1500):
        self.Holder = holder
        self.Number = number
        self.Balance = balance
        self.CreditLine = credit_line
```

4.2.6 클래스의 소멸자(Destructor)

'생성자'에 대한 설명은 '소멸자'(destructor)에게도 마찬가지로 적용된다. "실제"소멸자는 없지만, 유사한 방법, 즉 __del__ 메서드가 있다. 인스턴스가 파괴 되려고 할 때 호출되기 때문이다.

기본 클래스에 __del__ 메서드가 있으면 파생 클래스의 __del__ 메서드(있는 경우)를 명시적(explicitly)으로 호출하여 인스턴스의 기본 클래스 부분을 올바르게 삭제되도록 한다.

다음 예제는 생성자와 소멸자가 있는 클래스의 정의를 보여준다.

```
In [1]: class Greeting:
            def __init__(self, name):
                self.name = name
            def __del__(self):
                print "Destructor started"
            def SayHello(self):
                print "Hello", self.name

        x1 = Greeting("Guido")
        x2 = x1
```

```
In [2]: del x1
        del x2

        Destructor started
```

이 예제코드를 실행하면 "del"명령어가 이 __del__ 메서드를 직접 호출하지 않는다는 것을 알 수 있다. 클래스 인스턴스 x1을 삭제할 때 소멸자가 호출되지 않는다는 것은 명백한데, 그 이유는 del명령이 x1 객체에 대한 참조 카운트를 1만큼 감소시키기 때문이다. 참조 횟수가 0이 될 때만 소멸자인 __del__메서드를 호출하게 되는 것이다.

계정 클래스의 전체 리스트

앞에서 설명한 계정 클래스의 실체를 구현하면 다음과 같다.

```
class Account(object):
    def __init__(self, holder, number, balance,credit_line=1500):
        self.Holder = holder
        self.Number = number
        self.Balance = balance
        self.CreditLine = credit_line

    def deposit(self, amount):
        self.Balance = amount

    def withdraw(self, amount):
        if(self.Balance - amount < -self.CreditLine):
            # coverage insufficient
            return False
        else:
            self.Balance -= amount
            return True

    def balance(self):
        return self.Balance

    def transfer(self, target, amount):
        if(self.Balance - amount < -self.CreditLine):
            # coverage insufficient
            return False
        else:
            self.Balance -= amount
            target.Balance += amount
            return True
```

이 코드가 Account.py에 저장되어 있다면, 파이썬의 대화형 쉘에서 클래스를 다음과 같이 사용할 수 있다. (아직 import를 이용하여 다른 화일에 있는 파이썬 코드를 불러 오는 방법에 대하여 설명하지 않았다. 뒤에 다시 설명하기로 한다.)

```
In [4]: import Account
        k = Account.Account("Guido",345267,10009.78)
        k.balance()
Out[4]: 10009.78
```

```
In [5]: k2 = Account.Account("Sven",345289,3800.03)
        k2.balance()
Out[5]: 3800.03
```

```
In [6]: k.transfer(k2,1000)
        print k2.balance()
        print k.balance()

        4800.03
        9009.78
```

그런데, 앞의 예제코드에는 작은 결함이 있다. 즉, 외부에서 클래스의 속성에 직접 접근할 수 있는 점이다. 예를 들면, 다음과 같다.

```
In [7]: print k.balance()
        print k2.Balance
        k2.Balance += 25000 # 외부에서 k2클래스 내부 변수인 Balance의 값을 변경하고 있다.
        print k2.Balance    # 이는 우리가 바라는 바가 아니다.

        9009.78
        4800.03
        29800.03
```

4.2.7 데이터의 캡슐화

식별자가 밑줄 문자("_")로 시작하지 않으면 데이터는 클래스 외부에서 액세스 할 수 있다(public). 즉, 값을 읽고 변경할 수 있다는 의미이다. 멤버 변수들을 '비공개'(private) 또는 보호(protected) 속성을 설정함으로써 데이터를 보호할 수 있다. 밑줄문자 두 개("__")로 시작하는 인스턴스의 변수 이름은 클래스 외부에서 접근 할 수 없다. 적어도 직접적으로는 아니지만, '비공개'(privae) 이름 '뒤썩기'(mangling)을 통해서만 접근할 수 있다. 예를들어, 비공개 데이터 '__A'는 'instance_name._classname__A'라는 형식으로 접근할 수 있다.

식별자 앞에 한 개의 밑줄 문자만 있으면 '보호된'(protected) 멤버가 된다. 보호된 멤버는 클래스 외부에서 공개(public) 멤버처럼 접근할 수 있다.

그러나, 사실 보호된 인스턴스 변수는 인스턴스에 액세스하거나 인스턴스를 수정하는 것을 예방하지는 못한다. 따라서 책임있는 프로그래머라면 클래스 외부에서 '_'가 붙은 인스턴스 변수를 액세스하거나 수정하는 것을 삼가해야 한다.

다음의 클래스가 encapsulation.py라는 화일로 저장되어 있다고 가정하자.

```
class Encapsulation(object):
  def __init__(self, a, b, c):
      self.public = a
      self._protected = b
      self.__private = c
```

다음 대화식 세션에서의 실행결과는 공개(public), 보호(protected) 및 비공개(privae) 멤버의 동작을 보여준다.

```
In [12]: from encapsulation import Encapsulation
         x = Encapsulation(11,13,17)
         print x.public

         11

In [14]: x.public = 13
         print(x.public)

         13

 In [9]: x._protected

 Out[9]: 13

In [10]: x._protected = 23
         x._protected

Out[10]: 23

In [11]: x.__private

         AttributeErrorTraceback (most recent call last)
         <ipython-input-11-956d5b34f81d> in <module>()
         ----> 1 x.__private

         AttributeError: 'Encapsulation' object has no attribute '__private'
```

다음의 표는 멤버의 속성과 그에 따른 동작을 정리한 것이다.

이름	표기	동작(Behaviour)
name	공개(public)	클래스의 내부 및 외부에서 액세스 가능
_name	보호(protected)	공개 멤버와 마찬가지로 클래스 외부에서 직접 액세스 가능
__name	비공개(private)	클래스 밖에서 볼 수도, 접근할 수도 없다.

> **Note**
>
> 파이썬에서 멤버 변수에 대한 접근 제어는 버젼에 따라 다소 상이하다. 현재 이 책에서 사용하고 있는 파이썬 2.7x에서는 보호 멤버의 경우 공개 멤버와 별다른 차이가 없이 접근이 가능하다.

이제, 멤버들에 대한 접근 제어자들을 사용하여, 비공개(private) 멤버가 있는 계정 클래스(account class)의 생성자 메서드를 수정해 보자.

```
def __init__(self, holder, number, balance,credit_line=1500):
        self.__Holder = holder
        self.__Number = number
        self.__Balance = balance
        self.__CreditLine = credit_line
```

4.2.8 클래스와 객체 변수

지금까지 '객체 변수'(object variable) 또는 '인스턴스 변수'(instance variable)를 사용했다. 이러한 변수는 일반적으로 서로 다른 객체에 대해 서로 다른 값을 가질 수 있다. 예를들어, 두 개의 계좌는 서로 다른 계좌 번호를 가지고 있으며 일반적으로 잔액도 다르다. '객체 변수'는 각 개별 객체 또는 클래스의 인스턴스가 소유하는 것이다. 즉, 각 개체에는 자체적으로 변수 복사본이 있는 것이다. 인스턴스 또는 객체마다 변수 복사본이 만들어지기 때문에 '비정적'(non-static) 또는 '동적'(dynamic) 변수 또는 멤버라고도 한다.

반면에 '클래스 변수'(class variable) 또는 '정적 변수'(static variable)는 해당 클래스의 모든 객체(인스턴스)가 공유한다. 따라서, 클래스 변수들은 모든 객체에 의해 액세스되고 변경 될 수 있다. 객체 변수의 사본이 하나뿐이므로 이러한 변수의 값 변경은 다른 모든 인스턴스에도 반영된다.

'정적 변수' 또는 '클래스 변수'의 예를 들면 다음과 같다.

- 총 계정 수를 카운트하는 변수는 인스턴스 변수가 될 수 없다. 이 목적을 위해 카운터(counter) 변수를 정의한다.
- 카운터(counter)변수는 class문 바로 아래에 놓이게 된다.
- 생성자가 호출될 때마다 이 변수가 증가합니다. 계정의 개체가 삭제되면이 카운터는 감소한다.

```
class Account2(object):
    counter = 0
    def __init__(self, holder, number, balance,credit_line=1500):
        Account2.counter += 1
        self.__Holder = holder
        self.__Number = number
        self.__Balance = balance
        self.__CreditLine = credit_line
    def __del__(self):
        Account2.counter -= 1
```

```
In [15]: from Account2 import Account2
         Account2.counter

Out[15]: 0

In [16]: a1 = Account2("Homer Simpson", 2893002, 2325.21)
         Account2.counter

Out[16]: 1

In [17]: a2 = Account2("Fred Flintstone", 2894117, 755.32)
         Account2.counter

Out[17]: 2

In [18]: a3 = a2
         Account2.counter


In [19]: a4 = Account2("Bill Gates", 2895007, 5234.32)
         Account2.counter

Out[19]: 3

In [20]: del a4
         Account2.counter

Out[20]: 2

In [21]: del a3
         Account2.counter

Out[21]: 2

In [22]: del a2
         Account2.counter

Out[22]: 1
```

4.2.9 클래스의 상속

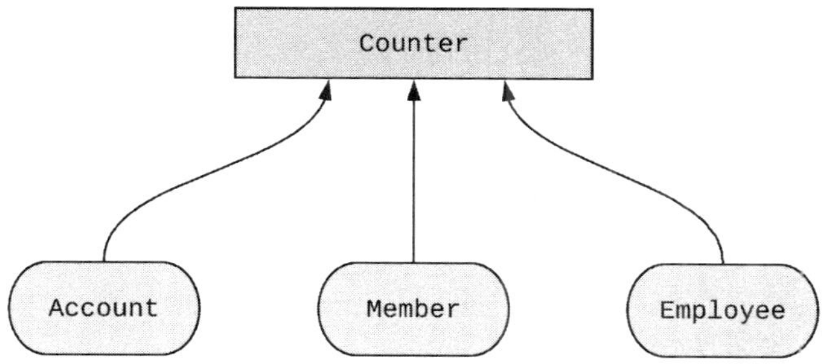

그림 4-6 클래스의 상속

앞에서 설명한 '계정 클래스'의 속성과 특성, 메서드들을 상속받아, 새로운 '카운터 클래스'를 만들어 '상속'(inheritance)에 대하여 살펴 보자. 이렇게하면 계정 클래스 또는 다른 클래스의 인스턴스를 계산할 필요가 없다.

클래스를 상속하는 클래스(super-class)를 정의하는 구문은 매우 간단하다. 수퍼 클래스는 클래스 이름 뒤에 괄호 안에 넣어진다.

다음의 파이썬 코드는 계정 클래스의 수퍼 클래스로 사용되는 카운터 클래스의 정의를 보여준다.

```
class Counter(object):
    number = 0

    def __init__(self):
        type(self).number += 1

    def __del__(self):
        type(self).number -= 1

class Account(Counter): # 슈퍼 클래스를 기반으로 상속을 받는다...
    def __init__(self,
                 account_holder,
                 account_number,
                 balance,
                 account_current=1500):
        Counter.__init__(self)
```

클래스의 상속은 두개 이상의 클래스로 부터도 가능하다. 이를 '다중 상속'(multiple inheritance)이라고 한다. 구문적으로 이 방법도 매우 간단한데, 모든 수퍼 클래스를 괄호 안에 클래스 이름 뒤에 쉼표로 구분된 목록으로 넣어주면 된다.

```
class NN (class1, class2, class3 ...):
```

4.3 클래스와 인스턴스 속성

4.3.1 클래스 속성 (Attributes)

클래스는 객체지향 프로그래밍의 핵심 기능이다. 클래스는 객체와 객체에서 수행할 수 있는 작업을 나타내는 구조이다. 인스턴스 속성은 클래스의 특정 인스턴스에 의하여 소유되며, 이것은 두 개의 서로 다른 인스턴스에 대해 인스턴스 속성이 보통은 다르다는 것을 의미한다.

클래스 레벨에서 클래스의 속성을 정의할 수도 있다. 클래스 속성은 클래스 자체가 소유하는 고유한 속성으로, 이러한 속성은 모든 클래스의 인스턴스에서 공유되어 진다. 따라서 모든 인스턴스에 대해 동일한 값을 갖는다. 클래스 속성은 모든 클래스 메서드 외부에서 정의하며, 일반적으로 클래스 헤더 바로 아래에 위치한다.

다음의 대화형 파이썬 세션에서, 클래스 속성 a가 모든 인스턴스에 대해 동일하다는 것을 보여준다. 이 외에도 인스턴스 또는 클래스 이름을 통해 클래스 속성에 액세스 할 수 있다. 파이썬에서 클래스는 속성(변수)와 메서드(함수)를 포함하고 있다.

```
In [23]: class A:
             """
                 This is a Docstring!...
             """
             a = "I am a class attribute!"

         x = A()
         y = A()

In [12]: x.a

Out[12]: 'I am a class attribute!'

In [13]: y.a

Out[13]: 'I am a class attribute!'

In [14]: A.a

Out[14]: 'I am a class attribute!'
```

하지만 클래스의 속성을 변경하려면 ClassName.AttributeName의 표기법을 사용해야 한다. 그렇지 않으면 새 인스턴스 변수를 만들어야 한다. 다음 예제를 살펴보자.

```
In [15]: class A:
             a = "I am a class attribute!"

         x = A()
         y = A()
         x.a = "This creates a new instance attribute for x!"

In [16]: y.a
Out[16]: 'I am a class attribute!'

In [17]: A.a
Out[17]: 'I am a class attribute!'

In [18]: x.a
Out[18]: 'This creates a new instance attribute for x!'
```

참고로, 파이썬 클래스의 속성과 인스턴스 객체의 속성은 별도의 '사전형 데이터'에 저장되어 있는데, 이를 확인하는 방법은 클래스 객체의 속성 중에서 __dict__ 속성을 확인해 보는 것이다.

```
In [19]: x.__dict__
Out[19]: {'a': 'This creates a new instance attribute for x!'}

In [24]: A.__dict__
Out[24]: {'__doc__': ' This is a Docstring!...\n    ',
          '__module__': '__main__',
          'a': 'I am a class attribute!'}
```

그러면, 이제 객체지향프로그램(OOP) 스러운 클래스를 만드는 예제를 살펴보자. 앞에서도 언급했지만, 파이썬에서 클래스는 속성(변수)와 메서드(함수)를 포함 할 수 있다. 클래스는 거의 함수처럼 정의되지만 class 키워드를 사용한다. 클래스 정의는 대개 여러 클래스 메서드 정의(클래스의 함수)를 포함한다. 각 클래스 메서드는 첫 번째 인수로 'self'라는 인수를 가져야 한다. 이 개체는 자체참조(self-reference)를 의미한다. 몇몇 클래스 메서드 이름은 특별한 의미가 있다.

예를 들면 다음과 같다:

- __init__ : 객체가 생성된 후, 처음으로 호출되는 메서드이다. C++의 생성자(constructor)에 해당한다.

객체가 처음으로 생성될 때 호출되는 메서드는 __new__이다.
__init__은 이를 초기화할때 호출된다.

- __del__ : 객체가 메모리에서 제거될때 호출되는 메서드이다. 역시, C++의 스멸자(destructor)에 해당한다.
- __str__ : 클래스의 간단한 문자열 표시가 필요할 때 (예: 인쇄 할 때) 호출되는 메서드.

Note

이 외에도, 다양한 메서드 이름에 대해서는 다음을 참조하기 바란다.
http://docs.python.org/2/reference/datamodel.html#special-method-names

In [22]:
```
class Point:
    """
        Simple class for representing a point in a Cartesian coordinate sy
stem.
    """
    x = 0
    y = 0
    def __init__(self, x, y):
        """
            Create a new Point at x, y.
        """
        self.x = x
        self.y = y

    def translate(self, dx, dy):
        """
            Translate the point by dx and dy in the x and y direction.
        """
        self.x += dx
        self.y += dy

    def __str__(self):
        return("Point at [%f, %f]" % (self.x, self.y))
```

클래스에 의해서 만들어진 객체를 인스턴스(instance)라고 한다. 따라서 포인트 클래스의 새 인스턴스를 만들려면 다음과 같이 입력하면 된다.

In [24]:
```
p1 = Point(0, 0) # this will invoke the __init__ method in the Point class
print(p1)        # this will invoke the __str__ method
```

```
Point at [0.000000, 0.000000]
```

클래스 인스턴스 p1에서 클래스 메서드 변형함수(translate)를 호출하려면 다음과 같이 입력하면 된다.

```
In [25]: p2 = Point(1, 1)
         p1.translate(0.25, 1.5)

         print(p1)
         print(p2)

         Point at [0.250000, 1.500000]
         Point at [1.000000, 1.000000]
```

클래스 메서드를 호출하면 특정 클래스 인스턴스의 상태를 수정할 수는 있지만, 다른 클래스 인스턴스 또는 전역 변수에는 영향을 미치지 않는다. 이것이 바로 객체지향 디자인에 대한 장점 중 하나이다.

4.3.2 클래스 메서드(Methods)

클래스 메서드는 클래스 인스턴스에 구속, 즉 바인딩(binding)되어 진다. (물론 바인딩되지 않는 정적 메서드가 있지만, 본 교재에서는 생략하기로 한다). 클래스 메서드의 첫 번째 매개 변수는 클래스, 즉 클래스 객체에 대한 참조이며, 인스턴스 또는 클래스 이름을 통해 호출할 수 있다.

다음 예제 코드는 아직 완전하게 정의되지 안은 '분수 클래스'(fraction class)를 포함하고 있다. 분수로 작업하는 경우, 분수를 줄일 수 있는, 즉 약분(reduction)할 수 있어야 한다. 예를 들어, 분수 8/24는 1/3로 약분할 수 있다. '최대공약수'(Greatest Common Divisor:GCD)로 '분자'(numerator)와 '분모'(denominator)를 나누면 분수를 가장 낮은 항으로 줄일 수 있다. 두 숫자의 최대공약수(gcd)를 계산하기 위해 정적메서드인 'gcd' 함수를 정의하고 있다. 둘 이상의 정수(적어도 하나는 0이 아닌)의 최대공약수(gcd)는 나머지 없이 숫자를 나누는 가장 큰 양의 정수를 의미한다. 예를 들어 8과 24의 최대공약수(gcd)는 8인 것이다.

메서드 "gcd"는 메서드 "reduce"에 의해 호출되며, "cls"는 "분수" 클래스에 대한 참조(reference)이다.

```
In [23]: class fraction(object):

             def __init__(self, n, d):
                 self.numerator, self.denominator = fraction.reduce(n, d)

             # 정적 메소드 - 객체의 인스턴스를 의미하는 self 파라미터를 갖지 않고 인스턴스 변수에 엑세
         스할 수 있다.
             @staticmethod
             def gcd(a,b):
                 while b != 0:
                     a, b = b, a%b
                 return a

             # 클래스 메소드 - 객체 인스턴스를 의미하는 self 대신 cls 라는 '클래스'를 의미하는 파라미
         터를 전달받아 클래스 변수 등을 엑세스할 수 있다.
             @classmethod
             def reduce(cls, n1, n2):
                 g = cls.gcd(n1, n2)
                 return (n1 // g, n2 // g)

             # 인스턴스 메소드 - 객체의 인스턴스 필드를 self를 통해 엑세스할 수 있다.
             def __str__(self):
                 return str(self.numerator)+'/'+str(self.denominator)
```

```
In [24]: x = fraction(8,24)
         print(x)

         1/3
```

다음의 파이썬 예제코드에서는 상속된 클래스 메서드의 유용성을 살펴보자. “about” 이라는 메서드를 가지는 클래스 “애완동물(Pet)”을 정의하자. 이 클래스는 “Dogs”및 “Cats”하위 클래스로 상속하면, 메서드 “about”도 상속 될 것이다. 이러한 접근법의 단점을 확인하기 위하, 첫 번째 구현에서 “about”메서드를 “정적”(static) 메서드로 정의하자.

```
In [12]: class Pets:
             name = "pet animals"
             # 정적 메소드 - 객체의 인스턴스를 의미하는 self 파라미터를 갖지 않고 인스턴스 변수에 엑세
         스할 수 있다.
             @staticmethod
             def about():
                 print("This class is about {}!".format(Pets.name))


         class Dogs(Pets):
             name = "'man's best friends' (Frederick II)"

         class Cats(Pets):
             name = "cats"

         p = Pets()
         p.about()

         d = Dogs()
         d.about()

         c = Cats()
         c.about()

         This class is about pet animals!
         This class is about pet animals!
         This class is about pet animals!
```

이 예제코드의 문제점은 "about"메서드가 Dogs 또는 Cats 클래스의 인스턴스에 의해 호출되었는지를 알지 못한다는 것이다. 이러한 문제점을 해결하기 위해서는 '@staticmethod' 데코레이터 대신 '@classmethod' 데코레이터를 사용하면 된다.

```
In [13]: class Pets:
             name = "pet animals"

             # 클래스 메소드 - 객체 인스턴스를 의미하는 self 대신 cls 라는 '클래스'를 의미하는 파라
         미터를 전달받아 클래스 변수 등을 엑세스할 수 있다.
             @classmethod
             def about(cls):
                 print("This class is about {}!".format(cls.name))

         class Dogs(Pets):
             name = "'man's best friends' (Frederick II)"

         class Cats(Pets):
             name = "cats"

         p = Pets()
         p.about()

         d = Dogs()
         d.about()

         c = Cats()
         c.about()

         This class is about pet animals!
         This class is about 'man's best friends' (Frederick II)!
         This class is about cats!
```

4.4 모듈형 프로그래밍과 모듈들

모듈형 프로그래밍은 모듈 설계의 일반적인 원리에 기반한 소프트웨어 설계 기술을 의미한다. 모듈형 설계는 첫 번째 컴퓨터가 출시되기 훨씬 전부터 엔지니어링에서 필수 불가결한 것으로 입증된 접근 방식이다. 모듈형 설계란 복잡한 시스템을 작은 부품이나 구성요소(components), 즉 모듈로 나눠서 생각한다는 의미이기도 하다. 이러한 구성요소는 독립적으로 생성되거나 테스트 될 수 있으며, 대부분의 경우 다른 시스템에서도 사용할 수 있다.

너무 많은 노력 없이도 읽기 쉽고, 신뢰성 있고 유지 보수가 가능한 프로그램을 개발하려면 모듈형 소프트웨어 디자인을 사용해야 한다. 특히 애플리케이션의 크기가 일정한 경우, 모듈 형태로 소프트웨어를 설계하는 데는 다양한 개념들이 있다.

모듈형 프로그래밍은 코드를 별도의 부분으로 나누는 소프트웨어 설계 기술인데, 이러한 부분을 "모듈(module)"이라 한다. 이 분리에 대한 초점은 다른 모듈에 의존하지 않거나 거의 의존하지 않는 모듈을 갖는 것일 것이다. 즉, 종속성의 최소화가 목표인 것이다. 모듈형 프로그램을 만들때는 여러 모듈이 별도로 구성되고 가능한 독립적이어야 하며, 독립적으로 실행 가능한 응용 프로그램(executable application)은 이러한 모듈들을 기반으로 만들어지게 된다.

그러면 파이썬으로 모듈은 어떻게 만들수 있을까?
파이썬의 모듈은 파이썬의 여러 정의와 코드문장을 포함하는 파일이다. 모듈 이름은 접미어(suffix) ~.py를 파일 이름에서 제거하여 만들어 진다. 예를 들어, 파일명이 fibonacci.py인 경우, 모듈 이름은 fibonacci가 되는 것이다.

일반적으로 모듈은 함수를 포함하지만, 그 안에는 실행문이 있을 수도 있다. 이 실행문은 모듈을 초기화하는데 사용할 수 있으며, 모듈을 가져올 때만 실행되어 진다. 모듈에는 모듈에 정의된 모든 함수가 '전역 심볼 테이블'로 사용하는 비공개 심볼 테이블이 있다. 이것은 모듈의 전역변수가 실수로 같은 이름을 가진 사용자의 전역변수와 충돌하는 것을 방지하기 위함이다. 모듈의 전역변수는 함수와 동일한 표기법으로 액세스 할 수 있다(예 : modname.name). 모듈은 또 다른 모듈을 가져올 수 있는데, 모든 import 문을 모듈 또는 스크립트의 시작 부분에 배치하는 것이 일반적이다.

4.4.1 모듈 불러들이기

좋은 프로그래밍에서 가장 중요한 개념 중 하나는 코드를 재사용하고 반복을 피하는 것이다. 아이디어는 잘 정의된 목적과 범위로 함수와 클래스를 작성하고 프로그램의 다른 부분에서 유사한 코드를 반복하는 대신 모듈을 다시 사용하는 것이다. 그 결과, 일반적으로 프로그램의 '가독성'(readability)과 '유지 보수성'(maintainability)이 크게 향상된다. 이것이 실제로 의미하는 바는 프로그램의 버그가 적고 확장이 쉽고 디버그/문제 해결이 쉽다는 것을 의미한다.

파이썬은 다양한 레벨에서 '모듈식 프로그래밍'(modular programming)을 지원하고 있다. 함수 및 클래스는 '낮은 단계'의(low-level) 모듈식 프로그래밍을 위한 도구의 예이다. 파이썬 모듈은 모듈에서 관련된 변수, 함수 및 클래스를 수집할 수 있는 '상위 수준'의 모듈식 프로그래밍 구조이다. 파이썬 모듈은 간단히 말해서, 파일 확장명이 .py인 파이썬 코드로 구성된 모든 파일은 모듈(module)로 간주된다. 이러한 파일을 모듈로 만드는데 필요한 특수한 구문은 없다. 모듈은 파일, 클래스 또는 속성과 같은 임의의 객체를 포함할 수 있으며, import후에는 모든 객체에 액세스할 수 있다.

모듈을 가져오는 방법에는 여러 가지가 있는데, 가장 간단한 방법은, '수학'(math) 모듈을 가져온다고 하면 다음과 같이 코딩하면 된다.

```
import math
```

모듈 '수학'(math)은 수학적 상수 및 함수를 제공하고 있는데, π(math.pi), 사인 함수(math.sin()) 및 코사인 함수 (math.cos()) 등이 여기에 포함되어 있다. 모듈에 포함된 모든 '속성'(attributes) 또는 '함수'(functions)는 "math"을 앞에 지정해 넣음으로써 액세스 할 수 있다.

```
In [14]: import math
         print math.pi
         print math.sin(math.pi/2)
         print math.cos(math.pi/2)

         3.14159265359
         1.0
         6.12323399574e-17
```

import 문에서 하나 이상의 모듈을 가져올 경우에는, 모듈 이름은 쉼표로 구분하면 된다.

```
import math, random
```

import 문은 프로그램의 어느 위치에 올 수 있지만 프로그램 시작 부분에 주로 배치하는 것이 좋다. 모듈에 포함되어 있는 어느 특정 객체만 필요한 경우에는 필요로하는 객체이름을 직접적으로 지정해 줌으로써 필요한 객체만 import할 수도 있다.

```
from math import sin, pi
```

필요한 특정 객체만 import한 다음에는, 이외 다른 객체들, 예를 들어 코사인 함수는 사용할 수 없다.

모듈에서 특정 객체를 명시적으로 import하는 대신, 모듈의 '이름공간'(name space)안으로 모든 것을 import할 수도 있다. import에서 별표를 사용하면, 모듈의 모든 객체를 import하기 때문에, sin함수나 pi와 같은 상수를 직접 접근할 수 있으므로, "math"을 앞에 붙이지 않아도 된다.

```
In [15]: from math import *
         print sin(3.01) + tan(cos(2.1)) + e
         print e

         2.29688337114
         2.71828182846
```

참고적으로, 대화식 파이썬(IPython) 쉘에서 작업할 때를 제외하고는 import 문에서 별표 표기법을 사용하지 않는 것이 좋다. 그 이유 중 하나는, 어떤 객체가 어느 모듈에서 가져온 것인지를 확인할 수 없기 때문에 이름의 기원이 매우 모호해 질수 있기 때문이다.

다음의 예제코드는 또 다른 심각한 합병증을 보여준다.

```
In [25]: from numpy import *
         from math import *
         print(sin(3))
         sin(3)

         0.14112000806
```

일반적으로 지루한 타이핑 입력을 피하기 위하여 '별표'(asterisk) 표기법을 사용하기 때문에 편리하다. 타이핑 노력을 줄이는 또 다른 방법은 '이름공간'의 이름 바꾸기이다.

넘파이(NumPy)모듈을 가져오면서, 들어오는 공간의 이름을 새롭게 "np"라고 지정할 수 있다.

```
import numpy as np
```

이제 넘파이(NumPy)의 모든 객체 앞에 "numpy" 대신 "np"를 붙일 수 있다.

```
In [2]: import numpy as np
        np.diag([3, 11, 7, 9])

Out[2]: array([[ 3,  0,  0,  0],
               [ 0, 11,  0,  0],
               [ 0,  0,  7,  0],
               [ 0,  0,  0,  9]])

In [3]: np.e

Out[3]: 2.718281828459045
```

4.4.2 모듈의 설계와 작성

그렇다면 파이썬에서는 모듈을 어떻게 만들까? 파이썬의 모듈은 파이썬 정의 및 실행문을 포함하는 파일일 뿐이다. 접미어 .py를 제거하여 파일 이름에서 모듈 이름을 성형, 즉, 생성한다. 예를 들어 파일 이름이 fibonacci.py 인 경우 모듈 이름은 fibonacci가 되는 것이다.

그럼, 피보나치 함수를 하나의 모듈로 바꾸어 보자. 파일 fibonacci.py에 다음 코드가 있다고 가정해 보자.

```
def fib(n):
    if n == 0:
        return 0
    elif n == 1:
        return 1
    else:
        return fib(n-1) + fib(n-2)
def ifib(n):
    a, b = 0, 1
    for i in range(n):
        a, b = b, a + b
    return a
```

새로 생성된 모듈 "fibonacci"는 이제 사용할 준비가 되었다. 이 모듈은 파이썬 프로그램이나 스크립트의 다른 모듈과 마찬가지로 import할 수 있다.

```
In [27]: import fibonacci
         fibonacci.fib(7)
Out[27]: 13

In [6]: fibonacci.fib(20)
Out[6]: 6765
```

쉽게 상상할 수 있듯이, 프로그램에서는 종종 이러한 함수를 사용해야 하고, 항상 fibonacci.fib(7)과 같이 정규화된 이름을 입력해야 하는 경우 다소 불편함이 따른다. 한 가지 해결책은 짧은 이름을 얻기 위해 모듈 함수에 로컬 이름을 할당하는 것이다.

```
In [28]: fib = fibonacci.ifib
         fib(20)
Out[28]: 6765
```

만약에, 실행 중에 모듈에서 코드를 변경하였다면, reload를 사용하여 다시 import해서 사용하면 된다.

```
In [30]: reload(fibonacci)
Out[30]: <module 'fibonacci' from 'fibonacci.pyc'>
```

4.4.3 모듈의 실행과 종류

기본적으로 파이썬 모듈은 스크립트이므로, 콘솔에서 다음과 같이 스크립트으로도 실행할 수 있다.

```
$python fibonacci.py
```

스크립트로 시작된 모듈은 import된 것처럼 실행되지만, 한 가지 예외적인 사항이 있다. 시스템 변수 __name__이 "__main__"으로 설정되는 것이다. 따라서 두 가지 경우에 대해 서로 다른 동작을 하도록 모듈을 프로그래밍 할 수 있는 것이다.

앞에서 작업한 fibonacci.py 화일에 다음의 조건문을 사용하면 파일을 모듈 또는 스크립트로 사용할 수 있으며, 스크립트로 실행하는 경우에만 메서드 fib가 인수를 요구하게 된다.

```
if __name__ == "__main__":
    import sys
    fib(int(sys.argv[1]))
```

이 예제 화일을 스크립트로서 실행하면 다음과 같이 출력된다.

```
In [1]: !python fibonacci.py 8  # IPython의 매직명령어를 사용하여 파이썬을 실행시키는 구문이다.
```

파이썬에는 다음과 같은 종류의 모듈이 있다.

- 파이썬으로 작성된 모듈: 접미사는 .py이다.
- 동적으로 링크된 C 모듈 : 접미사는 .dll, .pyd, .so, .sl, ...등이다.
- 인터프리터와 연결된 C 모듈 : 다음의 코드처럼, 모듈 전체 목록을 얻을 수 있다.

```
In [2]: import sys
        print sys.builtin_module_names

        ('__builtin__', '__main__', '_ast', '_codecs', '_sre', '_symtable', '_war
        nings', '_weakref', 'errno', 'exceptions', 'gc', 'imp', 'marshal', 'posix
        ', 'pwd', 'signal', 'sys', 'thread', 'xxsubtype', 'zipimport')
```

파이썬의 내장함수 dir()과 모듈 이름을 인수로 사용하면, 해당 모듈에 대한 모든 유효한 속성 및 메서드를 확인할 수 있다.

```
In [4]: import math
        dir(math),

Out[4]: (['__doc__',
          '__file__',
          '__name__',
          '__package__',
          'acos',
          'acosh',
          'asin',
          'asinh',
          'atan',
          'atan2',
          'atanh',
          'ceil',
          'copysign',
          'cos',
          'cosh',
```

(중략)

```
        'hypot',
        'isinf',
        'isnan',
        'ldexp',
        'lgamma',
        'log',
        'log10',
        'log1p',
        'modf',
        'pi',
        'pow',
        'radians',
        'sin',
        'sinh',
        'sqrt',
        'tan',
        'tanh',
        'trunc'],)
```

4.4.4 패키지 (Packages)

파이썬에서 '패키지'(package)에는 여러 모듈들을 넣을 수 있는데, 기본적으로 패키지는 파이썬 코드파일이 있는 디렉토리를 의미하고 있다. 패키지는 "일반" 모듈처럼 가져올 수 있는데, 패키지로 작동해야하는 파이썬 경로 안의 개별 폴더(디렉토리)에는 __init__.py라는 파일이 있어야 한다. 그렇지 않으면, 패키지를 패키지로서 사용할 수 없다. 즉, 가져올 수 없다.

그럼, 파이썬으로 아주 간단한 패키지 "SimplePackage"를 만들어 보자. 우선 패키지를 위치시킬 폴더(디렉토리)가 필요하다. 이 폴더(디렉토리)의 이름은 우리가 만들고자하는 패키지의 이름으로 설정하면 될 것이다. 이 폴더(디렉토리)에는 "__init__.py"라는 이름의 파일을 포함해야 한다. 이 파일은 비어 있거나 다르 초기화와 관계된 파이썬 코드를 포함 할 수 있다. 이 코드는 패키지를 가져올 때 실행되므로 다른 모듈을 가져 오거나 일부 값을 설정했는지 확인하는 과정 등의 패키지를 초기화하는데 사용할 수 있다. 이제 모듈의 서브 모듈이 될 모든 파이썬 파일들을 이 디렉토리에 넣을 수 있다. 패키지를 복수의 모듈로 구성하기 위해, 간단하게 두 개의 파일, a.py와 b.py를 생성해 보자.

a.py:

```
def bar():
    print("Hello, function 'bar' from module 'a' calling
")
```

b.py:

```
def foo():
    print("Hello, function 'foo' from module 'b' calling
")
```

모듈 a와 b를 사용하려면 다음과 같은 방법으로 이 모듈을 import할 수 있다.

```
In [29]: from SimplePackage import a, b
         a.bar()
         b.foo()

         Hello, function 'bar' from module 'a' calling
         Hello, function 'foo' from module 'b' calling
```

SimplePackage만 가져오는 경우, 모듈 a 및 b에는 액세스 할 수 없다.

```
In [1]: import SimplePackage
        SimplePackage.a.bar()
```

```
---------------------------------------------------------------------------
--
AttributeError                            Traceback (most recent call las
t)
<ipython-input-1-379d9b36b0eb> in <module>()
      1 import SimplePackage
----> 2 SimplePackage.a.bar()

AttributeError: 'module' object has no attribute 'a'
```

SimplePackage를 가져올 때 __init__.py파일을 사용하여 모듈 a와 b도 자동으로 가져올 수 있다.

```
import SimplePackage.a
import SimplePackage.b
```

4.5 프로그램의 오류와 예외

"예외"(exception)는 프로그램 실행 중에 발생하는 '오류'(error)를 말한다. '예외'는 프로그래머가 아닌 사람에게는 일반적인 규칙을 따르지 않는 경우로 알려져 있는데, 즉, 예외는 "규칙의 예외"를 의미한다.

'예외처리'(exception handling)는 일부 프로그래밍 언어에서 오류를 자동적으로 대처하기위한 구문을 말한다. C++, Objective-C, PHP, Java, Ruby, Python 및 많은 다른 프로그래밍 언어는 '예외처리'를 기본적으로 지원하고 있다. '오류처리'(Error handling)는 일반적으로 오류가 발생한 순간의 실행 상태를 저장하고, '예외 처리기'(exception handler)라고 하는 특수 기능이나 코드 조각을 실행하는 프로그램의 정상적인 흐름을 중단하여 해결된다.

발생한 오류의 종류 (예를 들면, "0으로 나누기", "파일 열기 오류"등)에 따라 '오류 처리기'(error handler)에서 문제를 "수정할"수 있으며 이전에 저장된 데이터로 프로그래밍을 계속할 수 있다.

4.5.1 파이썬에서의 예외처리

파이썬에서의 '예외처리'는 자바와 매우 유사하다. '예외'의 위험성이 내재하고 있는 코드는 try 블록에 포함되어 진다. 그러나 자바의 예외에서는 catch절에 의해 catch되는 반면, 파이썬에는 "except"키워드로 선언문을 사용하는 점이 다르다.

파이썬에서는 사용자 지정(custom made) 예외를 생성하는 것이 가능한데, raise 문을 사용하면 사용자가 지정한 예외가 발생하도록 할 수 있다. 간단한 예제코드를 통하여 동작을 살펴보자.

사용자에게 정수를 입력하도록 요청한다고 가정하자. 입력으로 input()함수를 사용하며, 입력 데이터는 정수 문자열로 하자. 입력이 유효한 정수가 아니면 ValueError 예외를 발생하도록 하자.

```
In [3]: n = int(input("Please enter a number: "))
        Please enter a number: 12.345

In [4]: n
Out[4]: 12
```

그러나, 이 책에서 다루는 파이썬의 버젼(2.7.5)는 앞의 예제의 입력에서 결과를 정수형으로 변환한 뒤, 변수 n에 12라는 정수를 대입하게 된다. 그러나, 파이썬 3.x 버젼에서는 ValueError 예외가 발생되게 된다. 그럴 경우, 다음의 코드처럼, 예외처리를 통해 입력에서 정수를 읽는 강력한 코드를 작성할 수 있다.

```
In [8]: while True:   # ------(1)
            try:  # ------(2)
                n = input("Please enter an integer: ")
                n = int(n)
                break
            except ValueError:  # ------(3)
                print("No valid integer! Please try again ...")
        print("Great, you successfully entered an integer!")  # ------(4)

        Please enter an integer: 12
        Great, you successfully entered an integer!
```

(1) 'while' 루프를 계속반복 한다.

(2) 'try'절 내의 코드는 하나하나씩 단계별로 실행된다.

실행 중에 예외가 발생하지 않으면 실행은 'break' 문에 도달하고 while 루프를 빠져나간다.

(3) 예외가 발생하면 (즉, n을 정수형으로 형변환을 할 때) 나머지 'try' 블록은 건너 뛰고 'except' 절이 실행된다.

'ValueError'에서 발생한 오류는 'except' 다음에 나오는 이름 중 하나와 일치해야 한다.

이 예제코드에서는 "ValueError:"와 같은 하나만 있다.

(4) 'print'문의 텍스트를 인쇄 한 후 실행은 또 다른 반복을 수행한다.

4.5.2 다중 예외처리

try 문은 다른 예외에 대해 하나 이상의 except 절을 가질 수 있으나, 실행은 해당되는 하나의 except 절만이 실행된다. 다음 예제는 파일을 열어서 파일에서 한 줄을 읽고, 이 줄을 정수로 변환하는 try 절을 보여주는데, 다음과 같은, 최소 두 가지의 '예외'상황을 예측할 수 있다.

- IOError
- ValueError

예기치 않은 오류에 대해 추가로 이름이 지정되지 않은 except 절이 있는 경우를 대비하고 있다.

```
In [9]: import sys

        try:
            f = open('integers.txt')
            s = f.readline()
            i = int(s.strip())
        except IOError as e:
            errno, strerror = e.args
            print("I/O error({0}): {1}".format(errno,strerror))
            # e can be printed directly without using .args:
            # print(e)
        except ValueError:
            print("No valid integer in line.")
        except:
            print("Unexpected error:", sys.exc_info()[0])
            raise

        I/O error(2): No such file or directory
```

현재의 작업 폴더에 존재하지 않는 파일를 호출하면 위와 같은 오류 메시지가 표시된다. 앞의 예제에서 IOError는 특별한 경우인데, IOError의 except절은 '예외이름'(IOError) 다음에 변수 "e"를 지정할 수 있다. 변수 "e"는 instance.args에 저장된 인수를 사용하여 예외 인스턴스에 바인딩된다. except 절은 다음 예제코드에서 볼 수 있듯이, 오류 이름의 튜플에서 하나 이상의 예외를 지정할 수 있다.

```
In [10]: try:
             f = open('integers.txt')
             s = f.readline()
             i = int(s.strip())
         except (IOError, ValueError):
             print("An I/O error or a ValueError occurred")
         except:
             print("An unexpected error occurred")
             raise

         An I/O error or a ValueError occurred
```

이번에는 try블록 내에서 함수를 호출하고, 호출된 함수 내부에서 예외가 발생하는 경우 어떻게 되는지 살펴보자.

```
In [11]: def f():
             x = int("four")

         try:
             f()
         except ValueError as e:
             print("got it :-) ", e)

         print("Let's get on")

         ('got it :-) ', ValueError("invalid literal for int() with base 10: 'four
         '",))
         Let's get on
```

위의 실행결과를 보면, 함수가 예외를 포획(capture)하여 함수 밖으로 전달한다는 것을 확인할 수 있다. 그럼, 이번에는 함수가 예외를 직접 처리할 수 있도록 예제를 확장해 보자.

```
In [12]: def f():
             try:
                 x = int("four")
             except ValueError as e:
                 print("got it in the function :-) ", e)

         try:
             f()
         except ValueError as e:
             print("got it :-) ", e)

         print("Let's get on")

         ('got it in the function :-) ', ValueError("invalid literal for int() wit
         h base 10: 'four'",))
         Let's get on
```

예상한대로 '예외'는 호출자 예외가 아닌 함수 내부에서 발견된다. 그럼, 이제 예외를 호출자에게 전달할 수 있도록 ValueError를 다시 생성하는 "raise"문을 추가해 보자.

In [13]:
```
def f():
    try:
        x = int("four")
    except ValueError as e:
        print("got it in the function :-) ", e)
        raise

try:
    f()
except ValueError as e:
    print("got it :-) ", e)

print("Let's get on")
```

```
('got it in the function :-) ', ValueError("invalid literal for int() wit
h base 10: 'four'",))
('got it :-) ', ValueError("invalid literal for int() with base 10: 'four
'",))
Let's get on
```

4.5.3 예외처리의 정리작업 (try ... finally)

앞에서 살펴본 try 문은 항상 except 절과 쌍으로 구현된다. 이러한 예외처리를 담당하는 구문을 사용하는 또 다른 방법이 있다. try 문 뒤에 finally 절을 사용하는 것이다. finally 절은 모든 상황에서 실행되어야하기 때문에 '정리' 또는 '종료' 절이라고 할 수 있다. 즉 try 블록에서 예외가 발생했는지 여부에 관계없이 finally 절이 항상 실행되기 때문이다.

finally 절의 활용을 보여주는 간단한 예제이다.

In [16]:
```
try:
    x = float(input("Your number: "))
    inverse = 1.0 / x
finally:
    print("There may or may not have been an exception.")
print("The inverse: ", inverse)
```

```
Your number: 34
There may or may not have been an exception.
('The inverse: ', 0.029411764705882353)
```

파이썬(Python) 프로그래밍 - Part 04

5장

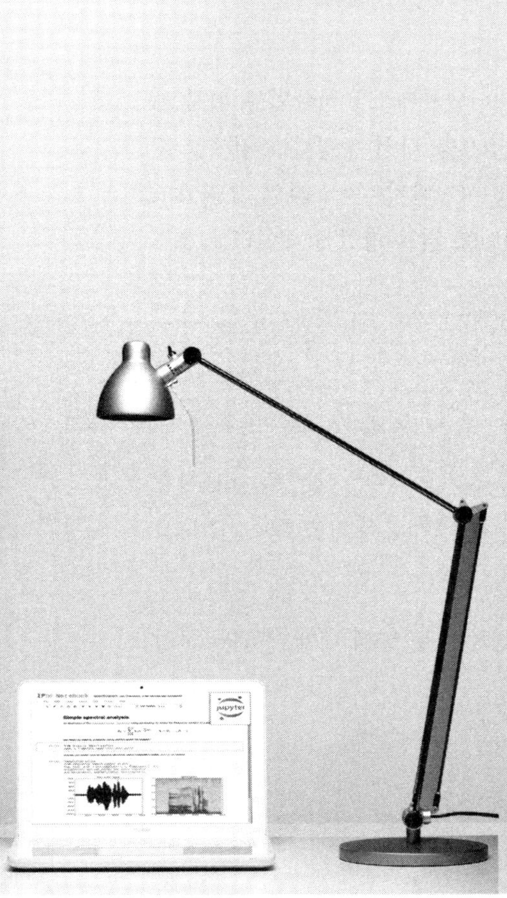

5.1 파일관리

컴퓨터 시스템의 활용이 일상화가 되어버린 오늘날, 파일이 무엇인지 모르는 사람을 찾기가 어려울 것이다. 우리가 파일이라고 한다면, 물론 컴퓨터에 있는 파일을 의미한다. 서류를 편리한 순서로 보관하기 위해 캐비닛이나 폴더와 같은 "컨테이너"를 모르는 사람은 없을 것이다.

컴퓨터에서의 파일은 컴퓨터 프로그램이 액세스하여 사용할 수 있는 정보 묶음 같은 것이다. 일반적으로 파일은 내구성이 뛰어난 저장소에 보관되어 있어, 데이터가 영구적이라는 것을 의미한다. 즉, 데이터를 생성하거나 조작한 프로그램이 종료된 후에도 다른 프로그램에서 사용할 수 있다는 것이다.

컴퓨터공학 분야에서 "파일관리(file management)"라는 것은 컴퓨터에서 파일 또는 파일과 문서의 데이터를 조작하는 것을 의미한다. 모든 사람들이 파일이라는 용어에 대해 이해하고 있지만 어쨌든 우리는 이와 같은 공식적인 정의로 이해하고 사용하고자 한다. 파일 또는 컴퓨터 파일은 컴퓨터 프로그램에서 사용할 수 있는 논리적으로 관련된 데이터 또는 정보의 덩어리로 볼 수 있다. 일반적으로 파일은 영구 저장 미디어(하드 디스크 드라이브와 같은)에 보관된다. 고유한 화일 이름과 경로는 사용자나 프로그램, 또는 스크립트가 읽기와 수정을 위해 파일에 액세스하는 데 사용된다.

"파일"이라는 용어는 매우 일찍 컴퓨터과학 분야의 역사에 나타났는데, 그 사용법은 펀치 카드를 사용하던 1952년까지 거슬러 올라간다. 이전에 저장된 정보를 다시 수정하고 검색할 수 없는 프로그래밍 언어는 더 이상 존재할 이유가 없는 것과 마찬가지이다. '파일 조작'(file manipulation)과 관련된 가장 기본적인 작업은 파일에서 데이터를 읽고 파일에 데이터를 쓰거나 추가하는 것이다.

5.1.1 파이썬에서 화일 읽기 및 쓰기

파이썬에서 파일을 읽고 쓰는 구문은 C, C++, Java, Perl과 같은 프로그래밍 언어와 비슷하지만 다루기가 훨씬 쉽다. 파이썬에게 파일에서 데이터를 읽으라고 말하는 방법은 open 함수를 사용한다.

첫 번째 매개 변수는 데이터를 읽어올 화일의 이름을, "r"로 설정된 두 번째 매개 변수는 파일에서 읽기전용으로 데이터를 읽고 싶다는 것을 나타낸다.

```
fobj = open("ad_lesbiam.txt", "r")
```

두번째 매개변수 “r”은 선택사항이다. 파일 이름만 있는 open()명령은 기본으로, 읽을 수 있도록 화일을 오픈한다. open()함수는 속성과 메서드를 제공하는 파일 객체(file object)를 반환한다.

```
fobj = open("ad_lesbiam.txt")
```

파일에 대한 작업이 끝나면, close()라는 파일 객체 메서드를 사용하여 파일을 다시 닫아야 한다.

```
fobj.close()
```

이제 파이썬으로 파일을 열어서, 그 안에 있는 데이터를 읽어보자. 다음의 예제에서는 rstrip() 메서드라는 문자열 “line”의 오른쪽에서 공백문자(whitespaces)(줄 바꿈 포함)를 제거하는 함수를 사용하고 있다.

```
In [1]: fobj = open("poem.txt") # 윤동주 시인의 서시를 포함하고 있다.
        for line in fobj:
            print(line.rstrip())
        fobj.close()

서시(序詩)

죽는 날까지 하늘을 우러러
한 점 부끄럼이 없기를,
잎새에 이는 바람에도
나는 괴로워했다.
별을 노래하는 마음으로
모든 죽어 가는 것을 사랑해야지.
그리고 나한테 주어진 길을
걸어가야겠다.

오늘 밤에도 별이 바람에 스치운다.
```

5.1.2 파일에 쓰기

파일을 열어서 데이터를 쓰는 것은 파일을 읽는 것만큼 간단하다. 쓰기 위해 파일을 열려면, 두 번째 매개 변수를 "r"대신 "w"로 설정하면 된다. 실제로 이 파일에 데이터를 쓰려면 파일핸들 객체의 write() 메서드를 사용하면 된다.

다음의 아주 간단한 예제코드를 살펴보자.

```
In [3]: fh = open("example.txt", "w")
        fh.write("To write or not to write\nthat is the question!\n")
        fh.close()
```

특히 파일에 데이터를 쓰는 경우에는 파일 핸들을 다시 닫아야 한다. 그렇지 않으면 데이터의 일관성이 없는 상태로 끝날 위험이 있다. 파일을 읽고 쓰는데 필요한 with문의 장점은 파일이 실행완료 후, 들여 쓰여진 블록을 실행한 다음에 화일이 자동으로 닫힌다는 점이다.

```
In [4]: with open("example.txt", "w") as fh:
            fh.write("To write or not to write\nthat is the question!\n")
```

첫 번째 예제를 with문을 사용하여 다시 작성한다면 다음과 같이 쓸수 있다.

```
with open("ad_lesbiam.txt") as fobj:
    for line in fobj:
        print(line.rstrip())
```

파일을 읽고 쓰는 작업은 동시에 수행할 수 있는데, 다음의 예제 코드를 살펴보자.

```
In [3]: fobj_in = open("poem.txt")
        fobj_out = open("poem2.txt","w")
        i = 1
        for line in fobj_in:
            print(line.rstrip())
            fobj_out.write(str(i) + ": " + line)
            i = i + 1
        fobj_in.close()
        fobj_out.close()
```

```
서시(序詩)

죽는 날까지 하늘을 우러러
한 점 부끄럼이 없기를,
잎새에 이는 바람에도
나는 괴로워했다.
별을 노래하는 마음으로
모든 죽어 가는 것을 사랑해야지.
그리고 나한테 주어진 길을
걸어가야겠다.

오늘 밤에도 별이 바람에 스치운다.
```

입력 텍스트 파일의 모든 행 앞에는 행 번호가 접두어로 붙었을 것이다. 그 결과는 다음과 같다.

```
1: 서시(序詩)
2:
3: 죽는 날까지 하늘을 우러러
4: 한 점 부끄럼이 없기를,
5: 잎새에 이는 바람에도
6: 나는 괴로워했다.
7: 별을 노래하는 마음으로
8: 모든 죽어 가는 것을 사랑해야지.
9: 그리고 나한테 주어진 길을
10: 걸어가야겠다.
11:
12: 오늘 밤에도 별이 바람에 스치운다.
```

여기에서 주의해야 할 점이 하나 있다. 즉, 화일을 쓰기 위하여 열었을 때, 이미 같은 이름의 화일이 존재하는 경우이다. 이 화일의 내용이 중요하지 않거나 백업 화일이 있는 경우에는 그나마 운이 좋다고 생각할 수 있다. 그렇지 않으면 "w"가 있는 open()이 실행 되자마자 이전 화일이 제거되기 때문에 문제가 발생할 수 도 있는 것이다.

이것은 가끔 사용자가 원하는 것일 수도 있지만, 때때로는 '로그 화일'의 경우처럼 기존에 있는 화일에 추가하기를 원할 때도 있다. 기존 파일에 무언가를 추가하려면 "w"대신 "a"를 사용해야 한다.

5.1.3 한 번에 파일의 내용 읽어 들이기

지금까지는 파일에서 데이터를 읽어올 때, for 루프를 사용하여 한번에 한줄씩 읽어오는 방식을 사용하였다. 가끔은, 특히 파일이 너무 크지 않은 경우라면, 파일을 완전한 데이터 구조로, 즉 메모리에 읽는 것이 더 작업하기에 편리한 경우가 있다. 그런 경우, 파일의 내용을 모두 읽은 후에 파일을 닫고, 이 데이터로 작업을 수행할 수도 있다.

```
In [6]: content = open("poem.txt").read()
        text = content.decode('utf8') # 바이트배열을 디코딩하여 문자열데이터로 변환해야 한다.
        print(text)
```

```
서시(序詩)

죽는 날까지 하늘을 우러러
한 점 부끄럼이 없기를,
잎새에 이는 바람에도
나는 괴로워했다.
별을 노래하는 마음으로
모든 죽어 가는 것을 사랑해야지.
그리고 나한테 주어진 길을
걸어가야겠다.

오늘 밤에도 별이 바람에 스치운다.
```

Note _ 파이썬에서의 한글 처리

파이썬 3에서 문자열은 모두 유니코드 문자열로 처리된다. 이에 비해 파이썬 2.x에서는 문자열을 실질적으로는 소스코드 혹은 콘솔입력 등에서 받아들인 인코딩된 문자열 데이터를 디코딩한 바이트스트림(바이트 배열)을 사용하여 저장한다.

간단하게 다음과 같이 생각하면 된다.

- 문자열은 인코딩이 안된 유니코드 문자열이며,
- 모든 입출력에 대해서는 필수적으로 인코딩이 필요하다.

예를 들어 텍스트 파일을 읽어들이는 경우에, 파이썬 2에서는 텍스트 파일을 그냥 읽어서 그 내용을 미리 알고 있는 인코딩 종류를 사용하여 디코드해서 사용해야 했다.

```
## python 2.7에서 한글 파일 읽는 법 (한글 파일은 UTF-8로 인코딩 되었다고 가정)
f=open('myfile.txt','r')
content=f.read()# content는 인코딩된 그대로의 바이트 스트림
text=content.decode('utf8')# 바이트배열을 디코딩하여 문자열데이터로 변환
print(text)
```

하지만 파이썬3에서는 기본적으로 인코딩을 명시해야 한다. (생략하는 경우 기본적으로 utf8이다)

```
## 파이썬 3에서 한글 텍스트 파일 읽기
f=open('myfile.txt','r',encoding='utf8')
text=f.read()# 읽어들이면서 지정된 인코딩을 이용하여 문자열 데이터로 변환한다.
print(text)
```

파일을 읽는 또다른 편리한 방법은 open()함수의 read 메서드 이다. 이 메서드를 사용하면 전체 파일을 문자열로 한번에 읽어올 수 있다.

이 문자열에는 '캐리지 리턴(개행)'(carriage returns) 및 '줄바꿈'(line feeds)을 포함하는 파일의 전체 내용이 들어 있다.

5.1.4 파일 현재 위치 재설정하기

파일에서 데이터를 읽어오는 위치를 '오프셋'(offset)이라고 하는 특정 위치로 설정하거나 재설정 할 수도 있다. 이를 위해 seek이라는 메서드를 사용할 수 있다. 파이썬3에는 단 하나의 매개변수만 필요로 한다. (파이썬2에서처럼 "whence"는 사용할 수 없다). seek메서드의 매개변수는 현재 위치를 설정할 오프셋을 지정한다. seek메서드와 함께, 파일에서의 현재 위치를 알려주는 tell 메서드가 필요할 것이다. 파일을 방금 열면 파일의 현재 위치는 0이 된다.

다음의 예제코드에서는 seek과 tell 메서드를 사용하여 작업하는 방법을 보여준다. "buck_mulligan.txt"라는 파일에 다음과 같은 문장이 있다고 가정하자.

```
Stately, plump Buck Mulligan came from the stairhead, bearing a bowl of lather on which a mirror and a razor lay crossed.
```

```
In [10]: fh = open("buck_mulligan.txt")
         fh.tell()
Out[10]: 0

In [11]: fh.read(7)
Out[11]: 'Stately'

In [12]: fh.tell()
Out[12]: 7

In [13]: fh.read()
Out[13]: ', plump Buck Mulligan came from the stairhead, bearing a bowl of lather
         on which a mirror and a razor lay crossed.'

In [13]: fh.tell()
Out[13]: 121

In [23]: fh.seek(9)
         fh.read(5)
         fh.close()
```

tell메서드를 사용하여 현재 위치를 기준으로 파일 위치를 설정할 수도 있다.

```
In [18]: fh = open("buck_mulligan.txt")
         fh.read(15)

Out[18]: 'Stately, plump '

In [19]: fh.seek(fh.tell() -6) # 현재 위치를 6 문자 왼쪽으로 설정한다

In [20]: fh.read(5)

Out[20]: 'plump'
```

```
In [14]: # 이제 현재 위치와 관련하여 29자 '오른쪽'으로 이동한다.
         fh.seek(fh.tell() + 29)

In [24]: fh.read(10)
         fh.close()

         ---------------------------------------------------------------------------
         --
         ValueError                                Traceback (most recent call las
         t)
         <ipython-input-24-f8f1034b2b22> in <module>()
         ----> 1 fh.read(10)
               2 fh.close()

         ValueError: I/O operation on closed file
```

기존 파일을 '읽기 및 쓰기'용으로 열려면 "r+"을 사용하는 것이 좋은데, 이는 파일의 내용을 삭제하지 않기 때문이다. 파일이 존재하지 않으면 새로 생성된다. 파일을 열기모드에는 다음과 같은 것들이 있다.

파일 열기 모드	설명
r	읽기모드 - 파일에 읽기만 할 때 사용
w	쓰기모드 - 파일에 내용을 쓸 때 사용
a	추가모드 - 파일의 마지막에 새로운 내용을 추가시킬 때 사용

5.2 파이썬의 순차적 데이터 유형

시퀀스는 숫자, 매핑, 파일, 인스턴스 및 예외 외에도 파이썬에서 기본으로 제공되는 데이터 유형 중 하나이다. 파이썬에서는 다음의 6가지의 순차적(시퀀스) 데이터 타입을 지원하고 있다:

- 문자열(string)
- 바이트 시퀀스(byte sequences)
- 바이트 배열(byte arrays)
- 리스트(lists)
- 튜플(tuples)
- 범위 개체(range objects)

문자열, 리스트, 튜플, 바이트 및 범위 객체는 완전히 다른 것처럼 보일 수 있지만, 그럼에도 공통된 개념이 있다. 문자열, 목록 및 튜플의 '항목'(items) 또는 '요소'(elements)는 정의된 순서로 정렬되며, '요소'(elements)는 인덱스를 통해 액세스 할 수 있다.

```
In [25]: text = "Lists and Strings can be accessed via indices!"
         print(text[0], text[10], text[-1])

         ('L', 'S', '!')

In [26]: lst = ["Vienna", "London", "Paris", "Berlin", "Zurich", "Hamburg"]
         print(lst[0], lst[2], lst[-1])

         ('Vienna', 'Paris', 'Hamburg')
```

다른 프로그래밍 언어와 달리 파이썬은 동일한 구문 및 함수 이름을 사용하여 순차 데이터 유형을 처리한다. 예를 들어, 문자열, 리스트 및 튜플의 길이는 len()이라는 함수로 확인할 수 있다.

```
In [27]: countries = ["Germany","Switzerland","Austria","France","Belgium", "Nether
         lands", "England"]
         len(countries)

Out[27]: 7

In [28]: fib = [1,1,2,3,5,8,13,21,34,55]
         len(fib)

Out[28]: 10
```

5.2.1 바이트 유형 (Bytes)

바이트(bytes) 객체는 일련의 작은 정수이며, 바이트 객체의 요소는 ASCII문자에 해당하는 0에서 255 범위에 있다.

5.2.2 파이썬의 리스트

파이썬의 리스트(list) 유형은 C, C++ 또는 자바(Java)와 같은 프로그래밍 언어들의 '배열'(array)과 관련이 있지만 파이썬 리스트는 "클래식한" 배열보다 훨씬 유연하고 강력하다.

예를 들어, 리스트의 항목(item)이 모두 동일한 유형일 필요는 없으며, 프로그램 실행시 리스트의 크기가 커질 수도 있지만, C-언어에서는 배열의 크기가 컴파일시 고정되어야 한다는 점이 다르다.

파이썬의 리스트는 '객체의 모음'(collection of objects)이다. 더 정확하게 말하자면, 파이썬의 리스트는 정렬된 항목이나 요소의 그룹인 것이다. 이러한 리스트 요소가 동일한 유형일 필요는 없음을 알아 두는 것이 중요하다.

숫자, 문자열, 다른 목록 등의 요소가 임의로 혼합되어 있을 수도 있으며, 리스트 데이터형은 파이썬 스크립트 및 프로그램에 필수적이다. 즉, 리스트가 없는 심각한 파이썬 코드를 거의 찾을 수 없다는 의미이다.

파이썬의 리스트 유형의 주요 특징은 다음과 같다.

- 정렬된 항목이나 요소이다.
- 임의의 객체를 포함할 수 있다.
- 리스트의 요소는 '색인'(index)으로 액세스 할 수 있다.
- 임의로 '중첩할'(nestable) 수 있다. 즉, 다른 리스트를 하위 리스트로 포함할 수 있다.
- '가변 크기'(Variable size)를 지원한다.
- 항목이나 요소들은 변경 가능하다(mutable). 즉, 리스트의 요소를 변경할 수 있다.

리스트 객체는 '대괄호'([,])로 묶이고 쉼표로 구분된다. 다음 표는 리스트의 몇 가지 예를 보여준다.

리스트(Lists)	설명
[]	빈 목록
[1,1,2,3,5,8]	정수의 리스트
[42, "What's the question?", 3.1415]	혼합된 데이터 형식 리스트
["Stuttgart", "Freiburg", "Wien"]	문자열 리스트
[["London", "England", 7556900], ["Oaris", "France", 2193031]]	중첩된 리스트
["High up", ["further down", ["and down", ["deep down", "the answer", 42]]]]	깊게 중첩된 리스트

리스트 요소의 접근

파이썬에서는 리스트 요소에 액세스하는 여러가지 방법을 지원하고 있다. 아마도 C-언어 프로그래머를 위한 가장 쉬운 방법은 '인덱스'(index)를 사용하는 것일 것이다. 즉, 리스트 번호는 0부터 시작하여 열거된다.

```
In [30]: person = [["Marc","Mayer"],["17, Oxford Str", "12345","London"],"07876-787
         6"]
         name = person[0]
         print(name)
         first_name = person[0][0]
         print(first_name)
         last_name = person[0][1]
         print(last_name)
         address = person[1]
         street = person[1][0]
         print(street)

         ['Marc', 'Mayer']
         Marc
         Mayer
         17, Oxford Str
```

다음의 예제는 깊게 구조화된 리스트가 있는 보다 복잡한 리스트형을 보여준다.

```
In [32]: complex_list = [["a",["b",["c","x"]]]]
         complex_list = [["a",["b",["c","x"]]],42]
         print complex_list[0][1]
         print complex_list[0][1][1][0]

         ['b', ['c', 'x']]
         c
```

5.2.3 튜플 (Tuples)

튜플 데이터형은 프로그램이 실행하는 중간에 변화할 수 없는 불변의(immutable) 리스트형 이다. 즉, 튜플이 생성되면 어떤 방법으로든 항목이나 요소를 변경할 수 없다는 것을 의미한다. 튜플은 요소 집합이 '대괄호'([ ]) 대신 '괄호'(())로 묶여 있다는 점을 제외하고는 리스트와 유사하게 정의된다. 인덱싱 방법은 리스트와 동일하다. 튜플이 생성되면 튜플에 요소를 추가하거나 튜플에서 요소를 제거 할 수 없게 된다.

그럼, 튜플 데이터형의 장점은 무엇일까?

튜플은 리스트보다 데이터 액세스가 빠르다. 일부 데이터를 변경하지 않아도 된다면, 실수로 변경되지 않도록 데이터를 보호할 수 있다. 튜플의 주된 장점은 튜플을 '사전'(dictionary)의 '키'(key)로 사용할 수 있지만 리스트는 사용할 수 없다는 점이다.

다음의 예제에서는, 튜플을 정의하는 방법과 튜플에 액세스하는 방법과 튜플의 요소에 새로운 값을 할당하려고 하면 오류가 발생하는 것을 보여준다.

```
In [15]: t = ("tuples", "are", "immutable")
         print t[0]
         print t[1]
         t[0]="assignments to elements are not possible"

         tuples
         are

         TypeErrorTraceback (most recent call last)
         <ipython-input-15-348ab5f20f9b> in <module>()
               2 print t[0]
               3 print t[1]
         ----> 4 t[0]="assignments to elements are not possible"

         TypeError: 'tuple' object does not support item assignment
```

5.2.4 슬라이싱 (Slicing)

많은 프로그래밍 언어에서 "하위 배열(subarray)"을 처리하려는 경우, 문자열의 일부를 잘라내면 처리가 더 힘들어 질 수 있는데, 파이썬은 '슬라이스 연산자'로 매우 쉽게 작업을 수행할 수 있다. 슬라이싱은 종종 "substring", "gstr" 또는 "substr"과 같은 이름으로 함수로 구현되어 제공되기도 한다. 따라서 문자열이나 리스트의 일부를 추출할 때마다 파이썬에서는 슬라이스 연산자를 충분히 활용하면 효율적이다.

슬라이싱의 구문은 매우 간단하다. 실제로는 인덱스가 있는 단일 요소에 액세스하는 것처럼 보이지만, 단 하나의 숫자 대신 콜론 ":"으로 구분한다. 시작과 마지막 인덱스를 가지고 있거나, 그 중 하나 또는 둘 모두가 빠져 있을 수도 있다.

다음의 예제를 살펴봄으로써 슬라이싱 동작을 이해해 보자.

```
In [35]: str = "Python is great"
         first_six = str[0:6]  # str문자열의 처음(0)에서 부터 6번째까지의 하위배열을 의미한다.
         print first_six
         starting_at_five = str[5:] # str문자열의 5번째 부터 끝부분까지의 하위배열을 의미한다.
         print starting_at_five
         a_copy = str[:]  # str문자열 전체를 의미한다. 말 그대로 복사본을 만든다.
         without_last_five = str[0:-5] # str문자열의 처음(0)에서 부터  5번째까지의 하위배열을
         의미한다.
         print without_last_five

         Python
         n is great
         Python is
```

구문상으로 리스트에도 같은 방식으로 적용된다.

```
In [36]: cities = ["Vienna", "London", "Paris", "Berlin", "Zurich", "Hamburg"]
         first_three = cities[0:3]
         print first_three
         first_three = cities[:3]
         print(first_three)

         ['Vienna', 'London', 'Paris']
         ['Vienna', 'London', 'Paris']
```

이제 마지막 두 개를 제외한 모든 도시, 즉 '취리히'와 '함부르크'를 추출해 보자.

```
In [37]: all_but_last_two = cities[:-2]
         print(all_but_last_two)

         ['Vienna', 'London', 'Paris', 'Berlin']
```

슬라이싱은 세 가지 인수를 사용하여 동작한다. 예를 들어, 3번째의 인수('간격')가 3이라면 문자열, 리스트 또는 튜플에서 매 3 번째의 요소만 선택될 것이다.

```
리스트 이름[시작: 끝: 간격]
```

결과 시퀀스는 다음 요소로 구성될 것이다.

```
s[begin], s[begin + 1 * step], ... s[begin + i * step] for all
(begin + i * step) < end.
```

다음 예제에서는 문자열을 정의하고, 이 문자열의 매 세번째 문자를 인쇄한다.

```
In [38]: str = "Python under Linux is great"
         str[::3]

Out[38]: 'Ph d n  e'
```

5.2.5 시퀀스의 길이

시퀀스 데이터의 길이, 즉 리스트, 문자열 또는 튜플은 len() 함수로 길이를 확인할 수 있다. 문자열의 경우, 문자의 갯수를 계산하고 리스트 또는 튜플의 경우 요소의 갯수는 계산되지만 하위 목록은 하나의 요소로 계산된다.

```
In [39]: txt = "Hello World"
         print len(txt)
         a = ["Swen", 45, 3.54, "Basel"]
         print len(a)

         11
         4
```

5.2.6 시퀀스의 연결

문자열이나 리스트와 같은 두 개의 시퀀스 데이터를 결합하는 것은 두 개의 숫자를 추가하는 것만 큼 간단하다. 심지어 연산자도 동일하다. 다음 예제에서는 두 문자열을 하나로 연결(concatenation)하는 방법을 보여준다.

```
In [40]: firstname = "Homer"
         surname = "Simpson"
         name = firstname + " " + surname
         print(name)

         Homer Simpson
```

```
In [41]: colours1 = ["red", "green","blue"]
         colours2 = ["black", "white"]
         colours = colours1 + colours2
         print(colours)

         ['red', 'green', 'blue', 'black', 'white']
```

산술적 대입에 대해, 이미 잘 알려진 증가된 할당(augmented assignment) 연산자 "+="은 시퀀스 데이터에도 적용된다.

```
s += t
s = s + t  # 구문적으로 동일하다
```

구문적으로는 동일하나, '구현'(implementation)은 약간 다르다. 첫 번째 경우 왼쪽면은 한번만 평가해야 한다. "증가된 할당"은 최적화로서 '변경 가능한 객체'(mutable objects)에도 적용될 수 있다.

5.2.7 리스트 요소의 포함여부 검사

어떤 요소 항목이 시퀀스형의 데이터에 포함되어 있는지 쉽게 확인 할 수 있다. 이러한 목적을 위해 "in" 또는 "not in"연산자를 사용할 수 있다.

```
In [43]: abc = ["a","b","c","d","e"]
         print "a" in abc
         print "a" not in abc
         print "e" not in abc

True
False
False
```

5.2.8 시퀀스형 데이터의 반복

지금까지 시퀀스형 데이터에 대하여 "+"연산자를 사용했다. "*"연산자도 사용할 수 있는데, 물론 두 시퀀스 간에는 "곱셈"(multiplication)은 구현되어 있지 않다. "*"연산자는 시퀀스 및 정수, 즉 s*n 또는 n*s에 대해 정의되어져 있다. 이것은 n배의 연결을 의미한다.

```
str * 4
str + str + str + str
```

"*"연산자에 대한 증가된 할당(augmented assignment)도 사용할 수 있는데, s*=n은 s=s*n과 같다.

```
In [46]: print 3 * "xyz-"
         print "xyz-" * 3
         print 3 * ["a","b","c"]

xyz-xyz-xyz-
xyz-xyz-xyz-
['a', 'b', 'c', 'a', 'b', 'c', 'a', 'b', 'c']
```

5.3 리스트의 조작

이 절에서는 리스트의 추가적인 활용방법을 소개하고자 한다. 즉, 리스트에 객체를 추가하고 삽입하기 위하여, remove 및 pop 메서드를 사용하여 요소를 삭제하고 제거하는 방법을 살펴 볼 것이다.

리스트는 '스택'(stack) 데이터 구조로도 볼 수 있다. 컴퓨터 과학 분야에서의 '스택' 데이터 구조는 최소한 두 가지 연산을 수행하는 데이터 구조를 의미한다. 그 첫 번째는 스택에 데이터를 넣거나 푸시하는 연산을 수행할 수 있어야 하고, 다른 하나는 스택의 가장 상위 요소를 제거하는 기능을 가지고 있어야 한다. 동작의 개념은 차곡차곡 포개어진 여러 개의 접시 구성을 상상하면 된다. 접시가 필요한 경우, 일반적으로 가장 위에 있는 접시를 집어서 사용한다. 그리고, 사용한 접시는 청소 후에 다시 맨 위에 다시 놓아두는 방식인 것이다.

프로그래밍 언어가 데이터 구조와 같은 스택을 지원하는 경우 적어도 두 가지 연산을 제공해야 한다.

- "푸시" (push):
  이 메서드는 새 객체를 스택에 배치하는 데 사용된다. 관점에 따라, 물체를 위에 올려 놓거나 오른쪽에 붙인다고 말한다. 파이썬은 다른 프로그래밍 언어와 달리 "push"라는 이름을 가진 메서드를 제공하지 않지만 "append"메서드는 동일한 기능을 제공하고 있다.

- "팝" (pop):
  이 메서드는 스택의 최상위 요소를 반환한다. 동시에 객체가 스택에서도 제거된다.

- "엿보기" (peek):
  일부 프로그래밍 언어는 요소를 제거하지 않고 스택의 맨 위에 있는 것을 보는데(peek) 사용할 수 있는 다른 방법을 제공한다. 파이썬의 리스트 클래스에는 이러한 기능이 필요하지 않기 때문에 이 메서드를 지원하지 않는다. 인덱스를 '-1'로 지정하여, 요소에 액세스하여 엿보기를 시뮬레이션 할 수도 있다.

5.3.1 리스트에 데이터를 추가하고 읽어오기

s.append(x): 이 메서드는 리스트"s"의 끝 부분에 임의의 요소 x를 추가한다.

```
In [48]: lst = [3, 5, 7]
         lst.append(42)
         lst

Out[48]: [3, 5, 7, 42]
```

append 메서드가 "None"을 리턴한다는 것을 이해하는 것은 매우 중요하다. 이것은 리스트 메서드 함수의 반환값을 리스트의 요소로 재-지정하는 것이 일반적으로 의미가 없다는 것을 의미한다.

```
In [50]: lst = [3, 5, 7]
         lst = lst.append(42) # 리스트 메소드 함수의 반환값을 리스트의 요소로 재지정하고 있다. 그러
         나, 이건 의미 없는 할당이다.
         print lst

         None
```

s.pop(i): 이 메서드는 리스트 s의 i 번째 요소를 반환하는데, 이때, 해당 요소는 목록에서 제거된다. pop메서드는 리스트가 비어 있거나 인덱스가 범위를 벗어난 경우 IndexError 예외를 발생시킨다.

```
In [51]: cities = ["Hamburg", "Linz", "Salzburg", "Vienna"]
         print cities.pop(0)
         print cities
         print cities.pop(1)
         print cities

         Hamburg
         ['Linz', 'Salzburg', 'Vienna']
         Salzburg
         ['Linz', 'Vienna']
```

s.pop(): pop메서드는 인수 없이 호출할 수 있다. 이 경우 마지막 요소가 반환된다. 따라서 s.pop()은 s.pop(-1)과 같다.

```
In [52]: cities = ["Amsterdam", "The Hague", "Strasbourg"]
         print cities.pop()
         print cities

         Strasbourg
         ['Amsterdam', 'The Hague']
```

5.3.2 리스트의 확장

리스트에 객체를 추가하는 것이 쉽다는 것을 알았을 것이다. 하지만 하나 이상의 요소를 목록에 추가하는 것은 어떨까? 어쩌면 다른 리스트의 모든 요소를 리스트에 추가하는 상황도 발생할 수도 있다. append메서드를 사용하면 다른 리스트를 하위 리스트로 추가할 수 있다.

```
In [53]: lst = [42,98,77]
         lst2 = [8,69]
         lst.append(lst2)
         print lst

         [42, 98, 77, [8, 69]]
```

원하는 리스트가 다음과 같다면 어떻게 할까?

```
[42,98,77,8,69]
```

이를 위해 파이썬은 extends라는 리스트 메서드를 제공하고 있다. 리스트, 튜플 또는 문자열과 같은 반복 가능한 요소의 모든 요소를 리스트에 추가하여 리스트를 확장하게 된다.

```
In [54]: lst = [42,98,77]
         lst2 = [8,69]
         lst.extend(lst2)
         print lst

         [42, 98, 77, 8, 69]
```

앞에서 언급했듯이 extend 메서드의 인수는 반드시 리스트일 필요는 없다. 인수는 임의의 반복적인 객체일 수 있다. 이는 튜플과 문자열도 사용할 수 있다는 것을 의미한다.

```
In [55]: lst = ["a", "b", "c"]
         programming_language = "Python"
         lst.extend(programming_language)
         print(lst)

         ['a', 'b', 'c', 'P', 'y', 't', 'h', 'o', 'n']

In [56]: lst = ["Java", "C", "PHP"]
         t = ("C#", "Jython", "Python", "IronPython")
         lst.extend(t)
         print lst

         ['Java', 'C', 'PHP', 'C#', 'Jython', 'Python', 'IronPython']
```

5.3.3 '+'연산자로 리스트 확장 및 추가

파이썬의 리스트 클래스에는 "추가"(Appending) 및 "연장"(Extending)이라는 다른 메서드도 있다. '+' 연산자는 리스트를 연결하는데도 사용할 수 있다.

```
In [57]: level = ["beginner", "intermediate", "advanced"]
         other_words = ["novice", "expert"]
         print level + other_words

         ['beginner', 'intermediate', 'advanced', 'novice', 'expert']

In [59]: L = [3, 4]
         L.append(42)
         print L

         [3, 4, 42]

In [60]: L = [3, 4]
         L.extend([42])
         print L

         [3, 4, 42]
```

다음 예제코드에서는 서로 다른 접근법을 비교하고, 리스트 연산의 실행 시간을 비교해 보고자 한다. 이 코드를 이해하려면 파이썬의 표준 라이브러리의 time.time()함수가 '부동소수점형' 숫자를 반환해야 한다는 것을 알아야 한다. 이 숫자는 소위 "The Epoch"이후의 초 단위 시간을 의미한다. time.time() – start_time 구문은 for루프에서 소비된 시간(초)을 계산한다.

```
In [61]: import time

         n= 100000

         start_time = time.time()
         l = []
         for i in range(n):
             l = l + [i * 2]  # ------(1)
         print(time.time() - start_time)

         start_time = time.time()
         l = []
         for i in range(n):
             l += [i * 2]  # ------(2)
         print(time.time() - start_time)

         start_time = time.time()
         l = []
         for i in range(n):
             l.append(i * 2)  ## ------(3)
         print(time.time() - start_time)

         32.189357996
         0.0302298069
         0.0175688266754
```

이 예제코드는 매우 흥미로운 결과를 반환한다. 우리는 "+"연산자가 append 메서드보다 약 2000배 정도 느리다는 것을 볼 수 있다(결과 값은 msec단위 이다). append 메서드를 사용하면 매 루프의 패스에서 리스트에 추가요소를 추가하기만 하면 된다.

이제 l = l + [i * 2]를 사용하는 첫 번째 루프(1)를 살펴보자. 리스트는 모든 루프 패스에서 내부에 복사되어 지고, 새 요소가 리스트 사본에 추가되어, 결과적으로 리스트 변수 l에 다시 할당된다. 이후에 더 이상 참조되지 않기 때문에, 이전 리스트 데이터는 파이썬의 메모리 관리 차원에서 제거되어야 한다. 중간에 있는 루프(2)에서는 증가된 할당(augmented assignment) (+=)을 사용하는 구문은 append 메서드를 사용하는 구문(3)보다 약간(1/2정도) 느리다는 것을 확인할 수 있다.

> **Note**
>
> 에폭(Epoch) 시간이란? (유닉스 시간 또는 POSIX 시간이라고도 함)
>
> 이 시간은 UTC (Coordinated Universal Time) 00:00:00, 즉, 1970년 1월 1일 목요일 이후로 경과 한 시간(초단위)으로 정의된 시간이다. 컴퓨터 시스템의 "시간"을 설명하기위한 시스템이다.

5.3.4 remove 메서드를 사용한 리스트 요소의 제거

파이썬 리스트 클래스의 remove메서드를 사용하면, 요소의 위치를 정확히 알지 못해도 리스트에서 특정한 값, 즉, 요소를 "제거"할 수 있다.

```
s.remove(x)
```

이 메서드는 리스트 s에서 x가 처음 나오는 것을 제거한다. 인수로 지정한 요소 x가 리스트에 포함되어 있지 않으면 ValueError 예외가 발생한다.

다음의 예제코드에서는 remove 메서드를 세 번 호출하여 "녹색"(green)이라는 요소를 제거하는 방법을 보여준다. 예제코드에서는 실제 "녹색"(green)이 리스트에서 두 번만 발생하므로, 세 번째 경우에는 ValueError가 발생하게 된다.

```
In [62]: colours = ["red", "green", "blue", "green", "yellow"]
         colours.remove("green")
         print colours
         colours.remove("green")
         print colours
         colours.remove("green")

['red', 'blue', 'green', 'yellow']
['red', 'blue', 'yellow']

---------------------------------------------------------------------------
--
ValueError                                Traceback (most recent call las
t)
<ipython-input-62-19e079882d25> in <module>()
      4 colours.remove("green")
      5 print colours
----> 6 colours.remove("green")

ValueError: list.remove(x): x not in list
```

5.3.5 리스트 요소의 위치 찾기

파이썬 리스트 클래스의 "index"메서드는 리스트 데이터 내부의 특정 요소의 위치를 찾는데 사용할 수 있다.

```
s.index(x[, i[, j]])  # [ ] - 선택적 매개변수를 의미한다
.
```

지정한 요소 x의 첫번째 '색인'(index)을 반환한다. 지정한 요소가 리스트 안에 없으면 ValueError 예외가 발생한다. 선택적 매개변수 i가 주어지면, 색인 i에서 검색이 시작되고, j가 또한 주어지면, 검색은 위치 j에서 멈춘다는 것을 의미한다.

```
In [63]: colours = ["red", "green", "blue", "green", "yellow"]
         print colours.index("green")
         print colours.index("green", 2)
         print colours.index("green", 3,4)
         print colours.index("black")

1
3
3

---------------------------------------------------------------------------
--
ValueError                                Traceback (most recent call las
t)
<ipython-input-63-a1e75bbcecf0> in <module>()
      3 print colours.index("green", 2)
      4 print colours.index("green", 3,4)
----> 5 print colours.index("black")

ValueError: 'black' is not in list
```

5.3.6 리스트 요소의 삽입

지금까지, 리스트 클래스의 append메서드를 사용하여 리스트의 끝에 요소를 넣을 수 있다는 것을 배웠다. 리스트를 보다 효율적으로 활용하려면, 리스트 내부의 임의의 위치에 요소를 추가하는 방법이 필요한데, 이것은 "삽입(insert)" 메서드로 처리할 수 있다.

```
s.insert(index, object)
```

'객체'를 리스트 's'에 삽입하는데, 삽입되는 '객체'는 요소 s[index] 앞에 놓이고, 다른 모든 요소는 오른쪽으로 이동하게 된다.

```
In [64]: lst = ["German is spoken", "in Germany,", "Austria", "Switzerland"]
         lst.insert(3, "and")
         print lst

         ['German is spoken', 'in Germany,', 'Austria', 'and', 'Switzerland']
```

리스트 클래스의 "append" 메서드의 기능은 다음과 같은 방법으로 시뮬레이션할 수 있다.

```
In [1]: abc = ["a","b","c"]
        abc.insert(len(abc),"d")
        print abc

        ['a', 'b', 'c', 'd']
```

5.3.7 리스트 내부에 for 루프문 포함하기(리스트 내포: List comprehension)

리스트 안에 for문을 포함하는 '리스트 내포'(List comprehension)은 리스트를 쉽게 생성하기 위한 방법이다. 이는 파이썬에서 보편적으로 사용되는 기능으로 조금만 응용하면 다양한 조건으로 리스트를 생성할 수 있는 강력한 기능 중 하나이다. 이를 잘 이용하면, 좀 더 편리하고 직관적인 프로그램을 만들 수 있다.

다음의 예제코드를 살펴보자.

```
In [2]: a = [1,2,3,4]
        result = []
        for num in a:
            result.append(num*3)

        print(result)

        [3, 6, 9, 12]
```

이 예제코드는 a라는 리스트의 각 항목에 3을 곱한 결과를 result라는 리스트에 추가하는 코드이다. 이것을 '리스트 내포'를 이용하면 아래와 같이 간단히 해결할 수 있다.

```
In [3]: result = [num * 3 for num in a]
        print(result)

        [3, 6, 9, 12]
```

여기에서, 짝수에만 3을 곱하여 담고 싶다면 다음과 같이 'if' 조건문을 추가하여 사용할 수도 있다.

```
In [4]: result = [num * 3 for num in a if num % 2 == 0]
        print(result)

        [6, 12]
```

리스트 내포의 일반적인 문법은 다음과 같다. "if 조건" 부분은 앞의 예제에서 볼 수 있듯이 생략할 수 있다.

```
[표현식 for 항목 in 반복가능객체 if 조건]
```

조금 복잡하지만 for문을 2개 이상 사용하는 것도 가능하다. for문을 여러 개 사용할 때의 문법은 다음과 같다.

```
[표현식 for 항목1 in 반복가능객체1 if 조건1
        for 항목2 in 반복가능객체2 if 조건2
        ...
        for 항목n in 반복가능객체n if 조건n]
```

만약 구구단의 모든 결과를 리스트에 담고 싶다면, '리스트 내포'를 이용하여 다음과 같이 간단하고 스마트하게 구현할 수 있다.

```
In [5]: result = [x*y for x in range(2,10) for y in range(1,10)]
        print(result)
```

```
[2, 4, 6, 8, 10, 12, 14, 16, 18, 3, 6, 9, 12, 15, 18, 21, 24, 27, 4, 8, 1
2, 16, 20, 24, 28, 32, 36, 5, 10, 15, 20, 25, 30, 35, 40, 45, 6, 12, 18,
24, 30, 36, 42, 48, 54, 7, 14, 21, 28, 35, 42, 49, 56, 63, 8, 16, 24, 32,
40, 48, 56, 64, 72, 9, 18, 27, 36, 45, 54, 63, 72, 81]
```

5.4 사전 데이터형 (Dictionaries)

이 절에서는 '사전 데이터형'(dictionaries)과 관련된 연산자 및 메서드에 대하여 살펴 보도록 하자. 리스트와 사전이 없는 파이썬 프로그램이나 스크립트는 거의 상상할 수 없을 정도이다. 사전과 그 강력한 구현은 파이썬을 효과적이고 탁월하게 만드는 요소의 일부이기 때문이다. 사전형 데이터는 리스트와 마찬가지로 쉽게 변경할 수 있으며, 런타임시에 축소되거나 커질 수도 있다. 복사본을 만들 필요없이 축소되고 커진다. 사전은 리스트에 포함될 수 있으며 그 반대의 경우도 가능하다.

그러면, 리스트와 사전의 차이는 무엇일까?

한마디로 말하면, 리스트 데이터형은 정렬된 '객체 시퀀스'이며 사전은 정렬되지 않은 '집합'을 의미한다. 그러나 가장 큰 차이점은 사전의 항목은 위치(index)를 통해서가 아니라 키(key)를 통해 액세스 된다는 점이다. 보다 이론적으로 말하면, 사전은 컴퓨터 과학분야에서 '연관배열'(associative array)로 알려진 '추상 데이터형'(abstract data type)의 파이썬 구현이라고 말할 수 있다. '연관배열'은 "(키,값)"쌍의 사전과 같이 구성되며, 가능한 키는 컬렉션에서 유일하게 한 번만 나타나야만 한다. 사전의 모든 키는 '값'(value)과 연관되어 있다(또는 맵핑되어 있음). 사전의 '값'은 모든 파이썬 데이터 유형이 올 수 있으며, 따라서 사전은 정렬되지 않은 "키-값" 쌍인 것이다. 사전은 '해시 테이블'(hash table)로 구현되어 졌으며, Perl 프로그래밍 언어에서는 사전이 "해시(hashes)"로 알려져 있다.

사전은 문자열, 튜플 및 리스트와 같은 '시퀀스 데이터형'(sequence data types)의 시퀀스 작업을 지원하지 않는다. 사전은 기본적으로 파이썬에서 제공되는 '내장 매핑형'(built-in mapping type)에 속하지만, 지금까지는 이러한 유형의 유일한 대표적인 데이터 유형이다.

이 절의 끝에서는 사전이 (키,값)-튜플 또는 두 개의 리스트 (키가 있는 목록과 값이 있는 목록)을 포함하는 하나의 리스트로 어떻게 변환될 수 있는지 보여줄 것이며, 그 반대의 경우도 살펴 볼 것이다.

5.4.1 사전형 데이터의 예

먼저, 첫 번째 예로, 미국과 캐나다에 거주하는 도시와 해당 인구로 구성된 사전을 구현해 보자.

```
In [66]: city = {"New York City":8175133, "Los Angeles": 3792621, "Washington":6323
         23,
                 "Chicago": 2695598, "Toronto":2615060, "Montreal":11854442,
                 "Ottawa":883391, "Boston":62600}
```

만약, 그 도시 중 하나의 도시의 인구를 알고 싶다면 우리가 해야 할 일은 도시의 이름을 색인으로 사용하는 것이다.

```
In [67]: print city["New York City"]
         print city["Toronto"]

         8175133
         2615060
```

그러면, 사전에 포함되지 않은 '키'(도시)에 액세스하려고 하면 어떻게 될까? 이런 경우에는 KeyError 예외가 발생하게 된다.

```
In [68]: city["Detroit"]

         ---------------------------------------------------------------------------
         --
         KeyError                                  Traceback (most recent call las
         t)
         <ipython-input-68-0f360190dc3d> in <module>()
         ----> 1 city["Detroit"]

         KeyError: 'Detroit'
```

이 과정을 살펴보면, 사전을 정의했으므로 사전에는 정렬된 "뉴욕시"라는 첫 번째 항목, 두 번째는 "로스 앤젤레스"등의 순서로 정렬되어 있다는 인상을 받을 수 있다.

그러나 사전형 데이터의 내부 항목들은 순서가 없다고 하였다. 그것이 사전형 데이터 '도시'의 결과가 원래의 정렬 순서을 반영하지 않는 이유이다.

```
In [69]: city
Out[69]: {'Boston': 62600,
          'Chicago': 2695598,
          'Los Angeles': 3792621,
          'Montreal': 11854442,
          'New York City': 8175133,
          'Ottawa': 883391,
          'Toronto': 2615060,
          'Washington': 632323}
```

따라서 리스트에서 했던 것처럼, 숫자로 사전 요소에 액세스 할 수도 없다.

```
In [70]: city[0]
         ---------------------------------------------------------------------------
         --
         KeyError                                  Traceback (most recent call las
         t)
         <ipython-input-70-b05f5acf7051> in <module>()
         ----> 1 city[0]

         KeyError: 0
```

또한, 기존의 사전 데이터에 다른 항목을 추가하는 것은 매우 간단하다.

```
In [72]: city["Halifax"] = 390096
         city
Out[72]: {'Boston': 62600,
          'Chicago': 2695598,
          'Halifax': 390096,
          'Los Angeles': 3792621,
          'Montreal': 11854442,
          'New York City': 8175133,
          'Ottawa': 883391,
          'Toronto': 2615060,
          'Washington': 632323}
```

따라서, 처음에는 빈 사전으로 시작하여 점진적으로 사전을 늘려갈 수도 있다. 그러면, 빈 사전은 어떻게 정의 할 것인가? 대괄호({})를 사용하여 정의 할 수 있다. 다음은 "city"라는 빈 사전을 정의한다.

```
In [73]: city = {}
         city
Out[73]: {}
```

도시와 인구수로 짝지어진 첫 번째 사전 예제를 살펴보면 사전의 '값'이 달라야 한다는 잘못된 인상을 갖게되었을 것이다. 다음 예제에서 볼 수 있듯이, 사전의 '값'은 동일할 수 있다. 단지 '키'값은 반드시 서로 달라야 구분이 가능하다.

그럼, 이번에는 특별한 음식을 포함하는 사전을 살펴보면 이해가 될 것이다.

```
In [75]: food = {"ham" : "yes", "egg" : "yes", "spam" : "no" }
         food
Out[75]: {'egg': 'yes', 'ham': 'yes', 'spam': 'no'}
```

```
In [76]: food["spam"] = "yes"
         food
Out[76]: {'egg': 'yes', 'ham': 'yes', 'spam': 'yes'}
```

또 다른 예제 사전은 간단하게 구현한 영어-독일어 사전이다.

```
In [77]: en_de = {"red" : "rot", "green" : "grün", "blue" : "blau", "yellow":"gelb"
         }
         print(en_de)
         print(en_de["red"])

         {'blue': 'blau', 'green': 'gr\xc3\xbcn', 'yellow': 'gelb', 'red': 'rot'}
         rot
```

다른 나라 언어 사전을 사용하는 것은 어떨까요? 독일어-프랑스어를 가정해 보자.

```
In [78]: de_fr = {"rot" : "rouge", "grün" : "vert", "blau" : "bleu", "gelb":"jaune"
         }
```

이제 영어-프랑스어 사전이 없어도 영어에서 프랑스어로 번역 할 수 있다 (물론, 실제는 더 복잡할 것이다).

```
de_fr[ko_de["red"]]
```

"red"에 대한 프랑스어 단어, 즉 "rouge"를 얻을 수 있다.

```
In [79]: en_de = {"red" : "rot", "green" : "grün", "blue" : "blau", "yellow":"gelb"
         }
         print(en_de)
         print(en_de["red"])
         de_fr = {"rot" : "rouge", "grün" : "vert", "blau" : "bleu", "gelb":"jaune"
         }
         print("The French word for red is: " + de_fr[en_de["red"]])

         {'blue': 'blau', 'green': 'gr\xc3\xbcn', 'yellow': 'gelb', 'red': 'rot'}
         rot
         The French word for red is: rouge
```

임의의 데이터형을 사전의 '값'으로 사용할 수는 있지만, '키'에 대해서는 사실 제한이 있다. 변경 불가능한(immutable) 데이터 유형만 '키'로 사용할 수 있는 것이다. 즉,다시 말해, 리스트나 사전형 데이터로는 '키' 값으로 사용할 수 없다는 의미이다. 만약에 변경 가능한 데이터형을 '키'로 사용하면 다음과 같은 오류 메시지를 얻게 된다.

```
In [80]: dic = { [1,2,3]:"abc"}

         ---------------------------------------------------------------------------
         --
         TypeError                                 Traceback (most recent call las
         t)
         <ipython-input-80-1c5366f3f34e> in <module>()
         ----> 1 dic = { [1,2,3]:"abc"}

         TypeError: unhashable type: 'list'
```

다음 예제에서 볼 수 있듯이, 튜플형 데이터를 사전의 '키'로 사용하는 것은 가능하다.

```
In [81]: dic = { (1,2,3):"abc", 3.1415:"abc"}
         dic

Out[81]: {3.1415: 'abc', (1, 2, 3): 'abc'}
```

자연어 사전을 사용하여 앞의 번역 사전 예제를 조금 향상시키 보자. 즉, 사전의 사전을 만드는 것도 가능하다.

```
In [82]: en_de = {"red" : "rot", "green" : "grün", "blue" : "blau", "yellow":"gelb"
         }
         de_fr = {"rot" : "rouge", "grün" : "vert", "blau" : "bleu", "gelb":"jaune"
         }

         dictionaries = {"en_de" : en_de, "de_fr" : de_fr }
         print(dictionaries["de_fr"]["blau"])

         bleu
```

5.4.2 사전에서의 연산자

사전에서 사용할 수 있는 연산자들을 정리해 보면 다음의 표와 같다.

연산자	설명
len(d)	저장된 항목 수, 즉 (키, 값) 쌍의 수를 반환한다.
del d[k]	사전 d에 있는 키 k와 값(value)을 함께 삭제한다.
k in d	사전 d에 있는 키 k가 있는 경우 "참".
k not in d	사전 d에 있는 키 k가 없는 경우 "참".

다음의 예제들을 통하여 사전에서의 연산자의 동작을 살펴보자. 다음의 사전 데이타 morse는 아스키 문자에서 모스 부호로의 매핑을 수행한다.

```
In [17]: morse = {
"A" : ".-",
"B" : "-...",
"C" : "-.-.",
"D" : "-..",
"E" : ".",
"F" : "..-.",
"G" : "--.",
"H" : "....",
"I" : "..",
"J" : ".---",
"K" : "-.-",
"L" : ".-..",
"M" : "--",
"N" : "-.",
"O" : "---",
"P" : ".--.",
"Q" : "--.-",
"R" : ".-.",
"S" : "...",
"T" : "-",
"U" : "..-",
"V" : "...-",
"W" : ".--",
"X" : "-..-",
"Y" : "-.--",
"Z" : "--..",
"0" : "-----",
"1" : ".----",
"2" : "..---",
"3" : "...--",
"4" : "....-",
"5" : ".....",
"6" : "-....",
"7" : "--...",
"8" : "---..",
"9" : "----.",
"." : ".-.-.-",
"," : "--..--"
}
```

이 사전에 포함된 전체 항목 수는 len 함수를 사용하여 확인할 수 있다.

```
In [18]: len(morse)
Out[18]: 38
```

사전에는 대문자만 포함되어 있으므로 "a"는 False를 반환한다. 예를 들면 다음과 같다.

```
In [85]: "a" in morse
Out[85]: False

In [86]: "A" in morse
Out[86]: True
```

```
In [19]: "a" not in morse
Out[19]: True

In [22]: print( morse['A'], morse['B'], morse['C'])
         ('.-', '-...', '-.-.')
```

5.4.3 사전에서의 pop() and popitem() 함수

pop 메서드

리스트는 스택으로 사용할 수 있으며, 연산자 pop()은 스택에서 요소를 가져 오는데 사용된다. 리스트에서는 적합했지만, 사전에서 pop() 메서드를 사용하는 것이 이치에 맞는 것일까?

결국 사전은 '시퀀스 데이터형'(sequence data type)이 아니므로 정렬(ordering)도 없고 색인(indexing)도 허용되지 않는다. 따라서 pop() 메서드는 사전에서는 다르게 정의되어야 한다.

D가 사전이라면, D.pop(k)는 그 값을 갖는 키 k를 사전 D로부터 제거하고, 대응하는 값을 반환 값, 즉 D[k]로서 반환하게 된다. 지정한 키(k)가 발견되지 않으면 KeyError가 발생한다.

```
In [88]: en_de = {"Austria":"Vienna", "Switzerland":"Bern", "Germany":"Berlin",
                  "Netherlands":"Amsterdam"}
         capitals = {"Austria":"Vienna", "Germany":"Berlin", "Netherlands":"Amsterd
         am"}
         capital = capitals.pop("Austria")
         print(capital)
         print(capitals)

         Vienna
         {'Netherlands': 'Amsterdam', 'Germany': 'Berlin'}
```

```
In [89]: capital = capitals.pop("Switzerland")

         ---------------------------------------------------------------------------
         --
         KeyError                                  Traceback (most recent call las
         t)
         <ipython-input-89-8114bb25d602> in <module>()
         ----> 1 capital = capitals.pop("Switzerland")

         KeyError: 'Switzerland'
```

앞의 예에서 "스위스"(Switzerland)의 수도를 찾으려고 하면 KeyError가 발생한다. 이러한 오류를 방지하기 위해 보다 우아한 방법이 있다. pop() 메서드는 선택적인 두 번째 매개변수를 가질 수 있으며, 이 매개변수는 기본값으로 사용될 수 있다.

```
In [90]: capital = capitals.pop("Switzerland", "Bern")
         print(capital)
         capital = capitals.pop("France", "Paris")
         print(capital)
         capital = capitals.pop("Germany", "München")
         print(capital)

         Bern
         Paris
         Berlin
```

popitem 메서드

popitem()은 사전 객체의 메서드로, 임의의 매개 변수를 취하지 않고, 항목을 제거할 수 있다. 그 결과로 임의의 (키,값) 쌍의 "2-튜플(2-tuple)"로 반환한다. 빈 사전에 popitem()을 적용하면 KeyError가 발생한다.

Note

파이썬의 사전형 데이터에 추가된 데이터의 순서는 임의적이라고 보통 말하는데, 엄밀히 말하면 나름대로의 규칙을 가지고 있다. 실제, 파이썬 사전은 '해시 테이블'(hash table)을 사용하여 구현되어 진다. '키'의 '해시 함수'를 사용하여 색인을 얻는방식으로 구현되는 배열인데, 해시함수를 사용하는 목적은 '키'를 배열에 고르게 분산시키는 위함이다.

```
In [91]: capitals = {"Springfield":"Illinois", "Augusta":"Maine", "Boston": "Massac
         husetts",
                     "Lansing":"Michigan", "Albany":"New York", "Olympia":"Washingt
         on",
                     "Toronto":"Ontario"}
         (city, state) = capitals.popitem()
         print (city, state)

         ('Olympia', 'Washington')
```

```
In [92]: print(capitals.popitem())
         print(capitals.popitem())
         print(capitals.popitem())
         print(capitals.popitem())

         ('Albany', 'New York')
         ('Boston', 'Massachusetts')
         ('Lansing', 'Michigan')
         ('Toronto', 'Ontario')
```

```
In [93]: print capitals

         {'Augusta': 'Maine', 'Springfield': 'Illinois'}
```

5.4.4 존재하지 않는 키의 액세스

사전 내부에 존재하지 않는 '키'에 접근하려고 하면 KeyError 오류 메시지가 나타난다.

```
In [94]: locations = {"Toronto" : "Ontario", "Vancouver":"British Columbia"}
         locations["Ottawa"]

         ---------------------------------------------------------------------------
         --
         KeyError                                  Traceback (most recent call las
         t)
         <ipython-input-94-8a2a9728befa> in <module>()
               1 locations = {"Toronto" : "Ontario", "Vancouver":"British Columbia
         "}
         ----> 2 locations["Ottawa"]

         KeyError: 'Ottawa'
```

이런 경우라면, "in"연산자를 사용하여 사전에 오류를 예방할 수 있다.

```
In [96]: if "Ottawa" in locations:
             print(locations["Ottawa"])
         if "Toronto" in locations:
             print(locations["Toronto"])

         Ontario
```

'키'를 통해 '값'에 접근하는 다른 방법은 get() 메서드를 사용하는 것이다. 색인이 존재하지 않으면 이 get() 메서드는 오류를 발생시키지 않는다. 이 경우 "없음"(None)을 반환한다. 인덱스가 종료되지 않으면 반환되는 기본값을 설정할 수도 있다.

In [97]:
```
proj_language = {"proj1":"Python", "proj2":"Perl", "proj3":"Java"}
print proj_language["proj1"]
proj_language["proj4"]
```

```
Python

---------------------------------------------------------------------------
--
KeyError                                  Traceback (most recent call las
t)
<ipython-input-97-a7888dcd6d11> in <module>()
      1 proj_language = {"proj1":"Python", "proj2":"Perl", "proj3":"Java"
}
      2 print proj_language["proj1"]
----> 3 proj_language["proj4"]

KeyError: 'proj4'
```

In [98]:
```
print proj_language.get("proj2")
print proj_language.get("proj4")
print(proj_language.get("proj4"))
```

```
Perl
None
None
```

In [99]:
```
proj_language.get("proj4", "Python") # 기본값을 설정하여 오류를 예방한다.
```

Out[99]:
```
'Python'
```

사전은 copy() 메서드를 사용하여 자기 자신을 복사할 수 있다.

In [101]:
```
food = {"ham" : "yes", "egg" : "yes", "spam" : "no" }
w = food.copy()
food["ham"]="No"
print(w)
print(food)
```

```
{'egg': 'yes', 'ham': 'yes', 'spam': 'no'}
{'egg': 'yes', 'ham': 'No', 'spam': 'no'}
```

사전의 내용은 clear() 메서드를 사용하여 지울 수 있다. 사전 객체는 삭제되지 않지만 빈 사전으로 남게된다.

```
In [102]: w.clear()
          print(w)

{}
```

5.4.5 사전의 병합: update

우리가 리스트에서 했던 것처럼 사전을 연결하는 것은 어떨까? 사전에는 이와 비슷한 방법을 제공하고 있다. update() 메서드는 한 사전의 키와 값을 다른 키와 병합하여 동일한 키의 값을 덮어 쓴다.

```
In [103]: knowledge = {"Frank": {"Perl"}, "Monica":{"C","C++"}}
          knowledge2 = {"Guido":{"Python"}, "Frank":{"Perl", "Python"}}
          knowledge.update(knowledge2)
          knowledge

Out[103]: {'Frank': {'Perl', 'Python'}, 'Guido': {'Python'}, 'Monica': {'C', 'C++'}
          }
```

5.4.6 사전에서의 반복

사전의 키를 반복하는데 특별히 필요한 메서드는 없다.

```
In [104]: d = {"a":123, "b":34, "c":304, "d":99}
          for key in d:
              print(key)

a
c
b
d
```

그러나 keys() 메서드를 사용할 수도 있지만 결국엔 같은 결과를 얻게 된다.

```
In [105]: for key in d.keys():
              print(key)

a
c
b
d
```

values() 메서드는 값을 직접 반복하는 편리한 방법이다.

```
In [108]: for value in d.values():
              print(value)

123
304
34
99
```

위의 for루프는 논리적으로 다음과 같다.

```
In [109]: for key in d:
              print(d[key])

123
304
34
99
```

두 번째 방법은 효율성이 떨어지기 때문에 논리적이라는 표현을 사용하였다. ipython의 timeit 기능에 익숙하다면, 두 가지 대안에 사용된 시간을 측정하여 비교해 볼 수 있다.

```
In [110]: %%timeit  d = {"a":123, "b":34, "c":304, "d":99}
          for key in d.keys():
              x=d[key]

The slowest run took 8.22 times longer than the fastest. This could mean
that an intermediate result is being cached.
1000000 loops, best of 3: 377 ns per loop
```

```
In [111]: %%timeit  d = {"a":123, "b":34, "c":304, "d":99}
          for value in d.values():
              x=value

The slowest run took 10.47 times longer than the fastest. This could mean
that an intermediate result is being cached.
1000000 loops, best of 3: 296 ns per loop
```

5.4.7 리스트와 사전 데이터의 관계

파이썬으로 작업을 하다보면 리스트를 사전으로 변환하거나, 필요할때 그 반대로 변환해야 할 때가 생긴다. 이러한 기능을 수행하는 함수를 작성하는 것은 그리 어렵지 않을 것이다. 그러나 파이썬은 이러한 기능을 기본으로 제공하고 있다.

다음과 같은 사전을 가정하자.

```
D = {"list":"Liste", "dictionary":"Wörterbuch", "function":"Funktion"}
```

이것을 두 개의 튜플을 가진 리스트(즉, 튜플의 리스트형)로 바꿀 수 있다.

```
L = [("list","Liste"), ("dictionary","Wörterbuch"), ("function","Funktion")]
```

리스트 L과 사전 D는 동일한 내용, 즉 정보 내용을 포함하거나 또는 "L과 D의 엔트로피는 동일하다"라고 표현한다. 물론 리스트 L에서 특정 키를 찾으려면 목록의 튜플을 검색하고, 튜플의 첫 번째 구성 요소를 키와 비교해야 한다. 이 검색은 사전에 대해 암시적으로 매우 효율적으로 구현된다.

사전으로부터 리스트로의 변환

items(), keys() 및 values() 메서드를 사용하여 사전에서 목록을 만들 수 있다. 이름에서 알 수 있듯이, keys() 메서드는 사전의 키로만 구성된 리스트를 만들게 되고, values()는 값으로 구성된 리스트를 생성한다. 또한, items()는 (key,value) 쌍의 2-튜플로 구성된 리스트를 만드는 데 사용할 수 있다.

```
In [112]: w = {"house":"Haus", "cat":"", "red":"rot"}
          items_view = w.items()
          items = list(items_view) # 사전에서 (키, 값) 튜플을 얻어서 리스트형으로 변환한다.
          print items   # 결과는 튜플의 리스트가 된다.

          keys_view = w.keys()
          keys = list(keys_view)
          print keys

          values_view = w.values()
          values = list(values_view)
          print values

          [('house', 'Haus'), ('red', 'rot'), ('cat', '')]
          ['house', 'red', 'cat']
          ['Haus', 'rot', '']

In [116]: values_view

Out[116]: ['Haus', 'rot', '']

In [114]: items_view

Out[114]: [('house', 'Haus'), ('red', 'rot'), ('cat', '')]

In [117]: keys_view

Out[117]: ['house', 'red', 'cat']
```

items()메서드를 사전에 적용하면, 파이썬2에서는 리스트를 가져 오지 않고, '항목보기'(items view)라고 부르는 항목을 가져 온다. '항목보기'는 리스트 함수를 적용하여 리스트로 바뀔 수 있다. 사전을 '항목보기' 또는 항목 리스트로 바꾸면 정보 손실이 없다. 즉 items() 메서드가 만든 보기에서 원래 사전을 다시 만들 수 있다.

이 2-튜플의 리스트가 동일한 엔트로피를 갖지만, 즉 정보 내용이 동일하더라도, 두 접근법의 효율성은 완전히 상이하다. 사전 데이터 유형은 사전의 요소에 액세스, 삭제 및 변경하는 매우 효율적인 방법을 제공하지만, 리스트의 경우 프로그래머가 이러한 기능을 구현해야 한다.

리스트에서 사전으로의 변환

리스트가 특정 조건을 충족하는 경우, 리스트를 사전으로 전환하는 방법을 살펴보자. 예를들어, 리스트 dishes는 요리를 포함하고, 리스트 countries는 그 음식에 해당하는 국가를 포함한다고 가정하자.

```
In [118]: dishes = ["pizza", "sauerkraut", "paella", "hamburger"]
          countries = ["Italy", "Germany", "Spain", "USA"]
```

이제 한 접시에 특정 국가별 요리를 지정하는 사전을 만들 것이다. 이를 위해 새로운 zip()함수를 사용해 보자.

zip함수의 이름에서 의미하듯이, 이 함수는 두 개의 리스트가 지퍼처럼 결합되기 때문에 붙혀진 함수이름이다. 결과는 리스트 '반복자'(iterator)이다. 즉, 리스트를 가져 오기 위해 zip 호출에 list() 캐스팅 함수를 포함해야 한다.

```
In [119]: country_specialities = list(zip(countries, dishes))
          print(country_specialities)

          [('Italy', 'pizza'), ('Germany', 'sauerkraut'), ('Spain', 'paella'), ('US
          A', 'hamburger')]
```

이제 국가별 요리는 리스트 형식으로 변환되어 있다. 즉, 첫 번째 구성요소는 '키'로 표시되고, 두 번째 구성요소는 '값'으로 표시되는 '2-튜플 리스트'인 것이다. 이 매개변수는 dict()로 캐스팅하여 자동으로 사전으로 바뀔 수 있다.

```
In [120]: country_specialities_dict = dict(country_specialities)
          print(country_specialities_dict)
```

```
{'Germany': 'sauerkraut', 'Italy': 'pizza', 'USA': 'hamburger', 'Spain':
'paella'}
```

zip()함수와 관련하여 여전히 한 가지 질문이 있다. 두 개의 인수 리스트 중, 하나가 다른 인수보다 많은 요소를 포함하면 어떻게 될까? 대답은 간단하다. 즉, 쌍(pair)이 될 수 없는 불필요한 요소(elements)는 무시된다.

```
In [121]: dishes = ["pizza", "sauerkraut", "paella", "hamburger"]
          countries = ["Italy", "Germany", "Spain", "USA"," Switzerland"]
          country_specialities = list(zip(countries, dishes))
          country_specialities_dict = dict(country_specialities)
          print(country_specialities_dict)
```

```
{'Germany': 'sauerkraut', 'Italy': 'pizza', 'USA': 'hamburger', 'Spain':
'paella'}
```

6장

수치해석을 위한 파이썬 - 넘파이(NumPy)

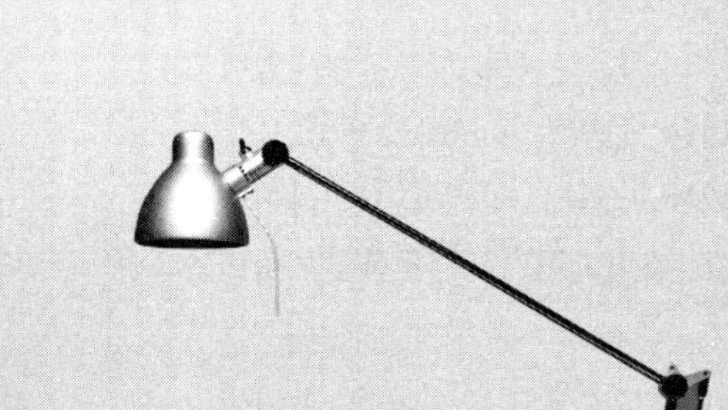

'넘파이'(NumPy)는 "Numeric Python" 또는 "Numerical Python"의 줄임말을 말한다. 수학 및 수치해석 계산을 위하여, 사전에 컴파일된 다양한 함수들을 제공하는 파이썬용 '오픈소스 확장모듈'(open source extension module)이다. 또한 넘파이는 파이썬 프로그래밍 언어에 강력한 데이터 구조를 제공함으로써 파이썬을 풍부하게 하여 '다차원 배열'(multi-dimensional arrays)과 '행렬'(matrices)을 효율적으로 계산한다. 모듈함수의 구현은 심지어 거대한 행렬과 배열을 지원하고 있으며, 더욱이 이 모듈은 이러한 행렬 및 배열에서 작동할 수 있는 매우 높은 수준의 수학함수 라이브러리를 제공하고 있다.

'싸이파이'(SciPy-과학적 계산을 위한 파이썬)는 넘파이(NumPy)와 종종 같은 분류의 모듈로 언급된다. 싸이파이는 '최소화'(minimization), '회귀'(regression), '퓨리에변환'(Fourier-transformation) 등의 다양한 유용한 함수들을 제곰함으로서, 넘파이(NumPy)의 기능을 확장한다. 넘파이는 배열을 처리하는 두 개의 이전 파이썬 모듈을 기반으로 하는데, 그 중 하나가 숫자 모듈(Numeric)이다.

이 모듈은 고성능 수치 컴퓨팅을 위한 파이썬 모듈인 넘파이와 비슷하지만, 최근에서는 구식(obsolete)으로 간주되어, 더 이상 사용되지 않고 있다. 넘파이의 또 다른 전신인 Numarray는 Numeric모듈을 완전히 다시 작성했지만, 이 모듈 역시 더 이상 사용되지 않고 있다.

넘파이(NumPy)는 바로 이 두 모듈이 병합된 것으로, Numeric모듈의 코드와 Numarray모듈의 특징을 기반으로 하고 있다.

MATLAB의 대안-과학적 파이썬

최근, '넘파이'(NumPy), '싸이파이'(SciPy), '팬다스'(Pandas) 및 '매트플로트립'(Matplotlib) 모듈들은, 이미 상용화된 Mathworks사의 MATLAB의 대안으로 떠오르고 있다.

'넘파이', '싸이파이', '팬다스' 및 '매트플로트립'의 조합은 오픈소스로, 무료로 사용할 수 있다(최근에는 Cloud App형태로 지원하고 있다). MATLAB에는 많은 '툴박스'(toolbox)가 있지만, 넘파이는 더 현대적이고 완전한 프로그래밍 언어라는 이점을 가지고 있다. 싸이파이는 파이썬에 더 많은 매트랩과 같은 기능을 추가한다. '팬다스'는 넘파이, 싸이파이 및 매트플로트립의 기능을 기반으로 데이터 분석을 위한 파이썬 모듈이다. pandas란 "파이썬 데이터 분석"(Python and data analysis) 또는 "패널 데이터"(panel data)에서 파생된 단어이다. 파이썬은 MATLAB과 같은 플로팅 기능을 제공하는 '매트플로트립' 모듈을 사용하여 MATLAB과 유사한(실제로는 더 우아하다고 생각된다) 출력을 얻을 수 있다.

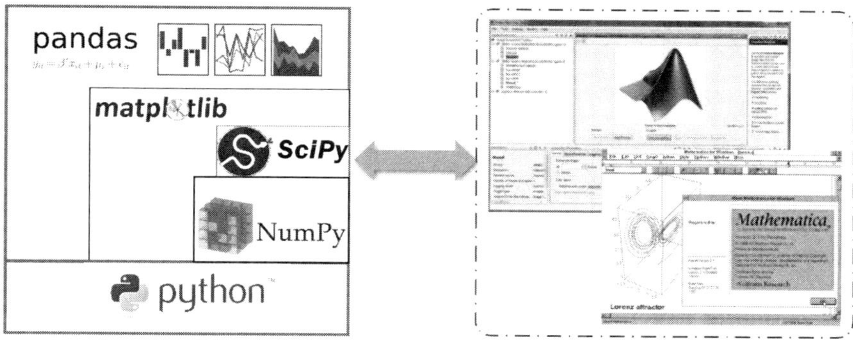

그림 6-1 파이썬의 계산/분석/가시화 패키지들와 상용화된 통합 제품들과의 비교.

코어 파이썬과 넘파이(NumPy)의 비교

일반적으로, 우리가 "코어 파이썬"(Core Python)이라고 말할 때는 특별한 고듈이 없는 파이썬, 즉 넘파이가 없는 파이썬을 의미하며 다음과 같은 잠정이 있다.

- 높은 수준의 숫자 객체 : 정수, 부동소수점
- 컨테이너 : 저렴한 삽입(insertion) 및 추가(append) 메서드가 있는 리스트, 빠른 조회가 가능한 사전(dictionary).

넘파이를 사용한 파이썬의 장점으로는 배열 지향적인 컴퓨팅 환경, 효율적으로 구현된 다차원 배열(multi-dimensional arrays)의 지원 및 과학적 계산(scientific computation) 환경을 제공한다는 점이다.

넘파이(NumPy)를 사용하려면 먼저 다른 모듈들과 마찬가지로 필요한 모듈을 가져와야(import)한다. 그러나 일반적으로 넘파이는 np로 이름공간을 변경하여 사용한다.

```
In [1]: import numpy as np
```

예를들어, 섭씨 온도 값이 있는 리스트를 생각해 보자. 이것을 1-차원 넘파이 배열로 바꾸어 보자.

```
In [2]: cvalues = [25.3, 24.8, 26.9, 23.9] # 일반적인 리스트 객체로 생성한다.
        C = np.array(cvalues)              # 리스트를 넘파이 배열 객체로 변환한다.
        print(C)

        [ 25.3  24.8  26.9  23.9]
```

다시, 이 섭씨온도를 '화씨'(Fahrenheit)로 바꾸고 싶다고 가정해 보자. 이것은 넘파이 배열을 사용하여 매우 쉽게 수행할 수 있는데, 간단한 스칼라 곱셈에 의해 해결할 수 있다.

```
In [3]: print(C * 9 / 5 + 32)
        [ 77.54  76.64  80.42  75.02]
```

이것에 비해 파이썬의 리스트 내포를 활용하는 방법은 다소 어색한 면이 있다.

```
In [4]: fvalues = [ x*9/5 + 32 for x in cvalues]
        print(fvalues)
        [77.54, 76.64, 80.42, 75.02]
```

6.1 등간격 값의 생성

넘파이에는 주어진 구간(interval)내에서 균등한 간격(evenly spaced)의 값을 생성하기 위해 제공하는 아주 유용한 함수가 있다. 그 중 하나는 '구간'(interval)을 입력 매개변수로 사용하는 'arange' 함수이고, 다른 하나인 'linspace' 함수는 간격의 수를 입력받아, 간격을 자동으로 생성해 주는 함수들이다.

6.1.1 arange 함수

arange 함수의 구문은 다음과 같다:

```
arange([start,] stop[, step,], dtype=None)
```

arange 함수는 주어진 '구간'(interval) 내에서 고른(균등한) 간격으로 값을 반환한다. 구간의 범위는 '폐쇄구간'[start, stop]의 범위안에서 생성된다. 함수가 정수와 함께 사용되면 파이썬 내장 함수 range와 거의 동일하지만, arange 함수는 range함수로 리스트 반복자가 반환되는 것에 비하여, ndarray 데이터형을 반환한다. '시작'(start) 매개변수가 지정되지 않으면 0으로 설정되며, '구간'(interval)의 끝은 매개변수 stop에 의해 결정된다.

출력 배열에서 인접한 두 요소 사이의 간격은 선택적 매개변수인 step으로 지정할 수 있으며, step의 기본값은 1이다. step 매개변수가 주어지면 start 매개변수는 선택 사항일 수 없다. 즉, 매개변수도 반드시 지정되어져야 한다.

출력 배열의 데이터형은 dtype 매개 변수로 지정할 수 있는데, 유형이 주어지지 않으면, 그 타입은 다른 입력 인자들로부터 자동으로 유추되어 진다.

In [5]:
```
a = np.arange(1, 10)
print(a)
# range함수와 비교:
x = range(1,10)
print(x)    # x is an iterator
print(list(x))

# arange함수의 예제들:
x = np.arange(10.4)
print(x)
x = np.arange(0.5, 10.4, 0.8)
print(x)
x = np.arange(0.5, 10.4, 0.8, int)
print(x)
```

```
[1 2 3 4 5 6 7 8 9]
[1, 2, 3, 4, 5, 6, 7, 8, 9]
[1, 2, 3, 4, 5, 6, 7, 8, 9]
[ 0.   1.   2.   3.   4.   5.   6.   7.   8.   9.  10.]
[  0.5   1.3   2.1   2.9   3.7   4.5   5.3   6.1   6.9   7.7   8.5   9.3
  10.1]
[ 0  1  2  3  4  5  6  7  8  9 10 11 12]
```

6.1.2 linspace 함수

linspace 함수의 구문은 다음과 같다:

```
linspace(start, stop, num=50, endpoint=True, retstep=False)
```

linspace함수는 '폐쇄구간'[start, stop] 또는 '반-개방구간' [start, stop)에서 동일한 수의 샘플 수 num으로 구성된 ndarray를 반환한다. '폐쇄'(closed) 또는 '반-개방'(half-open) 구간이 반환되는 것은, '끝점'(endpoint)이 참(True)인지 거짓(False)인지에 따라 다르다.

start 매개변수는 생성될 시퀀스, 즉, 넘파이 배열의 시작 값을 정의한다. '끝점'(endpoint)이 거짓(False)으로 설정되지 않은 경우, stop은 배열의 마지막 값이 된다.

후자의 경우, 결과 배열은 num+1의 마지막 부분을 제외한 모든 샘플로 구성된다. 즉, '중지'(stop)가 제외된다. '끝점'(endpoint)이 거짓(False)이면 단계(step)의 크기가 변경된다. 생성될 샘플 수는 num으로 설정될 수 있으며 기본값은 50이다. 선택적 매개변수인 '끝점'(endpoint)이 참(True)(기본값)로 설정되면 '중지'(stop)가 배열의 마지막 샘플이 된다. 그렇지 않으면 포함되지 않는다.

In [2]:
```
# 50 values between 1 and 10:
print(np.linspace(1, 10))

# 7 values between 1 and 10:
print(np.linspace(1, 10, 7))

# '끝점'(`endpoint`)을 제외한 경우:
print(np.linspace(1, 10, 7, endpoint=False))

print(np.linspace(2.0, 3.0, num=5, retstep=True))  # retstep이 참이면, 샘플간
격이 반환된다.
```

```
[ 1.          1.18367347  1.36734694  1.55102041  1.73469388
  1.91836735  2.10204082  2.28571429  2.46938776  2.65306122
  2.83673469  3.02040816  3.20408163  3.3877551   3.57142857
  3.75510204  3.93877551  4.12244898  4.30612245  4.48979592
  4.67346939  4.85714286  5.04081633  5.2244898   5.40816327
  5.59183673  5.7755102   5.95918367  6.14285714  6.32653061
  6.51020408  6.69387755  6.87755102  7.06122449  7.24489796
  7.42857143  7.6122449   7.79591837  7.97959184  8.16326531
  8.34693878  8.53061224  8.71428571  8.89795918  9.08163265
  9.26530612  9.44897959  9.63265306  9.81632653  10.        ]
[  1.    2.5   4.    5.5   7.    8.5  10. ]
[ 1.          2.28571429  3.57142857  4.85714286  6.14285714  7.42857143
  8.71428571]
(array([ 2.  ,  2.25,  2.5 ,  2.75,  3.  ]), 0.25)
```

한 가지 흥미로운 매개 변수에 대해서 언급하지 않은 것이 있는데, 선택적 매개 변수 retstep이다. 이 매개변수가 설정되면 이 함수는 인접한 샘플값 사이의 '간격'(spacing) 값도 반환한다. 따라서 이 함수는 튜플"(samples,step)"을 반환한다.

In [4]:
```
samples, spacing = np.linspace(1, 10, retstep=True)
print(spacing)

samples, spacing = np.linspace(1, 10, 20, endpoint=True, retstep=True)
print(spacing)

samples, spacing = np.linspace(1, 10, 20, endpoint=False, retstep=True)
print(spacing)
```

```
0.183673469388
0.473684210526
0.45
```

6.2 파이썬 리스트 구조와 넘파이 어레이의 실행 시간 비교

넘파이의 주요 장점 중 하나는 표준 파이썬에 비해 시간적으로 이점이 있다는 것이다. 다음의 예제코드를 살펴보자.

In [5]:
```
import time
size_of_vec = 1000

def pure_python_version():
    t1 = time.time()
    X = range(size_of_vec)
    Y = range(size_of_vec)
    Z = []
    for i in range(len(X)):
        Z.append(X[i] + Y[i])
    return time.time() - t1

def numpy_version():
    t1 = time.time()
    X = np.arange(size_of_vec)
    Y = np.arange(size_of_vec)
    Z = X + Y
    return time.time() - t1
```

다음의 함수들을 호출하고 처리하는 시간을 확인해 보자.

In [6]:
```
t1 = pure_python_version()
t2 = numpy_version()
print(t1, t2)
print("Numpy is in this example " + str(t1/t2) + " faster!")
```

```
(0.0008249282836914062, 0.02049398422241211)
Numpy is in this example 0.0402522161986 faster!
```

실행시간을 평가하기 위해서는 timeit 모듈을 사용하여 시간을 측정하는 것이 더 쉽고 더 좋은 방법이다. 앞의 예제코드에서는 파이썬의 Timer 클래스를 사용했다. Timer 객체의 생성자는 Timed 문과 설정에 사용되는 추가적인 구문 및 타이머 함수를 사용하고 있다. 두 명령문의 기본값은 통과(pass)이다. 명령문에 여러 줄의 문자열이 포함되지 않은 경우 명령문에 개행 문자가 포함될 수 있다.

```
In [7]: from timeit import Timer

        size_of_vec = 1000

        def pure_python_version():
            X = range(size_of_vec)
            Y = range(size_of_vec)
            Z = []
            for i in range(len(X)):
                Z.append(X[i] + Y[i])

        def numpy_version():
            X = np.arange(size_of_vec)
            Y = np.arange(size_of_vec)
            Z = X + Y

        timer_obj1 = Timer("pure_python_version()", "from __main__ import pure_pyt
        hon_version")
        timer_obj2 = Timer("numpy_version()", "from __main__ import numpy_version"
        )
        print(timer_obj1.timeit(10))
        print(timer_obj2.timeit(10))

        0.00690007209778
        0.000173091888428
```

6.3 배열(array)의 생성

6.3.1 넘파이(NumPy)의 0-차원 배열

넘파이에서는 '다차원 배열'(multi-dimensional array)을 만들 수 있다. 스칼라(Scalars)는 0차원의 객체, 즉 '엔티티'(entity)이다.

다음의 예제에서는 스칼라 42를 생성한다. ndim 메서드를 스칼라에 적용하면 배열의 크기가 결정된다. 또한 데이터 유형이 "numpy.ndarray"유형이라는 것을 알 수 있다.

```
In [6]: x = np.array(42)
        print("x: ", x)
        print("The type of x: ", type(x))
        print("The dimension of x:", np.ndim(x))

        ('x: ', array(42))
        ('The type of x: ', <type 'numpy.ndarray'>)
        ('The dimension of x:', 0)
```

6.3.2 1차원 배열

앞부분의 예제에서 이미 '벡터'(vector)로 잘 알려진 1-차원 배열을 접해 보았다. 지금까지 언급하지 않았지만, 가정 했었던 것은 넘파이 배열이 같은 유형의 항목의 '컨테이너'(containers)라는 사실이다.

다음 예제에서 볼 수 있듯이, 배열의 요소가 '균일한 '형'(homogenous type)은 "dtype"속성을 사용하여 결정할 수 있다.

```
In [7]: F = np.array([1, 1, 2, 3, 5, 8, 13, 21])
        V = np.array([3.4, 6.9, 99.8, 12.8])
        print("F: ", F)
        print("V: ", V)
        print("Type of F: ", F.dtype)
        print("Type of V: ", V.dtype)
        print("Dimension of F: ", np.ndim(F))
        print("Dimension of V: ", np.ndim(V))

        ('F: ', array([ 1,  1,  2,  3,  5,  8, 13, 21]))
        ('V: ', array([  3.4,   6.9,  99.8,  12.8]))
        ('Type of F: ', dtype('int64'))
        ('Type of V: ', dtype('float64'))
        ('Dimension of F: ', 1)
        ('Dimension of V: ', 1)
```

6.3.3 2차원 및 다차원 배열

물론 넘파이의 배열은 하나의 차원으로 제한되지는 않는다. 넘파이의 배열은 임의의 차원이 가능하다. 중첩된 리스트(또는 튜플)를 넘파이의 배열(array) 메서드에 전달하여 이를 생성할 수 있다.

```
In [8]: A = np.array([ [3.4, 8.7, 9.9],
                       [1.1, -7.8, -0.7],
                       [4.1, 12.3, 4.8]])
        print(A)
        print(A.ndim)

        [[  3.4   8.7   9.9]
         [  1.1  -7.8  -0.7]
         [  4.1  12.3   4.8]]
        2
```

```
In [9]: B = np.array([ [[111, 112], [121, 122]],
                       [[211, 212], [221, 222]],
                       [[311, 312], [321, 322]] ])
        print(B)
        print(B.ndim)

        [[[111 112]
          [121 122]]

         [[211 212]
          [221 222]]

         [[311 312]
          [321 322]]]
        3
```

6.4 배열(array)의 모양

"모양"(shape)함수는 배열의 차원에 대한 모양을 정수의 튜플로서 반환한다. 이 반환값은 해당 배열 차원의 길이를 나타낸다. 즉, 배열의 "모양"은 축(차원)당 요소 수를 나타내는 투플(tuple)이다.

다음의 예제에서 배열의 차원 형상은 (6,3)으로 즉, 6행 3열인 구조를 의미한다.

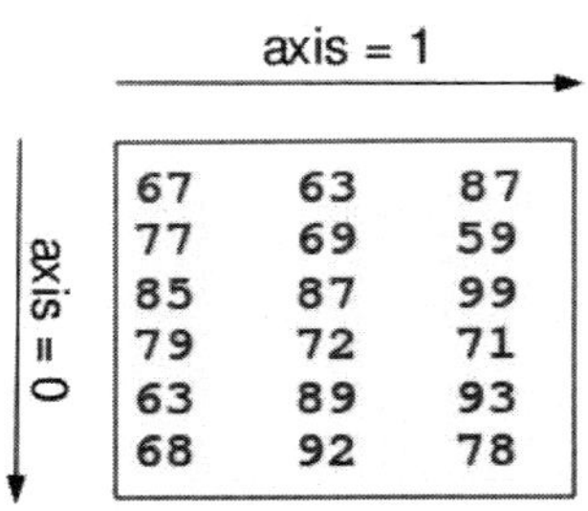


```
In [11]: x = np.array([ [67, 63, 87],
                        [77, 69, 59],
                        [85, 87, 99],
                        [79, 72, 71],
                        [63, 89, 93],
                        [68, 92, 78]])
         print(np.shape(x))
         print(x.shape)

         (6, 3)
         (6, 3)
```

배열의 '모양'은 색인이 처리되는 순서, 즉 첫 번째 행, 열 다음에 두 번째 행, 열로 진행되어 간다는 의미이다. shape 속성을 제지정하여 배열의 모양을 변경할 수도 있다.

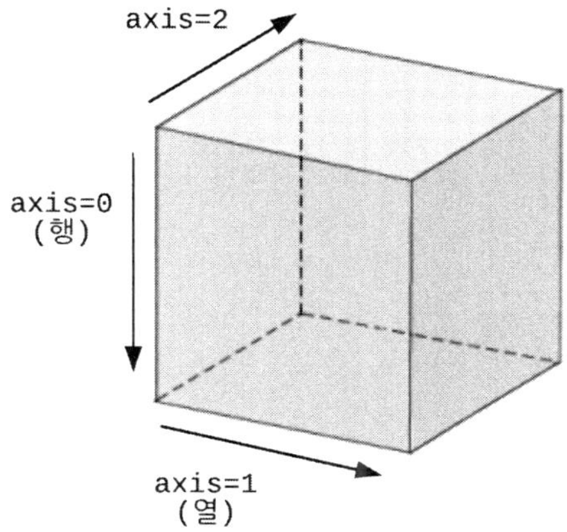

그림 6-2 파이썬 넘파이(NumPy)에서의 행렬의 모양(shape)

```
In [13]: x.shape = (3, 6)
         print(x)

         [[67 63 87 77 69 59]
          [85 87 99 79 72 71]
          [63 89 93 68 92 78]]
```

```
In [14]: x.shape = (2, 9)
         print(x)

         [[67 63 87 77 69 59 85 87 99]
          [79 72 71 63 89 93 68 92 78]]
```

배열의 '모양'을 변경할 때, 새 모양은 배열 요소의 수와 일치해야 한다. 즉, 새 배열의 전체 크기는 이전 배열과 동일해야 한다는 것이다. 그렇지 않은 경우에는 다음과 같은 예외(exception)를 발생시킨다.

```
In [15]: x.shape = (4, 4)

         ---------------------------------------------------------------------------
         --
         ValueError                                Traceback (most recent call las
         t)
         <ipython-input-15-5c4497921b8c> in <module>()
         ----> 1 x.shape = (4, 4)

         ValueError: total size of new array must be unchanged
```

다음의 예제를 살펴보자. 스칼라(scalar)의 모양은 빈 튜플이다.

```
In [16]: x = np.array(11)
         print(np.shape(x))

         ()

In [17]: B = np.array([ [[111, 112], [121, 122]],
                        [[211, 212], [221, 222]],
                        [[311, 312], [321, 322]] ])
         print(B.shape)

         (3, 2, 2)
```

6.5 색인 및 분할

열의 요소에 할당하고 액세스하는 것은 파이썬의 다른 '순차적 데이터형'(sequential data types), 즉 리스트 및 튜플과 유사하다. 넘파이에서 색인 생성을 강력하게 만들고 코어 파이썬과 매우 비슷한 다양한 색인 생성 옵션이 있는데, 그 중 하나가 '단일색인'(Single indexing)이다.

```
In [18]: F = np.array([1, 1, 2, 3, 5, 8, 13, 21])

         # print the first element of F, i.e. the element with the index 0
         print(F[0])

         # print the last element of F
         print(F[-1])

         B = np.array([ [[111, 112], [121, 122]],
                        [[211, 212], [221, 222]],
                        [[311, 312], [321, 322]] ])
         print(B[0][1][0])

         1
         21
         121
```

다차원 배열 색은 다음과 같다.

```
In [8]: A = np.array([ [3.4, 8.7, 9.9],
                       [1.1, -7.8, -0.7],
                       [4.1, 12.3, 4.8]])
        print(np.shape(A))  # 3x3 배열
        print(A[1][0])

        (3, 3)
        1.1
```

두 번째 행의 요소(색인 1)의 행과 첫 번째 열 (색인 0)를 출력한 결과이다. 배열은 중첩된 파이썬 리스트의 요소를 사용하여 만들어 졌다. 다차원 배열의 요소에 넘파이로 액세스하는 또 다른 방법이 있는데, 한 쌍의 대괄호([])를 사용하며 모든 색인은 쉼표(,)로 구분하는 방법이다.

```
In [22]: print(A[1, 0])

1.1
```

두 번째 방법이 더 효율적인데, 첫 번째 경우에는 인덱스 0을 갖는 요소에 액세스하는 중간 배열 A[1]을 만들어 접근하기 때문이다. 따라서 다음과 비슷한 동작을 하게 된다.

```
In [21]: tmp = A[1]
         print(tmp)
         print(tmp[0])

[ 1.1 -7.8 -0.7]
1.1
```

리스트와 튜플을 분할하는 것에 익숙하다고 하면, 구문(syntax)은 1차원 배열의 경우 넘파이에서 동일하며 다차원에서도 같은 의미로 적용될 수 있다. 1-차원 배열 A의 일반 구문은 다음과 같다.

```
A[start:stop:step]
```

이제, 몇 가지 예와 함께 "분할"(slicing)의 작동 원리를 살펴보자. 가장 간단한 경우, 즉 1 차원 배열의 분할부터 시작해 보자.

```
In [10]: S = np.array([0, 1, 2, 3, 4, 5, 6, 7, 8, 9])

         print(np.shape(S)) # 1차원 배열(10)
         print(S[2:5])  # 색인 2~5번째 까지
         print(S[:4])   # 색인 처음 ~ 4번째 까지
         print(S[6:])   # 색인 6 이상
         print(S[:])    # 모든 색인을 의미한다.

(10,)
[2 3 4]
[0 1 2 3]
[6 7 8 9]
[0 1 2 3 4 5 6 7 8 9]
```

다음의 예제에서는 다차원 배열의 분할에 대하여 살펴보자. 각 차원의 범위는 쉼표로 구분한다.

```
In [9]: A = np.array([
        [11,12,13,14,15],
        [21,22,23,24,25],
        [31,32,33,34,35],
        [41,42,43,44,45],
        [51,52,53,54,55]])

        print(np.shape(A)) # 5x5 배열
        print(A[:3,2:])     # 처음부터 색인 3까지의 행과 색인 2번째부터의 열로 구성된 부분배열
```

```
(5, 5)
[[13 14 15]
 [23 24 25]
 [33 34 35]]
```

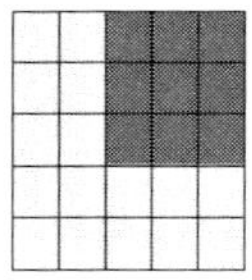

```
In [25]: print(A[3:,:])  # 처음부터 색인 3부터 끝까지의 행과 모든 색인의 열로 구성된 부분배열
```

```
[[41 42 43 44 45]
 [51 52 53 54 55]]
```

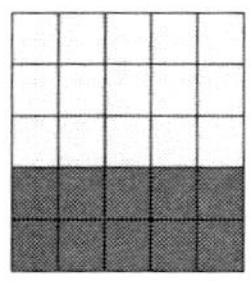

```
In [26]: print(A[:,4:])  # 모든 색인의 행과 색인 4번째부터 끝까지의 열로 구성된 부분배열
```

```
[[15]
 [25]
 [35]
 [45]
 [55]]
```

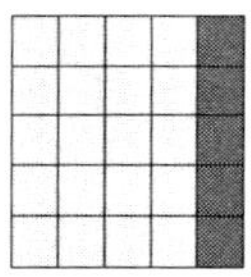

다음 두 예제는 세 번째 매개 변수인 "step"을 사용하는 경우을 보여준다. 넘파이의 reshape 함수는 2차원 배열을 만드는데 사용된다.

```
In [12]: X = np.arange(28).reshape(4,7)

         print(np.shape(X))
         print(X)
```

```
(4, 7)
[[ 0  1  2  3  4  5  6]
 [ 7  8  9 10 11 12 13]
 [14 15 16 17 18 19 20]
 [21 22 23 24 25 26 27]]
```

```
In [28]: print(X[::2, ::3]) # 매우 흥미로운 연산이다. 행, 열을 색인 2씩 건너가며 새로운 배열을 만
         든다.
```

```
[[ 0  3  6]
 [14 17 20]]
```

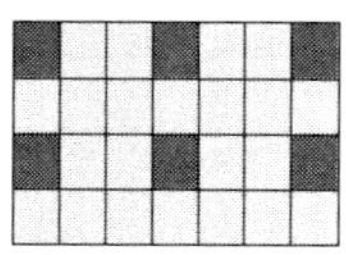

```
In [29]: print(X[::, ::3])
```

```
[[ 0  3  6]
 [ 7 10 13]
 [14 17 20]
 [21 24 27]]
```

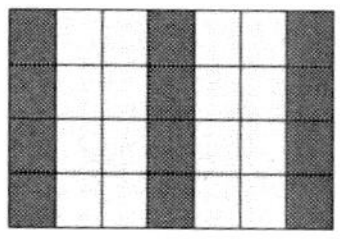

주의

리스트 및 튜플의 분할은 새로운 객체를 만드는 반면, 배열의 분할작업은 원래 배열의 새로운 '시점'(view)을 만드는 것이다. 따라서, 배열에 접근할 수 있는 또 다른 가능성을 얻게 되는 것이다. 즉, '시점'을 수정하면 원래 배열의 요소도 수정되기 때문이다.

다음의 예제를 보면, '분할'하여 새로운 배열 S를 만들어 배열의 요소를 변경시키면, 원래 배열의 요소도 수정되는 것을 확인 할 수 있다.

```
In [30]: A = np.array([0, 1, 2, 3, 4, 5, 6, 7, 8, 9])
         S = A[2:6]
         S[0] = 22
         S[1] = 23
         print(A)
```

```
[ 0  1 22 23  4  5  6  7  8  9]
```

이에 반하여, 리스트형을 사용하여 비슷한 작업을 수행하면 복사본에 대한 변경이 되기 때문에, 원래의 리스트에는 아무런 변화가 일어나지 않게 된다.

```
In [31]: lst = [0, 1, 2, 3, 4, 5, 6, 7, 8, 9]
         lst2 = lst[2:6]
         lst2[0] = 22
         lst2[1] = 23
         print(lst)
```

```
[0, 1, 2, 3, 4, 5, 6, 7, 8, 9]
```

두 개의 배열 이름이 같은 메모리 블록을 공유하는지를 확인하고 싶은 경우, np.may_share_memory 함수를 사용할 수 있다.

```
np.may_share_memory(A, B)
```

두 배열 A와 B의 메모리 경계가 메모리를 공유 할 수 있는지 확인한다. 만약, 두 배열이 가튼 메모리를 공유한다면 '참'(True)을, 그렇지 않으면 '거짓'(False)을 반환한다.

```
In [32]: np.may_share_memory(A, S)
Out[32]: True
```

다음의 예제코드는 may_share_memory 함수를 사용하면 매우 유용하다는 것을 보여준다.

```
In [13]: A = np.arange(12)
         B = A.reshape(3, 4)
         A[0] = 42
         print(B)

         [[42  1  2  3]
          [ 4  5  6  7]
          [ 8  9 10 11]]
```

배열 A와 B가 어떤 식으로든 메모리를 공유한다는 것을 알 수 있다. 배열 속성 "data"는 배열 데이터의 시작에 대한 '객체 포인터'(object pointer)인데, 데이터 속성을 살펴보면 놀라운 결과를 얻을 수 있다.

```
In [14]: print(A.data)
         print(B.data)
         print(A.data == B.data)

         *

         *

         True
```

이제 배열의 '등가'(equality)에 대해 확인해 보자.

```
In [35]: print(A == B)

         False
```

그들의 구조와 관련해서는 서로 다른 배열이기 때문에 당연한 결과일 것이다.

```
In [36]: print(A)
         print(B)

         [42  1  2  3  4  5  6  7  8  9 10 11]
         [[42  1  2  3]
          [ 4  5  6  7]
          [ 8  9 10 11]]
```

그러나 한 배열의 요소를 변경하면 다른 배열도 변경된다는 것을 확인하였는데, 이 사실은

may_share_memory 함수의 결과에 반영된다.

```
In [37]: np.may_share_memory(A, B)
Out[37]: True
```

위의 결과는 may_share_memory에 대한 "거짓 긍정"(false positive)의 경우다. 누군가가 배열이 같다고 생각할 수도 있지만, 사실은 그렇지 않은 경우이다.

6.6 단위 배열과 제로 배열

작업하는 상황에 따라서 임의의 크기의 배열을 0또는 1로 초기화해야 하는 상황이 발생하게 된다. 파이썬에서 배열을 0 또는 1로 초기화 하는 데는 두 가지 방법이 있다. ones(t)메서드는 배열의 형태와 함께 튜플 인자를 취하고 그에 따라 배열을 채운다. 기본적으로 부동소수점(float) 유형의 '1.'으로 채워진다. 정수 '1'이 필요한 경우 선택적 매개 변수 dtype을 정수(int)로 설정해야 한다.

```
In [38]: E = np.ones((2,3))
         print(E)

         F = np.ones((3,4),dtype=int)
         print(F)

[[ 1.  1.  1.]
 [ 1.  1.  1.]]
[[1 1 1 1]
 [1 1 1 1]
 [1 1 1 1]]
```

ones메서드에 관해서 언급한 것은 다음 예제에서 볼 수 있듯이 zeros 메서드와 비슷하다.

```
In [39]: Z = np.zeros((2,4))
         print(Z)

[[ 0.  0.  0.  0.]
 [ 0.  0.  0.  0.]]
```

기존의 다른 배열 a와 동일한 '모양'을 가지면서 1 또는 0으로 채워진 배열을 만드는 또 다른 방법이 있다. 넘파이는 이러한 목적을 위해 ones_like(a) 및 zeros_like(a) 메서드를 제공한다.

```
In [40]: x = np.array([2,5,18,14,4])
         E = np.ones_like(x)
         print(E)
         Z = np.zeros_like(x)
         print(Z)

[1 1 1 1 1]
[0 0 0 0 0]
```

6.7 배열의 복사

6.7.1 numpy.copy()함수

```
copy(obj, order='K')
```

지정된 객체 obj의 배열 복사본을 반환한다. 매개변수 의미는 다음과 같다.:

- obj: array_like 입력 데이터.
- order: 가능한 값은 {'C','F','A','K'}이다.

이 매개 변수는 복사본의 메모리 레이아웃을 제어한다. 'C'는 C-언어의 순서를 의미하고, 'F'는 포트란의 순서를, 'A'는 obj객체가 포트란 연속체면 'F'를 의미하고, 그렇지 않으면 'C'를 의미합니다. 'K'는 obj의 레이아웃을 최대한 일치시키는 것을 의미한다.

```
In [41]: x = np.array([[42,22,12],[44,53,66]], order='F')
         y = x.copy()
         x[0,0] = 1001
         print(x)
         print(y)

[[1001   22   12]
 [  44   53   66]]
[[42 22 12]
 [44 53 66]]
```

```
In [42]: print(x.flags['C_CONTIGUOUS'])
         print(y.flags['C_CONTIGUOUS'])

False
True
```

6.7.2 ndarray.copy()함수

배열에 직접 적용할 수 있는 ndarray의 메서드 copy도 있다. 넘파이의 copy 메서드 함수와 비슷하지만 순서 인수의 기본값은 다르다

```
a.copy(order='C')
```

배열 a의 복사본을 반환한다. 매개 변수 oder는 넘파이의 copy와 같지만 'C'가 순서(order)의 기본값이다.

```
In [43]: x = np.array([[42,22,12],[44,53,66]], order='F')
         y = x.copy()
         x[0,0] = 1001
         print(x)
         print(y)
         print(x.flags['C_CONTIGUOUS'])
         print(y.flags['C_CONTIGUOUS'])

         [[1001   22   12]
          [  44   53   66]]
         [[42 22 12]
          [44 53 66]]
         False
         True
```

6.8 항등 배열

항등 배열은 주 대각선에 '1'이 있는 정사각형 배열을 의미하며, 항등 배열을 만드는 방법에는 두 가지가 있다.

- 항등(identity) 함수
- eye 함수

6.8.1 항등 함수

함수 identity를 사용하여 항등배열을 만들 수 있다.

```
identity(n, dtype=None)
```

매개변수 의미는 다음과 같다:

- n: 출력의 행 및 열 수를 정의하는 정수, 즉 n x n.
- dtype: 출력의 데이터 유형을 정의하는 선택적 인수. 기본값은 "부동소수점"(float)이다.

항등배열의 출력은 주 대각선이 1로 설정된 n x n배열이며 다른 모든 요소는 0이다.

```
In [44]: np.identity(4)

Out[44]: array([[ 1.,  0.,  0.,  0.],
                [ 0.,  1.,  0.,  0.],
                [ 0.,  0.,  1.,  0.],
                [ 0.,  0.,  0.,  1.]])

In [45]: np.identity(4, dtype=int) # equivalent to np.identity(4, int)

Out[45]: array([[1, 0, 0, 0],
                [0, 1, 0, 0],
                [0, 0, 1, 0],
                [0, 0, 0, 1]])
```

6.8.2 눈(eye) 함수

항등배열을 만드는 또 다른 방법은 함수 "눈"(eye)함수를 사용하는 것이다. 대각선에 1이, 다른 곳에 0이 있는 2차원 배열을 반환한다.

```
eye(N, M=None, k=0, dtype=float)
```

각각의 매개변수 의미는 다음과 같다.:

- N: 출력 배열의 '행'을 정의하는 정수이다.
- M: 출력의 '열'수를 설정하기 위한 선택적 정수이다. None, 즉, 없으면 기본값은 'N'이다.
- k: 대각선의 위치를 정의한다. 기본값은 0이다. 0은 주 대각선을 나타내고, 양수 값은 위쪽 대각선을, 음수 값은 아래쪽 대각선을 나타낸다 (아래 그림 참고).
- dtype: 반환되는 배열의 데이터 유형을 결정하는 선택적 매개변수.
- eye함수는 모양이 (N,M)의 ndarray를 반환한다.
- 이 배열의 모든 요소는 값이 1 인 'k'번째 대각선을 제외하고는 0과 같다.

```
In [46]: np.eye(5, 8, k=1, dtype=int)
Out[46]: array([[0, 1, 0, 0, 0, 0, 0, 0],
                [0, 0, 1, 0, 0, 0, 0, 0],
                [0, 0, 0, 1, 0, 0, 0, 0],
                [0, 0, 0, 0, 1, 0, 0, 0],
                [0, 0, 0, 0, 0, 1, 0, 0]])
```

눈(eye) 함수의 매개 변수 d의 작동 원리는 다음 그림과 같다.

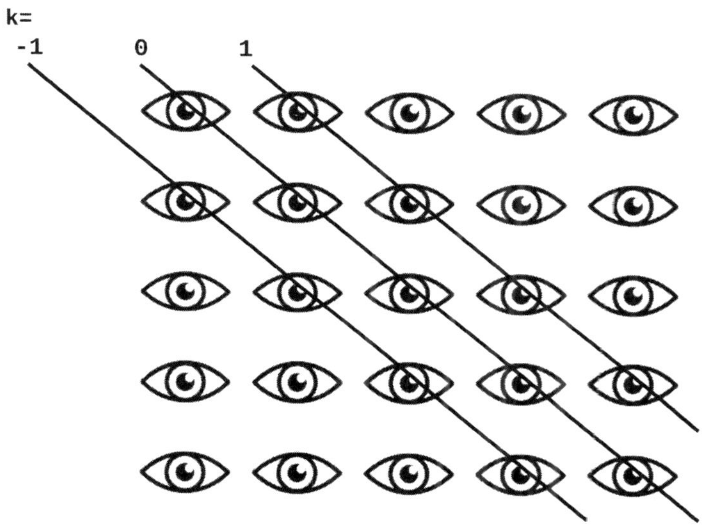

그림 6-3 파이썬 넘파이(NumPy) eye함수의 매개변수(k)의 작동 원리

6.9 기본 데이터 형식

경우에 따라, 배열 요소 뒤에 마침표 (예 : 2. 또는 2)가 표시되는 것을 눈치 챘을 수도 있는데, 이는 사용된 데이터형의 차이 때문이다.

```
In [48]: a = np.array([1, 2, 3])
         a.dtype
Out[48]: dtype('int64')

In [49]: b = np.array([1., 2., 3.])
         b.dtype
Out[49]: dtype('float64')
```

서로 다른 데이터형을 사용하면 데이터를 메모리에 보다 간결하게 저장할 수 있지만, 대부분의 경우 부동 소수점 숫자로 작업을 하게 된다. 위의 예에서 넘파이는 입력에서 데이터 유형을 자동으로 감지한다.

다음과 같이, 원하는 데이터 유형을 명시적으로 지정할 수도 있다. 기본 데이터 유형은 부동 소수점(floating point)이다.

```
In [50]: c = np.array([1, 2, 3], dtype=float)
         c.dtype
Out[50]: dtype('float64')
```

다른 유형의 데이터 유형도 가능하다.

```
In [51]: d = np.array([1+2j, 3+4j, 5+6*1j])  # 복소수(Complex)
         d.dtype
Out[51]: dtype('complex128')

In [52]: e = np.array([True, False, False, True]) # 부울(Bool)
         e.dtype
Out[52]: dtype('bool')

In [53]: f = np.array(['Bonjour', 'Hello', 'Hallo',]) # 문자열 (String)
         f.dtype      # <--- strings containing max. 7 letters
Out[53]: dtype('S7')
```

이외 에도 가능한 데이터 유형은 다음과 같다.

- int32
- int64
- uint32
- uint64

6.10 배열의 시각화

이제 데이터 배열이 생겼으므로, 이를 시각화할 수 있는 기본적인 방법을 살펴보자. 아직 데이터의 시각화를 위한 '매트플로트립'(matplotlib)에 대하여 아직 다루지는 않았지만, 기본적인 시각화를 위한 함수들을 중심으로 살펴보도록 하자.

대화형 파이썬인 IPython이 시작되면 대화형 플롯(interactive plots)을 활성화시켜야 한다.

In [15]:
```
%matplotlib inline
```

여기서 '인라인'(inline)은 파이썬에서 시각화된 데이터의 플롯(그림)이 새로운 창이 아니라 노트북 자신에서 표시되도록 해준다. '매트플로트립'(Matplotlib)은 2D 플로팅 패키지인데, 다음과 같이 가져올(import) 수 있다.

In [16]:
```
import matplotlib.pyplot as plt
```

그리고 나서 %matplotlib inline 명령으로 대화형 플롯을 활성화하지 않은 경우, 명시적으로 show함수를 사용해야 한다. 사용법은 매우 간단하다.

```
plt.plot(x, y)        # line plot
plt.show()            # <-- shows the plot (not needed with interactive plots)
```

그럼, 다음의 1차원과 2차원의 플롯 예제를 살펴보자.

In [17]:
```
x = np.linspace(0, 3, 20)
y = np.linspace(0, 9, 20)
plt.plot(x, y)       # line plot
plt.plot(x, y, 'o')  # dot plot
```

Out[17]: [<matplotlib.lines.Line2D at 0x10d8c7150>]

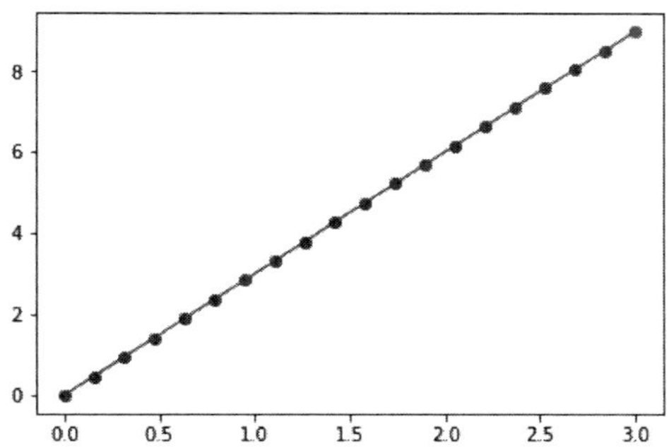

```
In [18]: image = np.random.rand(30, 30)
         plt.imshow(image, cmap=plt.cm.hot)
         plt.colorbar()

Out[18]: <matplotlib.colorbar.Colorbar at 0x112974290>
```

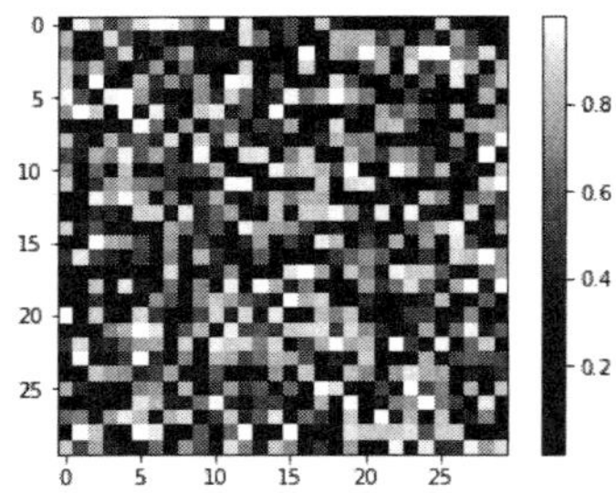

넘파이 배열에 대한 수치 연산 (Numerical Operations on NumPy Arrays)

7장

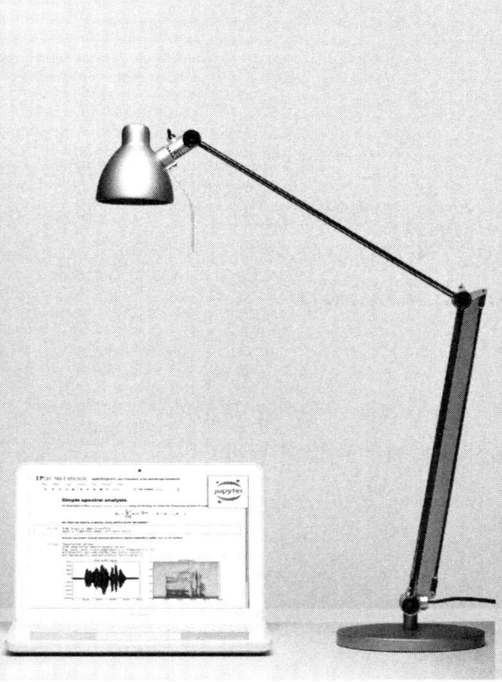

우리는 파이썬 튜토리얼에서 많은 연산자를 보았다. 예를들어, “+”는 숫자 값의 합과 문자열의 연결을 나타낸다.

```
42 + 5
```

이 장에서는 연산자 기호들이 ‘오버로드’(overload)되어져 넘파이에서도 “자연스럽게”사용할 수 있음을 알게 될 것이다. 예를 들어, ndarrays에 스칼라를 추가할 수도 있다. 즉, 스칼라가 모든 구성 요소에 추가되는 것이다. 뺄셈(subtraction), 나눗셈(division), 곱셈(multiplication), 사인(sin), 코사인(cos) 등과 같은 함수를 배열에 적용하는 경우에도 마찬가지이다. 또한 두 배열에서 이 연산자를 모두 사용하는 것은 매우 쉽다.

7.1 스칼라 변수를 사용한 배열의 처리

배열에 스칼라를 추가하는 것으로 시작하자.

```
In [58]: import numpy as np
         lst = [2,3, 7.9, 3.3, 6.9, 0.11, 10.3, 12.9]
         v = np.array(lst)
         v = v + 2
         print(v)

         [  4.      5.      9.9     5.3     8.9     2.11   12.3    14.9 ]
```

곱하기, 빼기, 나누기 및 지수화는 이전 연산자의 경우처럼 간단하다.

```
In [59]: print(v * 2.2)
         print(v - 1.38)
         print(v ** 2)
         print(v ** 1.5)

         [  8.8     11.      21.78    11.66    19.58    4.642   27.06    32.78 ]
         [  2.62    3.62    8.52    3.92    7.52    0.73    10.92   13.52]
         [  16.       25.        98.01      28.09      79.21      4.4521   151.29
           222.01   ]
         [  8.           11.18033989   31.14962279   12.2015163    26.55125232
            3.06495204   43.13776768   57.51477202]
```

리스트 변수 lst로 시작하여 배열 v로 변환하였다. 리스트에서 위의 연산을 수행하는 방법, 즉 스칼라로 리스트의 모든 요소를 곱하고, 더하거나 빼거나 지수화하는 방법은 어떻게 될까? 이를 위해 for 루프를 사용할 수 있다. 리스트의 모든 요소에 값 2를 추가해 보면 다음과 같이 된다.

```
In [60]: lst = [2,3, 7.9, 3.3, 6.9, 0.11, 10.3, 12.9]
         res = []
         for val in lst:
             res.append(val + 2)
         print(res)

         [4, 5, 9.9, 5.3, 8.9, 2.11, 12.3, 14.9]
```

결과는 같을지 몰라도 파이썬 스타일은 아니다. 우리는 오히려 위의 서투른 해결책보다 이 목적을 위해 '리스트 내포'(list comprehension)을 사용할 수 있다. 이 방법에 익숙하지 않다면 파이썬 기초 문법 과정에서 리스트에 대한 부분을 참조하기 바란다.

> **Note**
>
> '리스트 내포'(List comprehension)란, 리스트 안에 for문을 포함하는 방법으로, 좀 더 편리하고 직관적인 프로그램을 만들 수 있다. 5.3.7의 리스트내포를 참조하기 바란다.

```
In [61]: res = [ val + 2 for val in lst]
         print(res)

         [4, 5, 9.9, 5.3, 8.9, 2.11, 12.3, 14.9]
```

넘파이가 파이썬과 비교하여 처리에 소비한 시간을 이미 측정해 보았지만, 다음 두 가지 접근 방식을 비교해 보자. 넘파이의 배열 처리 속도가 파이썬의 리스트 처리방식보다 더 빠르다는 것을 확인할 수 있다.

```
In [19]: v = np.random.randint(0, 100, 1000)
         %timeit v + 1

         The slowest run took 19.48 times longer than the fastest. This could mean
         that an intermediate result is being cached.
         1000000 loops, best of 3: 1.24 µs per loop

In [20]: lst = list(v)
         %timeit [ val + 2 for val in lst]

         The slowest run took 5.23 times longer than the fastest. This could mean
         that an intermediate result is being cached.
         1000 loops, best of 3: 296 µs per loop
```

7.2 두 개의 배열을 사용한 산술 연산

스칼라가 아닌 다른 배열을 사용하면 두 배열의 요소가 구성 요소별로 결합되게 된다.

```
In [21]: A = np.array([ [11, 12, 13], [21, 22, 23], [31, 32, 33] ])
         B = np.ones((3,3))
         print(A)
         print(B)

         print("Adding to arrays: ")
         print(A + B)
         print("\nMultiplying two arrays: ")
         print(A * (B + 1))
```

```
[[11 12 13]
 [21 22 23]
 [31 32 33]]
[[ 1.  1.  1.]
 [ 1.  1.  1.]
 [ 1.  1.  1.]]
Adding to arrays:
[[ 12.  13.  14.]
 [ 22.  23.  24.]
 [ 32.  33.  34.]]

Multiplying two arrays:
[[ 22.  24.  26.]
 [ 42.  44.  46.]
 [ 62.  64.  66.]]
```

여기서 "A*B"는 일반적인 선형대수에서 말하는 행렬의 곱셈이 아니다. 혼동되어서는 안 된다. 요소는 전적으로 구성 요소와 곱해지기 때문이다.

Note

넘파이에는 ndarray객체(배열)와 matrix객체(행렬), 둘 다 지원하고 있다. ndarray는 다양한 종류의 수치 연산을 위해서 고안된 범용 n차의 배열이다. 반면 matrix는 선형 대수 연산을 위해서 특별히 고안된 객체이다. 이 둘의 차이점을 이해하는데는 다음의 URL을 참고하기 바란다. "NumPy for MATLAB users" (http://scipy.github.io/old-wiki/pages/NumPy_for_Matlab_Users)

7.3 행렬 곱셈

행렬의 곱셈은 '내적'(dot product) 함수를 사용할 수 있다. 이전 배열을 사용하여 행렬 곱셈을 계산할 수 있다.

```
In [65]: np.dot(A, B)

Out[65]: array([[ 36.,  36.,  36.],
                [ 66.,  66.,  66.],
                [ 96.,  96.,  96.]])
```

7.3.1 내적의 정의

내적(dot product)은 다음과 같이 정의된다.

```
dot(a, b, out=None)
```

2차원 배열의 경우 '내적'은 행렬 곱셈(matrix multiplication)과 같다. 1차원 배열의 경우 벡터의 내적(inner product)과 같다. (켤레 복소수화(complex conjugation)이 없는 경우) 임의의 N차원의 경우 'a'의 마지막 축과 'b'의 두 번째-마지막에 대한 합계 곱(sum product)이 된다. 각각의 매개변수의 의미는 다음과 같다:

- a: 배열 또는 배열과 같은 인수.
- b: 배열 또는 배열과 같은 인수.
- out: 'out'은 선택적 매개 변수이며, 사용되지 않은 경우 반환되는 것과 정확히 일치해야 한다. 이것은 성능과 관계가 있다. 따라서 이러한 조건이 충족되지 않으면 예외(exception)가 발생한다.

dot함수는 배열 'a'와 'b'의 내적을 반환한다. 'a'와 'b'가 모두 스칼라이거나 1차원 배열인 경우 스칼라가 반환된다. 그렇지 않으면 배열이 반환된다. 'a'의 마지막 차원의 모양이 'b'의 두 번째~마지막 차원의 모양과 같은 크기가 아닌 경우, ValueError 예외가 발생한다. 즉, asape[-1] == b.shape[-2]가 된다.

7.3.2 내적 사용의 예

두 인수(arguments)가 스칼라 또는 1차원 배열인 경우부터 살펴보자.

```
In [66]: print(np.dot(3, 4))  # 'a'와 'b', 두 인수가 모두 스칼라인 경우, 스칼라가 반환된다.

         x = np.array([3])
         y = np.array([4])
         print(x.ndim)
         print(np.dot(x, y))  # 'a'와 'b', 0차원 배열인 경우, 스칼라가 반환된다.

         x = np.array([3, -2])
         y = np.array([-4, 1])
         print(np.dot(x, y))  # 'a'와 'b', 1차원 배열인 경우, 스칼라가 반환된다.
```

```
12
1
12
-14
```

2차원에서의 사용 사례를 보면 다음과 같다.

```
In [67]: A = np.array([ [1, 2, 3],
                        [3, 2, 1] ])
         B = np.array([ [2, 3, 4, -2],
                        [1, -1, 2, 3],
                        [1, 2, 3, 0] ])

         print(A.shape[-1] == B.shape[-2], A.shape[1])
         print(np.dot(A, B))    # 배열이 반환된다.

         (True, 3)
         [[ 7  7 17  4]
          [ 9  9 19  0]]
```

앞의 예에서 첫 번째 이차원 배열의 열 수가 두 번째 이차원 배열의 줄 수와 같아야 한다는 것을 알 수 있다.

7.4 행렬과 2차원 배열

넘파이의 2차원 배열(array)은 행렬(matrix)로도 사용할 수도 있다. 이것은 행렬의 수학적 아이디어와 같은 대부분의 측면에서 유사하게 적용되기 때문에 매우 유용하게 활용된다. 우리는 심지어 '행렬곱셈'(matrix multiplication)을 수행할 수 있음을 보았다. 그러나, 여기에는 미묘한 차이가 있다. 넘파이에는 "실제" 행렬(matrix)객체가 있다. 그러나, 넘파이에서의 행렬은, 다르게 말하면, 2차원 배열의 부분 집합이다. 넘파이의 "mat"함수를 사용하여 2차원 배열을 행렬로 바꿀수 있다. 서로 다른 두 개의 2차원 배열 또는 행렬을 곱하면 주된 차이점이 나타나게 된다. 두 개의 행렬을 곱하여 실제 행렬의 곱셈을 얻지만, 2차원 배열은 요소의 관점에서 단지 곱해질 것이다.

```
In [3]: A = np.array([ [1, 2, 3], [2, 2, 2], [3, 3, 3] ])
        B = np.array([ [3, 2, 1], [1, 2, 3], [-1, -2, -3] ])
        R = A * B
        print(R)

        [[ 3  4  3]
         [ 2  4  6]
         [-3 -6 -9]]
```

```
In [4]: MA = np.mat(A)
        MB = np.mat(B)
        R = MA * MB
        print(R)
```

```
[[ 2  0 -2]
 [ 6  4  2]
 [ 9  6  3]]
```

7.5 배열의 비교 연산자

우리는 파이썬에서 정수, 부동소수점 또는 문자열에 비교 연산자를 적용하여 사용하는 것을 배웠다. 비교연산자를 사용하여 참(True) 또는 거짓(False)을 테스트하는 경우에도 적용해 보았다. 두 개의 배열을 비교하면 간단히 참(True) 또는 거짓(False)를 반환하지 않는다.

넘파이 배열에 대한 비교의 실행은 요소단위(elementswise)로 수행되며, 반환값으로 부울 배열(Boolean array)을 얻게 된다.

```
In [2]: import numpy as np
        A = np.array([ [11, 12, 13], [21, 22, 23], [31, 32, 33] ])
        B = np.array([ [11, 102, 13], [201, 22, 203], [31, 32, 303] ])
        A == B

Out[2]: array([[ True, False,  True],
               [False,  True, False],
               [ True,  True, False]], dtype=bool)
```

배열의 '등가'(equality)를 비교하는 것도 가능한데, 이러한 목적으로 array_equal함수를 사용할 수 있다. array_equal함수는 두 개의 배열이 동일한 모양과 요소를 갖는 경우 참(True)을 반환하고, 그렇지 않으면 거짓(False)이 반환된다.

```
In [2]: print(np.array_equal(A, B))
        print(np.array_equal(A, A))

        False
        True
```

7.6 배열의 논리 연산자

넘파이 배열에 대하여, 논리적 'or'와 논리적 'and'를 개별요소에 적용할 수 있다. 이를 위하여, 'logical_or'함수와 'logical_and'함수를 사용할 수 있다.

```
In [3]: a = np.array([ [True, True], [False, False]])
        b = np.array([ [True, False], [True, False]])
        print(np.logical_or(a, b))
        print(np.logical_and(a, b))
```

```
[[ True  True]
 [ True False]]
[[ True False]
 [False False]]
```

7.7 배열의 전파

넘파이는 다양한 모양의 배열에 대해, 산술연산을 수행할 수 있는 '전파(방송)(Broadcast.ng)' 이라는 강력한 메커니즘을 제공하고 있다. 다시 말해, 더 작은 배열과 더 큰 배열을 가지며, 더 작은 배열을 여러번 변환하거나 적용하여 더 큰 배열에서 일부 연산을 수행할 수 있다. 즉, 특정 조건에서, 더 작은 배열은 더 큰 배열과 동일한 모양을 갖는 방식으로 "방송"되어 진다고 표현하는 것이다.

다음의 그림은 '전파'의 개념을 그림으로 보여준다. (희미하게 표시된 부분이 전파가 되어지는 것이다)

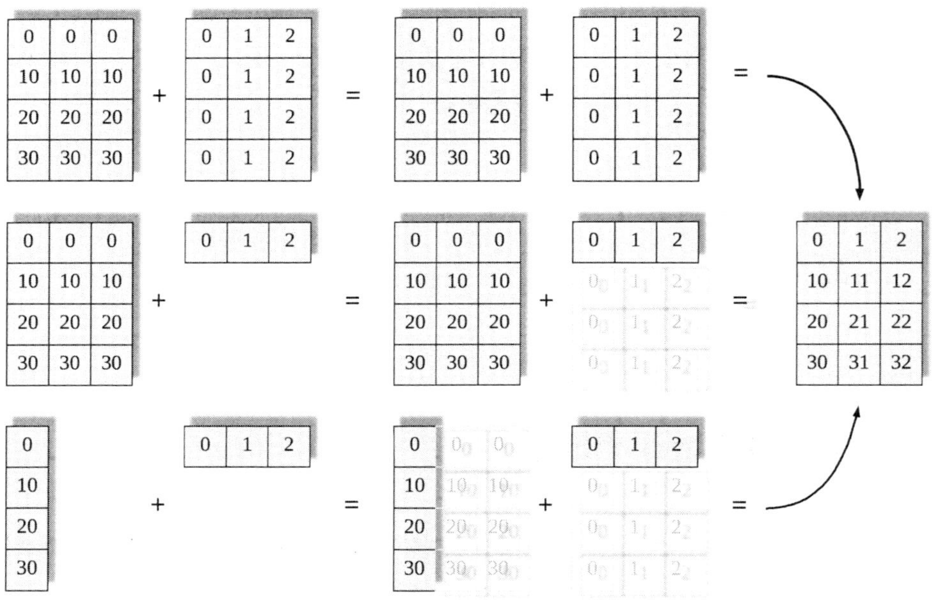

그림 7-1 파이썬 넘파이(NumPy)에서의 배열의 전파(Broadcasting)에 대한 개념

'전파'의 도움으로 파이썬 프로그램에서 루프(loop)를 피할 수 있다. '루핑'(looping)은 넘파이의 구현에서 암묵적으로(implicitly) 발생한다. 또한 불필요한 데이터 사본을 만들어지는 것을 피할 수 있다.

전파의 '동작원리'를 다음의 간단한 예제코드를 통해 살펴보자.

7.7.1 전파(broadcasting)의 첫 번째 예 :

```
In [4]: A = np.array([ [11, 12, 13], [21, 22, 23], [31, 32, 33] ])
        B = np.array([1, 2, 3])
        print("Multiplication with broadcasting: ")
        print(A * B)
        print("... and now addition with broadcasting: ")
        print(A + B)

        Multiplication with broadcasting:
        [[11 24 39]
         [21 44 69]
         [31 64 99]]
        ... and now addition with broadcasting:
        [[12 14 16]
         [22 24 26]
         [32 34 36]]
```

다음 다이어그램은 전파가 적용되어지는 방법을 보여준다.

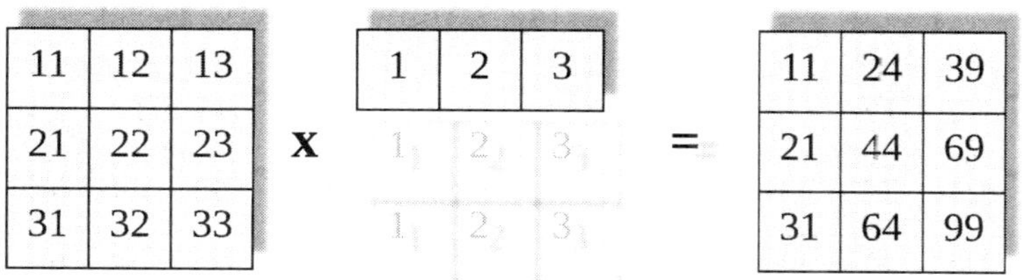

그림 7-2 파이썬 넘파이 전파(broadcating) 예제(1) 결과

1차원 배열 B는 다음과 같이 해석되어진 것이다.

```
In [5]: B = np.array([[1, 2, 3],] * 3)
        print(B)

        [[1 2 3]
         [1 2 3]
         [1 2 3]]
```

7.7.2 전파(broadcasting)의 두번째 예 :

이 예제에서는 행-벡터(row vector)를 열-벡터(column vector)로 바꾸는 방법을 알아야 한다.

```
In [6]: B = np.array([1, 2, 3])
        B[:, np.newaxis]

Out[6]: array([[1],
               [2],
               [3]])
```

이제 방송을 사용하여 곱셈을 수행할 수 있다.

```
In [7]: A * B[:, np.newaxis]

Out[7]: array([[11, 12, 13],
               [42, 44, 46],
               [93, 96, 99]])
```

1차원 배열 B는 다음과 같이 해석되어진 것이다.

```
In [8]: np.array([[1, 2, 3],] * 3).transpose()

Out[8]: array([[1, 1, 1],
               [2, 2, 2],
               [3, 3, 3]])
```

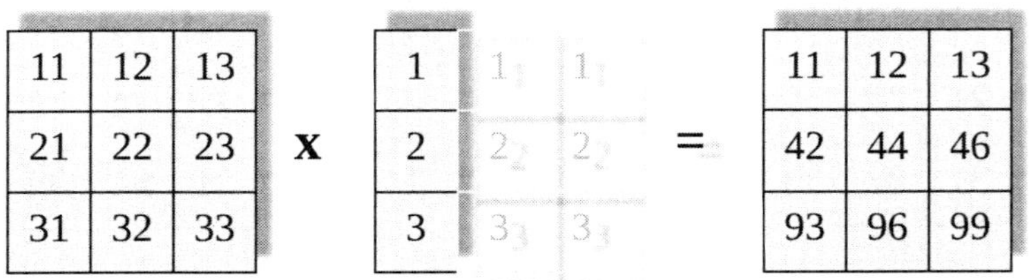

그림 7-3 파이썬 넘파이 전파(broadcating) 예제(2) 결과

7.7.3 전파(broadcasting)의 세번째 예 :

```
In [9]: A = np.array([10, 20, 30])
        B = np.array([1, 2, 3])
        A[:, np.newaxis]

Out[9]: array([[10],
               [20],
               [30]])

In [10]: A[:, np.newaxis] * B

Out[10]: array([[10, 20, 30],
                [20, 40, 60],
                [30, 60, 90]])
```

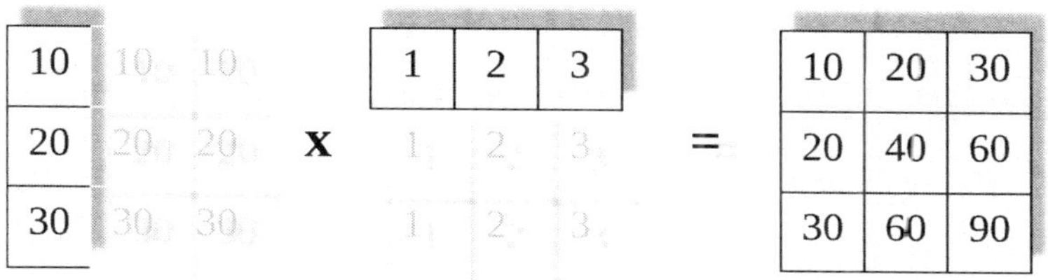

그림 7-4 파이썬 넘파이 방송(broadcating) 예제(3) 결과

7.7.4 전파(broadcasting)를 사용하지 않는 구현

'전파'기능을 사용하지 않고도, 다소 복잡하지만, 같은 결과를 얻을 수 있다.

```
In [11]: A = np.array([ [11, 12, 13], [21, 22, 23], [31, 32, 33] ])
         B = np.array([1, 2, 3])
         B = B[np.newaxis, :]
         B = np.concatenate((B, B, B))
         print("Multiplication: ")
         print(A * B)
         print("... and now addition again: ")
         print(A + B)

         Multiplication:
         [[11 24 39]
          [21 44 69]
          [31 64 99]]
         ... and now addition again:
         [[12 14 16]
          [22 24 26]
          [32 34 36]]
```

tile함수를 사용하여도 구현이 가능하다.

```
In [12]: A = np.array([ [11, 12, 13], [21, 22, 23], [31, 32, 33] ])
         B = np.tile(np.array([1, 2, 3]), (3, 1))
         print(B)
         print("Multiplication: ")
         print(A * B)
         print("... and now addition again: ")
         print(A + B)
```

```
[[1 2 3]
 [1 2 3]
 [1 2 3]]
Multiplication:
[[11 24 39]
 [21 44 69]
 [31 64 99]]
... and now addition again:
[[12 14 16]
 [22 24 26]
 [32 34 36]]
```

전파(broadcasting)를 이용한 예제사례: 거리 행렬 사례 (Distance Matrix)

수학, 컴퓨터 과학 및 특히 그래프 이론에서 '거리행렬'(distance matrix)는 행렬 또는 2차원 배열로, 쌍(pair)의 요소간 거리를 포함하고 있다. 세트가 n개의 요소로 구성되어 있는 경우, 이 2차원 배열의 크기는 "(n × n)"이 된다. 거리 매트릭스의 실제 예는 지리적 위치 간의 거리 매트릭스이다 (예를 들어 유럽의 도시들의 거리를 표기하였다).

```
In [13]: cities = ["Barcelona", "Berlin", "Brussels", "Bucharest",
                   "Budapest", "Copenhagen", "Dublin", "Hamburg", "Istanbul",
                   "Kiev", "London", "Madrid", "Milan", "Moscow", "Munich",
                   "Paris", "Prague", "Rome", "Saint Petersburg",
                   "Stockholm", "Vienna", "Warsaw"]
         dist2barcelona = [0,  1498, 1063, 1968,
                           1498, 1758, 1469, 1472, 2230,
                           2391, 1138, 505, 725, 3007, 1055,
                           833, 1354, 857, 2813,
                           2277, 1347, 1862]
         dists =  np.array(dist2barcelona[:12])
         print(dists)
         print(np.abs(dists - dists[:, np.newaxis]))
```

```
[   0 1498 1063 1968 1498 1758 1469 1472 2230 2391 1138  505]
[[   0 1498 1063 1968 1498 1758 1469 1472 2230 2391 1138  505]
 [1498    0  435  470    0  260   29   26  732  893  360  993]
 [1063  435    0  905  435  695  406  409 1167 1328   75  558]
 [1968  470  905    0  470  210  499  496  262  423  830 1463]
 [1498    0  435  470    0  260   29   26  732  893  360  993]
 [1758  260  695  210  260    0  289  286  472  633  620 1253]
 [1469   29  406  499   29  289    0    3  761  922  331  964]
 [1472   26  409  496   26  286    3    0  758  919  334  967]
 [2230  732 1167  262  732  472  761  758    0  161 1092 1725]
 [2391  893 1328  423  893  633  922  919  161    0 1253 1886]
 [1138  360   75  830  360  620  331  334 1092 1253    0  633]
 [ 505  993  558 1463  993 1253  964  967 1725 1886  633    0]]
```

넘파이 배열 : 연결, 차원 감소 및 차원

8장

8.1 배열의 차원감소 및 변형

넘파이에서 다차원 배열의 차원을 감소 또는 변형시키는(flatten)방법에는 다음과 같은 두 가지 함수를 사용하고 있다.

- flatten()함수
- ravel()함수

8.1.1 flatten()함수

flatten함수는 선택적 키워드 매개변수 "order"가 있는 ndarry 메서드함수이다. order는 'C", "F"및 "A"값을 가질 수 있으며, 순서의 기본값은 "C"이다. "C"값은 C언어 스타일로 row-major 순서로 평평하게(즉, 배열의 차원을 1 x n의 형태로, 행의 차원을 줄이는)하는 것을 의미한다. 즉, 가장 오른쪽의 인덱스가 "가장 먼저 변경된다".

또는 다른 말로, 행 색인 순서에서 행 색인이 가장 늦게 변하고 열 색인이 먼저 변한다고 할 수 있다. 따라서, a[0,1]은 [0,0] 다음에 오는 것이다. "F"값은 포트란의 column-major 순서를 의미하며, "A"값은 C언어 / 포트란 순서를 보존하는 것을 의미한다.

```
In [3]: A = np.array([[[ 0,  1],
                       [ 2,  3],
                       [ 4,  5],
                       [ 6,  7]],
                      [[ 8,  9],
                       [10, 11],
                       [12, 13],
                       [14, 15]],
                      [[16, 17],
                       [18, 19],
                       [20, 21],
                       [22, 23]]])
        Flattened_X = A.flatten()
        print(Flattened_X)
        print(A.flatten(order="C"))
        print(A.flatten(order="F"))
        print(A.flatten(order="A"))

        [ 0  1  2  3  4  5  6  7  8  9 10 11 12 13 14 15 16 17 18 19 20 21 22 23]
        [ 0  1  2  3  4  5  6  7  8  9 10 11 12 13 14 15 16 17 18 19 20 21 22 23]
        [ 0  8 16  2 10 18  4 12 20  6 14 22  1  9 17  3 11 19  5 13 21  7 15 23]
        [ 0  1  2  3  4  5  6  7  8  9 10 11 12 13 14 15 16 17 18 19 20 21 22 23]
```

8.1.2 ravel()함수

배열에서 ravel함수에 의해 반환된 요소의 순서는 일반적으로 "C언어 스타일"이다.

```
ravel(a, order='C')
```

ravel함수는 차원이 감소된(flattened) 1차원 배열을 반환한다. 사본은 필요한 경우에만 만들어 진다. 선택적 키워드 매개변수 "order"는 'C', 'F', 'A'또는 'K'가 될 수 있다.

- 'C': C-언어와 유사한 순서로, 마지막 축 인덱스가 가장 먼저 변경되고 가장 나중에 변경되는 첫 번째 축 색인으로 되돌아간다. "C"가 기본값이다.
- 'F': 포트란과 같은 색인 순서로, 첫 번째 색인이 가장 먼저 변경되고 마지막 색인이 가장 나중에 변경된다.
- 'A': 배열 "a"가 메모리에서 인접한 경우 포트란과 같은 색인 순서로, 그렇지 않으면 C-언어와 유사한 순서로 정렬한다.
- 'K': 스트라이드(stride)가 음수 일 때 데이터 반전을 제외하고 메모리에서 발생하는 순서대로 요소를 읽는다.

```
In [4]: print(A.ravel())
        print(A.ravel(order="A"))
        print(A.ravel(order="F"))
        print(A.ravel(order="A"))
        print(A.ravel(order="K"))
```

```
[ 0  1  2  3  4  5  6  7  8  9 10 11 12 13 14 15 16 17 18 19 20 21 22 23]
[ 0  1  2  3  4  5  6  7  8  9 10 11 12 13 14 15 16 17 18 19 20 21 22 23]
[ 0  8 16  2 10 18  4 12 20  6 14 22  1  9 17  3 11 19  5 13 21  7 15 23]
[ 0  1  2  3  4  5  6  7  8  9 10 11 12 13 14 15 16 17 18 19 20 21 22 23]
[ 0  1  2  3  4  5  6  7  8  9 10 11 12 13 14 15 16 17 18 19 20 21 22 23]
```

8.1.3 reshape()함수

reshape메서드는 배열의 데이터를 변경하지 않고 배열에 새로운 모양을 제공한다. 즉, 새로운 모양의 새 배열을 반환한다.

```
reshape(a, newshape, order='C')
```

매개변수의 의미는 다음과 같다.

- a : 배열과 유사한, 재형성 될 배열.
- newshape : 정수 또는 정수의 튜플.
- order : flatten함수나 ravel함수의 'C', 'F', 또는 'A'

```
In [5]: X = np.array(range(24))
        Y = X.reshape((3,4,2))
        Y

Out[5]: array([[[ 0,  1],
                [ 2,  3],
                [ 4,  5],
                [ 6,  7]],

               [[ 8,  9],
                [10, 11],
                [12, 13],
                [14, 15]],

               [[16, 17],
                [18, 19],
                [20, 21],
                [22, 23]]])
```

8.2 배열의 연결

다음 예제에서는 세 개의 1차원 배열을 하나의 배열에 연결하는 것을 보여준다. 두 번째 배열 요소는 첫 번째 배열에 추가되어지고. 그 다음에 세 번째 배열 요소가 추가되어 진다.

```
In [6]: x = np.array([11,22])
        y = np.array([18,7,6])
        z = np.array([1,3,5])
        c = np.concatenate((x,y,z))
        print(c)

        [11 22 18  7  6  1  3  5]
```

다차원 배열을 연결하면 축에 따라서 배열을 연결할 수 있다. 배열은 concatenate()함수로 연결된 동일한 모양이어야 한다. 다차원 배열의 경우, 축에 따라 정렬할 수 있다. 기본값은 axis = 0이다.

```
In [7]: x = np.array(range(24))
        x = x.reshape((3,4,2))
        y = np.array(range(100,124))
        y = y.reshape((3,4,2))
        z = np.concatenate((x,y))
        print(z)
```

```
[[[  0   1]
  [  2   3]
  [  4   5]
  [  6   7]]

 [[  8   9]
  [ 10  11]
  [ 12  13]
  [ 14  15]]

 [[ 16  17]
  [ 18  19]
  [ 20  21]
  [ 22  23]]

 [[100 101]
  [102 103]
  [104 105]
  [106 107]]

 [[108 109]
  [110 111]
  [112 113]
  [114 115]]

 [[116 117]
  [118 119]
  [120 121]
  [122 123]]]
```

axis = 1로 하여 연결할 수도 있다.

```
In [8]: z = np.concatenate((x,y),axis = 1)
        print(z)
```

```
[[[  0   1]
  [  2   3]
  [  4   5]
  [  6   7]
  [100 101]
  [102 103]
  [104 105]
  [106 107]]

 [[  8   9]
  [ 10  11]
  [ 12  13]
  [ 14  15]
  [108 109]
  [110 111]
  [112 113]
  [114 115]]
```

```
[[ 16  17]
 [ 18  19]
 [ 20  21]
 [ 22  23]
 [116 117]
 [118 119]
 [120 121]
 [122 123]]]
```

분할(slicing)과 np.newaxis를 사용하여 새로운 차원을 배열에 추가할 수 있다.

```
In [9]:  x = np.array([2,5,18,14,4])
         y = x[:, np.newaxis]
         print(y)

         [[ 2]
          [ 5]
          [18]
          [14]
          [ 4]]
```

```
In [10]: A = np.array([3, 4, 5])
         B = np.array([1,9,0])
         print(np.row_stack((A, B)))
         print(np.column_stack((A, B)))
         np.shape(A)

         [[3 4 5]
          [1 9 0]]
         [[3 1]
          [4 9]
          [5 0]]

Out[10]: (3,)
```

```
In [11]: A = np.array([[3, 4, 5],
                       [1, 9, 0],
                       [4, 6, 8]])
         np.column_stack((A, A, A))

Out[11]: array([[3, 4, 5, 3, 4, 5, 3, 4, 5],
                [1, 9, 0, 1, 9, 0, 1, 9, 0],
                [4, 6, 8, 4, 6, 8, 4, 6, 8]])
```

```
In [12]: np.column_stack((A[0], A[0], A[0]))

Out[12]: array([[3, 3, 3],
                [4, 4, 4],
                [5, 5, 5]])
```

```
In [13]: np.dstack((A, A, A))

Out[13]: array([[[3, 3, 3],
                 [4, 4, 4],
                 [5, 5, 5]],

                [[1, 1, 1],
                 [9, 9, 9],
                 [0, 0, 0]],
```

```
[[4, 4, 4],
 [6, 6, 6],
 [8, 8, 8]]]])
```

8.3 패턴의 반복, "타일"(tile) 메서드

때로는 기존의 행렬을 여러 번 반복하여 새로운 행렬을 만들거나, 다른 모양이나 차원을 갖는 새로운 행렬을 생성하여 새 행렬을 만들어야하는 경우가 있다. 예를 들어, 일차원 배열(array[3.4])을 배열 array[3.4, 3.4, 3.4, 3.4, 3.4]로 바꾸려는 경우를 생각해 보자.

다른 사례로서, np.array([[1, 2], [3, 4]])와 같은 2차원 배열을 다른 모양을 가진 더 큰 배열(에를 들어, 6x8)을 구성하는 하나의 빌딩 블록으로 사용하려고 하는 경우도 있을 것이다.

```
array([[1, 2, 1, 2, 1, 2, 1, 2],
       [3, 4, 3, 4, 3, 4, 3, 4],
       [1, 2, 1, 2, 1, 2, 1, 2],
       [3, 4, 3, 4, 3, 4, 3, 4],
       [1, 2, 1, 2, 1, 2, 1, 2],
       [3, 4, 3, 4, 3, 4, 3, 4]])
```

구성 아이디어는 다음 다이어그램에 묘사되어 있다.

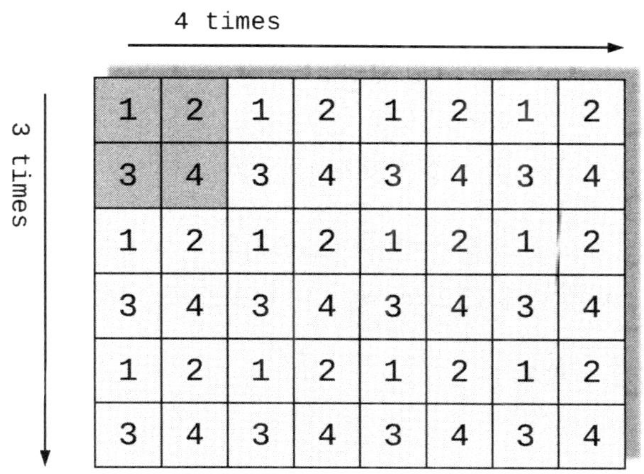

그림 8-1 배열 패턴의 반복, tile 메서드의 동작원리

이 다이어그램을 보고 욕실이나 부엌 타일을 연상하였다면, 바르게 이해한 것이다. 넘파이가 이 작업을 위해 제공하는 기능을 타일(tile)이라고 한다. 타일의 구문은 다음과 같다.

```
tile(A, reps)
```

여기서, 'reps'에 의해 주어진 횟수만큼 배열 A를 반복하여 배열을 구성한다. 'reps'는 대개 해당 축/방향을 따르는 반복 횟수를 정의하는 튜플(또는 리스트)이다.

예를 들어 reps를 (3,4)로 설정하면 A는 "행(row)"에 대해 3회 반복하고 "열(column)"방향으로 4회 반복된다.

```
In [16]: x = np.array([ [1, 2], [3, 4]])
         np.tile(x, (3,4))

Out[16]: array([[1, 2, 1, 2, 1, 2, 1, 2],
                [3, 4, 3, 4, 3, 4, 3, 4],
                [1, 2, 1, 2, 1, 2, 1, 2],
                [3, 4, 3, 4, 3, 4, 3, 4],
                [1, 2, 1, 2, 1, 2, 1, 2],
                [3, 4, 3, 4, 3, 4, 3, 4]])

In [17]: x = np.array([ 3.4])
         y = np.tile(x, (5,))
         print(y)

         [ 3.4  3.4  3.4  3.4  3.4]
```

앞의 타일 예에서 y = np.tile(x, 5)도 쓸 수 있었다. 튜플이나 리스트 형식으로 reps를 쓰는 것에 집착하거나, reps=5를 reps=(5,)의 약어로 생각하면 다음과 같다. 'reps'의 길이가 n 인 경우, 결과 배열의 차원은 최대 n 및 A.ndim이 된다.

'A.ndim <n'인 경우 'A'는 새로운 축을 선행(prepending)하여 n차원으로 승격된다. 따라서 모양(shape) (5,) 배열은 2차원 복제로 모양이 (1,5)로, 또는 3차원 복제로 (1,1,5)로 승격된다. 이것이 원하는 동작이 아니면, 이 함수를 호출하기 전에 수동으로 'A'를 n차원으로 올려야 한다.

'A.ndim >d'인 경우, 'reps'는 1에 선행(prepending)하여 'A'.ndim'으로 승격된다. 따라서, 모양 (2,3,4,5)의 배열 'A'에 대해 (2,2)의 'reps'는 (1,1,2,2)로 처리된다.

추가로 다음의 예제를 살펴보자.

```
In [18]: x = np.array([[1, 2], [3, 4]])
         print(np.tile(x, 2))

[[1 2 1 2]
 [3 4 3 4]]
```

```
In [19]: x = np.array([[1, 2], [3, 4]])
         print(np.tile(x, (2, 1)))

[[1 2]
 [3 4]
 [1 2]
 [3 4]]
```

```
In [20]: x = np.array([[1, 2], [3, 4]])
         print(np.tile(x, (2, 2)))

[[1 2 1 2]
 [3 4 3 4]
 [1 2 1 2]
 [3 4 3 4]]
```

넘파이에서의 행렬(Matrix)에 대한 산술연산

9장

지금까지 넘파이에서 배열(array)을 만들고 변경하는 방법을 살펴보았다. 이 장에서는 파이썬에서 넘파이 모듈로 행렬(matrix)에서 다음의 산술연산(arithmetic operation)을 어떻게 수행할 수 있는지를 살펴 본다.

- 행렬 덧셈 (Matrix addition)
- 행렬 빼기 (Matrix subtraction)
- 행렬 곱셈 (Matrix multiplication)
- 스칼라 곱 (Scalar product / dot product)
- 벡터곱(외적) (Cross product)
- 그외, 행렬에 관한 다른 연산들...

산술 표준 연산자 +, –, *, /, **, % 들이 배열(array)의 요소(element)에 적용되면 배열의 크기가 동일해야 함을 의미한다.

```
In [21]: x = np.array([1,5,2])
         y = np.array([7,4,1])
         print (x + y)
         print (x - y)
         print (x * y)
         print (x / y)
         print (x % y)

         [8 9 3]
         [-6  1  1]
         [ 7 20  2]
         [0 1 2]
         [1 1 0]
```

9.1 벡터의 가산과 감산

많은 사람들이 힘의 평행 사변형(parallelogram)으로부터 정확하게 벡터 가산 및 뺄셈을 물리학을 통하여 알고 있다. 이것은 물체에 두 힘을 가하는 결과를 설명하는 (또는 시각화하는) 방법이다.

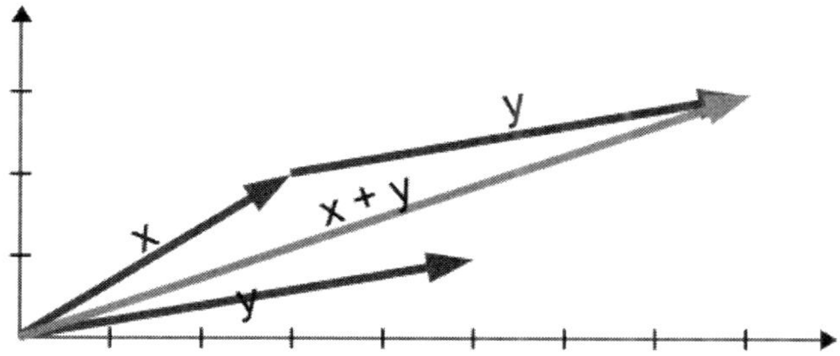

그림 9-1 벡터의 가산(addition)

위의 그림은 벡터 x와 y의 두 벡터의 가산은 화살표 x의 끝 부분에 화살표 y의 시작을 놓고 x의 시작(꼬리)에서 화살표를 벡터 y의 끝(머리)까지 그리는 것으로 그래픽으로 표현될 수 있다. 결과적으로 그려진 새 화살표는 벡터 x + y를 나타낸다.

```
In [22]: x = np.array([3,2])
         y = np.array([5,1])
         print (x + y)

         [8 3]
```

벡터의 감산은 음수를 더하는 것과 같다. 따라서 벡터 x와 y의 차이는 x와 −y의 합과 같다.

x−y=x+(−y)

두 벡터의 감산은 다음과 같이 기하학적으로 정의 할 수 있습니다.

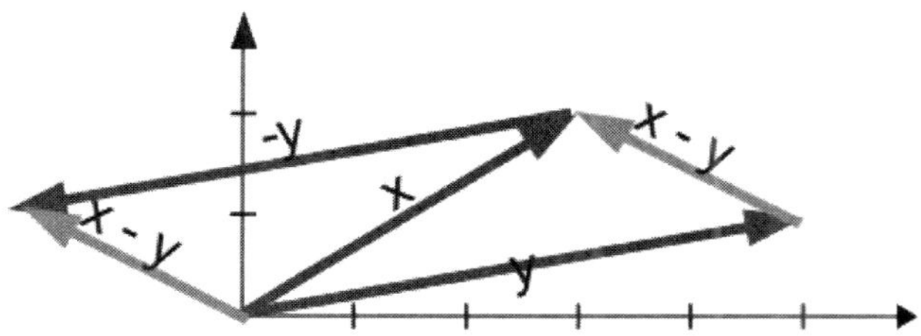

그림 9-2 벡터의 감산(subtraction)

벡터 x에서 y를 빼기 위해 벡터 x와 y의 끝점을 같은 지점에 놓은 다음, 벡터 y 끝에서 벡터 x 끝으로 화살표를 그린다. 이 화살표는 벡터 x − y를 나타낸다. 수학적으로, 벡터 x에서 벡터 y의 대응하는 성분을 빼는 것이다.

9.2 스칼라 곱 / 내적 (Scalar Product/Dot Product)

수학에서 '내적'(dot product)은 동일한 크기의 두 좌표 벡터를 사용하여 단일 숫자를 반환하는 대수연산(algebraic operation)이다. 수학에서, '스칼라-곱'(scalar product) 또는 '내적'(dot product)은 두 벡터로 스칼라를 계산하는 연산이다. 스칼라곱을 사용하는 모든 유클리드 공간은 내적공간이므로, 스칼라곱을 단순히 '내적'이라 부르기도 한다. 결과는 해당 항목들을 곱하고 합산하여 계산된다. "내적"이라는 이름은 이 작업을 지정하기 위해 중심점 "."(곱셈을 의미한다)이 자주 사용된다는 사실에서 유래하였다. "스칼라 곱"이라는 이름은 결과의 스칼라 특성에 초점을 맞춘 것이다.

스칼라곱은 다음과 같이 정의 된다.

$$a \cdot b = |a| \cdot |b| \cos(\theta)$$

스칼라 곱의 정의에서 두 벡터 사이의 각 코사인을 계산하는데 사용할 수 있음을 알 수 있습니다.

수학에서, 스칼라곱의 계산은 다음과 같이 수행된다.

$$a \cdot b = a_1 b_1 + a_2 b_2 + \cdots + a_n b_n = \sum_{i=1}^{n} a_1 b_1$$

파이썬에서 스칼라 곱은 다음과 같이 계산하면 된다.

```
In [23]: x = np.array([1,2,3])
         y = np.array([-7,8,9])
         np.dot(x,y)

Out[23]: 36
```

```
In [24]: dot = np.dot(x,y)
         x_modulus = np.sqrt((x*x).sum())
         y_modulus = np.sqrt((y*y).sum())
         cos_angle = dot / x_modulus / y_modulus # cosine of angle between x and y
         angle = np.arccos(cos_angle)
         print (angle)

         0.808233789011
```

```
In [25]: angle * 360 / 2 / np.pi # angle in degrees

Out[25]: 46.308384970187326
```

9.3 행렬 클래스

넘파이에서 '행렬객체'(matrix objects)는 넘파이 배열(ndarray)의 하위 클래스이다. 행렬객체는 ndarray의 모든 속성과 메서드를 상속받았으며, 차이점은 넘파이 행렬은 엄격하게 2차원이며, 넘파이 배열은 임의의 차원(n 차원)이라는 점이다.

행렬의 가장 중요한 장점은 행렬 곱셈에 편리한 표기법을 제공한다는 것이다. 행렬 X와 Y가 두 개일 경우 X * Y는 행렬 곱셈을 정의한다. 반면에, X와 Y가 넘파이 배열(ndarrays)인 경우, X * Y는 요소들에 의한 곱셈을 정의한다.

```
In [26]: x = np.array( ((2,3), (3, 5)) )
         y = np.array( ((1,2), (5, -1)) )
         print (x * y)

         [[ 2  6]
          [15 -5]]

In [27]: x = np.matrix( ((2,3), (3, 5)) )
         y = np.matrix( ((1,2), (5, -1)) )
         print (x * y)

         [[17  1]
          [28  1]]
```

9.4 행렬 곱

두 행렬의 행렬 곱은 왼쪽 행렬의 열(column)의 수가 두 번째에 또는 오른쪽 행렬의 행(row)의 수와 같아야 계산할 수 있다.

모양이 lxm인 행렬 $A = (a_{ij})_{i=1 \cdots l, j=1 \cdots m}$과 모양이 m x n 행렬 $B = (b_{ij})_{i=1 \cdots m, j=1 \cdots n}$은 다음과 같이 계산된 행렬 $C = (c_{ij})_{i=1 \cdots l, j=1 \cdots n}$이다.

$$c_{ij} = \sum_{k=1}^{m} a_{ik} b_{kj}$$

다음 그림은 행렬 곱의 개념을 더 자세히 설명하고 있다.

$$\begin{bmatrix} a_{1,1} & a_{1,2} \\ a_{2,1} & a_{2,2} \end{bmatrix} \times \begin{bmatrix} b_{1,1} & b_{1,2} \\ b_{2,1} & b_{2,2} \end{bmatrix} = \begin{bmatrix} a_{1,1}b_{1,1} + a_{1,2}b_{2,1} & a_{1,1}b_{1,2} + a_{1,2}b_{2,2} \\ a_{2,1}b_{1,1} + a_{2,2}b_{2,1} & a_{2,1}b_{1,2} + a_{2,2}b_{2,2} \end{bmatrix}$$

그림 9-3 행렬의 곱셈

2개의 넘파이 배열(ndarray)을 사용하여 행렬 곱셈을 수행하려는 경우 "내적"을 사용해야 한다.

```
In [28]: x = np.array( ((2,3), (3, 5)) )
         y = np.matrix( ((1,2), (5, -1)) )
         np.dot(x,y)

Out[28]: matrix([[17,  1],
                 [28,  1]])
```

다른 방법으로는, 행렬 객체로 변환하여 곱셈 연산자("*")를 사용하면 된다.

```
In [29]: np.mat(x) * np.mat(y)

Out[29]: matrix([[17,  1],
                 [28,  1]])
```

9.5 벡터곱(외적) (Cross product)

벡터곱 또는 외적은 3차원 공간에서 두 벡터에 대한 이진연산이다. 결과는 곱해진 벡터에 수직이고 벡터를 포함하는 평면에 수직인 벡터이다. 두 벡터 a와 b의 외적은 $a \times b$로 표시되며, 다음과 같이 정의 된다.

$$a \times b = \overline{n}\,|a||b|\sin(\theta)$$

식에서 θ는 a와 b가 이루는 각을 나타내며, $\hat{n}$은 a와 b에 공통으로 수직인 단위벡터를 나타낸다.

곱해지는 벡터 중 하나가 0이거나 벡터가 평행하면 외적은 0이 된다. 보다 일반적으로, 외적의 크기는 평행 사변형의 면적과 벡터의 면적이 동일하다. 벡터가 직각이면 평행 사변형은 직사각형이며 외적의 크기는 길이의 곱이 된다.

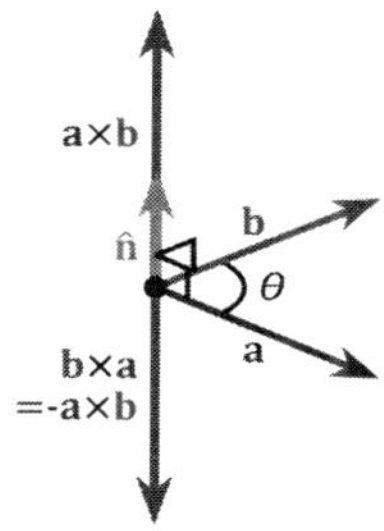

그림 9-4 백터의 외적(Cross product)

```
In [30]: x = np.array([0,0,1])
         y = np.array([0,1,0])
         print (np.cross(x,y))
         print (np.cross(y,x))

         [-1  0  0]
         [1 0 0]
```

데이터의 시각화 : Matplotlib 10장

10.1 Matplotlib이란?

매트플롯립(Matplotlib)은 오픈 소스의 GNUplot과 같은 플로팅 라이브러리로, 아마 2D 그래픽용으로 가장 많이 사용되는 파이썬 패키지이다. GNUplot의 가장 큰 장점은 Matplotlib가 파이썬 모듈이라는 사실이다. 파이썬에 대한 관심이 높아짐에 따라 matplotlib의 인기 또한 지속적으로 증가하고 있습니다.

Matplotlib의 매력에 대한 또 다른 이유는 넘파이(NumPy) 및 싸이파이(SciPy)와 함께 사용되는 경우 매트랩(MATLAB)에 대한 완벽한 대안으로 널리 인식된다는 사실에 있다. 매트랩은 라이센스가 비싸고 비공개 소스이지만 Matplotlib는 무료이며 오픈 소스코드이다. 또한 객체 지향적이며 객체 지향적인 방식으로 사용될 수 있다. 또한 wxPython, Qt 및 GTK+와 같은 범용 GUI 도구들과 함께 사용할 수 있는 장점도 있다. 매트랩과 매우 유사하도록 고안된 절차적 인터페이스인 "pylab"이 있다. 이렇게 하면 매트랩 사용자가 matplotlib로 쉽게 마이그레이션(migration)할 수 있다.

Matplotlib은 다양한 하드카피 형식과 다양한 플랫폼에서 대화형 환경으로 출판 품질의 그림을 생성하는 데 사용할 수 있다. matplotlib의 또 다른 특징은 가파른 학습곡선이다. 즉, 사용자는 일반적으로 시작한 후 빠른 속도로 배워 나갈 수 있다. 이 장에서는 가장 일반적인 경우를 다루는 대화형 모드에서 matplotlib를 살펴보고자 한다.

10.1.1 Python과 matplotlib 모드

IPython은 이름이 지정된 입출력, 셸 명령에 대한 액세스, 개선된 디버깅 등을 비롯한 많은 흥미로운 기능을 갖춘 향상된 대화형 파이썬 셸이다. Matplotlib와 함께 사용하기 위한 파이썬의 과학적 연산 워크플로의 핵심은 MATLAB/Mathematica와 같은 기능을 갖춘 더화형 matplotlib 세션의 경우 IPython과 함께 Non-blocking 플로팅을 가능하게 하는 특별한 Matplotlib 모드를 사용한다.

- IPython 콘솔 : IPython 콘솔을 사용할 때, 명령행 인수 --matplotlib(아주 오래된 버전에서는 -pylab)로 시작한다.
- IPython 노트북 : IPython 노트북에서는 노트북의 시작 부분에 다음과 같은 마법(magic function)을 삽입한다.

%matplotlib inline

10.1.2 절차적 인터페이스: pyplot

pyplot은 matplotlib 객체지향 플로팅 라이브러리에 절차적 인터페이스(from matplotlib import pyplot as plt)를 제공한다. MATLAB™을 기반으로 모델링되었기 때문에, pyplot에서 플로팅 명령의 대부분은 유사한 인수를 가진 매트랩 명령어들을 사용하고 있다.

```
from matplotlib import pyplot as plt
```

10.2 간단한 그래프(plot) 예제

간단할 수 있는 만큼 간단한 그래프로 시작해 보자. matplotlib의 그래프는 점(point), 곡선(curve) 또는 일련의 막대(bar)를 사용하여 어떤 관계를 보여주는 2차원 또는 3차원 도면이다. 여기에는 두 개의 축이 있다. 가로 X 축은 독립 변수값을 나타내고 세로 Y 축은 종속 변수/함수의 값에 해당된다.

우리는 matplotlib의 pyplot이라고 하는 서브 모듈을 사용할 것이다. pyplot은 matplotlib의 객체 지향 플로팅 라이브러리에 절차적 인터페이스를 제공하는데, 플로팅 명령은 이름 지정과 인수 모두에서 매트랩(MATLAB)과 유사한 방식으로 선택된다. Matplotlib.pyplot의 이름을 plt로 바꾸는 것이 일반적이다.

첫 번째 예제에서는 pyplot의 플롯 기능을 사용한다. 플롯 함수에 값 리스트(list)를 전달하면, 플롯은 이것을 Y축 값으로 사용한다. 리스트의 색인은 자동으로 X 값으로 사용된다.

IPython Notebook에서 작업하는 경우에는 "%matplotlib inline" 명령만 의미가 있으며, 그래프는 독립적인 윈도우가 아닌 문서 내부에 그려지게 된다.

```
In [4]: %matplotlib inline
        import matplotlib.pyplot as plt
        plt.plot([-1, -4.5, 16, 23])
        plt.show()
```

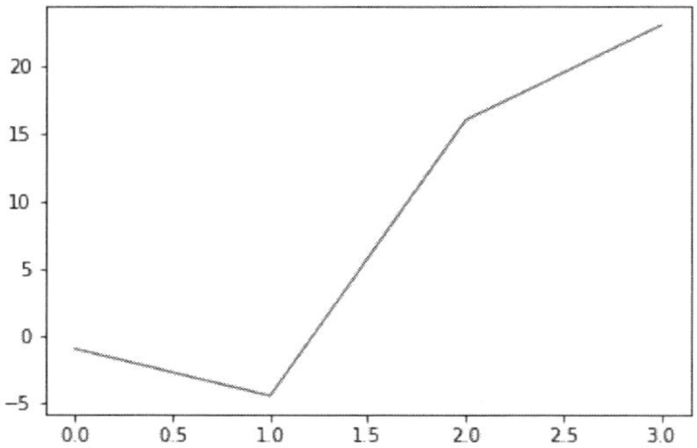

Y축 값에 대한 개별 데이터를 제공했지만 연속 그래프가 표시된다. plot의 함수 호출에 형식 문자열(format string)을 추가하여 불연속 값이 있는 그래프를 만들 수 있다. 이 경우 파란색 원 마커로 표시되며, 형식 문자열은 개별 점을 렌더링하는 방법을 정의한다.

```
In [2]: plt.plot([-1, -4.5, 16, 23], "ob")
        plt.show()
```

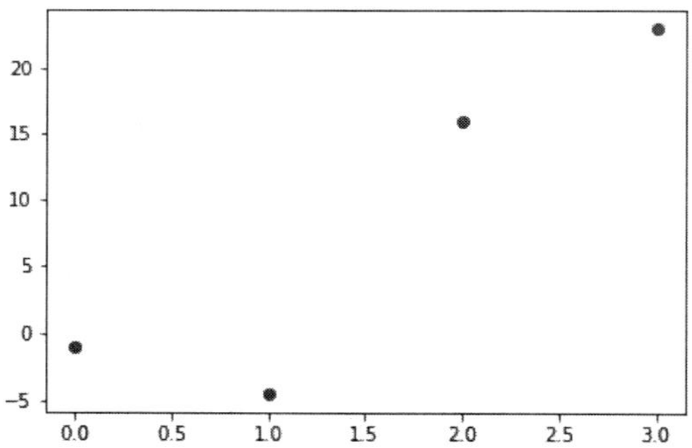

10.3 pyplot.plot의 형식 매개 변수

앞의 예제에서 형식 매개변수로 "ob"을 사용하였다. 형식 매개변수는 두 개의 문자로 구성된다. 첫 번째는 마커(marker)의 선 스타일 또는 이산(dicrete)값 스타일을 정의하고, 두 번째는 그래프의 색상을 선택한 것이다. 두 문자의 순서가 바뀌어도 무방하다. 예를 들어 "bo"라고 쓸 수도 있다.

첫 번째 예제 코드에서와 같이 형식 매개변수가 지정하지 않으면 "b-"(파란색 실선)가 기본값으로 사용된다. 선 스타일 또는 마커를 제어하기 위해 다음과 같은 형식의 문자열 문자를 사용할 수 있다.

```
=============================================
character       description
=============================================
'-'             solid line style
'--'            dashed line style
'-.'            dash-dot line style
':'             dotted line style
'.'             point marker
','             pixel marker
'o'             circle marker
'v'             triangle_down marker
'^'             triangle_up marker
'<'             triangle_left marker
'>'             triangle_right marker
'1'             tri_down marker
'2'             tri_up marker
'3'             tri_left marker
'4'             tri_right marker
's'             square marker
'p'             pentagon marker
'*'             star marker
'h'             hexagon1 marker
'H'             hexagon2 marker
'+'             plus marker
'x'             x marker
'D'             diamond marker
'd'             thin_diamond marker
'|'             vline marker
'_'             hline marker
=============================================
```

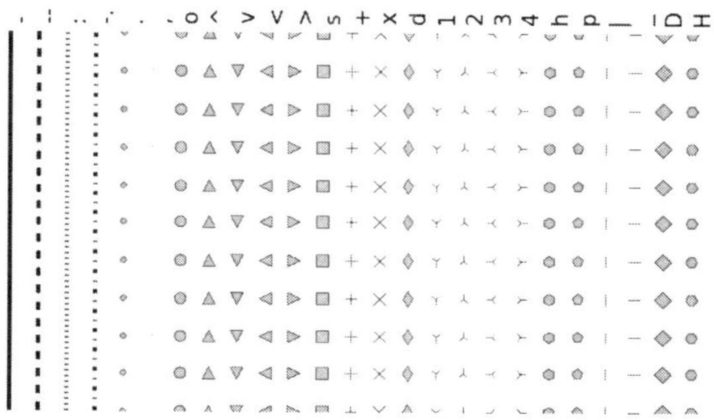

다음과 같은 색상 약어(color abbreviations)를 지원한다.

```
===================
character   color
===================
'b'         blue
'g'         green
'r'         red
'c'         cyan
'm'         magenta
'y'         yellow
'k'         black
'w'         white
===================
```

10.4 축 라벨

그래프의 축에 라벨을 추가하여 그래프의 모양을 개선 할 수 있다. 이것은 pyplot의 ylabel 및 xlabel 함수로 지정할 수 있다.

```
In [3]: days = list(range(1,9))
        celsius_values = [25.6, 24.1, 26.7, 28.3, 27.5, 30.5, 32.8, 33.1]
        plt.plot(days, celsius_values)
        plt.xlabel('Day')
        plt.ylabel('Degrees Celsius')
        plt.show()
```

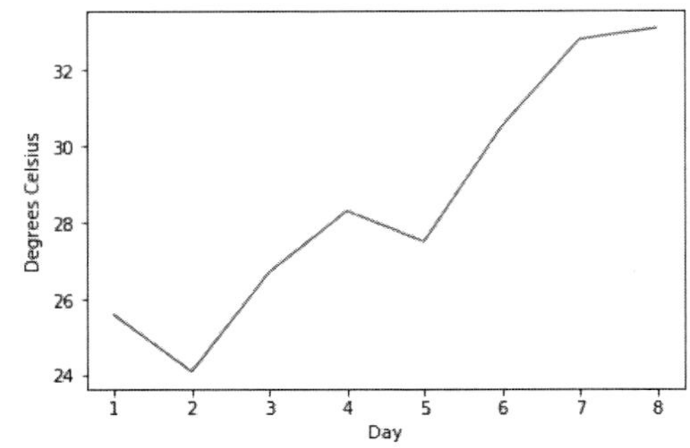

플롯(plot) 함수에서 임의의 수의 x, y, 형식 그룹을 지정할 수 있다. 다음 예제에서는 두 개의 서로 다른 y 값 리스트를 사용한다.

```
In [4]: days = list(range(1,9))
        celsius_min = [19.6, 24.1, 26.7, 28.3, 27.5, 30.5, 32.8, 33.1]
        celsius_max = [24.8, 28.9, 31.3, 33.0, 34.9, 35.6, 38.4, 39.2]
        plt.xlabel('Day')
        plt.ylabel('Degrees Celsius')
        plt.plot(days, celsius_min,
                 days, celsius_min, "oy",
                 days, celsius_max,
                 days, celsius_max, "or")
        plt.show()
```

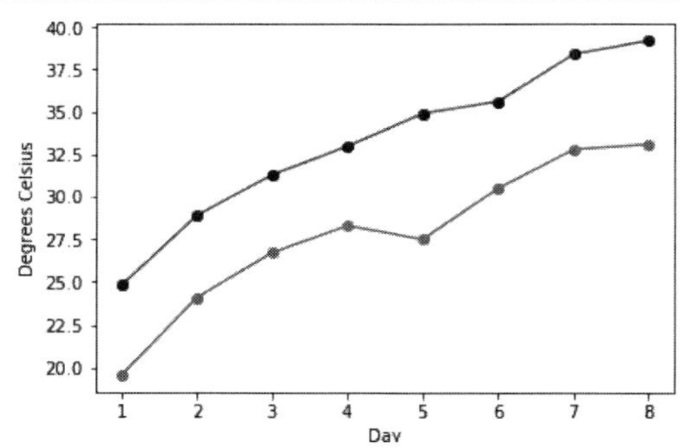

10.5 축의 범위 확인 및 정의

축(axis)함수를 사용하여 축의 데이터 범위를 확인하고 정의할 수도 있다. 인수없이 호출하면 현재 축의 제한이 반환된다.

In [5]:
```
days = list(range(1,9))
celsius_min = [19.6, 24.1, 26.7, 28.3, 27.5, 30.5, 32.8, 33.1]
celsius_max = [24.8, 28.9, 31.3, 33.0, 34.9, 35.6, 38.4, 39.2]
plt.xlabel('Day')
plt.ylabel('Degrees Celsius')
plt.plot(days, celsius_min,
         days, celsius_min, "oy",
         days, celsius_max,
         days, celsius_max, "or")
print("The current limits for the axes are:")
print(plt.axis())
print("We set the axes to the following values:")
xmin, xmax, ymin, ymax = 0, 10, 14, 45
print(xmin, xmax, ymin, ymax)
plt.axis([xmin, xmax, ymin, ymax])
plt.show()
```

```
The current limits for the axes are:
(0.6499999999999991, 8.3499999999999996, 18.620000000000001, 40.18)
We set the axes to the following values:
(0, 10, 14, 45)
```

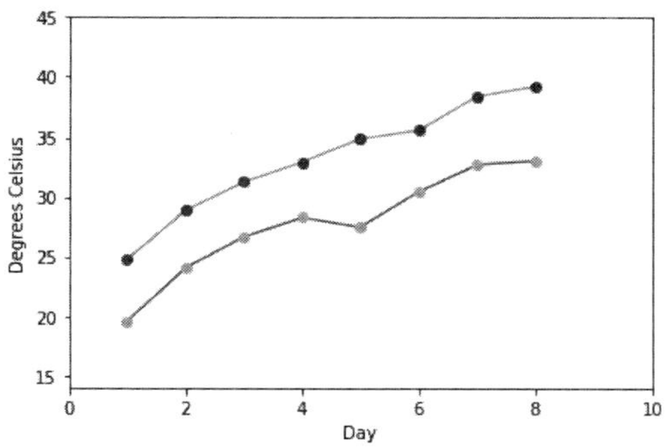

In [6]:
```
days = list(range(1,9))
celsius_min = [19.6, 24.1, 26.7, 28.3, 27.5, 30.5, 32.8, 33.1]
celsius_max = [24.8, 28.9, 31.3, 33.0, 34.9, 35.6, 38.4, 39.2]
plt.xlabel('Day')
plt.ylabel('Degrees Celsius')
plt.plot(days, celsius_min,
         days, celsius_min, "oy",
         days, celsius_max,
         days, celsius_max, "or")
plt.axis([0, 10, 18, 41])
plt.show()
```

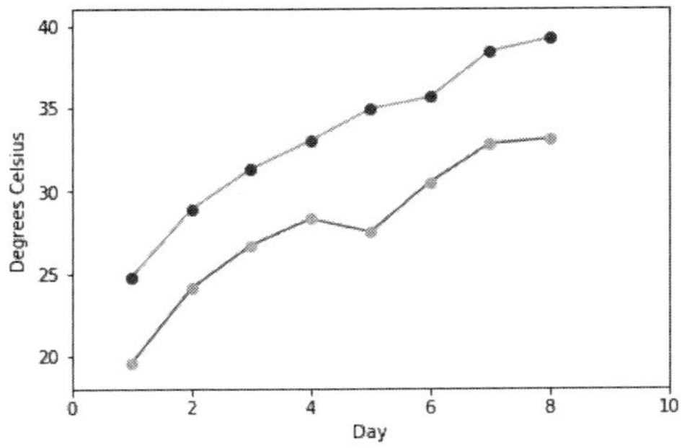

10.6 X 값을 정의하는 "linspace" 함수

다음 예제에서 넘파이 함수 linspace를 사용하여, 지정된 영역에서 균등한 간격의 숫자를 만드는 것을 보여준다.

In [8]:
```
import numpy as np
import matplotlib.pyplot as plt
X = np.linspace(0, 2 * np.pi, 50, endpoint=True)
F = np.sin(X)
plt.plot(X,F)
startx, endx = -0.1, 2*np.pi + 0.1
starty, endy = -1.1, 1.1
plt.axis([startx, endx, starty, endy])
plt.show()
```

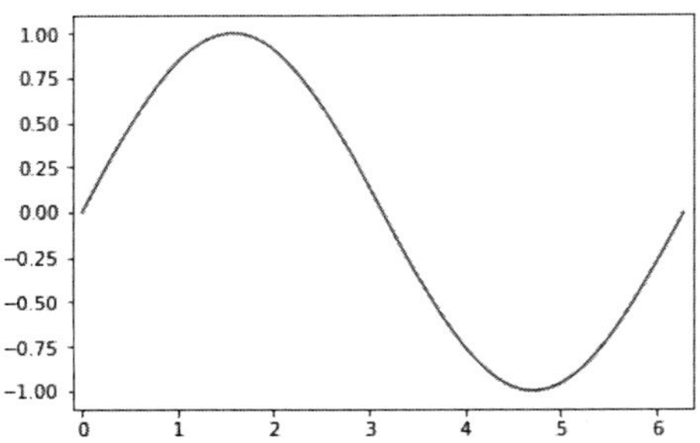

In [9]:
```
X = np.linspace(-2 * np.pi, 2 * np.pi, 50, endpoint=True)
F1 = 3 * np.sin(X)
F2 = np.sin(2*X)
F3 = 0.3 * np.sin(X)
startx, endx = -2 * np.pi - 0.1, 2*np.pi + 0.1
starty, endy = -3.1, 3.1
plt.axis([startx, endx, starty, endy])
plt.plot(X,F1)
plt.plot(X,F2)
plt.plot(X,F3)
plt.show()
```

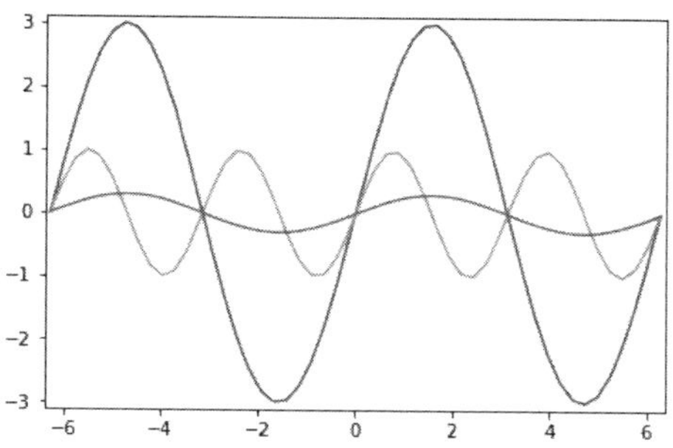

다음 예제는 새로운 것이 아니라, 이산 데이터가 있는 두 개의 플롯을 추가한 그래프를 나타낸다.

```
In [10]: X = np.linspace(-2 * np.pi, 2 * np.pi, 50, endpoint=True)
         F1 = 3 * np.sin(X)
         F2 = np.sin(2*X)
         F3 = 0.3 * np.sin(X)
         startx, endx = -2 * np.pi - 0.1, 2*np.pi + 0.1
         starty, endy = -3.1, 3.1
         plt.axis([startx, endx, starty, endy])
         plt.plot(X,F1)
         plt.plot(X,F2)
         plt.plot(X,F3)
         plt.plot(X, F1, 'ro')
         plt.plot(X, F2, 'bx')
         plt.show()
```

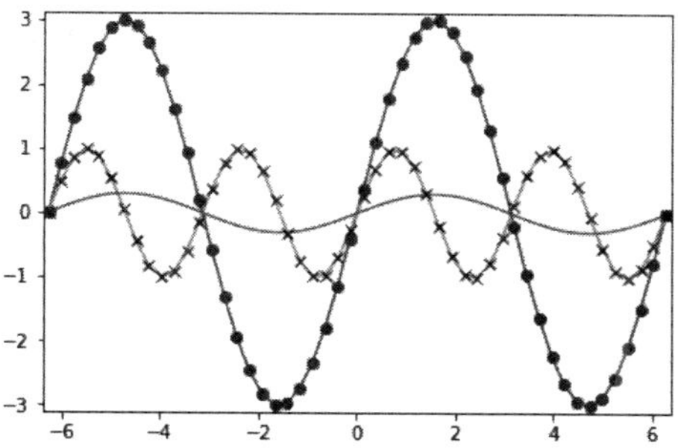

10.7 선 스타일 변경

플롯의 선 속성(linestyle)은 ls 매개 변수에 의하여 결정된다. 다음 값 중 하나로 설정할 수 있다.

```
'-', '--', '-.', ':', 'None'
```

이름에서 알 수 있듯이 선폭(linewidth)속성을 사용하여 선의 넓이(width)를 설정할 수 있다.

In [11]:
```
X = np.linspace(0, 2 * np.pi, 50, endpoint=True)
F1 = 3 * np.sin(X)
F2 = np.sin(2*X)
F3 = 0.3 * np.sin(X)
F4 = np.cos(X)
plt.plot(X, F1, color="blue", linewidth=2.5, linestyle="-")
plt.plot(X, F2, color="red", linewidth=1.5, linestyle="--")
plt.plot(X, F3, color="green", linewidth=2, linestyle=":")
plt.plot(X, F4, color="grey", linewidth=2, linestyle="-.")
plt.show()
```

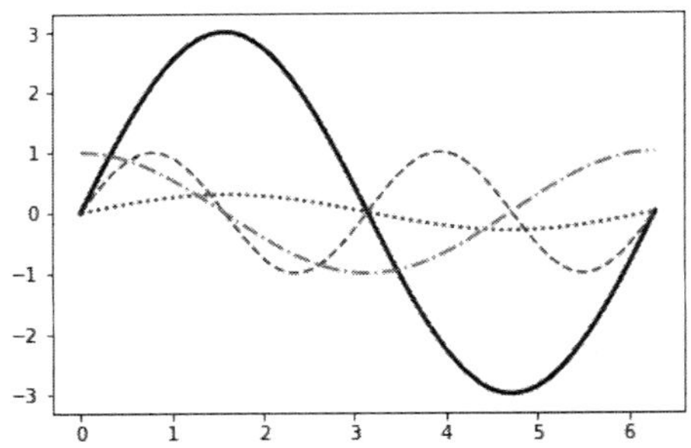

10.7.1 fill_between()함수로 음영 처리

두 곡선 사이의 영역을 음영처리하거나 색상화하는 것이 가능하다. 다음 예제에서 X 축과 sin(2*X) 그래프 사이의 영역을 채워 준다.

In [12]:
```
n = 256
X = np.linspace(-np.pi,np.pi,n,endpoint=True)
Y = np.sin(2*X)
plt.plot (X, Y, color='blue', alpha=1.00)
plt.fill_between(X, 0, Y, color='blue', alpha=.1)
plt.show()
```

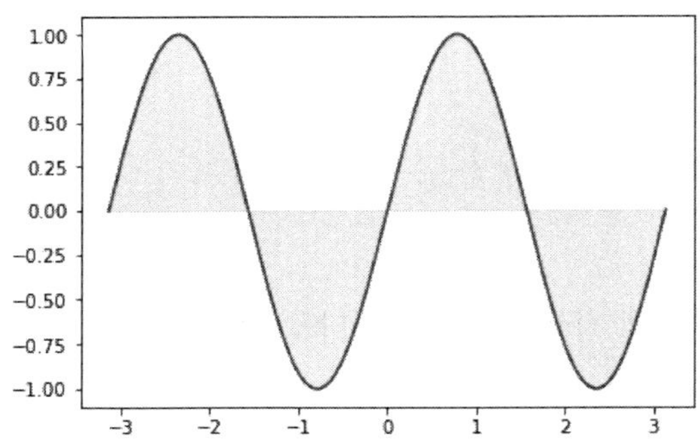

fill_between함수의 일반 구문은 다음과 같다:

```
fill_between(x, y1, y2=0, where=None, interpolate=False, **kwargs)
```

fill_between함수의 매개 변수의 의미는 다음과 같다 :

- x : 길이 N인 배열 데이터 x.
- y1 : 길이 N인 배열(또는 스칼라) 데이터 y.
- y2 : 길이 N인 배열(또는 스칼라) 데이터 y.
- where : None인 경우 기본적으로 모든 부분을 채운다.
  None이 아니면 N 길이의 넘파이 부울 배열이며 채우기는 where == True의 영역에서만 발생한다.
- interpolate : 참(True)이면 두 선 사이를 보간하여 정확한 교차점을 찾는다. 그렇지 않으면 채워진 영역의 시작 및 끝 지점은 x 배열의 명시된 값에서만 발생한다.
- kwarg : 키워드 인수가 PolyCollection에 전달된다.

```
In [13]: n = 256
         X = np.linspace(-np.pi,np.pi,n,endpoint=True)
         Y = np.sin(2*X)
         plt.plot (X, Y, color='blue', alpha=1.00)
         plt.fill_between(X, Y, 1, color='blue', alpha=.1)
         plt.show()
```

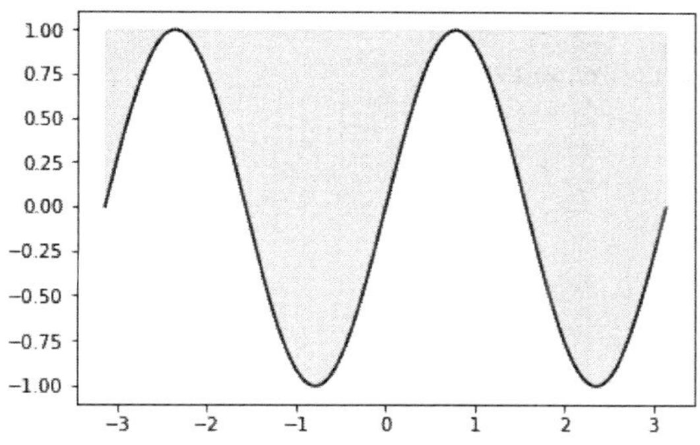

10.8 테두리선의 이동과 축 표기법

척추(spine)라는 단어는 인간 골격의 척추(backbone) 또는 척수(spinal cord)라는 의미로 일반적으로 알려져 있다. 또 다른 의미는 책의 재킷(jacket)을 의미한다. 선인장의 등뼈(spines of a cactus)를 생각해 보자. 예술적으로는 흉곽(ribcage)처럼 보일 수 있다. matplotlib의 등뼈(spine)은 축 눈금을 연결하고 데이터 영역의 경계를 나타내는 선을 의미한다. matplotlib에서는 임의의 위치에 배치될 수 있다. 그러나 첫 번째 예제를 살펴 보기 전에 gca함수('get current axis')를 도입해야 한다. gca 함수는 현재 그림에 현재 축(Axes) 인스턴스를 반환한다. 예를들어, plt.gca(projection = 'polar')를 호출하면 현재 그림의 현재 극축(polar axes)을 가져올 수 있다.

In [14]:
```
# the next "inline" statement is only needed,
# if you are working with "ipython notebook"
# %matplotlib inline
# import numpy as np
# import matplotlib.pyplot as plt
X = np.linspace(-2 * np.pi, 2 * np.pi, 70, endpoint=True)
F1 = np.sin(2* X)
F2 = (2*X**5 + 4*X**4 - 4.8*X**3 + 1.2*X**2 + X + 1)*np.exp(-X**2)
# get the current axes, creating them if necessary:
ax = plt.gca()
# making the top and right spine invisible:
ax.spines['top'].set_color('none')
ax.spines['right'].set_color('none')
# moving bottom spine up to y=0 position:
ax.xaxis.set_ticks_position('bottom')
ax.spines['bottom'].set_position(('data',0))
# moving left spine to the right to position x == 0:
ax.yaxis.set_ticks_position('left')
ax.spines['left'].set_position(('data',0))
plt.plot(X, F1)
plt.plot(X, F2)
plt.show()
```

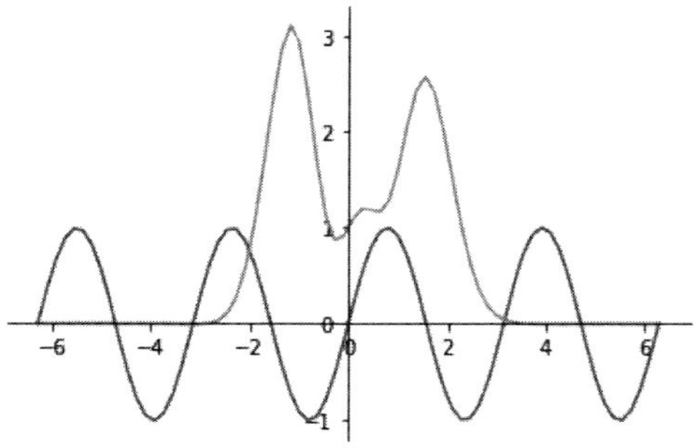

10.8.1 눈금의 커스터마이징

지금까지 모든 Matplotlib의 예제에서 자동으로 축의 눈금간격 띄우기 작업을 수행했다. 예를 들어 이전 예에서 X 축은 –6,–4,–2,0,2,4,6인 반면 Y 축은 –1,0,1,2,3으로 번호가 매겨진 것을 볼 수 있다. xticks메서드는 현재 눈금의 위치와 레이블을 가져 오거나 설정하는데 사용할 수 있는 메서드이다. yticks에 대해서도 마찬가지이다.

```
In [15]: # get the current axes, creating them if necessary:
         ax = plt.gca()
         locs, labels = plt.xticks()
         print(locs, labels)
         locs, labels = plt.yticks()
         print(locs, labels)
```

```
(array([ 0. ,  0.2,  0.4,  0.6,  0.8,  1. ]), <a list of 6 Text xticklabe
l objects>)
(array([ 0. ,  0.2,  0.4,  0.6,  0.8,  1. ]), <a list of 6 Text yticklabe
l objects>)
```

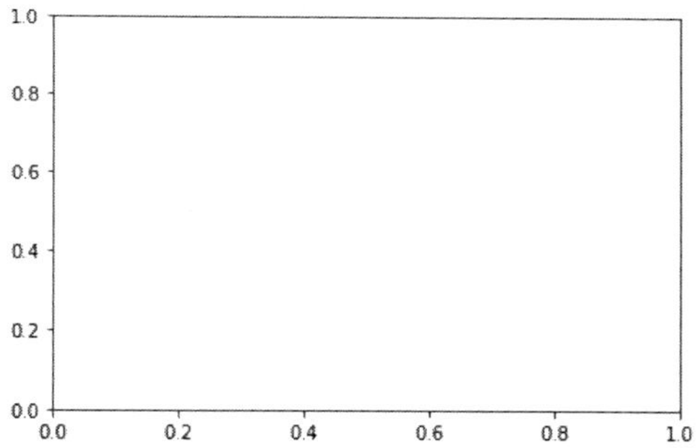

언급했던 것처럼, xticks메서드를 사용하여 xticks의 위치를 설정할 수도 있다.

```
In [16]: plt.xticks( np.arange(10) )
         locs, labels = plt.xticks()
         print(locs, labels)
```

```
(array([0, 1, 2, 3, 4, 5, 6, 7, 8, 9]), <a list of 10 Text xticklabel obj
ects>)
```

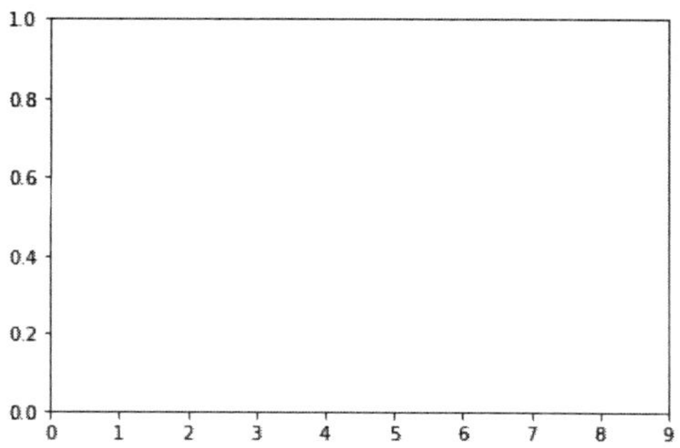

이제 xticks의 위치와 레이블을 설정해 보자.

```
In [17]: # set the locations and labels of the xticks
         plt.xticks( np.arange(4),
                    ('Berlin', 'London', 'Hamburg', 'Toronto') )

Out[17]: ([<matplotlib.axis.XTick at 0x11413c6d0>,
           <matplotlib.axis.XTick at 0x113ecec10>,
           <matplotlib.axis.XTick at 0x113e4c350>,
           <matplotlib.axis.XTick at 0x113c15650>],
          <a list of 4 Text xticklabel objects>)
```

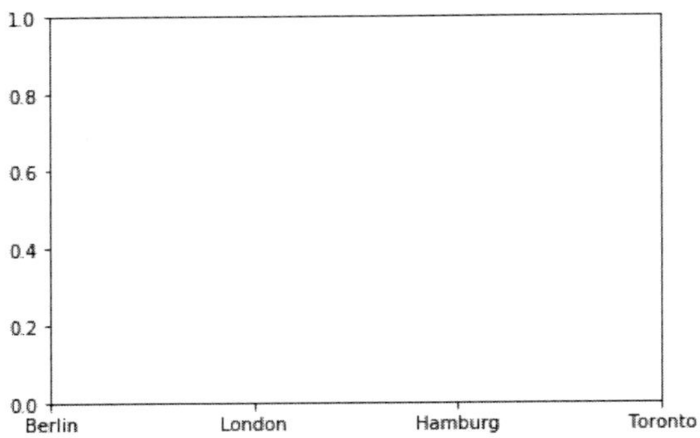

삼각함수(trigonometric functions)를 사용하는 이전 예제로 돌아가 보자. 대부분의 사람들은 Pi의 인자가 정수 라벨보다 X 축에 더 적절하다고 생각할 수 있다.

```
In [18]: X = np.linspace(-2 * np.pi, 2 * np.pi, 70, endpoint=True)
         X = np.linspace(-2 * np.pi, 2 * np.pi, 70, endpoint=True)
         F1 = np.sin(X**2)
         F2 = X * np.sin(X)
         # get the current axes, creating them if necessary:
         ax = plt.gca()
         # making the top and right spine invisible:
         ax.spines['top'].set_color('none')
         ax.spines['right'].set_color('none')
         # moving bottom spine up to y=0 position:
         ax.xaxis.set_ticks_position('bottom')
         ax.spines['bottom'].set_position(('data',0))
         # moving left spine to the right to position x == 0:
         ax.yaxis.set_ticks_position('left')
         ax.spines['left'].set_position(('data',0))
         plt.xticks( [-6.28, -3.14, 3.14, 6.28])
         plt.yticks([-3, -1, 0, +1, 3])
         plt.plot(X, F1)
         plt.plot(X, F2)
         plt.show()
```

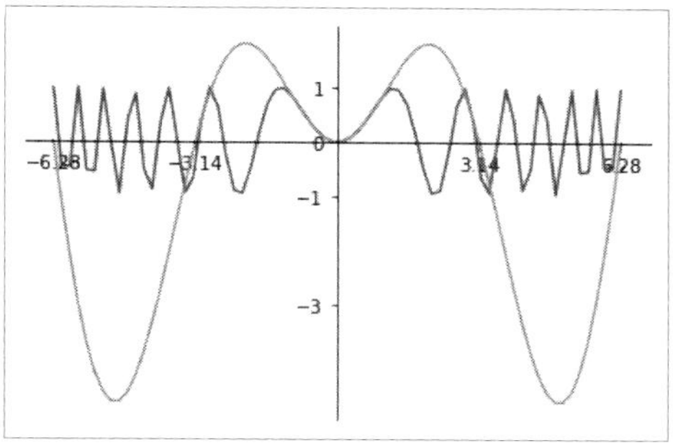

10.8.2 눈금 레이블의 설정

이제 맞춤 마커로 xticks의 이름을 바꾸어 보자. 앞의 예제에서 했던 것처럼 xticks메서드를 다시 사용하자. 그러나 이번에는 xticks를 두 개의 매개변수로 호출한다. 첫 번째 매개변수는 이전에 사용한 것과 동일한 리스트이다. 즉, x 축에서 눈금(틱)을 갖고 싶은 위치이다. 두 번째 매개 변수는 LATEX형식의 눈금 표시가 있는 동일한 크기의 리스트이다. 즉, 값 대신 표시할 텍스트인 것이다. LATEX 표기법은 파이썬의 이스케이프 메커니즘(escaping mechanism)을 억제하기 위해 대부분의 경우 원시 문자열이 되어야 하는데, 이는 LATEX 표기법이 백 슬래시('\')를 많이 사용하고 의존하기 때문이다.

```
In [19]: X = np.linspace(-2 * np.pi, 2 * np.pi, 70, endpoint=True)
         F1 = X * np.sin(X)
         ax = plt.gca()
         ax.spines['top'].set_color('none')
         ax.spines['right'].set_color('none')
         ax.xaxis.set_ticks_position('bottom')
         ax.spines['bottom'].set_position(('data',0))
         ax.yaxis.set_ticks_position('left')
         ax.spines['left'].set_position(('data',0))
         # labelling the X ticks:
         plt.xticks( [-6.28, -3.14, 3.14, 6.28],
                 [r'$-2\pi$', r'$-\pi$', r'$+\pi$', r'$+2\pi$'])
         plt.yticks([-3, -1, 0, +1, 3])
         plt.plot(X, F1)
         plt.show()
```

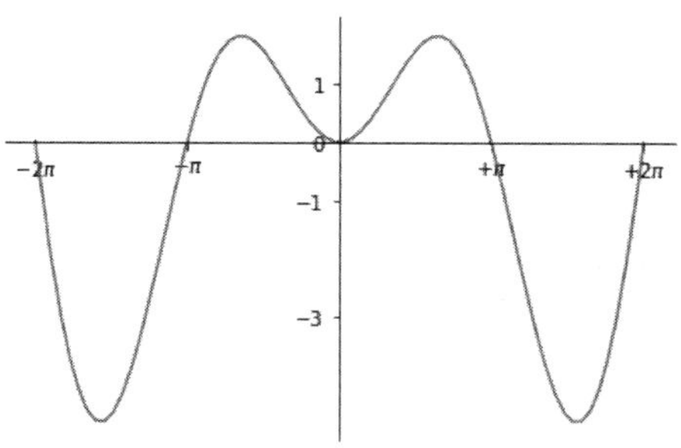

10.8.3 눈금 레이블의 조정

눈금 레이블(ticklabels)의 가독성을 높이기 위하여, 폰트 크기를 늘려서 반투명한 배경으로 렌더링 할수 있다.

```
In [20]: print(ax.get_xticklabels())
```

```
<a list of 4 Text xticklabel objects>
```

```
In [21]: for xtick in ax.get_xticklabels():
             print(xtick)
```

```
Text(-6.28,0,u'$-2\\pi$')
Text(-3.14,0,u'$-\\pi$')
Text(3.14,0,u'$+\\pi$')
Text(6.28,0,u'$+2\\pi$')
```

```
In [22]: labels = [xtick.get_text() for xtick in ax.get_xticklabels()]
         print(labels)
```

```
[u'$-2\\pi$', u'$-\\pi$', u'$+\\pi$', u'$+2\\pi$']
```

그럼, 이제 글꼴 크기를 늘리고 글꼴을 반투명하게 만들어 보자.

```
In [23]: X = np.linspace(-2 * np.pi, 2 * np.pi, 170, endpoint=True)
         F1 = np.sin(X**3 / 2)
         ax = plt.gca()
         ax.spines['top'].set_color('none')
         ax.spines['right'].set_color('none')
         ax.xaxis.set_ticks_position('bottom')
         ax.spines['bottom'].set_position(('data',0))
         ax.yaxis.set_ticks_position('left')
         ax.spines['left'].set_position(('data',0))
         plt.xticks( [-6.28, -3.14, 3.14, 6.28],
                 [r'$-2\pi$', r'$-\pi$', r'$+\pi$', r'$+2\pi$'])
         plt.yticks([-3, -1, 0, +1, 3])
         for xtick in ax.get_xticklabels():
             xtick.set_fontsize(18)
             xtick.set_bbox(dict(facecolor='white', edgecolor='None', alpha=0.7 ))
         for ytick in ax.get_yticklabels():
             ytick.set_fontsize(14)
             ytick.set_bbox(dict(facecolor='white', edgecolor='None', alpha=0.7 ))

         plt.plot(X, F1, label="$sin(x)$")
         plt.legend(loc='lower left')
         plt.show()
```

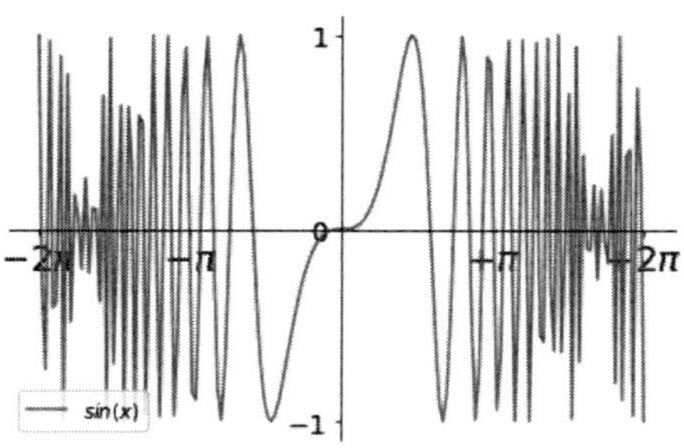

10.9 범례 추가하기

이전 예제의 그래프를 보면, 어떤 종류의 함수가 묘사되어 있는지 이해하기 위해 코드를 조사해야 했다. 이 목적으로 범례(legend)가 사용된다. 이 단어는 라틴어와 meand- "읽혀 져야한다(to be read)"에서 유래한 것으로 알려져 있다. 따라서, 그래프를 이해하려면 범례를 읽어야 한다. 범례가 수학의 그래프로 사용되기 전에 지도에서 사용되었다. 범례(지도에 있는 범례)는 지도의 그림언어(pictorial language) 또는 기호(symbology)를 설명한다.

범례는 그래프의 다른 라인 밑에 있는 기능이나 값을 설명하기 위해 꺾은선 그래프에서 사용된다. 다음의 간단한 예제에서 그래프에 범례를 배치하는 방법을 살펴보자. 범례는 하나 이상의 항목을 포함해야 하며, 모든 항목은 키와 레이블로 구성된다. pyplot 함수 legend는 축에 범례를 위치시킨다.

```
legend(*args, **kwargs)
```

축에 이미 존재하는 선에 대한 범례를 작성하기 위해 해야 할 일은 단순히 각 범례 항목에 대해 하나씩 반복 가능한 문자열로 함수 "범례(legend)"를 호출하는 것이다.

```
In [24]: # next line only needed if working with "ipython notebook":
         # %matplotlib inline
         # import numpy as np
         # import matplotlib.pyplot as plt
         ax = plt.gca()
         ax.plot([1, 2, 3, 4])
         ax.legend(['A simple line'])
```

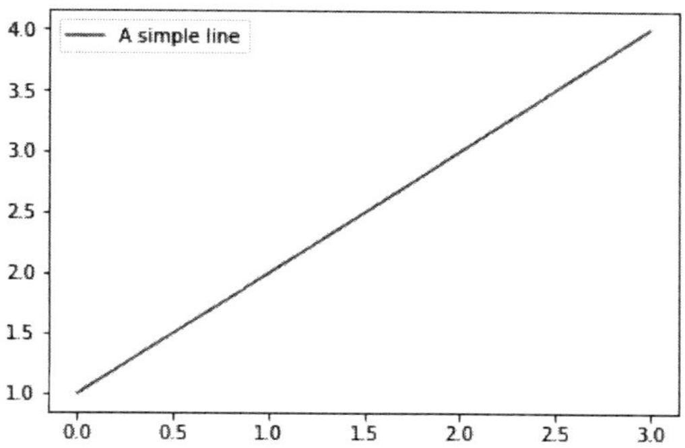

플롯 기능에 레이블을 추가하면 범례 명령의 레이블로 값이 사용된다. 범례(legend)함수가 여전히 필요로 하는 유일한 인수는 위치인수 “loc”이다. plot함수에 레이블을 추가하면 legend 명령에 값이 사용된다.

```
In [25]: # import numpy as np
         # import matplotlib.pyplot as plt
         x = np.linspace(0, 25, 1000)
         y1 = np.sin(x)
         y2 = np.cos(x)
         plt.plot(x, y1, '-b', label='sine')
         plt.plot(x, y2, '-r', label='cosine')
         plt.legend(loc='upper left')
         plt.ylim(-1.5, 2.0)
         plt.show()
```

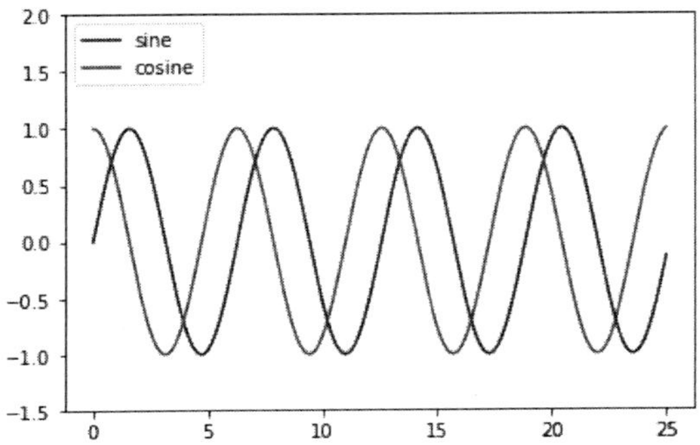


```
In [26]: #import numpy as np
         #import matplotlib.pyplot as plt
         X = np.linspace(0, 25, 1000)
         F1 = np.sin(0.5 * X)
         F2 = 3 * np.cos(0.8*X)
         plt.plot(X, F1, label="$sin(0.5 * x)$")
         plt.plot(X, F2, label="$3 sin(x)$")
         plt.legend(loc='upper right')
```

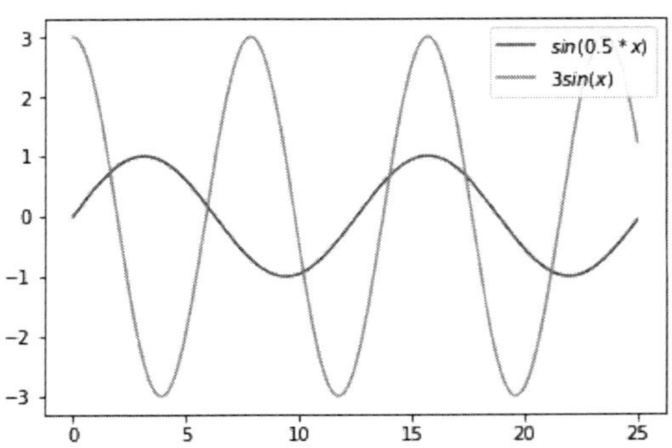

많은 경우 데이터를 그리기 전에 어떤 결과가 나타날지 모른다. 예를 들어, 범례가 그래프 선의 중요한 부분을 가리고 있을 수 있기 때문이다. 데이터가 어떻게 보이는지 모르는 경우에는 loc에 대한 인수로 'best'를 사용하는 것이 가장 좋다. Matplotlib은 자동으로 범례에 가장 적합한 위치를 찾아 보여준다.

In [27]:
```
#import numpy as np
#import matplotlib.pyplot as plt
X = np.linspace(0, 25, 1000)
F1 = np.sin(0.5 * X)
F2 = 3 * np.cos(0.8*X)
plt.plot(X, F1, label="$sin(0.5 * x)$")
plt.plot(X, F2, label="$3 sin(x)$")
plt.legend(loc='best')
```

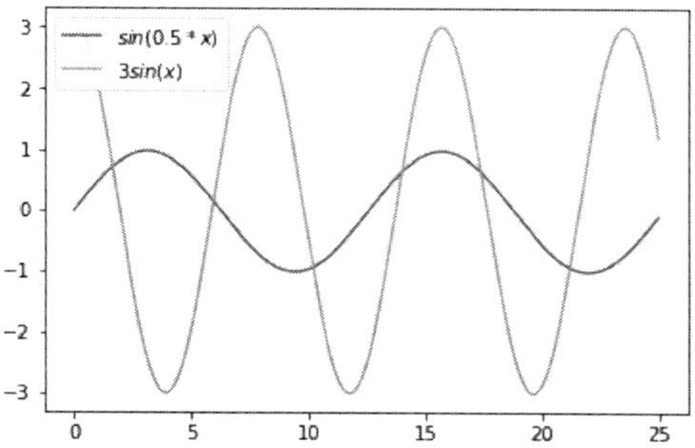

In [28]:
```
#import numpy as np
#import matplotlib.pyplot as plt
X = np.linspace(-2 * np.pi, 2 * np.pi, 70, endpoint=True)
F1 = np.sin(0.5*X)
F2 = -3 * np.cos(0.8*X)
plt.xticks( [-6.28, -3.14, 3.14, 6.28],
        [r'$-2\pi$', r'$-\pi$', r'$+\pi$', r'$+2\pi$'])
plt.yticks([-3, -1, 0, +1, 3])
plt.plot(X, F1, label="$sin(0.5x)$")
plt.plot(X, F2, label="$-3 cos(0.8x)$")
plt.legend(loc='best')
plt.show()
```

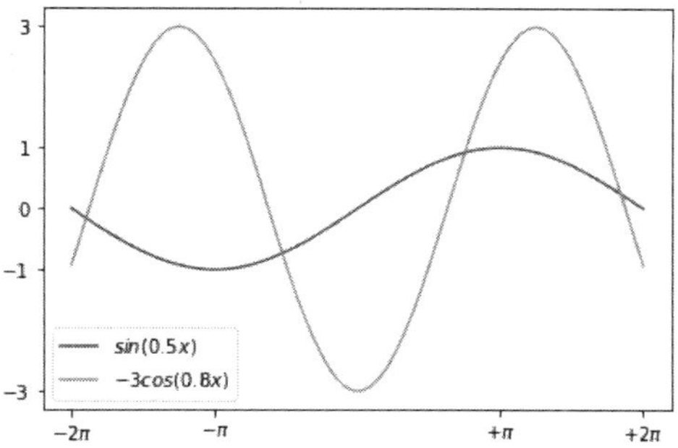

```
In [29]: #import numpy as np
         #import matplotlib.pyplot as plt
         X = np.linspace(-2 * np.pi, 2 * np.pi, 70, endpoint=True)
         F1 = np.sin(0.5*X)
         F2 = 3 * np.cos(0.8*X)
         plt.xticks( [-6.28, -3.14, 3.14, 6.28],
                 [r'$-2\pi$', r'$-\pi$', r'$+\pi$', r'$+2\pi$'])
         plt.yticks([-3, -1, 0, +1, 3])
         plt.plot(X, F1, label="$sin(0.5x)$")
         plt.plot(X, F2, label="$3 cos(0.8x)$")
         plt.legend(loc='best')
         plt.show()
```

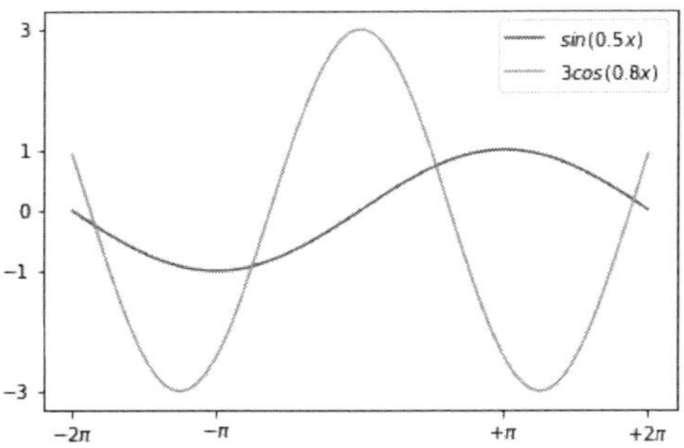

10.10 주석 추가하기

그래프를 그리는데, 어떤 값에 대하여 특히 관심이 있다고 가정해 보자.

```
In [30]: print(3 * np.sin(3 * np.pi/4))
         2.12132034356
```

수치 결과는 특별하게 보이지 않지만 위의 표현식에 대한 기호 계산을 수행하면 $\frac{3}{\sqrt{2}}$의 값을 얻는다. 이제 이 점을 그래프에 표시하려고 한다. 우리는 annotate함수로 특정한 위치에 주석(annotation)을 배치할 수 있다.

```
In [33]: #import numpy as np
         #import matplotlib.pyplot as plt
         X = np.linspace(-2 * np.pi, 3 * np.pi, 70, endpoint=True)
         F1 = np.sin(X)
         F2 = 3 * np.sin(X)
         ax = plt.gca()
         plt.xticks( [-6.28, -3.14, 3.14, 6.28],
                 [r'$-2\pi$', r'$-\pi$', r'$+\pi$', r'$+2\pi$'])
         plt.yticks([-3, -1, 0, +1, 3])
         x = 3 * np.pi / 4
         plt.scatter([x,],[3 * np.sin(x),], 50, color ='blue')
         #------------
         plt.annotate(r'$(3\sin(\frac{3\pi}{4}),\frac{3}{\sqrt{2}})$',
                  xy=(x, 3 * np.sin(x)), # 화살촉의 좌표.
                  xycoords='data',  # 데이터 좌표계: 데이터와 같은 좌표를 사용한다는 의미.
                  xytext=(+20, +20), # 텍스트 위치의 좌표.
                  textcoords='offset points',
                  fontsize=14,
                  arrowprops=dict(facecolor='blue'))
         #-------------
         plt.plot(X, F1, label="$sin(x)$")
         plt.plot(X, F2, label="$3 sin(x)$")
         plt.legend(loc='lower left')
         plt.show()
```

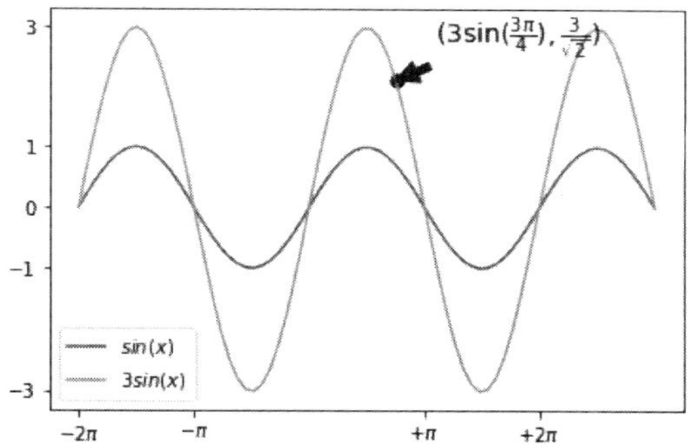

10.11 다중 그래프와 이중 축

Matplotlib에서 그래프를 플로팅하기위한 예제를 많이 살펴보았는데, 자주 묻는 질문은 한 그래프에 여러 개의 그래프를 표시하는 것이다. 가장 단순한 경우, 하나의 커브가 있을 수 있고 다른 커브를 그 위에 인쇄하기를 원할 수도 있다. 이전에 보았던 것처럼 두 개의 그래프를 스크립트에 넣기에 충분하기 때문에 이것은 문제가 되지 않는다. 더 흥미로운 점은 하나의 윈도우(window)에 두 개의 그림이 필요한 경우이다. 하나의 윈도우에서, 이들은 2개의 개별 서브플롯, 즉 서로 위에 인쇄되지 않아야 함을 의미한다.

아이디어는 하나의 창에 두 개 이상의 그래프를 포함하고 각 그래프는 자체의 하위그래프(subplot)에 나타난다. 이를 달성하기 위해 두 가지 다른 방법을 제시 할 것이다.

- 서브플롯(subplot)
- 그리드스펙(gridspec)

그리드스펙(gridspec)이 가장 좋은 옵션이라고 생각되지만, 레이아웃이 더 복잡해지면 사용하기가 훨씬 쉽다! subplot함수와 해당 매개 변수는 다음과 같다.

```
subplot(nrows, ncols, plot_number)
```

하위 그래프를 그래프에 적용하면 그래프는 개념적으로 nrows * ncols 하위 축으로 분할된다. 매개변수 'plot_number'는 함수 호출이 만들어야 하는 하위그래프를 식별한다. 'plot_number'의 범위는 1에서 최대 nrows * ncols까지이다. 3개의 매개변수의 값이 10보다 작으면 하나의 정수형 매개변수로 함수 subplot을 호출할 수 있다. 여기서 수백은 'nrows'를 나타내고, 10은 'ncols'를 나타내며, 단위는 'plot_number'를 나타낸다. 즉, subplot(2,3,4) 대신 subplot(234)로 쓸 수 있다.

다음 예제에서는 개념적으로 2x2 격자의 두 개의 하위그래프를 "활성화"한다.

```
In [36]: #%matplotlib inline
         #import matplotlib.pyplot as plt
         python_course_green = "#476042"
         plt.figure(figsize=(6, 4))
         plt.subplot(221) # equivalent to: plt.subplot(2, 2, 1)
         plt.text(0.5, # x coordinate, 0 leftmost positioned, 1 rightmost
                  0.5, # y coordinate, 0 topmost positioned, 1 bottommost
                  'subplot(2,2,1)', # the text which will be printed
                  horizontalalignment='center', # shortcut 'ha'
                  verticalalignment='center', # shortcut 'va'
                  fontsize=20, # can be named 'font' as well
                  alpha=.5 # float (0.0 transparent through 1.0 opaque)
                  )
         plt.subplot(224)
         plt.text(0.5, 0.5,
                  'subplot(2,2,4)',
                  ha='center', va='center',
                  fontsize=20,
                  color="y")
```

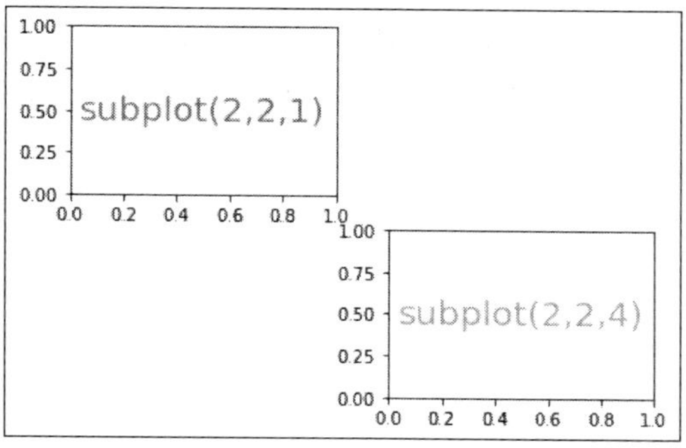

축의 눈금이 필요하지 않다면, 빈 튜플로 설정하고 파이썬 스크립트에 다음 코드 행을 추가하면 제거할 수 있다.

```
plt.xticks(()) plt.yticks(())
```

```
In [37]: #import matplotlib.pyplot as plt
         plt.figure(figsize=(6, 4))
         plt.subplot(221) # equivalent to: plt.subplot(2, 2, 1)
         plt.xticks(())
         plt.yticks(())
         plt.text(0.5, # x coordinate, 0 leftmost positioned, 1 rightmost
                  0.5, # y coordinate, 0 topmost positioned, 1 bottommost
                  'subplot(2,2,1)', # the text which will be printed
                  horizontalalignment='center', # shortcut 'ha'
                  verticalalignment='center', # shortcut 'va'
                  fontsize=20, # can be named 'font' as well
                  alpha=.5 # float (0.0 transparent through 1.0 opaque)
                  )
         plt.subplot(224)
         plt.xticks(())
         plt.yticks(())
         plt.text(0.5, 0.5,
                  'subplot(2,2,4)',
                  ha='center', va='center',
                  fontsize=20,
                  color="y")
```

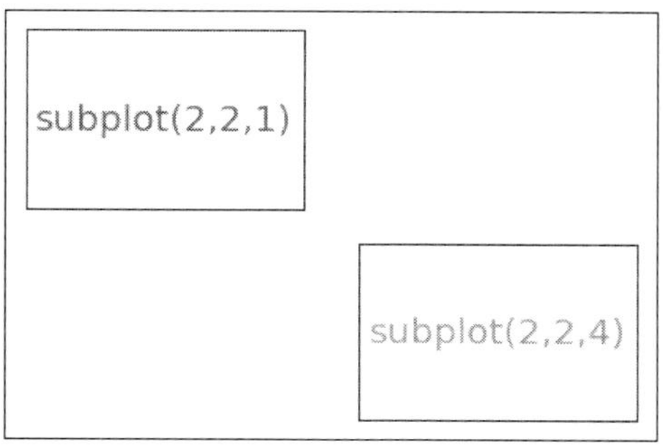

그림(Figure) 클래스의 인스턴스를 사용하여 객체 지향 접근법을 사용하는 것이 스타일적으로 더 적절하다. 이전 예제를 다시 작성하여 이를 살펴보자. 이 경우, “add_subplot”메서드를 Figure 객체에 적용해야 한다.

In [38]:
```
#import matplotlib.pyplot as plt
fig = plt.figure(figsize=(6, 4))
sub1 = fig.add_subplot(221) # equivalent to: plt.subplot(2, 2, 1)
sub1.text(0.5, # x coordinate, 0 leftmost positioned, 1 rightmost
          0.5, # y coordinate, 0 topmost positioned, 1 bottommost
          'subplot(2,2,1)', # the text which will be printed
          horizontalalignment='center', # shortcut 'ha'
          verticalalignment='center', # shortcut 'va'
          fontsize=20, # can be named 'font' as well
          alpha=.5 # float (0.0 transparent through 1.0 opaque)
          )
sub2 = fig.add_subplot(224)
sub2.text(0.5, 0.5,
          'subplot(2,2,4)',
          ha='center', va='center',
          fontsize=20,
          color="y")
```

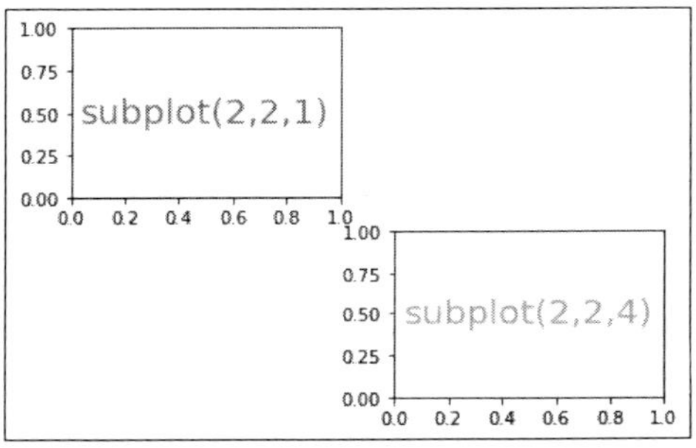

눈금을 다시 없애자. 이번에는 plt.xticks(()) 및 plt.yticks(())를 사용할 수 없다. 대신 set_xticks([]) 및 set_yticks([]) 메서드를 사용해야 한다.

In [39]:
```
#import matplotlib.pyplot as plt
fig = plt.figure(figsize=(6, 4))
sub1 = fig.add_subplot(221) # equivalent to: plt.subplot(2, 2, 1)
sub1.set_xticks([])
sub1.set_yticks([])
sub1.text(0.5, # x coordinate, 0 leftmost positioned, 1 rightmost
          0.5, # y coordinate, 0 topmost positioned, 1 bottommost
          'subplot(2,2,1)', # the text which will be printed
          horizontalalignment='center', # shortcut 'ha'
          verticalalignment='center', # shortcut 'va'
          fontsize=20, # can be named 'font' as well
          alpha=.5 # float (0.0 transparent through 1.0 opaque)
          )
sub2 = fig.add_subplot(224)
sub2.set_xticks([])
sub1.set_yticks([])
sub2.text(0.5, 0.5,
          'subplot(2,2,4)',
          ha='center', va='center',
          fontsize=20,
          color="y")
```

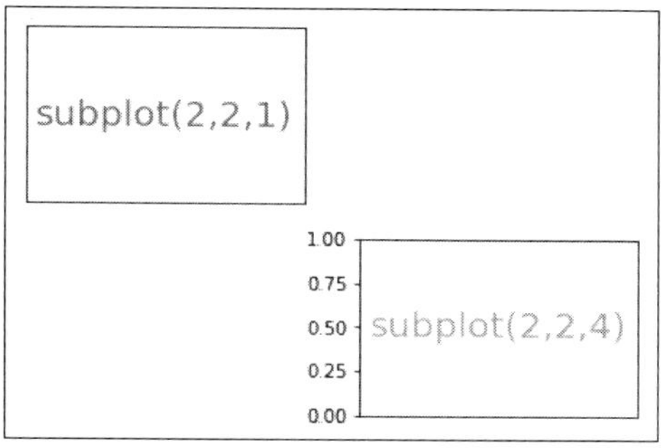

2x2형식에서 모든 하의 그래프를 활성화하는 것은 다음과 같다.

In [41]:
```
#import matplotlib.pyplot as plt
fig = plt.figure(figsize=(6, 4))
sub1 = plt.subplot(2, 2, 1)
sub1.set_xticks(())
sub1.set_yticks(())
sub1.text(0.5, 0.5, 'subplot(2,2,1)', ha='center', va='center',
        size=20, alpha=.5)
sub2 = plt.subplot(2, 2, 2)
sub2.set_xticks(())
sub2.set_yticks(())
sub2.text(0.5, 0.5, 'subplot(2,2,2)', ha='center', va='center',
        size=20, alpha=.5)
sub3 = plt.subplot(2, 2, 3)
sub3.set_xticks(())
sub3.set_yticks(())
sub3.text(0.5, 0.5, 'subplot(2,2,3)', ha='center', va='center',
        size=20, alpha=.5)
sub4 = plt.subplot(2, 2, 4)
sub4.set_xticks(())
sub4.set_yticks(())
sub4.text(0.5, 0.5, 'subplot(2,2,4)', ha='center', va='center',
        size=20, alpha=.5, color="y")
fig.tight_layout()
plt.show()
```

이제 서브 플롯 디자인을 만드는 방법을 전적으로 활용해 보자. 일반적으로 Matplotlib과 그 하위 그래프 기능을 사용하여 파이썬 프로그램을 작성해 보자.

```
In [43]: #import numpy as np
         from numpy import e, pi, sin, exp, cos
         #import matplotlib.pyplot as plt

         def f(t):
             return exp(-t) * cos(2*pi*t)
         def fp(t):
             return -2*pi * exp(-t) * sin(2*pi*t) - e**(-t)*cos(2*pi*t)
         def g(t):
             return sin(t) * cos(1/(t+0.1))
         def g(t):
             return sin(t) * cos(1/(t))

         fig = plt.figure(figsize=(6, 4))
         t = np.arange(-5.0, 1.0, 0.1)
         sub1 = fig.add_subplot(221) # instead of plt.subplot(2, 2, 1)
         sub1.set_title('The function f') # non OOP: plt.title('The function f')
         sub1.plot(t, f(t))
         sub2 = fig.add_subplot(222, axisbg="lightgrey")
         sub2.set_title('fp, the derivation of f')
         sub2.plot(t, fp(t))
         t = np.arange(-3.0, 2.0, 0.02)
         sub3 = fig.add_subplot(223)
         sub3.set_title('The function g')
         sub3.plot(t, g(t))
         t = np.arange(-0.2, 0.2, 0.001)
         sub4 = fig.add_subplot(224, axisbg="lightgrey")
         sub4.set_title('A closer look at g')
         sub4.set_xticks([-0.2, -0.1, 0, 0.1, 0.2])
         sub4.set_yticks([-0.15, -0.1, 0, 0.1, 0.15])
         sub4.plot(t, g(t))
         plt.plot(t, g(t))
         plt.tight_layout()
         plt.show()
```

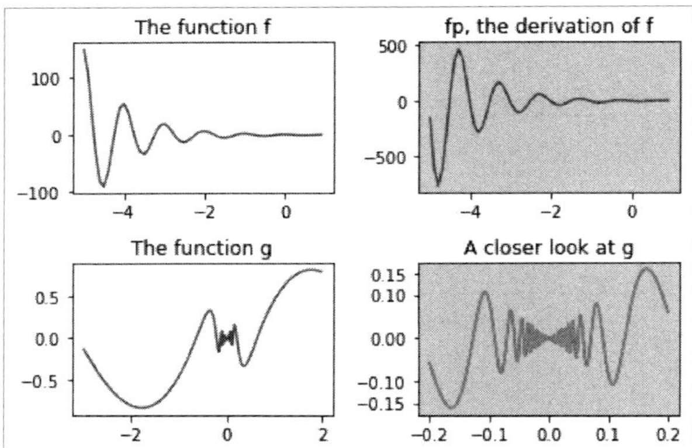

```
In [44]: X = [ (2,1,1), (2,3,4), (2,3,5), (2,3,6) ]
         for nrows, ncols, plot_number in X:
             plt.subplot(nrows, ncols, plot_number)
```

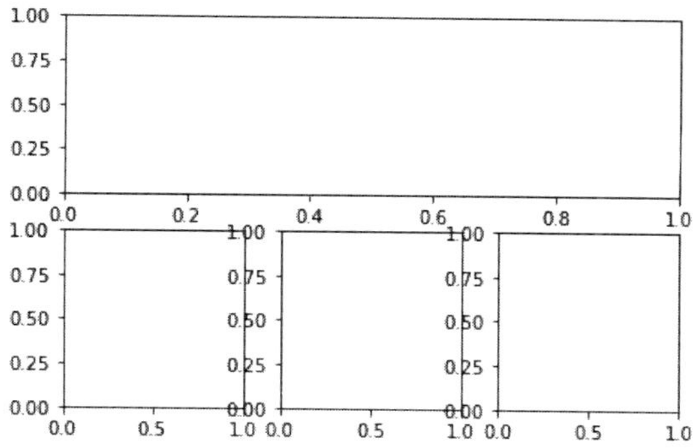

다음 예제는 xticks을 제거하고 figure와 subplots의 크기로 하위 그래프를 그려볼 것이다. 이렇게 하기 위해 'figsize'라는 키워드 매개변수와 'subplot_adjust'라는 함수를 키워드 매개변수 bottom, left, top, right와 함께 소개한다.

```
In [45]: #import  matplotlib.pyplot as plt
         fig =plt.figure(figsize=(6,4))
         fig.subplots_adjust(bottom=0.025, left=0.025, top = 0.975, right=0.975)
         X = [ (2,1,1), (2,3,4), (2,3,5), (2,3,6) ]
         for nrows, ncols, plot_number in X:
             sub = fig.add_subplot(nrows, ncols, plot_number)
             sub.set_xticks([])
             sub.set_yticks([])
```

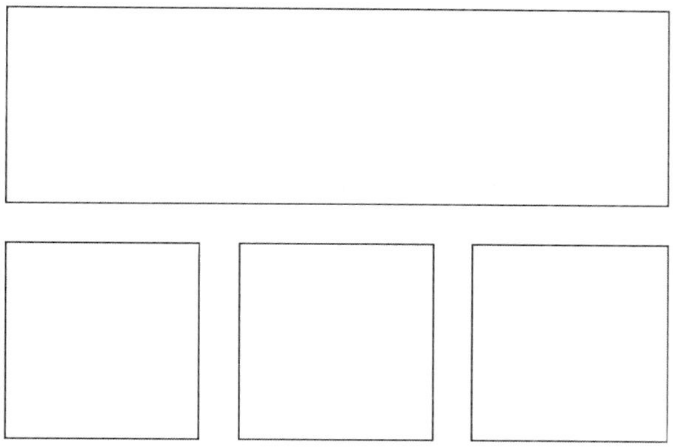

다른 방법으로는, 2x3 격자의 처음 3개의 3요소가 결합되어야하기 때문에, 튜플 표현을, 이 경우에는 (2,3(1,3))에서 (1,3)을 선택하여 2x3 그리드의 처음 세 요소를 병합하도록 정의한다.

In [5]:
```
#import  matplotlib.pyplot as plt
fig =plt.figure(figsize=(6,4))
fig.subplots_adjust(bottom=0.025, left=0.025, top = 0.975, right=0.975)
X = [ (2,3,(1,3)), (2,3,4), (2,3,5), (2,3,6) ]
for nrows, ncols, plot_number in X:
    sub = fig.add_subplot(nrows, ncols, plot_number)
    sub.set_xticks([])
    sub.set_yticks([])
```

10.12 gridspec을 사용한 서브 플로트

'matplotlib.gridspec'은 GridSpec 클래스를 포함한다. 서브플롯의 대안으로 사용할 서브플롯의 형상을 지정할 수 있다. GridSpec의 기본 아이디어는 '그리드'이다. 그리드는 여러 행과 열로 설정된다. 그 후에 서브플롯가 얼마나 많은 그리드를 확장해야 하는지 정의해야한다.

다음 예제는 간단한, 즉 1x1 격자를 보여준다.

In [6]:
```
#import matplotlib.pyplot as plt
from matplotlib.gridspec import GridSpec
fig = plt.figure()
gs = GridSpec(1, 1)
ax = fig.add_subplot(gs[0,0])
plt.show()
```

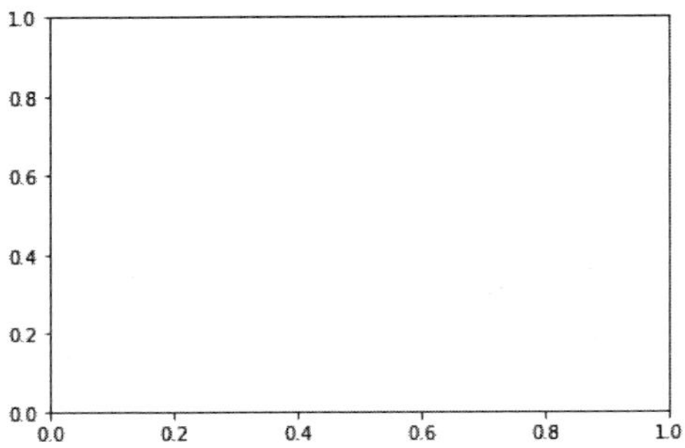

Gridspec의 몇 가지 매개변수를 사용할 수 있었다. 그래프는 아래에서 20%, 사용 가능한 그림영역의 15%에서 시작해야한다고 정의 할 수 있다.

```
In [7]: #import matplotlib.pyplot as plt
        from matplotlib.gridspec import GridSpec
        fig = plt.figure()
        gs = GridSpec(1, 1,
                      bottom=0.2,
                      left=0.15,
                      top=0.8)
        ax = fig.add_subplot(gs[0,0])
        plt.show()
```

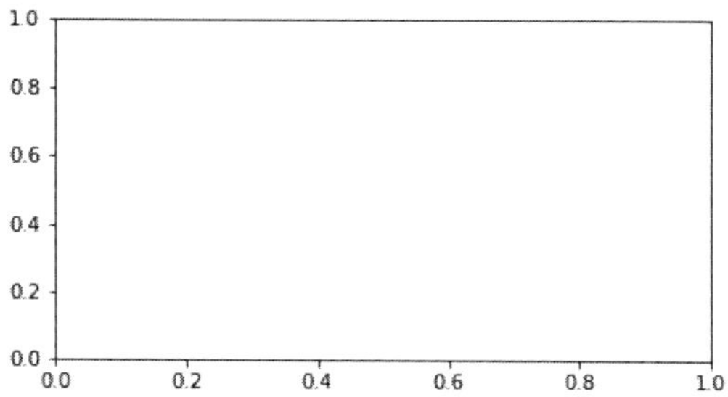

다음 예제는 좀 더 정교한 그리드 디자인을 가진 복잡한 예제를 보여준다.

```
In [8]: import matplotlib.gridspec as gridspec
        import matplotlib.pyplot as pl
        pl.figure(figsize=(6, 4))
        G = gridspec.GridSpec(3, 3)
        axes_1 = pl.subplot(G[0, :])
        pl.xticks(())
        pl.yticks(())
        pl.text(0.5, 0.5, 'Axes 1', ha='center', va='center', size=24, alpha=.5)
        axes_2 = pl.subplot(G[1, :-1])
        pl.xticks(())
        pl.yticks(())
        pl.text(0.5, 0.5, 'Axes 2', ha='center', va='center', size=24, alpha=.5)
        axes_3 = pl.subplot(G[1:, -1])
        pl.xticks(())
        pl.yticks(())
        pl.text(0.5, 0.5, 'Axes 3', ha='center', va='center', size=24, alpha=.5)
        axes_4 = pl.subplot(G[-1, 0])
        pl.xticks(())
        pl.yticks(())
        pl.text(0.5, 0.5, 'Axes 4', ha='center', va='center', size=24, alpha=.5)
        axes_5 = pl.subplot(G[-1, -2])
        pl.xticks(())
        pl.yticks(())
        pl.text(0.5, 0.5, 'Axes 5', ha='center', va='center', size=24, alpha=.5)
        pl.tight_layout()
        pl.show()
```

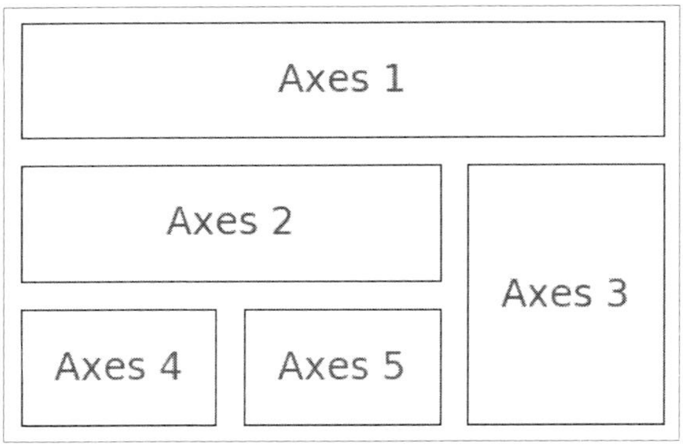

앞의 예제에서 그리드 스펙을 사용하여 일부 함수의 그래프로 채울 수 있다.

In [9]:
```
import matplotlib.gridspec as gridspec
import matplotlib.pyplot as plt
import numpy as np
pl.figure(figsize=(6, 4))
G = gridspec.GridSpec(3, 3)
X = np.linspace(0, 2 * np.pi, 50, endpoint=True)
F1 = 2.8 * np.cos(X)
F2 = 5 * np.sin(X)
F3 = 0.3 * np.sin(X)
axes_1 = plt.subplot(G[0, :])
axes_1.plot(X, F1, 'r-', X, F2)
axes_2 = plt.subplot(G[1, :-1])
axes_2.plot(X, F3)
axes_3 = plt.subplot(G[1:, -1])
axes_3.plot([1,2,3,4], [1,10,100,1000], 'b-')
axes_4 = plt.subplot(G[-1, 0])
axes_4.plot([1,2,3,4], [47, 11, 42, 60], 'r-')
axes_5 = plt.subplot(G[-1, -2])
axes_5.plot([1,2,3,4], [7, 5, 4, 3.8])
plt.tight_layout()
plt.show()
```

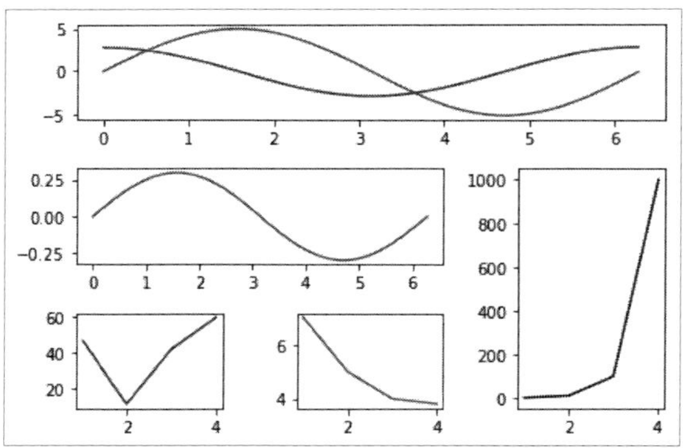

10.13 Figure 객체로 작업하기

Matplotlib은 완전히 객체지향적인 방식으로 프로그래밍되고 설계되었다. 지금까지 우리가 살펴 본 예제는 매우 간단하고 가급적 간단하게 유지하기 위해 예를 들어 figure 객체로 작업하지 않았다. 어쨌든 figure 객체는 자동으로 생성된다. 이 방법의 장점은 둘 이상의 그림이 사용될 때, 또는 그림이 둘 이상의 서브플롯으로 구성되는 경우에 발생한다.

다음 예제에서는 엄격하게 객체지향적인 방식으로 플롯을 만든다. 새로운 그림 인스턴스(figure instance)를 만들어, 그림 변수에 저장한다. 그것으로부터 우리는 그림 클래스 인스턴스 fig에서 add_axes메서드를 사용하여 새로운 축 인스턴스를 생성한다.

```
In [10]: import numpy as np
         import matplotlib.pyplot as plt
         fig = plt.figure()
         X = np.arange(0,10)
         Y = np.random.randint(1,20, size=10)
         left, bottom, width, height = 0.1, 0.1, 0.8, 0.8
         axes = fig.add_axes([left, bottom, width, height])
         axes.plot(X, Y, 'g')
         plt.show(fig)
         #axes.set_xlabel('x')
         #axes.set_ylabel('y')
         #axes.set_title('title');
```

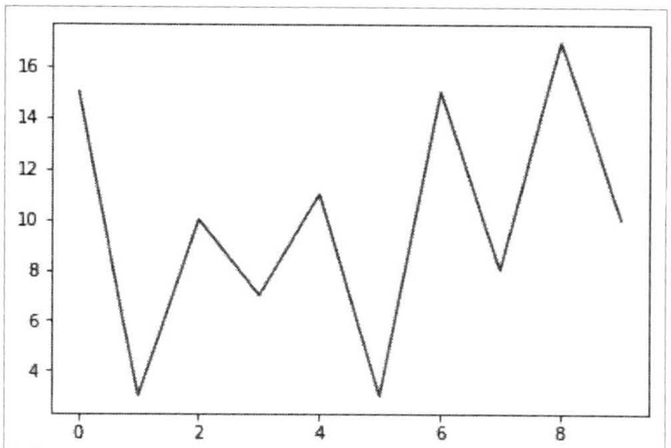

명시적으로(explicit) 인스턴스를 사용하지 않으면, 앞의 코드는 다음과 같게 된다.

```
In [11]: import numpy as np
         import matplotlib.pyplot as plt
         X = np.arange(0,10)
         Y = np.random.randint(1,20, size=10)
         plt.plot(X, Y, 'g')
         plt.show()
```

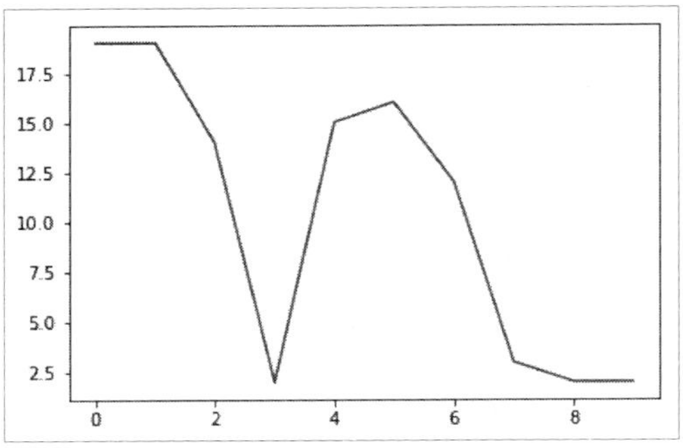

10.14 그래프안에 다른 그래프

In [12]:
```
import numpy as np
import matplotlib.pyplot as plt
fig = plt.figure()
X = [1, 2, 3, 4, 5, 6, 7]
Y = [1, 3, 4, 2, 5, 8, 6]
axes1 = fig.add_axes([0.1, 0.1, 0.9, 0.9]) # main axes
axes2 = fig.add_axes([0.2, 0.6, 0.4, 0.3]) # inset axes
# main figure
axes1.plot(X, Y, 'r')
axes1.set_xlabel('x')
axes1.set_ylabel('y')
axes1.set_title('title')
# insert
axes2.plot(Y, X, 'g')
axes2.set_xlabel('y')
axes2.set_ylabel('x')
axes2.set_title('title inside');
```

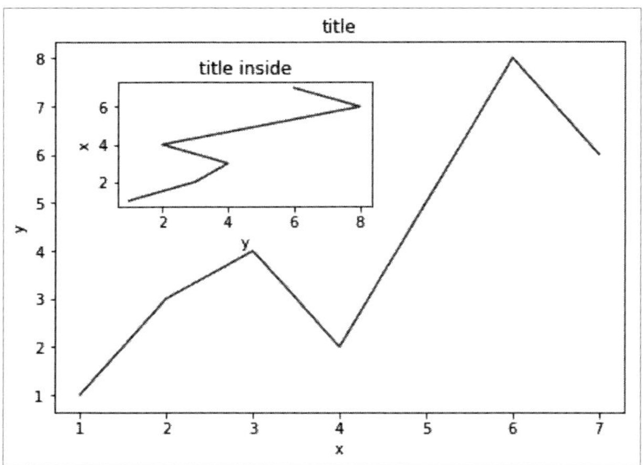

10.15 플롯 범위 설정하기

그래프에서 축 범위를 재설정 할 수 있다. 이 작업은 축 객체에서 set_ylim 및 set_xlim 메서드를 사용하여 수행 할 수 있다. axis('tight')을 사용하여 자동으로 "단단히 고정된" 축 범위를 만들 수 있다.

In [13]:
```
import numpy as np
import matplotlib.pyplot as plt
fig, axes = plt.subplots(1, 3, figsize=(10, 4))
x = np.arange(0, 5, 0.25)
axes[0].plot(x, x**2, x, x**3)
axes[0].set_title("default axes ranges")
axes[1].plot(x, x**2, x, x**3)
axes[1].axis('tight')
axes[1].set_title("tight axes")
axes[2].plot(x, x**2, x, x**3)
axes[2].set_ylim([0, 60])
axes[2].set_xlim([2, 5])
axes[2].set_title("custom axes range");
```

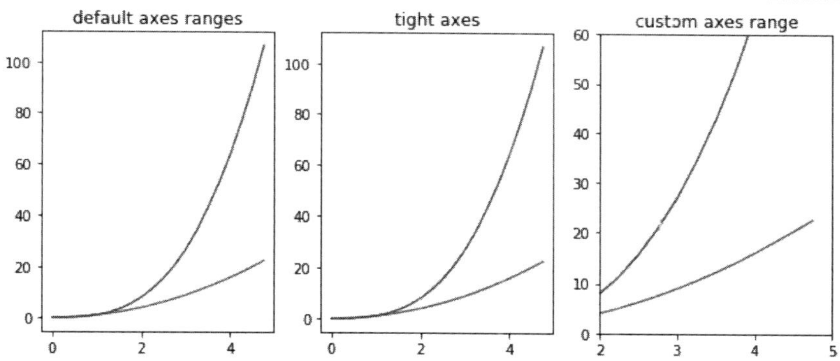

10.16 로그 스케일 그래프

또한 하나의 축 또는 두 축 모두에 대해 로그 스케일을 설정할 수도 있다. 이 기능은 사실 Matplotlib에서보다 일반적인 변환 시스템의 한 응용 기능이다. 각 축의 스케일은 하나의 매개변수(이 경우는 "log"값 사용)를 허용하는 set_xscale 및 set_yscale 메서드를 사용하여 별도로 설정된다.

In [14]:
```
import numpy as np
import matplotlib.pyplot as plt
fig = plt.figure()
ax = fig.add_subplot(1, 1, 1)
x = np.arange(0, 5, 0.25)
ax.plot(x, x**2, x, x**3)
ax.set_yscale("log")
plt.show()
```

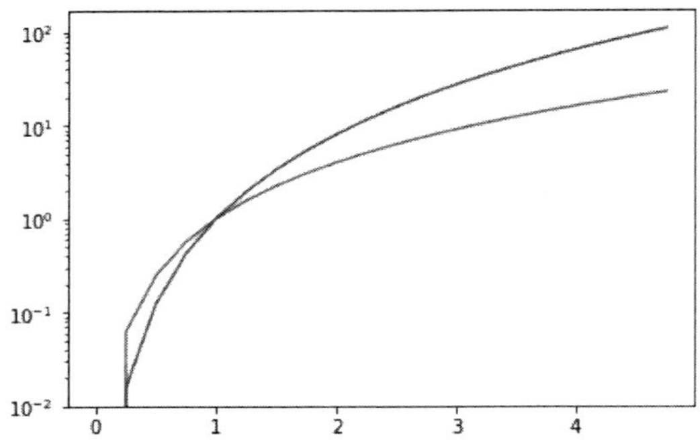

In [15]:
```
import numpy as np
import matplotlib.pyplot as plt
fig, ax1 = plt.subplots()
x = np.arange(1,7,0.1)
ax1.plot(x, 2 * np.pi * x, lw=2, color="blue")
ax1.set_ylabel(r"Circumference $(cm)$", fontsize=16, color="blue")
for label in ax1.get_yticklabels():
    label.set_color("blue")

ax2 = ax1.twinx()
ax2.plot(x, np.pi * x ** 2, lw=2, color="darkgreen")
ax2.set_ylabel(r"area $(cm^2)$", fontsize=16, color="darkgreen")
for label in ax2.get_yticklabels():
    label.set_color("darkgreen")
```

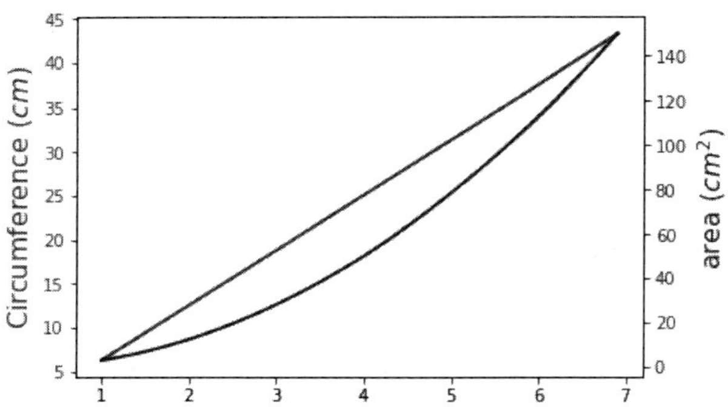

10.17 그리드 선 설정 및 그림으로 저장하기

이번 주제는 서브 플로팅과 직접 관련이 없지만, matplotlib의 기본 가능성을 소개하기 위해 제시하고자 한다. 첫 번째 방법은 그리드 선을 정의하는 방법을 보여주고 두 번째는 그래프를 이미지 화일로 저장하는 방법을 보여준다.

```
In [16]: import numpy as np
         import matplotlib.pyplot as plt
         def f(t):
             return np.exp(-t) * np.cos(2*np.pi*t)
         def g(t):
             return np.sin(t) * np.cos(1/(t+0.1))
         t1 = np.arange(0.0, 5.0, 0.1)
         t2 = np.arange(0.0, 5.0, 0.02)
         plt.subplot(212)
         plt.plot(t1, g(t1), 'ro', t2, f(t2), 'k')
         plt.grid(color='b', alpha=0.5, linestyle='dashed', linewidth=0.5)
         plt.show()
```

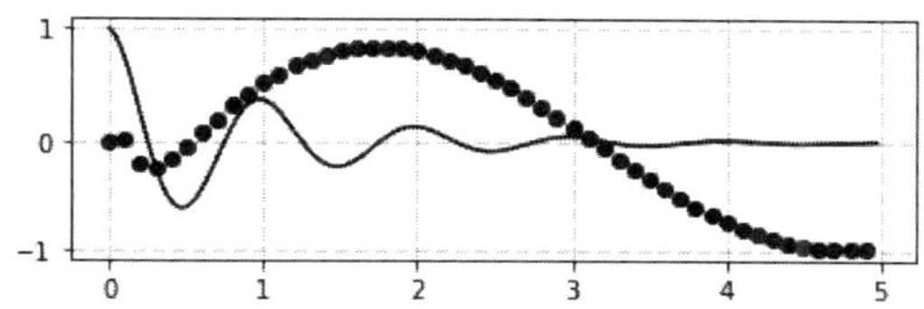

savefig 메서드는 그래프를 그림파일로 저장하는 데 사용할 수 있다.

```
fig.savefig ("filename.png")
```

선택적으로 DPI를 지정하고 다양한 출력 형식 중에서 선택할 수 있다.

```
fig.savefig ("filename.png", dpi = 200)
```

출력물은 PNG, JPG, EPS, SVG, PGF 및 PDF 형식으로 저장할 수 있다. 추가로, 그림의 크기(size)를 변경하려면 set_size_inches함수를 사용하면 된다.

```
fig = matplotlib.pyplot.gcf() #현재 figure에 불러오기
fig.set_size_inches(18.5, 10.5) #크기 바꾸기(inch 단위)
fig.savefig('test2png.png', dpi=100) #현재 figure 저장하기
```

```
set_size_inches(w, h, forward=False)
```

이 함수는 inch단위로 figure의 크기를 바꿔준다. forward=True로 설정할 경우에는 컨버스 사이즈가 자동으로 업데이트 된다

고수준의 과학적 컴퓨팅 : 싸이파이 (SciPy)

11장

싸이파이(SciPy) 패키지에는 과학 컴퓨팅의 일반적인 문제에 대한 다양한 도구상자(toolboxes)가 포함되어 있다. 다른 하위 모듈(submodules)은 보간(interpolation), 적분(integration), 최적화(optimization), 이미지 처리(image processing), 통계(statistics), 특수함수(special functions) 등과 같은 다양한 응용에 해당된다. 싸이파이(SciPy)는 GSL(C 및 C++용 GNU과학 라이브러리(GNU Scientific Library)) 또는 매트랩의 툴박스와 같은 다른 표준 과학 컴퓨팅 라이브러리와 비교 될 수 있다. 싸이파이는 파이썬의 과학적 루틴을 위한 핵심 패키지로, 넘파이 배열(array)에서 효율적으로 작동하기 때문에 넘파이(numPy)와 싸이파이(SciPy)는 항상 합동으로 함께 동작한다. 원하는 목적의 코드, 즉 루틴을 구현하기 전에, 싸이파이에서 원하는 데이터 처리가 구현되어 있는지 확인하는 것이 좋다.

프로그래밍에 비전문가인 과학자들은 종종 휠을 다시 발명하는 경향(re-invent the wheel)이 있는데, 이는 버그가 있고, 최적이 아니며, 공유하기가 어렵고 관리가 어려운 코드로 이어지게 된다. 대조적으로, 싸이파이(SciPy)의 루틴은 최적화되고 테스트되었으므로 가능하면 사용해도 좋다.

> **Note**
>
> 이 장에서는 과학적 계산을 위한 수치해석에 대한 소개와는 거리가 있다. 싸이파이(SciPy)에서 다른 하위 모듈과 함수를 열거하면서, 이의 활용법을 살펴 본다면 매우 지루할 것이다. 대신 싸이파이(SciPy)를 과학적인 컴퓨팅에 사용하는 방법에 대한 일반적인 아이디어를 제공하기 위해 몇가지 예에 집중하고자 한다.

싸이파이(SciPy) 모듈은 크게 다음과 같이 작업별 하위 모듈로 구성된다.

모듈 이름	설명
scipy.cluster	벡터 양자화(Vector quantization/K-평균 등)
scipy.constants	물리적 및 수학적 상수들에 대한 정의
scipy.fftpack	퓨리에 변환(Fjourier transfrorm)
scipy.integrate	적분관련 함수
scipy.interpolate	보간(Interpolation)
scipy.io	데이터 입출력(Data I/O)
scipy.linalg	선형대수(Linear algebra)
scipy.ndimage	n차원 영상처리(n-dimensional image package)
scipy.odr	직교 거리 회귀(Orthogonal distance regression)
scipy.optimize	최적화(Optimization)

모듈 이름	설명
scipy.signal	일반 신호처리(Signal processing)
scipy.sparse	최소행렬(Sparese matrices)
scipy.spatial	공간 데이터 구조 및 알고리즘(Spatial data structures and algorithms)
scipy.special	모든 특수 수학 함수(special mathematical functions)
scipy.stats	통계(Statistics)

이 하위 모듈들은 모두 넘파이(NumPy)에 의존하지만, 대부분은 서로 독립적으로, 넘파이와 싸이파이(SciPy) 모듈을 가져 오는 표준 방법은 다음과 같다.

```
In [4]: import numpy as np
        from scipy import  stats  # same for other sub-modules
```

주요 싸이파이 네임 스페이스(name space)는 주로 넘파이 함수의 함수이름을 포함한다. 즉, scipy.cos는 np.cos을 의미한다.

11.1 화일의 입출력 : scipy.io (File input/output)

싸이파이에서는 매트랩의 행렬 데이터(확장자가 .mat)를 읽어오거나 그 형식으로 저장할 수 있다.

```
In [2]: from scipy import io as spio
        a = np.ones((3, 3))
        spio.savemat('file.mat', {'a': a}) # savemat expects a dictionary
        data = spio.loadmat('file.mat', struct_as_record=True)
        data['a']

Out[2]: array([[ 1.,  1.,  1.],
               [ 1.,  1.,  1.],
               [ 1.,  1.,  1.]])
```

물론, 그림화일도 읽어올 수도 있다.

```
In [2]: from scipy import misc
        image1 = misc.imread('images/Scipy_logo.png')
        #misc.imshow(image1)

        # Matplotlib also has a similar function
        import matplotlib.pyplot as plt
        plt.rcParams['figure.figsize'] = (15,3)

        image2 = plt.imread('images/Scipy_logo.png')
        fig, ax = plt.subplots()
        ax.imshow(image2)
        ax.axis('off')  # clear x- and y-axes
        plt.show()
```

보다 자세한 기능들은 다음의 함수들을 참조하면 된다.

- 텍스트화일의 읽기와 저장 : numpy.loadtxt()/numpy.savetxt()
- 텍스트/csv 파일의 일기와 저장 : numpy.genfromtxt()/numpy.recfromcsv()
- 빠르고 효율적인 바이너리 형식 화일 읽기와 저장 : numpy.save()/numpy.load()

11.2 특수 함수들 : scipy.special

SciPy에서 지원하는 특수 함수는 초월 함수(transcendental functions)이다. scipy.special모듈의 docstring은 잘 작성되어 있으므로 여기에 모든 함수를 나열하지는 않겠다. 자주 사용되는 특수함수는 다음과 같다:

- 베셀 함수(Bessel function), scipy.special.jn() (n번째 정수차수 베셀 함수)
- 타원 함수(Elliptic function) : 자코비안 타원 함수에 대한 타원함수 : scipy.special.ellipj()
- 감마 함수(gamma gunction) : scipy.special.gamma()
  감마 로그의 수치 정밀도를 높이는 scipy.special.gammaln()을 참조.
- Erf함수, 가우스 곡선 아래의 영역을 반환하는 함수 : scipy.special.erf()

11.3 선형대수 연산

scipy.linalg모듈은 효율적인 기본 대수연산 라이브러리(BLAS, LAPACK)에 기반을 둔, 표준 선형대수 연산을 제공 한다.

> **참고** BLAS란? : (www.netlib.org)
>
> • BLAS (Basic Linear Algebra Subprograms)는 기본 벡터 및 행렬 연산을 수행하기 위한 표준 빌딩 블록을 제공하는 루틴이다.
> • 레벨1 BLAS는 스칼라, 벡터 및 벡터-벡터 연산을 수행하고, 레벨2 BLAS는 행렬 벡터 연산을 수행하며, 레벨3 BLAS는 행렬-행렬 연산을 수행한다.
> • BLAS는 효율적이고 다양   언어로 이식이 가능하며 널리 사용 가능하기 때문에 고품질 선형대수 소프트웨어인 LAPACK의 개발에 일반적으로 사용된다.
>
> LAPPACK이란? : (http://www.netlib.org/lapack/)
>
> • LAPACK (Linear Algebra PACKage)은 포트란(Fortran) 90으로 작성되었으며, 선형 방정식 시스템, 선형 시스템의 최소자승 해법, 고유값 문제 및 특이값 문제를 해결하는 루틴을 제공한다.
> • Schur 인수 분해 및 조건수의 재계산과 같은 관련 계산과 마찬가지로 연관행렬 인수분해 (LU, Cholesky, QR, SVD, Schur, generalized Schur)도 제공된다.
> • 덴스(dense)하고 밴디드(banded)된 있는 행렬은 처리되지만 일반적인 희소 행렬(sparse matrix)은 지원하지 않는다.
> • 모든 영역에서 단일 및 이중 정밀도로 실제 및 복합 행렬에 대해 유사한 기능이 제공된다.

scipy.linalg.det() 함수는 정사각형 행렬의 행렬식(determinant)을 계산한다:

```
In [17]: from scipy import linalg
         arr = np.array([[1, 2],
                         [3, 4]])

In [10]: linalg.det(arr)

Out[10]: -2.0
```

scipy.linalg.inv() 함수는 정사각형 행렬의 역함수를 계산한다.

```
In [18]: iarr = linalg.inv(arr)
         print iarr

         [[-2.   1. ]
          [ 1.5 -0.5]]
```

```
In [19]: np.allclose(np.dot(arr, iarr), np.eye(2))
Out[19]: True
```

특이행렬(singular matrix)의 역행렬을 계산하면 (그 행렬식이 0인 경우) LinAlgError가 발생한다.

```
In [21]: arr2 = np.array([[3, 2],
                          [6, 4]])
         linalg.inv(arr2)

         ---------------------------------------------------------------------------
         --
         LinAlgError                               Traceback (most recent call las
         t)
         <ipython-input-21-0a4e9fb373b7> in <module>()
               1 arr2 = np.array([[3, 2],
               2                  [6, 4]])
         ----> 3 linalg.inv(arr2)

         /Users/jeongwhan/anaconda/lib/python2.7/site-packages/scipy/linalg/basic.
         pyc in inv(a, overwrite_a, check_finite)
             685         inv_a, info = getri(lu, piv, lwork=lwork, overwrite_lu=1)
             686     if info > 0:
         --> 687         raise LinAlgError("singular matrix")
             688     if info < 0:
             689         raise ValueError('illegal value in %d-th argument of inte
         rnal '

         LinAlgError: singular matrix
```

단일값 분해(SVD : singular-value decomposition)와 같은 고급 연산을 사용할 수 있다.

```
In [23]: arr = np.arange(9).reshape((3, 3)) + np.diag([1, 0, 1])
         uarr, spec, vharr = linalg.svd(arr)
         print spec

         [ 14.88982544   0.45294236   0.29654967]
```

원 행렬은 svd의 출력을 np.dot으로 행렬 곱셈하여 재구성 할 수 있다.

```
In [24]: sarr = np.diag(spec)
         svd_mat = uarr.dot(sarr).dot(vharr)
         np.allclose(svd_mat, arr)
Out[24]: True
```

SVD 기능은 통계 및 신호 처리에 일반적으로 사용된다. 선형 시스템의 솔버(solver)뿐만 아니라 많은 다른 표준 분해(QR, LU, Cholesky, Schur)가 scipy.linalg에서 사용이 가능하다.

11.4 고속 퓨리에 변환 : scipy.fftpack

scipy.fftpack 모듈을 사용하면 고속 푸리에 변환(fast Fourier transforms)을 쉽고 빠르게 계산할 수도 있다. 예를 들어, 잡음이 많은 입력 신호는 다음과 같이 보일 수 있다.

```
In [5]: import matplotlib.pyplot as plt
        %matplotlib inline
        time_step = 0.02
        period = 5.
        time_vec = np.arange(0, 20, time_step)
        sig = np.sin(2 * np.pi / period * time_vec) + \
              0.5 * np.random.randn(time_vec.size)
        plt.plot(sig)

Out[5]: [<matplotlib.lines.Line2D at 0x10e50e090>]
```

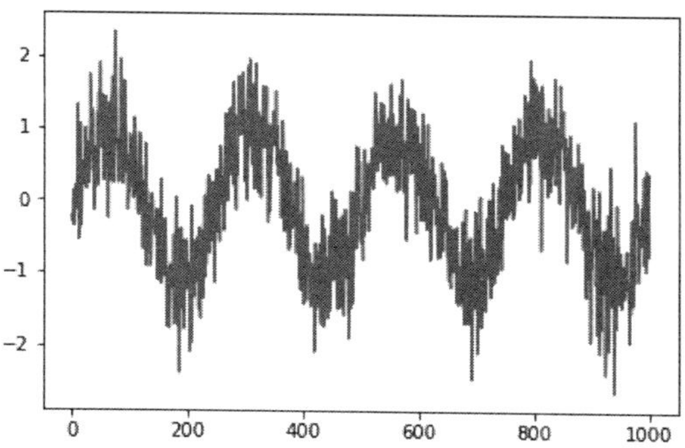

관찰자는 입력 신호 주파수를 알지 못하고 sig 신호의 샘플링 시간 간격만 알 수 있다. 신호는 실제 함수에서 나온 것으로 가정되므로 푸리에 변환은 대칭이 될 것이다. scipy.fftpack.fftfreq() 함수는 샘플링 주파수를 생성하고, scipy.fftpack.fft()는 고속 푸리에 변환을 계산한다.

```
In [28]: from scipy import fftpack
         sample_freq = fftpack.fftfreq(sig.size, d=time_step)
         sig_fft = fftpack.fft(sig)
```

결과로 나오는 전력(power)은 대칭이므로 주파수를 찾기 위해 스펙트럼의 양의 부분만 사용해야 한다.

```
In [29]: pidxs = np.where(sample_freq > 0)
         freqs = sample_freq[pidxs]
         power = np.abs(sig_fft)[pidxs]
```

신호 주파수는 다음과 같이 찾을 수 있다.

```
In [33]: freq = freqs[power.argmax()]
         np.allclose(freq, 1./period)  # check that correct freq is found

Out[33]: True
```

지금까지의 결과를 출력해 보면 다음과 같다.

```
In [34]: import pylab as pl
         pl.figure()
         pl.plot(freqs, power)
         pl.xlabel('Frequency [Hz]')
         pl.ylabel('plower')
         axes = pl.axes([0.3, 0.3, 0.5, 0.5])
         pl.title('Peak frequency')
         pl.plot(freqs[:8], power[:8])
         pl.setp(axes, yticks=[])

Out[34]: []
```

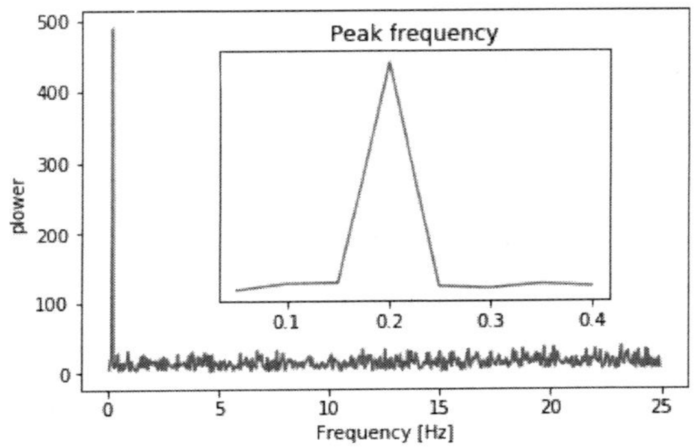

이제 고주파 노이즈가 푸리에 변환 신호에서 제거된다.

```
In [31]: sig_fft[np.abs(sample_freq) > freq] = 0
```

필터링된 신호는 scipy.fftpack.ifft() 함수로 복원할 수 있다.

```
In [32]: main_sig = fftpack.ifft(sig_fft)

In [35]: pl.figure()
         pl.plot(time_vec, sig)
         pl.plot(time_vec, main_sig, linewidth=3)
         pl.xlabel('Time [s]')
         pl.ylabel('Amplitude')
```

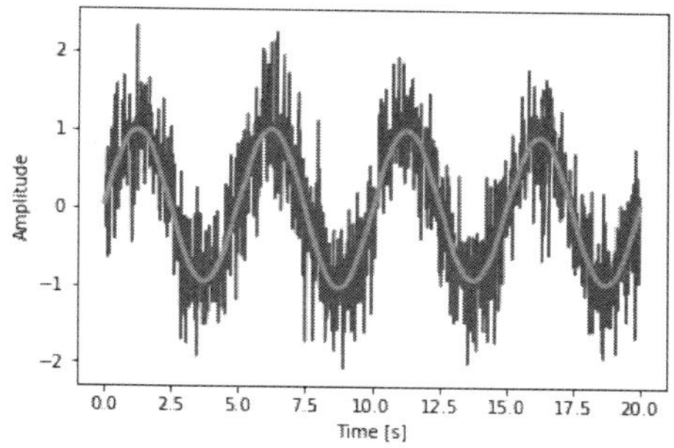

Note _ numpy.fft

넘파이(NumPy)에도 FFT(numpy.fft)를 제공하고 있다. 그러나 일반적으로 싸이파이(SciPy)의 구현이 보다 효율적인 구현되어 있다.

11.5 최적화와 피팅

최적화는 최소화(minimization) 또는 등가(equality)에 대한 수치 솔루션을 찾는 문제이다. scipy.optimize 모듈은 함수 최소화('function minimization'-스칼라 또는 다차원), 커브 피팅 및 루트 찾기에 유용한 알고리즘을 제공한다.

In [2]:
```
from scipy import optimize
```

스칼라 함수의 최소값을 찾아가는 예제를 살펴보자. 먼저, 임의의 함수를 다음과 같이 정의하자.

In [5]:
```
def f(x):
    return x**2 + 10*np.sin(x)
x = np.arange(-10, 10, 0.1)
plt.plot(x, f(x))
plt.show()
```

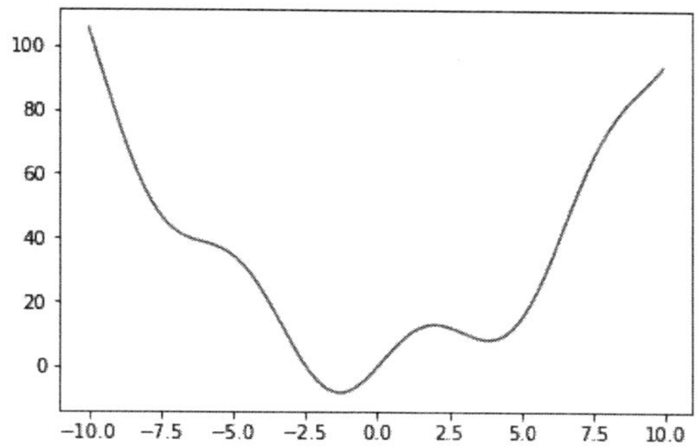

이 함수의 전역 최소값은 −1.3이며 로컬 최소값은 3.8이다. 이 함수의 최소값을 찾는 일반적이고 효율적인 방법은 주어진 초기값에서 시작하여 기울기 강하(gradient descent)를 수행하는 것이다. BFGS(Broyden−Fletcher−Goldfarb−Shanno) 알고리즘은 이 작업을 수행하는 좋은 방법이다.

```
In [38]: optimize.fmin_bfgs(f, 0)

         Optimization terminated successfully.
                  Current function value: -7.945823
                  Iterations: 5
                  Function evaluations: 18
                  Gradient evaluations: 6

Out[38]: array([-1.30644012])
```

이 접근법의 가능한 문제는 함수에 로컬 최소값이 있는 경우, 알고리즘이 초기점에 따라 "전역 최소값"(global minimum) 대신 이러한 "로컬 최소값"(local minima)을 찾을 수 있다는 것이다.

```
In [39]: optimize.fmin_bfgs(f, 3, disp=0)

Out[39]: array([ 3.83746709])
```

초기점을 선택하기 위한 전역 최소값을 모를 경우에는 비용이 많이 드는 전역 최적화를 사용해야 한다. 전역 최소값을 찾으려면 scipy.optimize.basinhopping()함수를 사용해야 한다(로컬 최적화기(local optimzer)와 로컬 최적기의 시작점에 대한 확률적 샘플링을 결합함).

```
In [40]: optimize.basinhopping(f, 0)

Out[40]:                          fun: -7.9458233756152845
          lowest_optimization_result:       fun: -7.9458233756152845
          hess_inv: array([[ 0.08582476]])
               jac: array([  2.38418579e-07])
           message: 'Optimization terminated successfully.'
              nfev: 15
               nit: 3
              njev: 5
            status: 0
           success: True
                 x: array([-1.30644001])
                          message: ['requested number of basinhopping iteration
         s completed successfully']
              minimization_failures: 0
                               nfev: 1518
                                nit: 100
                               njev: 506
                                  x: array([-1.30644001])
```

사용할 수 있는 (그러나 덜 효율적인) 전역 최적기(global optimizer)는 scipy.optimize.brute() (그리드에 대한 무차별 대입 최적화)함수가 있다. 전역 최적화 문제의 다른 클래스에 대한, 보다 효율적인 알고리즘이 존재하지만 이것은 싸이파이(SciPy)의 범위를 벗어난다. 전역 최적화를위한 유용한 패키지는 OpenOpt, IPOPT, PyGMO 및 PyEvolve 등이 있다. 지역 최소값을 찾기 위하여, scipy.optimize. fminbound() 함수를 사용하여 변수를 간격 (0,10)으로 제한해 보자.

```
In [41]: xmin_local = optimize.fminbound(f, 0, 10)
         xmin_local
Out[41]: 3.8374671194983834
```

스칼라 함수의 근(roots) 찾기

스칼라 함수의 근, 즉, f(x)=0인 지점을 찾기 위해 scipy.optimize.fsolve()함수를 사용한다:

```
In [42]: root = optimize.fsolve(f, 1)  # our initial guess is 1
         root
Out[42]: array([ 0.])
```

하나의 근만 발견된다. f의 그래프를 살펴보면 −2.5 주위에 두 번째 근이 있다는 것을 알 수 있다. 초기 추측을 조정하여 정확한 값을 찾을 수 있다.

```
In [6]: root2 = optimize.fsolve(f, -2.5)
        print root2
        [-2.47948183]
```

커브 피팅(Curve fitting)

약간의 잡음을 포함하고 있는 함수 f로부터 양자화된(샘플된) 데이터를 가지고 있다고 가정해 보자:

```
In [7]: xdata = np.linspace(-10, 10, num=20)
        ydata = f(xdata) + np.random.randn(xdata.size)
```

이제 샘플이 그려지는 함수의 함수 형태 (이 경우에는 x2+sin(x))는 알지만 그래프의 진폭은 알지 못한다. 먼저 함수를 다음과 같이 정의해야 한다.

In [8]:
```
def f2(x, a, b):
    return a*x**2 + b*np.sin(x)
```

그런 다음 scipy.optimize.curve_fit()함수를 이용하여 계수 a와 b를 찾을 수 있다.

In [9]:
```
guess = [2, 2]
params, params_covariance = optimize.curve_fit(f2, xdata, ydata, guess)
print params
```

```
[  0.99908273  10.10714551]
```

이제 우리는 함수 f의 극소점(minima)과 근(root)을 발견하고 곡선 피팅을 사용하여 나타낸 결과 그래프는 다음과 같다.

In [10]:
```
import numpy as np
from scipy import optimize
import matplotlib.pyplot as plt

x = np.arange(-10, 10, 0.1)
def f(x):
    return x**2 + 10*np.sin(x)


grid = (-10, 10, 0.1)
xmin_global = optimize.brute(f, (grid,))
xmin_local = optimize.fminbound(f, 0, 10)
root = optimize.fsolve(f, 1)  # our initial guess is 1
root2 = optimize.fsolve(f, -2.5)

xdata = np.linspace(-10, 10, num=20)
np.random.seed(1234)
ydata = f(xdata) + np.random.randn(xdata.size)

def f2(x, a, b):
    return a*x**2 + b*np.sin(x)

guess = [2, 2]
params, params_covariance = optimize.curve_fit(f2, xdata, ydata, guess)


fig = plt.figure()
ax = fig.add_subplot(111)
ax.plot(x, f(x), 'b-', label="f(x)")
ax.plot(x, f2(x, *params), 'r--', label="Curve fit result")
xmins = np.array([xmin_global[0], xmin_local])
ax.plot(xmins, f(xmins), 'go', label="Minima")
roots = np.array([root, root2])
ax.plot(roots, f(roots), 'kv', label="Roots")
ax.legend()
ax.set_xlabel('x')
ax.set_ylabel('f(x)')
```

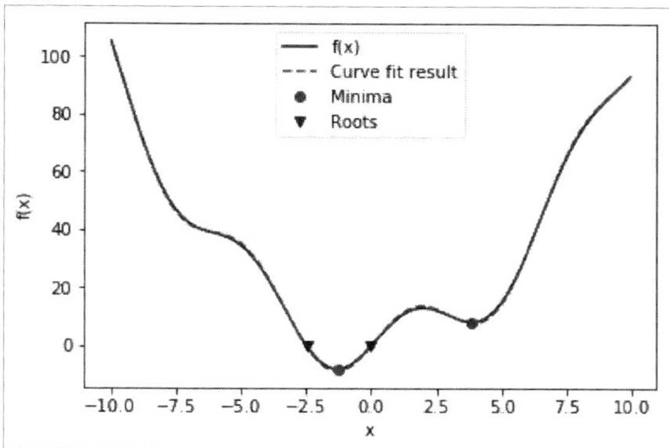

11.6 통계와 난수 : scipy.stats

scipy.stats 모듈은 임의의 프로세스에 대한 통계 도구와 확률적 표현을 실행하는 함수들을 포함하고 있다. 다양한 임의의 프로세스에 대한 난수 생성기(random generator)는 numpy.random에서 찾을 수 있다.

11.6.1 히스토그램 및 확률 밀도 함수

랜덤 프로세스의 관측치가 주어지면, 히스토그램은 임의 프로세스 PDF(확률 밀도 함수: probability density function)의 추정치를 보여준다.

```
In [17]: a = np.random.normal(size=1000)
         bins = np.arange(-4, 5)
         print bins

         [-4 -3 -2 -1  0  1  2  3  4]
```

```
In [12]: histogram = np.histogram(a, bins=bins, normed=True)[0]
         bins = 0.5*(bins[1:] + bins[:-1])
         print bins

         [-3.5 -2.5 -1.5 -0.5  0.5  1.5  2.5  3.5]
```

```
In [18]: from scipy import stats
         import numpy as np
         import pylab as pl
         a = np.random.normal(size=10000)
         bins = np.linspace(-5, 5, 30)
         histogram, bins = np.histogram(a, bins=bins, normed=True)
         bins = 0.5*(bins[1:] + bins[:-1])
         from scipy import stats
         b = stats.norm.pdf(bins)
         pl.plot(bins, histogram)
         pl.plot(bins, b)
```

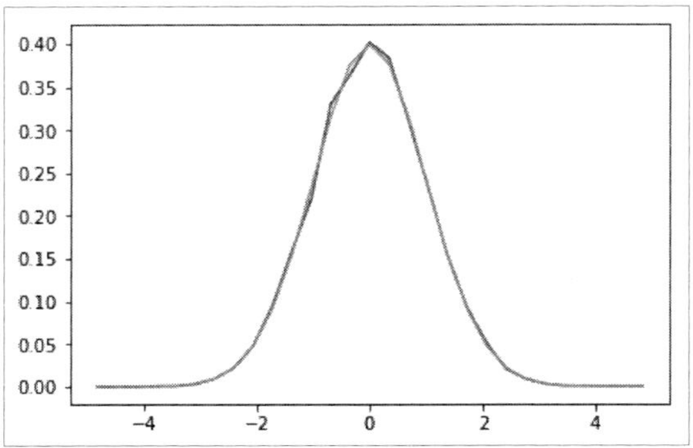

랜덤 프로세스가 정상 프로세스와 같은 주어진 임의의 프로세스 패밀리에 속한다는 것을 안다면, 우리는 관측치의 최대 우도 적합도(maximum-likelihood fit)를 사용하여 기본 분포의 매개 변수를 추정할 수 있다.

여기에 우리는 관측된 데이터에 일반적인 프로세스를 적용했다.

```
In [14]: loc, std = stats.norm.fit(a)
         print loc
         print std

         0.0108477745725
         0.972541264823
```

11.6.2 백분율 (Percentiles)

중앙값(median)은 아래 관측치의 절반, 그리고 위의 절반 값을 말한다.

```
In [19]: a1 = np.random.normal(size=1000)
         np.median(a1)

Out[19]: 0.012253269037312654
```

관측치의 50%가 그 아래에 있기 때문에 백분율 50이라고 한다.

```
In [20]: stats.scoreatpercentile(a, 50)
Out[20]: -0.0028419708828813584
```

마찬가지로, 백분율 90을 계산할 수 있다.

```
In [21]: stats.scoreatpercentile(a, 90)
Out[21]: 1.2786354509611821
```

“백분위수”는 CDF(누적분포함수:cumulative distribution function)의 추정자(estimator)이다.

11.6.3 통계적 테스트

통계적 테스트는 일반적으로 결정 지표(decision indicator)로 활용된다. 예를 들어 가우스 프로세스(Gauss process)에서 생성된 두 세트의 관측치가 있는 경우, t-테스트를 사용하여 두 세트의 관측치가 크게 다른지 여부를 결정할 수 있다.

```
In [22]: a = np.random.normal(0, 1, size=100)
         b = np.random.normal(1, 1, size=10)
         stats.ttest_ind(a, b)
Out[22]: Ttest_indResult(statistic=-3.6266068570497869, pvalue=0.00043998062034067453)
```

결과 출력은 다음과 같이 구성된다.

- t 통계 값 : 부호는 두 개의 랜덤 프로세스의 차이에 비례하며, 크기는 이 차이의 ‘유의성’(significance)과 관련이 있는 숫자이다.
- p 값 : 두 프로세스가 동일할 확률 1에 가깝다면 두 프로세스는 거의 동일하다. 0에 가까울수록 프로세스가 다른 수단을 가질 확률이 높아진다.

11.7 보간법 : scipy.interpolate

scipy.interpolate 패키지는 실험 데이터에서 함수로 피팅(fitting)하고 측정 값이 없는 지점을 평가하는데 유용하다. 이 모듈은 netlib 프로젝트의 FITPACK 포트란 서브루틴을 기반으로 하고 있다. 실험에서 얻은 데이터가 사인 함수에 가깝다고 가정해보자.

```
In [23]: measured_time = np.linspace(0, 1, 10)
         noise = (np.random.random(10)*2 - 1) * 1e-1
         measures = np.sin(2 * np.pi * measured_time) + noise
```

scipy.interpolate.interp1d 클래스는 '선형 보간 함수'(linear interpolation function)를 만들 수 있다.

```
In [24]: from scipy.interpolate import interp1d
         linear_interp = interp1d(measured_time, measures)
```

그런 다음, scipy.interpolate.linear_interp 인스턴스를 '관심시간'(time of interest)에 대하여 평가해야 한다.

```
In [25]: computed_time = np.linspace(0, 1, 50)
         linear_results = linear_interp(computed_time)
```

'큐빅보간'(cubic interpolation)은 선택적 키워드 인수인 'kind' 를 제공하여 선택할 수도 있다.

```
In [26]: cubic_interp = interp1d(measured_time, measures, kind='cubic')
         cubic_results = cubic_interp(computed_time)
```

결과는 그래프로 표시하면 다음과 같다.

```
In [27]: pl.plot(measured_time, measures, 'o', ms=6, label='measures')
         pl.plot(computed_time, linear_results, label='linear interp')
         pl.plot(computed_time, cubic_results, label='cubic interp')
         pl.legend()

Out[27]: <matplotlib.legend.Legend at 0x118f4cb10>
```

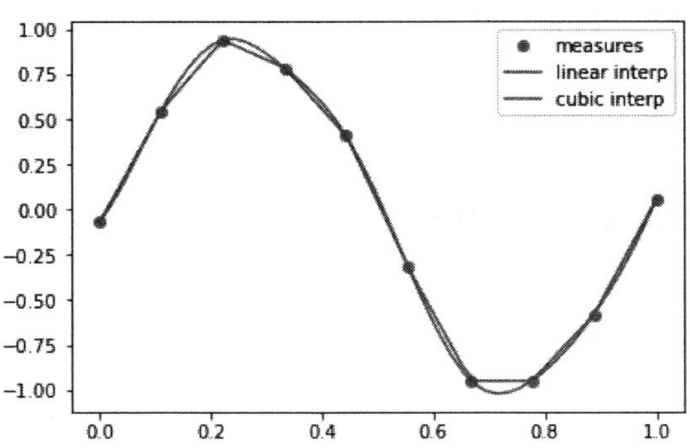

scipy.interpolate.interp2d함수는 2차원 배열의 경우 scipy.interpolate.interp1d함수와 유사하다. interp 패밀리의 경우, 계산된 시간은 측정된 시간 범위 내에 있어야 한다.

11.8 수치적 적분 : scipy.integratee

SciPy에서 가장 일반적인 적분 함수는 scipy.integrate.quad()이다.

```
In [28]: from scipy.integrate import quad
         res, err = quad(np.sin, 0, np.pi/2)
         print np.allclose(res, 1)
         print np.allclose(err, 1 - res)

         True
         True
```

다른 적분방법론인 fixed_quad, quadrature, romberg함수들도 사용할 수 있다. 또한, scipy.integrate는 '상미분 방정식' (ODE:Ordinary Differential Equations)을 통합한 함수들을 제공한다. 특히, scipy.integrate.odeint()함수는 LSODA(Livermore Solver for Ordinary Differential equations with Automatic method)를 사용하는 '범용 적분기'(general-purpose integrator)이다. 보다 자세한 내용은 ODEPACK 포트란 라이브러리를 참조하기 바란다.

odeint함수는 다음과 같은 형태의 1차 ODE 시스템을 해결한다.

```
dy/dt = rhs(y1, y2, .., t0,...)
```

간단한 예제로서, 초기 조건 $y(t=0)=1$로 $t=0 \cdots 4$사이의 ODE $\frac{dy}{dt}=-2y$를 풀어 보자. 먼저 위치의 파생 값을 계산하는 함수를 정의해야 한다.

```
In [29]: def calc_derivative(ypos, time, counter_arr):
             counter_arr += 1
             return -2 * ypos
```

해석기(solver)가 수렴할 때까지, 함수가 한 번에 여러 번 호출 될 수 있음을 나타내기 위해 counter_arr이라는 인수를 추가하였다. 카운터 배열은 다음과 같이 정의된다.

```
In [30]: counter = np.zeros((1,), dtype=np.uint16)
```

궤도(tracjectory)는 다음과 같이 계산된다.

```
In [31]: from scipy.integrate import odeint
         time_vec = np.linspace(0, 4, 40)
         yvec, info = odeint(calc_derivative, 1, time_vec,
                             args=(counter,), full_output=True)
```

따라서 미분 함수(derivative function)는 40번 이상 호출되었다(시간 간격의 수).

```
In [32]: counter
Out[32]: array([129], dtype=uint16)
```

10개의 제1시간 스텝 각각에 대한 누적 반복 횟수는 다음과 같이 구할 수 있다:

```
In [33]: info['nfe'][:10]
Out[33]: array([31, 35, 43, 49, 53, 57, 59, 63, 65, 69], dtype=int32)
```

솔버(solver)는 첫 번째 단계에서 더 많은 반복 작업이 필요하다. 궤적(trajectory)에 대한 해답, yvec은 이제 그래프로 그려질 수 있다:

```
In [34]: pl.plot(time_vec, yvec)
         pl.xlabel('Time [s]')
         pl.ylabel('y position [m]')
Out[34]: <matplotlib.text.Text at 0x1190447d0>
```

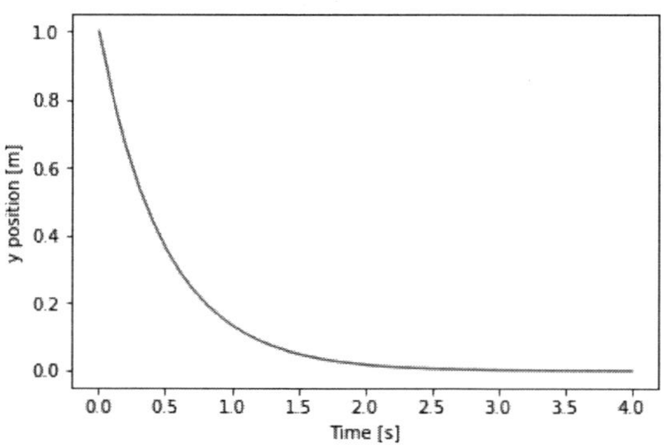

11.9 신호처리 : scipy.signal

```
In [35]: from scipy import signal
```

scipy.signal.detrend()함수 : 신호에서 선형 트렌드 제거한다.

```
In [36]: t = np.linspace(0, 5, 100)
         x = t + np.random.normal(size=100)
         plt.plot(t, x, linewidth=3)
         plt.plot(t, signal.detrend(x), linewidth=3)

Out[36]: [<matplotlib.lines.Line2D at 0x11916a8d0>]
```

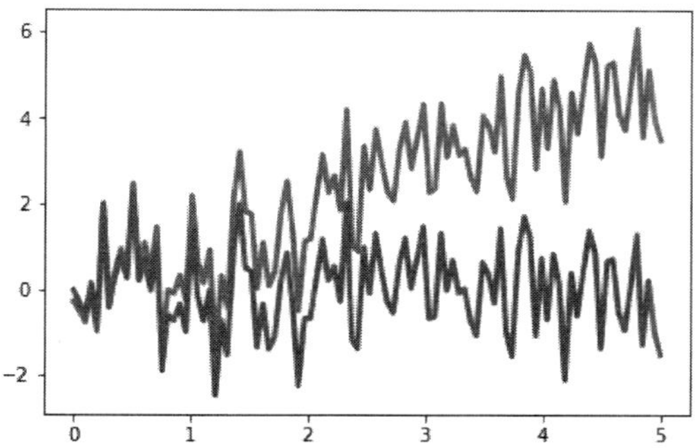

scipy.signal.resample() : FFT를 사용하여 신호를 n 포인트로 리샘플링 한다.

```
In [37]: t = np.linspace(0, 5, 100)
         x = np.sin(t)
         plt.plot(t, x, linewidth=3)
         plt.plot(t[::2], signal.resample(x, 50), 'ko')

Out[37]: [<matplotlib.lines.Line2D at 0x1191894d0>]
```

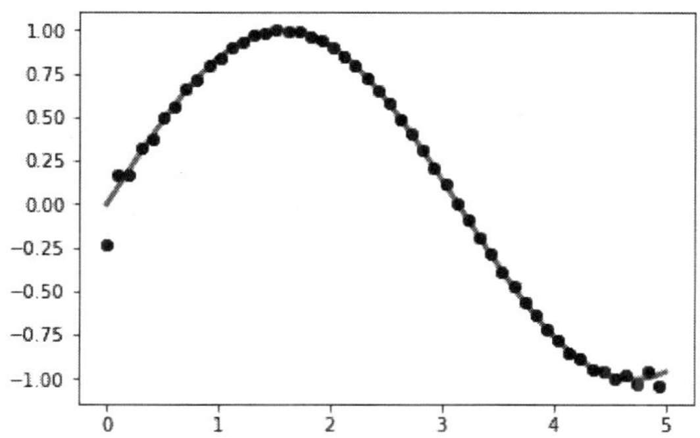

이외 에도, scipy.signal은 많은 윈도우(window) 함수를 가지고 있다:

- scipy.signal.hamming()
- scipy.signal.bartlett()
- scipy.signal.blackman() 등...

scipy.signal은 필터링 함수들(메디안 필터: scipy.signal.medfilt(), Wiener: scipy.signal.wiener(), 등)을 가지고 있다.

11.10 영상처리 : scipy.ndimagel

싸이파이의 영상처리(이미지 프로세싱:image processing) 전용 서브모듈은 scipy.ndimage이다.

```
In [38]: from scipy import ndimage
```

영상 프로세싱 루틴은 그들이 수행하는 프로세싱의 카테고리에 따라 분류 될 수 있다.

11.10.1 영상의 기하학적 변형

```
In [39]: from scipy import misc
         face = misc.face(gray=True)
         shifted_face = ndimage.shift(face, (50, 50))
         shifted_face2 = ndimage.shift(face, (50, 50), mode='nearest')
         rotated_face = ndimage.rotate(face, 30)
         cropped_face = face[50:-50, 50:-50]
         zoomed_face = ndimage.zoom(face, 2)
         zoomed_face.shape

Out[39]: (1536, 2048)
```

11.10.2 영상 필터링

```
In [40]: from scipy import misc
         face = misc.face(gray=True)
         face = face[:512, -512:]  # crop out square on right
         import numpy as np
         noisy_face = np.copy(face).astype(np.float)
         noisy_face += face.std() * 0.5 * np.random.standard_normal(face.shape)
         blurred_face = ndimage.gaussian_filter(noisy_face, sigma=3)
         median_face = ndimage.median_filter(noisy_face, size=5)
         from scipy import signal
         wiener_face = signal.wiener(noisy_face, (5, 5))
```

scipy.ndimage.filters와 scipy.signal에 있는 다른 많은 필터를 이미지에 적용할 수 있다.

11.10.3 수학적 형태변환

수학적 형태학(Mathematical morphology)은 집합 이론에 기반한 수학적 이론으로, 영상의 기하학적 구조를 특성화하고 변형한다. 특히 이진(흑백) 영상은 이 이론을 사용하여 변형될 수 있다. 변환 될 세트는 인접하지 않은 0이 아닌 픽셀 세트이다. 이론은 또한 회색 값(gray value)의 영상으로 확장되었다.

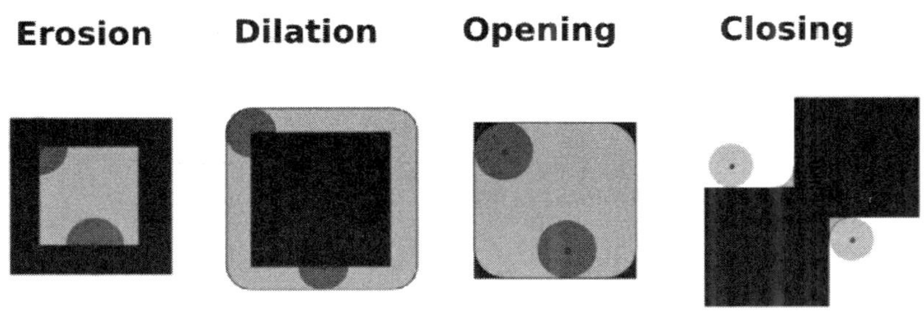

기초적인 수학적 형태 연산은 다른 기하학적 구조를 수정하기 위해 '구조요소'(structuring element)를 사용한다. 오프닝(opening)연산은 작은 구조를 제거하고 작은 구멍을 채움으로서 닫는 작업이다. 따라서 이러한 작업을 사용하여 이미지를 "정리(clean)"할 수 있다.

```
In [41]: a = np.zeros((50, 50))
         a[10:-10, 10:-10] = 1
         a += 0.25 * np.random.standard_normal(a.shape)
         mask = a>=0.5
         opened_mask = ndimage.binary_opening(mask)
         closed_mask = ndimage.binary_closing(opened_mask)
```

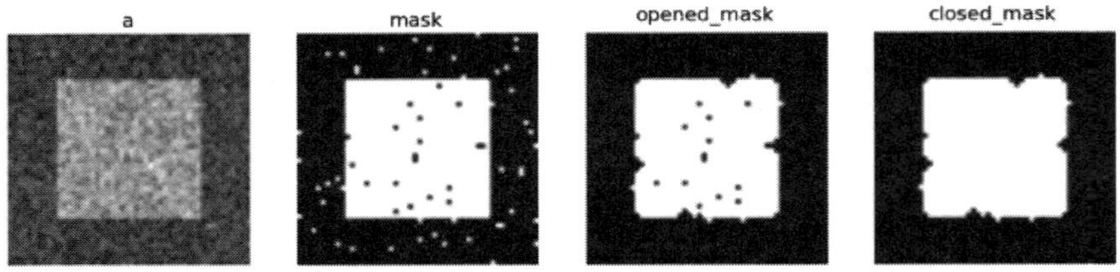

11.10.4 영상 측정

먼저 멋진 합성 이진 이미지를 생성해 보자.

```
In [42]: x, y = np.indices((100, 100))
         sig = np.sin(2*np.pi*x/50.) * np.sin(2*np.pi*y/50.) * (1+x*y/50.**2)**2
         mask = sig > 1
```

이제 이미지안의 물체(object)에 대한 다양한 정보를 찾아보자.

```
In [43]: labels, nb = ndimage.label(mask)
         print nb

         8
```

```
In [44]: areas = ndimage.sum(mask, labels, range(1, labels.max()+1))
         print areas

         [ 190.   45.  424.  278.  459.  190.  549.  424.]
```

```
In [45]: maxima = ndimage.maximum(sig, labels, range(1, labels.max()+1))
         print maxima

         [  1.80238238   1.13527605   5.51954079   2.49611818   6.71673619
            1.80238238  16.76547217   5.51954079]
```

```
In [46]: ndimage.find_objects(labels==4)
Out[46]: [(slice(30L, 48L, None), slice(30L, 48L, None))]
```

```
In [49]: sl = ndimage.find_objects(labels==4)
```

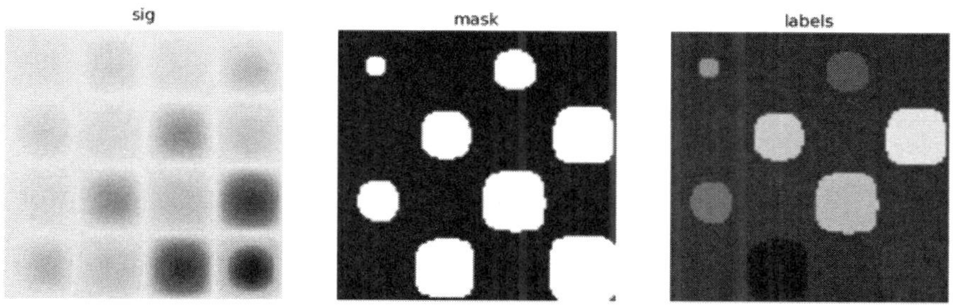
sig
mask
labels

12장 파이썬의 심볼릭 계산: 심파이 (SymPy)

그림 12-1 심파이(SymPy) 공식 로고

심볼릭 계산(Symbolic computation)란 무엇인가? 심볼릭 계산은 수학적 개체의 계산을 상징적으로 처리하는 것을 의미한다. 이것은 수학적 객체가 대략이 아닌 정확하게 표현된다는 것을 의미하며, 변수가 평가되지 않은 수학 표현식은 상징적 형태로 남는 것이다. 심파이(Symbolic python: SymPy)는 심블릭 수학을 위한 파이썬 라이브러리이다. 상용의 매스매티카(Mathematica)나 메이플(Maple)과 같은 시스템의 대안을 목표로하고 있으며 가능한한 간단하고 쉽게 확장할 수 있도록 코드를 유지하고 있다. 심파이(SymPy)는 전적으로 파이썬으로 작성되었으며 다른 외부의 라이브러리에 의존하지 않는다. 심파이에 대한 도큐멘트 및 설치 패키지는 http://www.sympy.org/에서 찾을 수 있다.

12.1 SymPy의 첫 단계

12.1.1 SymPy를 계산기로 사용하기

심파이는 실수(Real), 분수(Rational) 및 정수(Integer)의 세 가지 숫자 유형을 정의한다. 분수(Rational) 클래스는 합리적인 숫자를 분자와 분모의 두 개의 정수로 나타낸다. 따라서 Rational(1,2)는 $\frac{1}{2}$, Rational(5,2)는 $\frac{5}{2}$를 의미한다.

```
In [1]: from sympy import *
        a = Rational(1,2)
        print a
        print a*2

        1/2
        1
```

심파이(SymPy)는 백그라운드에서 mpmath라는 임의 정밀도로 산술연산을 계산을 수행 할 수 있는 함수를 사용하고 있다. 이렇게하면 e, pi, oo(Infinity)와 같은 특수한 상수를 기호(symbol)로 처리하여 임의의 정밀도로 평가할 수 있다.

```
In [53]: pi**2
Out[53]: pi**2
```

```
In [56]: pi.evalf()  # 심파이 수식의 실제 계산 값을 확인하려면, evalf() 메소드를 사용하면 된다.
Out[56]: 3.14159265358979
```

```
In [57]: (pi + exp(1)).evalf()
Out[57]: 5.85987448204884
```

보다시피, evalf는 표현식을 부동 소수점 숫자로 평가한다. 'oo' (소문자 o)라는 수학적 무한대를 나타내는 클래스도 있다.

```
In [59]: oo > 99999
Out[59]: True
```

```
In [2]: oo + 1
Out[2]: oo
```

결과 수식에 대한 가장 좋은 인쇄를 원한다면 "init_printing()" 함수를 사용하는 것이 좋다. 그러면 사용자 환경에서 사용할 수 있는 최상의 출력으로 자동으로 활성화됩니다. 예를 들어, "init_printing()" 함수를 처음에 설정하지 않으면 수식은 다음과 같이 표현된다.

```
In [2]: x = Symbol('x')
        sqrt(x)
Out[2]: sqrt(x)
```

"init_printing()" 함수를 사용하여 출력을 변경해 보자.

```
In [3]: init_printing()
        sqrt(x)
```

Out[3]: $\sqrt{x}$

Note

앞의 실행결과가, sqrt(x)로 나타나는 경우, 다음과 같은 출력 설정을 사용하면 보다 수학적인 식 표현을 얻을 수 있다.

init_printing(use_unicode=False, wrap_line=True)

12.1.2 심볼 (Symbols)

심파이(SymPy)는 기본 파이썬의 데이터 유형인 '정수형(int) 및 부동소숫점(float)'유형 대신에 더 많은 변형과 제어가 가능한 '정수(int)', '유리수(rational numbers)' 및 '부동 소수점(floating point numbers)' 수에 대해 자체 클래스를 사용한다. 그러나 조심해야 한다. 숫자가 있는 표현식을 입력하면 기본적으로 파이썬 표현식으로 인식되기 때문이다.

sympify() 함수 또는 S() 함수를 사용하여 어떤 것이 심파이 표현식인지 지정해 주어야 한다. 다른 컴퓨터 대수학 시스템(CAS: Computer Algebra Systems)과 달리 심파이에서는 기호 변수를 명시적으로 선언해야 한다.

```
In [6]: 6.2  # 파이썬 부동 소수점 데이터형이다. 소수점 표현에 문제가 있을 수 있다.
Out[6]: 6.2

In [7]: type(6.2)
Out[7]: float

In [8]: S(6.2)  # 심파이 부동 소수점 데이터형이다. 임의의 정밀도 때문에 소수점 표현에 문제가 없다.
Out[8]: 6.2
```

```
In [9]: x + y + x - y  # 아직 정의되지 않은 변수를 사용하면 다음과 같은 에러가 발생한다.
        ---------------------------------------------------------------------------
        --
        NameError                                 Traceback (most recent call las
        t)
        <ipython-input-9-6f0384179c2c> in <module>()
        ----> 1 x + y + x - y

        NameError: name 'y' is not defined

In [61]: x = Symbol('x')
         y = Symbol('y')
```

그런 다음, 이를 이용하여 수식을 표현할 수 있다.

```
In [67]: x + y + x - y
```

Out[67]: $2x$

```
In [66]: (x + y)**2
```

Out[66]: $(x+y)^2$

```
In [10]: x**(1/2)
```

Out[10]: 1

```
In [11]: S("22/7")
```

Out[11]: $\frac{22}{7}$

```
In [12]: x/2
```

Out[12]: $\frac{x}{2}$

```
In [15]: sqrt(x**2)
```

Out[15]: $\sqrt{x^2}$

심파이는 '부동 소수점'(Float point) 객체의 정밀도를 관리하는데, 기본 정밀도는 15 자리이다. '부동 소수점'이 포함된 표현식이 평가되면(evaluated) 결과는 15자리의 정딜도로 표시되지만 계산에 포함된 숫자에 따라 해당 숫자가 모두 중요하지는 않다. 염두에 두어야 할 부분은 '부동 소수점'이 생성되는 방법이다. 즉, '값'과 '정밀도'로 생성된다. 정밀도는 '부동 소수점'(또는 표현식이 나타나는 표현식)이 평가될 때 사용할 값의 정밀도를 나타낸다. 값은 문자열, 정수, 부동 소수 또는 유리수로 지정할 수 있다.

```
In [13]: print Float(100)
         print Float('100', 5)  # 문자열과 정수는 정확한 것으로 해석된다.

100.000000000000
100.00
```

정밀도와 자릿수가 일치하도록 하려면, "null" 문자열을 정밀도에 사용할 수 있다.

```
In [14]: print Float(100, '')
         print Float('12.34')
         print Float('12.34', '')

100.
12.3400000000000
12.34
```

12.2 심파이 대수 연산

심파이(SymPy)에서 표현식 조작(expression manipulation)에 필요한 가장 기본적인 작업에 대해 살펴보자.

12.2.1 치환 (Substitution)

수학적 표현으로 할 수 있는 가장 일반적인 일 중 하나는 '치환'이다. 치환은 표현식의 모든 인스턴스를 다른 것으로 대체한다. "subs" 메서드를 사용하여 수행되는데, 예를 들어:

```
In [4]: x, y, z = symbols("x y z")  # 먼저 사용할 심볼 변수를 선언한다.
        expr = cos(x) + 1
        expr.subs(x, y)
```

Out[4]: $\cos(y) + 1$

'치환'은 대개 다음 두 가지 이유로 수행된다. 어느 한 지점에서 표현식을 평가하는 경우. 예를 들어, 표현식이 cos(x) + 1이고 x = 0에서 이를 계산하려고 하면 cos(0) + 1을 얻게 된다. 하위 표현식을 다른 하위 표현식으로 바꿔야 하는 경우. 이것에는 두 가지 이유가 있다 첫 번째는 x^{x^x}와 같은 대칭이 있는 표현식을 작성하려는 경우이다. 이를 구현하기 위해 x**y로 시작하고 y를 x**y로 바꿀 수 있다. 그런 다음 x**(x**y) 표현식에서 y를 x**x'로 바꾼다면 원하는 표현을 얻을 수 있다.

```
In [18]: expr.subs(x, 0)
```

Out[18]: 2

```
In [19]: expr = x**y
         expr
```

Out[19]: x^y

```
In [22]: expr = expr.subs(y, x**x)
         expr
```

Out[22]: $x^{x^{x^x}}$

'치환'에 관해서는 두 가지 중요한 점이 있는데, 먼저 새로운 표현식을 반환한다는 것과, 심파이 객체는 변경할 수 없다는 점이다. 한 번에 여러 개의 '치환'을 수행하려면 (old, new) 쌍의 리스트를 인자로 전달하면 된다.

```
In [23]: expr = x**3 + 4*x*y - z
         print expr
         expr.subs([(x, 2), (y, 4), (z, 0)])

         x**3 + 4*x*y - z

Out[23]: 40
```

한 번에 많은 비슷한 치환을 하기 위해 리스트 안에 for를 사용(list comprehension)하는 것이 유용하다. 예를 들어 $x^4 - 4x^3 + 4x^2 - 2x + 3$에서 변수 x의 모든 인스턴스를 y의 짝수승으로($y^4 - 4x^3 + 4y^2 - 2x + 3$) 대체한다고 하면, 다음과 같이 된다.

```
In [24]: expr = x**4 - 4*x**3 + 4*x**2 - 2*x + 3
         replacements = [(x**i, y**i) for i in range(5) if i % 2 == 0]
         expr.subs(replacements)
```

Out[24]: $-4x^3 - 2x + y^4 + 4y^2 + 3$

12.2.2 문자열을 심파이 표현식으로 변환하기

sympify 함수('단순화'–simplify, 함수와 혼동하지 말 것)를 사용하면 문자열을 심파이 표현식으로 변환 할 수 있다.

```
In [25]: str_expr = "x**2 + 3*x - 1/2"
         expr = sympify(str_expr)
         expr
```

Out[25]: $x^2 + 3x - \frac{1}{2}$

```
In [26]: expr.subs(x, 2)
```

Out[26]: $\frac{19}{2}$

12.2.3 심볼 표현식의 평가: "evalf" 메서드

숫자 표현식을 부동 소수점 숫자로 평가하려면 evalf메서드를 사용하면 된다.

```
In [5]: expr = sqrt(8)
        expr.evalf()
```

Out[5]: 2.82842712474619

심파이(SymPy)는 부동 소수점 수식을 임의의 정밀도로 평가할 수 있다. 기본적으로 15자리의 정밀도가 사용되지만, evalf 메서드에 대한 인수로 정밀도의 자리수를 전달할 수 있다. '파이'(π)의 처음 30 자리를 계산해 보면 다음과 같다.

```
In [7]: pi.evalf(30)
```

Out[7]: 3.14159265358979323846264338328

심볼이 있는 표현식을 어느 한 지점(값)에 대하여 수치적으로 평가하려면 evalf메서드 다음에 Symbol : point 쌍의 사전형을 사용하는 subs 플래그를 사용하여 evalf에 치환을 전달하는 것이 더 효율적이고 수치적으로 안정적이다.

```
In [8]: expr = cos(2*x)
        expr.evalf(subs={x: 2.4})
```

Out[8]: 0.0874989834394464

때로는 표현식이 평가된 후에도 원하는 정밀도보다 작은 반올림 오류가 남아 있을 수 있다. 이러한 오류는 chop 플래그를 '참'(True)으로 설정하여 사용자의 재량에 따라 제거 할 수 있다.

```
In [9]: one = cos(1)**2 + sin(1)**2
        (one - 1).evalf()
```

Out[9]: $-4.0 \cdot 10^{-124}$

```
In [10]: (one - 1).evalf(chop=True)
```

Out[10]: 0

12.2.4 심파이 수식의 "익명함수화" ("Lambdify")

subs 및 evalf메서드는 간단한 평가를 수행하려는 경우에 적합하지만, 많은 지점(수치)어 대하여 표현식을 평가하려는 경우에는 보다 효율적인 방법이 있다. 예를 들어 여러 지점(수치)에서 표현식을 평가하려면, 심파이 표현식를 사용하는 것이 필요 이상으로 느려질 수 있다. 이럴 경우, 넘파이(NumPy) 및 사이파이(SciPy)와 같은 라이브러리를 사용해야 한다.

심파이 수식을 수치로 평가할 수 있는 식으로 변환하는 가장 쉬운 방법은 '익명함수화'(lambdify) 함수를 사용하는 것이다. 이 함수는 심파이 변수 이름을 주어진 숫자 라이브러리의 이름 (보통은 넘파이)으로 변환한다는 점을 제외하면, 파이썬의 무명함수, '람다함수'와 같은 역할을 한다. 예를 들어;

```
In [11]: import numpy
         a = numpy.arange(10)
         expr = sin(x)
         f = lambdify(x, expr, "numpy")
         f(a)

Out[11]: array([ 0.        ,  0.84147098,  0.90929743,  0.14112001, -0.7568025 ,
                -0.95892427, -0.2794155 ,  0.6569866 ,  0.98935825,  0.41211849])
```

넘파이(NumPy) 이외의 다른 라이브러리도 사용할 수 있는데, 예를 들어, 표준 라이브러리 수학 모듈을 사용하려면 "math"을 사용하면 된다.

```
In [12]: f = lambdify(x, expr, "math")
         f(0.1)

Out[12]: 0.0998334166468
```

12.2.5 심볼릭 수식의 간략화 : simplify함수

이제 재미있는 수학의 영역으로 들어가 보자.

심볼 연산 시스템의 가장 유용한 기능 중 하나는 수학 표현을 간략화하는 기능이다. 심파이에는 다양한 종류의 단순화를 수행하는 여러 가지 기능이 있다. 단순한 형태의 표현식에 도달하기 위해, 제법 지능적인 방법으로 모든 함수를 적용하려고하는 "간략화"(simplify)라는 하나의 일반 함수도 있다.

여기 몇 가지 예를 들어 보자.

```
In [19]: expr = sin(x)**2 + cos(x)**2
         expr
```

Out[19]: $\sin^2(x) + \cos^2(x)$

```
In [20]: simplify(expr)
```

Out[20]: 1

```
In [22]: expr = (x**3 + x**2 - x - 1)/(x**2 + 2*x + 1)
         expr
```

Out[22]: $\dfrac{x^3 + x^2 - x - 1}{x^2 + 2x + 1}$

```
In [23]: simplify(expr)
```

Out[23]: $x - 1$

```
In [75]: simplify((x + x*y) / x)
```

Out[75]: $y + 1$

```
In [24]: simplify(gamma(x)/gamma(x - 2))
```

Out[24]: $(x - 2)(x - 1)$

여기서, gamma(x)는 "감마함수" Γ(x)를 의미한다. "간략화함수"(simplify)는 많은 표현식 클래스를 처리할 수 있다. 그러나 '간략화'함수에는 주의해야 할 함정이 있다. 이 함수는 심파이의 모든 주요 단순화 작업을 적용하고, 경험적 방법을 사용하여 가장 간단한 결과를 결정한다. 그러나 "가장 단순한"이라는 표현은 잘 정의된 용어가 아니다. 예를 들어, x^2+2x+1를 $(x+1)^2$로 간략화 시키고자 한다면, 원하는 결과를 얻지 못한다.

```
In [25]: simplify(x**2 + 2*x + 1)
```

Out[25]: $x^2 + 2x + 1$

심파이에는 "인수화"(factor)라고 불리는, 단순화를 수행하는 함수가 있다. 이 함수는 뒤에 좀 더 자세히 설명하기로 한다. 단순화에 대하여 또 다른 주의점은, 다소 불필요하게 느릴 수 있는데, 이는 최상의 선택을 하기 전에 여러 종류의 단순화를 시도하기 때문이다. 어떤 유형의 단순화를 이미 정확히 알고 있다면 이러한 단순화를 적용하는 특정 "단순화함수"를 적용하는 것이 좋다.

"간략화" simplify()함수 대신 특정 단순화 함수를 적용하면 특정 함수가 출력 형식에 대해 확실한 보장을 한다는 이점이 있다. 예를 들어, "인수화" factor() 함수는 유리 계수가 있는 다항식에서 호출될 때 다항식을 '기약계수'(irreducible factors)로 인수 분해한다. "간략화" simplify()함수는 대화식으로 사용될 때, 표현식을 더 간단한 형식으로 바꾸고 싶을때 가장 적합하다.

좀 더 정확한 결과를 얻으려면, "간략화" simplify()함수가 반환하는 것을 확인한 후에 특정 함수를 적용하도록 선택할 수 있다.

12.2.6 다항식 / 유리 함수의 간략화

12.2.6.1 확장 (Expand)

"확장"expand()함수는 심파이에서 가장 일반적인 단순화 함수 중 하나이다. 많은 범위가 있지만, 여기서는 '다항식'(polynomial)을 확장하는 함수로 간주하도록 한다.

```
In [26]: expand((x + 1)**2)
```

Out[26]: $x^2 + 2x + 1$

```
In [27]: expand((x + 2)*(x - 3))
```

Out[27]: $x^2 - x - 6$

다항식이 주어지면, "확장"함수는 이것을 단항(monomials) 합의 '정규형'(canonical form)으로 변환한다. "확장"함수는 "간략화" 함수처럼 들리지 않을 수 있다. 결국, 이름에서 의미하는 것처럼, 수식이 커지거나 작아지지는 않는다. 일반적으로 그렇지만,"확장"함수를 호출하면 표현식이 단항들의 상쇄로 인해, 더 작아지는 경우가 많다.

```
In [28]: expand((x + 1)*(x - 2) - (x - 1)*x)
```

Out[28]: -2

12.2.6.2 인수화 (factor)

"인수화"factor() 함수는 '기약'되지 않는 유리수 인수로 인수화한다. 예를 들면,

```
In [29]: factor(x**3 - x**2 + x - 1)
```

Out[29]: $(x-1)\left(x^2+1\right)$

```
In [30]: factor(x**2*z + 4*x*y*z + 4*y**2*z)
```

Out[30]: $z(x+2y)^2$

다항식의 경우 "인수화"factor() 함수는 "확장"expand()함수의 반대이다. "인수화" 함수는 유리수에 대해 완전한 다변수 인수화 알고리즘을 사용한다. 즉 "인수화"함수가 반환하는 각 요소는 '기약'(irreducible)되지 않을 것을 보장한다. 인수 요소 자체에 관심이 있는 경우에는 factor_list함수를 사용하면 보다 구조화된 출력을 얻을 수 있다.

```
In [31]: factor_list(x**2*z + 4*x*y*z + 4*y**2*z)
```

Out[31]: $(1, \quad [(z, \quad 1), \quad (x+2y, \quad 2)])$

"인수화" 함수와 "확장"함수에 대한 입력은 엄격한 의미에서 다항식일 필요는 없다. 그들은 어떤 종류의 표현을 지능적으로 인수화하거나 확장할 것이다(입력 요소가 더 이상 유리 다항식이 아니면 인수가 '기약'하지 않을 수도 있다).

```
In [32]: expand((cos(x) + sin(x))**2)
```

Out[32]: $\sin^2(x)+2\sin(x)\cos(x)+\cos^2(x)$

```
In [33]: factor(cos(x)**2 + 2*cos(x)*sin(x) + sin(x)**2)
```

Out[33]: $(\sin(x)+\cos(x))^2$

12.2.6.3 콜렉트 (collect)

"콜렉트" collect()함수는 표현식에서 용어의 공통적인 멱승(power)항을 모아서 출력한다.

```
In [34]: expr = x*y + x - 3 + 2*x**2 - z*x**2 + x**3
         expr
```

Out[34]: $x^3-x^2z+2x^2+xy+x-3$

```
In [35]: collected_expr = collect(expr, x)
         collected_expr
```

Out[35]: $x^3+x^2(-z+2)+x(y+1)-3$

"콜렉트" collect()함수는 coeff() 메서드와 함께 특히 유용하다. 다음의 예는, 주어진 표현식 expr에서 x**n의 계수를 구한다.

In [36]:
```
collected_expr.coeff(x, 2)
```
Out[36]: $-z+2$

12.2.6.4 상쇄 (cancel)

"상쇄" cancel()함수는 유리함수를 입력으로 받아 표준 정규형식(canonical form)인 pq 형식으로 변환한다. 여기서 p 및 q는 공통 인수(factor)가 없는 확장된 다항식이며, p 및 q의 선도 계수(leading coefficients)는 분모(denominators)(즉, 정수)가 없다.

In [38]:
```
expr = (x**2 + 2*x + 1)/(x**2 + x)
expr
```
Out[38]: $\frac{x^2+2x+1}{x^2+x}$

In [39]:
```
cancel(expr)
```
Out[39]: $\frac{1}{x}(x+1)$

In [40]:
```
expr = 1/x + (3*x/2 - 2)/(x - 4)
expr
```
Out[40]: $\frac{\frac{3x}{2}-2}{x-4}+\frac{1}{x}$

In [41]:
```
cancel(expr)
```
Out[41]: $\frac{3x^2-2x-8}{2x^2-8x}$

In [42]:
```
expr = (x*y**2 - 2*x*y*z + x*z**2 + y**2 - 2*y*z + z**2)/(x**2 - 1)
expr
```
Out[42]: $\frac{1}{x^2-1}\left(xy^2-2xyz+xz^2+y^2-2yz+z^2\right)$

In [43]:
```
cancel(expr)
```
Out[43]: $\frac{1}{x-1}\left(y^2-2yz+z^2\right)$

- **"인수화"함수는 표현식의 분자와 분모를 완전히 인수 분해하므로, 인수화를 하기 위해 사용될 수도 있다.**

```
In [44]: factor(expr)
```

Out[44]: $\dfrac{(y-z)^2}{x-1}$

그러나 표현식이 "상쇄"된 형식인지 확인하는 데만 관심이있는 경우라면, "상쇄"함수가 "인수화"함수보다 더 효율적이다.

12.2.6.5 부분분수분해 (apart)

"apart()"함수는 유리함수에서 "부분분수분해(partial fraction decomposition)"를 수행한다.

```
In [45]: expr = (4*x**3 + 21*x**2 + 10*x + 12)/(x**4 + 5*x**3 + 5*x**2 + 4*x)
         expr
```

Out[45]: $\dfrac{4x^3+21x^2+10x+12}{x^4+5x^3+5x^2+4x}$

```
In [46]: apart(expr)
```

Out[46]: $\dfrac{2x-1}{x^2+x+1}-\dfrac{1}{x+4}+\dfrac{3}{x}$

12.2.7 삼각함수의 간략화

12.2.7.1 삼각함수의 간략화: "trigsimp" 함수

삼각 항등식(trigonometric identities)를 이용하여 표현식을 단순화하려면 trigsimp()함수를 사용한다.

```
In [49]: expr = sin(x)**4 - 2*cos(x)**2*sin(x)**2 + cos(x)**4
         expr
```

Out[49]: $\sin^4(x)-2\sin^2(x)\cos^2(x)+\cos^4(x)$

```
In [50]: trigsimp(expr)
```

Out[50]: $\dfrac{1}{2}\cos(4x)+\dfrac{1}{2}$

```
In [51]: expr = sin(x)*tan(x)/sec(x)
         expr
```

Out[51]: $\dfrac{\sin(x)\tan(x)}{\sec(x)}$

```
In [52]: trigsimp(expr)
```

Out[52]: $\sin^2(x)$

"trigsimp()"함수는 '쌍곡선함수'(hyperbolic trigonometric function)에도 적용된다.

```
In [53]: expr = cosh(x)**2 + sinh(x)**2
         expr
```

Out[53]: $\sinh^2(x) + \cosh^2(x)$

```
In [54]: trigsimp(expr)
```

Out[54]: $\cosh(2x)$

```
In [55]: trigsimp(sinh(x)/tanh(x))
```

Out[55]: $\cosh(x)$

"trigsimp()" 함수는 "간략화" 함수 simplify()와 매우 유사하게 입력 표현식에 다양한 삼각 항등식을 적용한 다음, 가장 적합한 결과를 반환하는 경험적 방법을 사용한다.

12.2.7.2 삼각함수의 전개: "expand_trig" 함수

삼각함수를 전개(확장)하려면 즉, 합계 또는 배각 항등식(double angle identities)을 적용하려면 "expand_trig ()"함수를 사용한다.

```
In [56]: expand_trig(sin(x + y))
```

Out[56]: $\sin(x)\cos(y) + \sin(y)\cos(x)$

```
In [57]: expand_trig(tan(2*x))
```

Out[57]: $\frac{2\tan(x)}{-\tan^2(x) + 1}$

12.3 미적분

12.3.1 극한 (Limits)

극한은 심파이에서 사용하기 쉽게, "limit(function, variable, point)" 구문을 사용하며, 함수 f(x)의 극한을 x→0으로 계산하려면 limit(f,x,0)을 사용하면 된다.

$$\lim_{x \to 0} f(x)$$

```
In [77]: limit(sin(x)/x, x, 0)
```

Out[77]: 1

무한대(∞)에서 극한을 계산할 수도 있다.

```
In [78]: limit(x, x, oo)
```

Out[78]: ∞

```
In [79]: limit(1/x, x, oo)
```

Out[79]: 0

```
In [58]: limit(x**x, x, 0)
```

Out[58]: 1

함수를 평가하는 지점이 '특이점'(singularity)일 경우에는 "대치"(subs)메서드 대신에 "극한"(limit)함수를 사용해야 한다. 심파이가 "무한대"(infinity : ∞)를 표현할 객체를 가지고 있지만, 평가를 위해 사용하면 내부에 실행과정(성장 율–rate of growth)을 추적하지 않기 때문에 신뢰하기 어렵다. 또한, ∞−∞와 ∞∞와 같은 것은 "NaN(not-a-number)"을 반환한다.

예를 들어,

```
In [59]: expr = x**2/exp(x)
         expr
```

Out[59]: $x^2 e^{-x}$

```
In [60]: expr.subs(x, oo)
```

Out[60]: NaN

```
In [61]: limit(expr, x, oo)
```

Out[61]: 0

'극한'에는 평가되지 않는 함수의 형식으로 지정할 수 있는 "Limit"함수가 있는데, 이것을 평가하려면 doit메서드를 사용하면 된다.

```
In [62]: expr = Limit((cos(x) - 1)/x, x, 0)
         expr
```

Out[62]: $\lim_{x\to 0^+}\left(\frac{1}{x}(\cos(x) - 1)\right)$

```
In [63]: expr.doit()
```

Out[63]: 0

'+' 또는 '–' 한 쪽에서만 접근하는 극한을 평가하려면 limit 함수에 세 번째 인수로 '+'또는 '–'를 전달할 수 있다.

```
In [65]: limit(1/x, x, 0, '+')
```

Out[65]: ∞

```
In [66]: limit(1/x, x, 0, '-')
```

Out[66]: $-\infty$

12.3.2 미분 (Derivatives)

diff(func,var) 구문을 사용하여 심파이 표현식의 미분을 계산 할 수 있다. 예를 들면,

```
In [81]: diff(sin(x), x)
```

Out[81]: $\cos(x)$

```
In [82]: diff(sin(2*x), x)
```

Out[82]: $2\cos(2x)$

```
In [73]: diff(tan(x), x)
```

Out[73]: $\tan^2(x) + 1$

```
In [74]: diff(exp(x**2), x)
```

Out[74]: $2xe^{x^2}$

"미분"(diff)함수는 한 번에 고차의 미분을 계산할 수 있다. 고차 미분을 계산하려면 미분하려는 횟수 만큼 변수를 전달하거나, 변수 뒤에 숫자를 인수로 전달하면 된다.

```
In [75]: diff(x**4, x, x, x)
```
Out[75]: $24x$

```
In [76]: diff(x**4, x, 3)
```
Out[76]: $24x$

많은 변수에 대하여 미분을 계산할 수도 있다. 단일 변수 미분과 동일한 구문을 사용하여, 각 미분 변수를 순서대로 전달하면 된다.

```
In [77]: expr = exp(x*y*z)
         diff(expr, x, y, y, z, z, z, z)
```
Out[77]: $x^3y^2\left(x^3y^3z^3 + 14x^2y^2z^2 + 52xyz + 48\right)e^{xyz}$

```
In [78]: diff(expr, x, y, 2, z, 4)
```
Out[78]: $x^3y^2\left(x^3y^3z^3 + 14x^2y^2z^2 + 52xyz + 48\right)e^{xyz}$

"미분"(diff)함수는 '메서드'로도 호출 될 수 있다.

```
In [79]: expr
```
Out[79]: e^{xyz}

```
In [80]: expr.diff(x, y, y, z, 4)
```
Out[80]: $x^3y^2\left(x^3y^3z^3 + 14x^2y^2z^2 + 52xyz + 48\right)e^{xyz}$

평가되지 않은 미분함수의 형식을 만들려면 "미분"(Derivative) 클래스를 사용한다. "미분" diff 함수와 같은 구문을 사용한다.

```
In [81]: deriv = Derivative(expr, x, y, y, z, 4)
         deriv
```
Out[81]: $\frac{\partial^7}{\partial x \partial y^2 \partial z^4} e^{xyz}$

평가되지 않은 미분함수를 평가하려면, 'doit' 메서드를 사용하면 된다.

```
In [82]: deriv.doit()
```
Out[82]: $x^3y^2\left(x^3y^3z^3 + 14x^2y^2z^2 + 52xyz + 48\right)e^{xyz}$

이러한 평가되지 않은 객체는 미분의 계산을 잠간 연기하거나 인쇄용으로 매우 유용하다.

12.3.3 급수전개

심파이는 어느 한 점을 중심으로 함수의 점근적 급수전개(asymptotic series expansions)를 계산할 수 있다. 어떤 함수 f(x)의 임의의 한 점 $x = x_0$ 주위에서 '급수전개'를 계산하려면 다음과 같이 사용한다.

```
f(x).series(x, x0, n)
```

여기서, x_0 및 n은 생략 될 수 있으며, 이 경우 기본값 x_0=0 및 n=6이 사용된다.

```
In [67]: expr = exp(sin(x))
         expr.series(x, 0, 4)
```

Out[67]: $1 + x + \frac{x^2}{2} + \mathcal{O}\left(x^4\right)$

결과의 마지막 부분에 O(x4)항은 x=0에서의 '란다우'(Landau)차수 항을 나타낸다 컴퓨터 과학에서 사용되는 "대문자 O 표기"(Big-O notation)와 혼동해서는 안 된다. 일반적으로 x=∞에서의 '란다우'차수 항을 나타낸다. 이것은 x^4보다 크거나 같은 모든 x 항을 생략한다는 것을 의미한다. 차수항은 '급수'series 메서드 외부에서 생성 및 조작 될 수 있다. 그 항들은, '란다우' 차수항, 더 높은 차수의 항들을 자동으로 흡수한다.

참고 대문자 O 표기법 (Big-O notation) 이란?
"점근 표기법"(asymptotic notation)의 한 종류로, 어떤 함수의 증가 양상을 다른 함수와의 비교로 표현하는 수론과 해석학의 방법이다. 알고리즘의 복잡도를 단순화할 때나 무한급수의 뒷부분을 간소화할 때 주로 쓰인다.

```
In [69]: x + x**3 + x**6 + O(x**4)
```

Out[69]: $x + x^3 + \mathcal{O}\left(x^4\right)$

고차항의 표시를 원하지 않으면 removeO 메서드를 사용하면 된다.

```
In [71]: expr.series(x, 0, 4).removeO()
```

Out[71]: $\frac{x^2}{2} + x + 1$

"대문자 O 표기법"은 임의의 극한점 (0 제외)을 지원한다.

```
In [72]: exp(x - 6).series(x, x0=6)
```

Out[72]: $-5 + \frac{1}{2}(x-6)^2 + \frac{1}{6}(x-6)^3 + \frac{1}{24}(x-6)^4 + \frac{1}{120}(x-6)^5 + x + \mathcal{O}\left((x-6)^6; x \to 6\right)$

12.3.4 적분 (Integration)

심파이(SymPy)는 강력하고 확장된 Risch-Norman 알고리즘과 약간의 경험적 방법 및 패턴 매칭을 사용하는 "적분" integrate()함수 기능을 지원한다. 일반적인 적분에는 "한정"(definite)과 "부정"(indefinite)의 두 종류가 있다. 불명확한 적분, 즉 "부정적분"을 계산하려면, 표현식 다음에 변수를 전달하면 된다.

```
In [90]: integrate(6*x**5, x)
```

Out[90]: x^6

```
In [91]: integrate(sin(x), x)
```

Out[91]: $-\cos(x)$

"한정"적분, 즉 "정적분"을 계산하려면, "(적분_변수, 하한값, 상한값)" 형식의 인수를 전달하면 된다. 예를 들어,

$$\int_0^{\infty} e^{-x} dx$$

를 계산하려면, 다음과 같이 한다.

```
In [83]: integrate(exp(-x), (x, 0, oo))  # 심파이에서 무한대는 소문자 'o'를 이어서 표시한다.
```

Out[83]: 1

부정적분과 마찬가지로, 여러 개의 적분 상하한 튜플을 전달하여 '다중적분'을 수행할 스 있다. 예를 들어,

$$\int_{-\infty}^{\infty} \int_{-\infty}^{\infty} e^{-x^2-y^2} dx dy$$

를 계산하려면, 다음과 같이 한다.

In [84]:
```
integrate(exp(-x**2 - y**2), (x, -oo, oo), (y, -oo, oo))
```
Out[84]: π

"적분"integrate함수가 적분을 계산할 수 없는 경우에는, 평가되지 않은 "적분"함수 "Integral" 객체를 반환한다.

In [85]:
```
expr = integrate(x**x, x)
expr
```
Out[85]: $\int x^x\, dx$

평가되지 않은 "미분"함수와 마찬가지로, Integral함수를 사용하여 평가되지 않은 "적분" 함수를 만들 수 있다. 나중에 이 적분을 평가하려면 doit메서드를 호출하면 된다.

In [86]:
```
expr = Integral(log(x)**2, x)
expr
```
Out[86]: $\int \log^2(x)\, dx$

In [87]:
```
expr.doit()
```
Out[87]: $x\log^2(x) - 2x\log(x) + 2x$

12.4 방정식의 해

심파이는 하나 및 여러 변수로 '대수 방정식'(algebraic equations)을 풀 수 있다. 심파이의 수식, 방정식은 = 또는 ==로 표현되지 않고 Eq 함수로 대입된다.

In [89]:
```
Eq(y, x)
```
Out[89]: $y = x$

그러나 훨씬 쉬운 방법이 있다. 심파이에서 Eq 없는 표현식은 자동으로 0과 같다고 가정된다. 즉, a=b이므로 a−b=0인 경우 x==y 대신 x−y를 사용할 수 있다. 예를 들어;

```
In [94]: Eq(x**2, 1)
```

Out[94]: $x^2 = 1$

```
In [90]: solveset(Eq(x**2, 1), x)
```

Out[90]: $\{-1, 1\}$

```
In [91]: solveset(Eq(x**2 - 1, 0), x)
```

Out[91]: $\{-1, 1\}$

```
In [92]: solveset(x**2 - 1, x)
```

Out[92]: $\{-1, 1\}$

이것은 풀고 싶은 방정식이 이미 0 인 경우에 특히 유용하다. solveset(Eq(expr,0),x)를 입력하는 대신 solveset(expr,x)를 사용할 수 있다.

12.4.1 대수적 방정식 풀이

대수방정식을 푸는 solveset함수의 구문은 다음과 같다.

```
solveset(equation, variable = None, domain = S.Complexes)
```

여기서 '방정식'(equation)은 0과 같다고 가정되는 Eq 인스턴스 또는 표현식의 형태일 수 있다. 방정식을 푸는 데에도 사용할 수 있는 solve라는 다른 함수가 있다. 구문은 solve(equation, variables)이지만 solveset을 대신 사용하는 것이 좋다.

```
In [95]: solveset(x**2 - x, x)
```

Out[95]: $\{0, 1\}$

```
In [96]: solveset(x - x, x, domain=S.Reals)
```

Out[96]: $\mathbb{R}$

```
In [97]: solveset(sin(x) - 1, x, domain=S.Reals)
```

Out[97]: $\left\{2n\pi + \frac{\pi}{2} \mid n \in \mathbb{Z}\right\}$

방적식의 해가 없으면 EmptySet가 반환되고 해을 찾을 수 없으면 ConditionSet이 반환된다.

```
In [98]: solveset(exp(x), x)     # 해가 없는 경우
```

Out[98]: $\emptyset$

```
In [99]: solveset(cos(x) - x, x)  # Not able to find solution
```

Out[99]: $\{x \mid x \in \mathbb{C} \land -x + \cos(x) = 0\}$

solveset함수는 다항식(polynomial equations)의 해를 한 번만 출력한다. 중근(multiplicity)을 포함한 다항식의 해를 구하려면 "근"(root) 함수를 사용하면 된다.

```
In [104]: solveset(x**3 - 6*x**2 + 9*x, x)
```

Out[104]: $\{0, 3\}$

```
In [105]: roots(x**3 - 6*x**2 + 9*x, x)
```

Out[105]: $\{0 : 1, \quad 3 : 2\}$

앞의 예제의 출력 {0:1, 3:2}는 0이 다중도 1의 근고 3은 다중도 2의 근이라는 것을 의미한다. 이를 앞에서 배운 "인수화" 함수를 이용해 확인하면 다음과 같다.

```
In [106]: factor(x**3 - 6*x**2 + 9*x, x)
```

Out[106]: $x(x-3)^2$

다항식(polynomial equations)의 많은 부분을 풀수 있고, 두 번째 인수를 튜플형태로 제공하는 "다항연립방정식"을 풀 수도 있다.

```
In [107]: solve([x + 5*y - 2, -3*x + 6*y - 15], [x, y])
```

Out[107]: $\{x : -3, \quad y : 1\}$

다항연립방정식과 같은 형식을 풀기 위해서는 solveset함수가 아니라, solve함수를 사용해야 한다.

12.4.2 미분 방정식 풀이

미분방정식을 풀려면 dsolve 함수를 사용해야 한다. 먼저 cls = Function을 symbols 함수에 전달하여 정의되지 않은 함수를 만든다.

In [108]:
```
f, g = symbols('f g', cls=Function)
```

f와 g는 이제 정의되지 않은 함수가 된다. 이제, $f(x)$를 호출 할 수 있으며, 그것은 알려지지 않은(unknown) 함수를 의미한다.

In [109]:
```
f(x)
```

Out[109]: $f(x)$

함수 $f(x)$의 미분은 평가되지 않는다.

In [110]:
```
f(x).diff(x)
```

Out[110]:

$$\frac{d}{dx} f(x)$$

미분방정식 $f''(x) - 2f'(x) + f(x) = \sin(x)$을 나타내려면, 다음과 같이 표현한다.

In [111]:
```
diffeq = Eq(f(x).diff(x, x) - 2*f(x).diff(x) + f(x), sin(x))
diffeq
```

Out[111]:

$$f(x) - 2\frac{d}{dx} f(x) + \frac{d^2}{dx^2} f(x) = \sin(x)$$

이 ODE(ordinary differential equation)를 풀려면 dsolve함수를 사용한다.

In [112]:
```
dsolve(diffeq, f(x))
```

Out[112]:

$$f(x) = (C_1 + C_2 x) e^x + \frac{1}{2} \cos(x)$$

dsolve함수는 Eq 객체의 인스턴스를 반환한다. 이것은 일반적으로 미분방정식에 대한 해를 함수에 대해 명시적으로 풀 수 없기 때문이다.

In [113]:
```
dsolve(f(x).diff(x)*(1 - sin(f(x))), f(x))
```

Out[113]: $f(x) + \cos(f(x)) = C_1$

dsolve함수의 해에 있는 임의의 상수는 C1, C2, C3 등의 형식의 기호이다.

12.5 심파이에서의 행렬

심파이에서 행렬을 만들려면 Matrix 객체를 사용해야 한다. 심파이의 행렬은 행렬을 구성하는 행-벡터 리스트를 제공하여 구성된다. 예를 들어, 행렬을 구성하려면 행렬은 Matrix 클래스의 인스턴스로 생성된다.

```
In [115]: from sympy import Matrix
          Matrix([[1, -1], [3, 4], [0, 2]])
```

Out[115]:
$$\begin{bmatrix} 1 & -1 \\ 3 & 4 \\ 0 & 2 \end{bmatrix}$$

열-벡터(column-vector)를 쉽게 만들 수 있도록 요소 리스트는 열-벡터로 간주된다.

```
In [116]: Matrix([1, 2, 3])
```

Out[116]:
$$\begin{bmatrix} 1 \\ 2 \\ 3 \end{bmatrix}$$

행렬은 심파이 또는 파이썬의 다른 객체와 마찬가지로 처리된다.

```
In [117]: M = Matrix([[1, 2, 3], [3, 2, 1]])
          N = Matrix([0, 1, 1])
          M*N
```

Out[117]:
$$\begin{bmatrix} 5 \\ 3 \end{bmatrix}$$

심파이의 행렬에 대해 주목해야할 중요한 점은 심파이의 다른 모든 개체와 달리 '변경 가능'(mutable)하다는 것이다. 이것은 다음에서 보게 될 것처럼 행렬이 수정될 수 있다는 것을 의미한다. 이것에 대한 단점은 다른 심파이 표현식이나 사전의 키와 같이 불변성(immutability)이 필요한 장소에서는 행렬을 사용할 수 없다는 것이다.

12.5.1 심파이 행렬의 기본 연산

이제, 심파이에서 제공하는 행렬(Matrix)의 기본 연산에 대해서 살펴보자. 넘파이와 마찬가지로, 행렬의 모양(shape)을 얻으려면 '모양' shape 메서드를 사용하면 된다.

```
In [118]: M = Matrix([[1, 2, 3], [-2, 0, 4]])
          M
```

Out[118]: $\begin{bmatrix} 1 & 2 & 3 \\ -2 & 0 & 4 \end{bmatrix}$

```
In [120]: M.shape
```

Out[120]: (2,　3)

행렬의 개별 행 또는 열을 가져 오려면 row 또는 col 메서드를 사용하면 된다. 예를 들어, M.row(0)는 첫 번째 행을, M.col(−1)은 마지막 열을 의미 한다.

```
In [121]: M.row(0)
```

Out[121]: $\begin{bmatrix} 1 & 2 & 3 \end{bmatrix}$

```
In [122]: M.row(-1)
```

Out[122]: $\begin{bmatrix} -2 & 0 & 4 \end{bmatrix}$

행이나 열을 삭제하려면 row_del 또는 col_del 메서드를 사용하면 된다. 이러한 작업은 행렬 객체에 대하여 수행된다.

```
In [123]: M.col_del(0)
          M
```

Out[123]: $\begin{bmatrix} 2 & 3 \\ 0 & 4 \end{bmatrix}$

```
In [124]: M.row_del(1)
          M
```

Out[124]: $\begin{bmatrix} 2 & 3 \end{bmatrix}$

행 또는 열을 삽입하려면 row_insert 또는 col_insert 메서드를 사용하면 된다. 이러한 작업은 행렬 객체에 대하여 수행되지 않고, 새로운 인스턴스를 반환한다.

```
In [125]: M = M.row_insert(1, Matrix([[0, 4]]))
          M
```

Out[125]: $\begin{bmatrix} 2 & 3 \\ 0 & 4 \end{bmatrix}$

```
In [126]: M = M.col_insert(0, Matrix([1, -2]))
          M
```

Out[126]: $\begin{bmatrix} 1 & 2 & 3 \\ -2 & 0 & 4 \end{bmatrix}$

넘파이(NumPy)배열과 달리 심파이 행렬에는 '심볼'(Symbol)을 행렬에 넣을 수도 있다.

```
In [127]: x = Symbol('x')
          y = Symbol('y')
          A = Matrix([[1,x], [y,1]])
          A
```

Out[127]: $\begin{bmatrix} 1 & x \\ y & 1 \end{bmatrix}$

```
In [128]: A**2
```

Out[128]: $\begin{bmatrix} xy+1 & 2x \\ 2y & xy+1 \end{bmatrix}$

또한, 행렬의 더하기 및 곱하기와 같은 간단한 연산은 +, * 및 **를 사용하여 수행된다. 행렬의 역함수를 구하려면 −1 승수로 올리면 된다.

```
In [129]: M = Matrix([[1, 3], [-2, 3]])
          N = Matrix([[0, 3], [0, 7]])
          M + N
```

Out[129]: $\begin{bmatrix} 1 & 6 \\ -2 & 10 \end{bmatrix}$

```
In [134]: A*M
```

Out[134]: $\begin{bmatrix} -2x+1 & 3x+3 \\ y-2 & 3y+3 \end{bmatrix}$

```
In [135]: 3*M
```

Out[135]: $\begin{bmatrix} 3 & 9 \\ -6 & 9 \end{bmatrix}$

```
In [136]: M**-1
```

Out[136]: $\begin{bmatrix} \frac{1}{3} & -\frac{1}{3} \\ \frac{2}{9} & \frac{1}{9} \end{bmatrix}$

행렬의 '전치'(transpose)는 "T" 메서드를 사용하면 된다.

```
In [138]: M = Matrix([[1, 2, 3], [4, 5, 6]])
          M
```

Out[138]: $\begin{bmatrix} 1 & 2 & 3 \\ 4 & 5 & 6 \end{bmatrix}$

```
In [139]: M.T
```

Out[139]: $\begin{bmatrix} 1 & 4 \\ 2 & 5 \\ 3 & 6 \end{bmatrix}$

12.5.2 심파이 행렬 생성

심파이에서는 행렬을 생성하기 위한 몇 가지 '생성자'(constructor)가 있다. '단위행렬'(identity matrix)을 만들려면 eye함수를 사용한다. eye(n)은 n×n 단위 행렬을 생성한다.

```
In [140]: eye(3)
```

Out[140]: $\begin{bmatrix} 1 & 0 & 0 \\ 0 & 1 & 0 \\ 0 & 0 & 1 \end{bmatrix}$

행렬의 요소가 모두 0인 행렬을 만들려면 zeros함수를 사용하면 된다. zeros(n, m)은 0의 n×m 행렬을 만든다.

```
In [141]: zeros(2,3)
```

Out[141]: $\begin{bmatrix} 0 & 0 & 0 \\ 0 & 0 & 0 \end{bmatrix}$

마찬가지로, ones함수는 행렬의 모든 요소가 1의 행렬을 생성한다.

```
In [142]: ones(3,2)
```

Out[142]: $\begin{bmatrix} 1 & 1 \\ 1 & 1 \\ 1 & 1 \end{bmatrix}$

'대각선 행렬' (diagonal matrices)을 만들려면 diag 함수를 사용하면 된다. diag 함수에 대한 인수는 숫자 또는 행렬 일 수 있다. 숫자는 1×1 행렬로 해석되어 지고, 행렬은 대각선으로 스택(stack)된다. 나머지 요소는 0으로 채워진다.

In [143]:
```
diag(1, 2, 3)
```
Out[143]:

$$\begin{bmatrix}1 & 0 & 0\\0 & 2 & 0\\0 & 0 & 3\end{bmatrix}$$

In [144]:
```
diag(-1, ones(2, 2), Matrix([5, 7, 5]))
```
Out[144]:

$$\begin{bmatrix}-1 & 0 & 0 & 0\\0 & 1 & 1 & 0\\0 & 1 & 1 & 0\\0 & 0 & 0 & 5\\0 & 0 & 0 & 7\\0 & 0 & 0 & 5\end{bmatrix}$$

12.5.3 심파이 행렬 고급 처리

행렬의 "행렬식"(determinant)을 계산하려면 det 메서드를 사용하면 된다.

In [145]:
```
M = Matrix([[1, 0, 1], [2, -1, 3], [4, 3, 2]])
M
```
Out[145]:

$$\begin{bmatrix}1 & 0 & 1\\2 & -1 & 3\\4 & 3 & 2\end{bmatrix}$$

In [146]:
```
M.det()
```
Out[146]: -1

행렬을 기약행사다리꼴행렬(Reduced Row Echelon Form: RREF)으로 만들려면 rref 함수를 사용하면 된다. rref 함수는 두 요소의 튜플을 반환하는데, 첫 번째는 '기약행사다리꼴 형식'의 행렬 객체이고, 두 번째는 피벗 열의 색인 리스트이다.

In [147]:
```
M = Matrix([[1, 0, 1, 3], [2, 3, 4, 7], [-1, -3, -3, -4]])
M
```
Out[147]:

$$\begin{bmatrix}1 & 0 & 1 & 3\\2 & 3 & 4 & 7\\-1 & -3 & -3 & -4\end{bmatrix}$$

In [148]:
```
M.rref()
```

Out[148]:
$$\left(\begin{bmatrix}1 & 0 & 1 & 3\\0 & 1 & \frac{2}{3} & \frac{1}{3}\\0 & 0 & 0 & 0\end{bmatrix}, \quad [0, \quad 1]\right)$$

행렬의 "영-공간"(null space)을 찾으려면, nullspace메서드를 사용하면 된다. nullspace메서드는 행렬의 "영-공간"에 걸쳐있는 열-벡터 리스트를 반환한다.

In [149]:
```
M = Matrix([[1, 2, 3, 0, 0], [4, 10, 0, 0, 1]])
M
```

Out[149]:
$$\begin{bmatrix}1 & 2 & 3 & 0 & 0\\4 & 10 & 0 & 0 & 1\end{bmatrix}$$

In [150]:
```
M.nullspace()
```

Out[150]:
$$\left[\begin{bmatrix}-15\\6\\1\\0\\0\end{bmatrix}, \begin{bmatrix}0\\0\\0\\1\\0\end{bmatrix}, \begin{bmatrix}1\\-\frac{1}{2}\\0\\0\\1\end{bmatrix}\right]$$

행렬의 "열-공간"(column space)을 찾으려면 columnspace 메서드를 사용하면 된다. columnspace메서드 행렬의 "열-공간"에 걸쳐있는 열-벡터 리스트를 반환한다.

In [151]:
```
M = Matrix([[1, 1, 2], [2 ,1 , 3], [3 , 1, 4]])
M
```

Out[151]:
$$\begin{bmatrix}1 & 1 & 2\\2 & 1 & 3\\3 & 1 & 4\end{bmatrix}$$

In [152]:
```
M.columnspace()
```

Out[152]:
$$\left[\begin{bmatrix}1\\2\\3\end{bmatrix}, \begin{bmatrix}1\\1\\1\end{bmatrix}\right]$$

12.5.4 고유 값, 고유 벡터 및 대각화

행렬의 "고유값"(eigenvalues)을 찾으려면 eigenvals 메서드를 사용하면 된다. eigenvals 메서드는(고유값 : 대수적 다중성)의 쌍으로 구성된 사전을 반환한다.

```
In [153]: M = Matrix([[3, -2,  4, -2], [5,  3, -3, -2],
                      [5, -2,  2, -2], [5, -2, -3,  3]])
          M
```

Out[153]: $\begin{bmatrix} 3 & -2 & 4 & -2 \\ 5 & 3 & -3 & -2 \\ 5 & -2 & 2 & -2 \\ 5 & -2 & -3 & 3 \end{bmatrix}$

```
In [154]: M.eigenvals()
```

Out[154]: $\{-2:1, \quad 3:1, \quad 5:2\}$

이 결과는 행렬 M이 '고유값' −2, 3, 5를 갖고, '고유값' −2와 3이 대수적 다중성 1을 가지며, '고유값' 5가 대수적 다중성 2를 갖는다는 것을 의미한다. 행렬의 "고유벡터"(eigen vectors)를 찾으려면 eigenvects메서드를 사용한다. eigenvects메서드는 다음과 같은 형식의 튜플 리스트를 반환한다.

(고유값 : 대수적 다중성, [고유 벡터])

```
In [155]: M.eigenvects()
```

Out[155]: $\left[\left(-2, \quad 1, \quad \left[\begin{bmatrix} 0 \\ 1 \\ 1 \\ 1 \end{bmatrix}\right]\right), \left(3, \quad 1, \quad \left[\begin{bmatrix} 1 \\ 1 \\ 1 \\ 1 \end{bmatrix}\right]\right), \left(5, \quad 2, \quad \left[\begin{bmatrix} 1 \\ 1 \\ 1 \\ 0 \end{bmatrix}, \begin{bmatrix} 0 \\ -1 \\ 0 \\ 1 \end{bmatrix}\right]\right)\right]$

위의 결과는, 고유치 5는 2개의 '고유벡터'를 가지고 있기 때문에 '기하학적 다중성' 2를 가지고 있다. 대수적 및 기하학적 '다중도'는 모든 고유치에 대해 동일하기 때문에 행렬 M은 '대각화'가 가능하다는 것을 알 수 있다.

행렬을 대각화하려면 diagonalize 메서드를 사용하면 된다. "대각화" 메서드는 튜플(P, D)을 반환하는데, 여기서 D는 대각행렬이고 M은 PDP^{-1}이다.

```
In [156]: P, D = M.diagonalize()
          P
```

Out[156]: $\begin{bmatrix} 0 & 1 & 1 & 0 \\ 1 & 1 & 1 & -1 \\ 1 & 1 & 1 & 0 \\ 1 & 1 & 0 & 1 \end{bmatrix}$

```
In [157]: D
```

Out[157]:

$$\begin{bmatrix} -2 & 0 & 0 & 0 \\ 0 & 3 & 0 & 0 \\ 0 & 0 & 5 & 0 \\ 0 & 0 & 0 & 5 \end{bmatrix}$$

```
In [158]: P*D*P**-1
```

Out[158]:

$$\begin{bmatrix} 3 & -2 & 4 & -2 \\ 5 & 3 & -3 & -2 \\ 5 & -2 & 2 & -2 \\ 5 & -2 & -3 & 3 \end{bmatrix}$$

```
In [159]: P*D*P**-1 == M

Out[159]: True
```

"고유벡터"함수에는 '고유값'이 포함되어 있으므로 '고유벡터'도 필요하면 "고유값" 메서드 대신 "고유벡터" 메서드를 사용해야 한다. 그러나 '고유벡터'를 계산할 때, 계산비용이 많이 들기 때문에 '고유값'을 찾기를 원한다면 "고유값" 메서드가 더 효율적이다. '특성 다항식'(characteristic polynomials)을 찾기 원하면 charpoly 메서드를 사용하는 것이 더 좋다. 때로는 심볼릭 '근'(roots)을 계산하는 데 계산비용이 많이들 수 있기 때문에, "고유값" 메서드보다 효율적이기 때문이다.

```
In [160]: lamda = symbols('lamda')
          p = M.charpoly(lamda)
          factor(p)
```

Out[160]: $(\lambda - 5)^2 (\lambda - 3) (\lambda + 2)$

데이터 분석을 위한 팬다스(Pandas)

13장

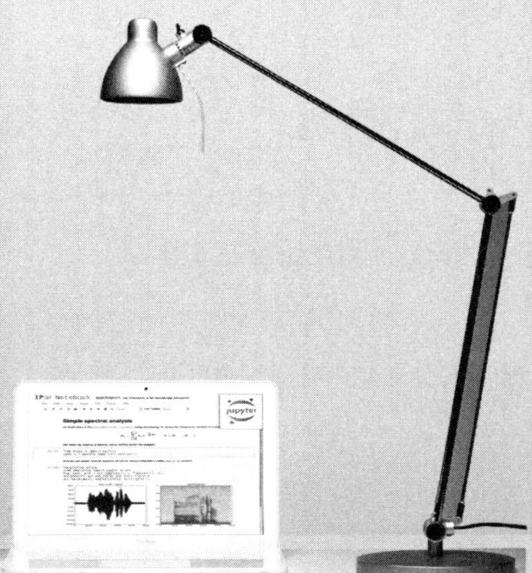

팬다스(Pandas)란?

이 장에서는 언급하고자 하는 팬다스는 귀여운 팬더곰과 아무 관련이 없으며, 파이썬 튜토리얼에서 기대하는 바가 아니다. 팬다스(Pandas)는 넘파이(NumPy), 싸이파이(SciPy) 및 매트플로트립(Matplotlib)의 기능을 기반으로 데이터 분석을 위한 파이썬 모듈을 말한다.

Pandas라는 단어는 "파이썬 데이터 분석(Python and data analysis)" 또는 "패널 데이터(panel data)"에서 파생된 단어이다. 팬다스(Pandas)가 넘파이(NumPy), 싸이파이(SciPy) 및 매트플로트립(Matplotlib) 대안인지에 대한 혼란이 종종 있다. 그러나, 사실은 이 팬다스 모듈은 넘파이 기반에 구현된 모듈이라는 점이다. 이것은 넘파이가 팬다스에 의해 요구된다는 것을 의미한다.

반면에 싸이파이와 매트플로트립(Matplotlib)은 팬다스가 반드시 요구하지는 않지만 매우 유용한 기능을 제공하고 있다. 그것이 팬다스 프로젝트가 이들을 "선택적 종속성(optional dependency)"으로 나열한 이유이기도 하다.

팬다스는 파이썬 프로그래밍 언어로 작성된 소프트웨어 라이브러리로, 데이터 조작(manipulation) 및 분석(analysis)에 사용된다. 수치 테이블 및 시계열 데이터 조작을 위한 '특수 데이터 구조'(special data structures) 및 조작(manipulation)을 제공한다. 팬다스(Pandas)는 3개의 절로 구성된 BSD 라이센스하에 공개된 오픈 소스 소프트웨어이다.

13.1 데이터 구조 - 시계열 급수와 데이터프레임

'팬다스'는 다음 두 가지의 중요한 데이터 구조(data structure)를 지원하고 있다.

- 시계열 급수(Series)
- 데이터 프레임(DataFrame)

13.1.1 시계열 급수 (Series)

급수(Series)는 일차원 레이블 배열과 같은 객체를 의미한다. 급수는 모든 데이터 유형을 포함할 수 있다 (예: 정수, 부동 소수점, 문자열, 파이썬 객체 등).

이는 두 개의 배열(array), 즉 인덱스(즉 레이블) 기능을 하는 배열과 실제 데이터를 포함하는 배열로 구조로 볼 수 있다.

다음 예제에서, 팬다스의 급수(Series) 객체를 리스트로 인스턴스화하여 간단한 급수 객체를 정의해 보자. 나중에 넘파이 배열과 사전형 같은 다른 데이터 객체를 사용하여 급수(Series) 객체를 인스턴스화 할 수 있음을 알게 될 것이다.

```
In [2]: import pandas as pd
        S = pd.Series([11, 28, 72, 3, 5, 8])
        S

Out[2]: 0    11
        1    28
        2    72
        3     3
        4     5
        5     8
        dtype: int64
```

이 예에서는 색인을 정의하지 않았지만, 출력에는 두 개의 열이 있다. 오른쪽 열에는 데이터가 들어 있고, 왼쪽 열에는 색인이 있다. 팬다스는 0으로 시작하는 기본 색인을 만든다. 5는 전체 데이터의 길이에서 1을 뺀 값이다. 우리는 급수 S와 인덱스와 값에 직접 액세스 할 수도 있다.

```
In [3]: print(S.index)
        print(S.values)

        RangeIndex(start=0, stop=6, step=1)
        [11 28 72  3  5  8]
```

이것을 넘파이로 만든 배열과 비교해 보면 여전히 많은 유사점이 있다.

```
In [4]: import numpy as np
        X = np.array([11, 28, 72, 3, 5, 8])
        print(X)
        print(S.values)
        # both are the same type:
        print(type(S.values), type(X))

        [11 28 72  3  5  8]
        [11 28 72  3  5  8]
        (<type 'numpy.ndarray'>, <type 'numpy.ndarray'>)
```

지금까지 급수(Series)는 넘파이의 ndarrays와 크게 다르지 않았다. 개별적인 색인으로 급수 객체를 정의하자마자 다음과 같이 변경된다.

```
In [5]: fruits = ['apples', 'oranges', 'cherries', 'pears']
        quantities = [20, 33, 52, 10]
        S = pd.Series(quantities, index=fruits)
        S
```

```
Out[5]: apples      20
        oranges     33
        cherries    52
        pears       10
        dtype: int64
```

넘파이 배열의 큰 장점은 이전 예제에서 명백하다. 즉, 임의의 색인을 사용할 수 있다. 동일한 색인(인덱스)을 가진 두 개의 급수를 추가하면, 동일한 색인을 가진 새로운 급수가 만들어지고 그에 상응하는 값이 추가된다.

```
In [6]: fruits = ['apples', 'oranges', 'cherries', 'pears']
        S = pd.Series([20, 33, 52, 10], index=fruits)
        S2 = pd.Series([17, 13, 31, 32], index=fruits)
        print(S + S2)
        print("sum of S: ", sum(S))
```

```
apples      37
oranges     46
cherries    83
pears       42
dtype: int64
('sum of S: ', 115)
```

그런데, 급수 추가시 색인이 반드시 동일할 필요는 없다. 색인은 두 색인의 "합집합(union)"이 된다. 양쪽 모두의 색인으로 색인이 존재하지 않는 경우, 이 급수의 값은 NaN이 된다.

```
In [9]: fruits = ['apples', 'oranges', 'cherries', 'pears']
        fruits2 = ['raspberries', 'oranges', 'cherries', 'pears']
        S = pd.Series([20, 33, 52, 10], index=fruits)
        S2 = pd.Series([17, 13, 31, 32], index=fruits2)
        print(S + S2)
```

```
apples          NaN
cherries       83.0
oranges        46.0
pears          42.0
raspberries     NaN
dtype: float64
```

또한, 급수의 단일 값 또는 둘 이상의 값에 '색인 리스트'(list of indices)를 사용하여 액세스할 수 있습니다.

```
In [10]: print(S['apples'])
         print(S[['apples', 'oranges', 'cherries']])
```

```
20
apples      20
oranges     33
cherries    52
dtype: int64
```

넘파이와 마찬가지로 일련의 스칼라 연산이나 수학 함수를 사용할 수 있다.

```
In [11]: print((S + 3) * 4)
         print("======================")
         print(np.sin(S))
```

```
apples       92
oranges     144
cherries    220
pears        52
dtype: int64
======================
apples      0.912945
oranges     0.999912
cherries    0.986628
pears      -0.544021
dtype: float64
```

13.1.1.1 pandas.Series.apply함수

```
Series.apply(func, convert_dtype=True, args=(), **kwds)
```

"func"함수는 급수에 적용되고, "func"에 따라 급수나 데이터 프레임(DataFrame) 중 하나를 반환한다.

- 매개변수 의미:
  - func : 급수 전체에 적용될 넘파이 함수 또는 급수의 모든 단일 값에 적용될 파이썬 함수.
  - convert_dtype : 부울 값. 참(기본값)으로 설정하면 apply함수는 개별 요소에 적용되는 함수 결과에 대해 더 적합한 dtype을 찾으려고 시도한다.
    거짓이면 dtype = object로 남겨 두면 된다.
  - args : 급수의 값에 추가로 "func"함수에 전달될 위치 인수.

– '**kwds' : 추가 키워드 인수는 키워드로서 함수에 전달된다.

```
In [12]: S.apply(np.sin)

Out[12]: apples      0.912945
         oranges     0.999912
         cherries    0.986628
         pears      -0.544021
         dtype: float64
```

파이썬 람다 함수(lambda function)를 사용할 수도 있다. 다음과 같은 작업을 한다고 가정해 보자. 모든 종류의 과일의 양을 검사하자. 이용 가능한 과일의 양이 50개 미만의 경우, 우리는 재고량을 10배 증가시킨다:

```
In [13]: S.apply(lambda x: x if x > 50 else x+10 )

Out[13]: apples      30
         oranges     43
         cherries    52
         pears       20
         dtype: int64
```

급수에 대하여 부울 배열로 필터링도 가능하다.

```
In [14]: S[S>30]

Out[14]: oranges     33
         cherries    52
         dtype: int64
```

급수는 길이가 고정된 정렬된 파이썬 사전(dictionary)으로 볼 수 있다.

```
In [15]: "apples" in S

Out[15]: True
```

사전을 급수 객체에 전달할 수도 있다. dict의 키를 색인으로 사용하는 급수를 얻을 수 있으며, 색인은 자동으로 정렬된다.

```
In [16]: cities = {"London":   8615246,
                   "Berlin":   3562166,
                   "Madrid":   3165235,
                   "Rome":     2874038,
                   "Paris":    2273305,
                   "Vienna":   1805681,
                   "Bucharest":1803425,
                   "Hamburg":  1760433,
                   "Budapest": 1754000,
                   "Warsaw":   1740119,
                   "Barcelona":1602386,
                   "Munich":   1493900,
                   "Milan":    1350680}
         city_series = pd.Series(cities)
         print(city_series)
```

```
Barcelona    1602386
Berlin       3562166
Bucharest    1803425
Budapest     1754000
Hamburg      1760433
London       8615246
Madrid       3165235
Milan        1350680
Munich       1493900
Paris        2273305
Rome         2874038
Vienna       1805681
Warsaw       1740119
dtype: int64
```

13.1.2 "NaN" - 누락된 데이터

데이터 분석 작업을 할 때의 한 가지 문제점은 누락된 데이터가 발생한다는 점이다. 팬다스는 누락된 데이터로 작업하기가 쉽다.

앞의 예를 다시 한번 살펴보면, 급수의 색인이 cities_series를 만드는 데 사용한 사전의 키와 동일하다는 것을 알 수 있다. 이제 사전 키와 겹치지 않는 색인을 사용하려고 한다면, 색인을 정의하기 위해 키워드 색인 'index'에 리스트 또는 튜플을 전달할 수 있음을 이미 알았다.

다음 예제에서, 키워드 매개 변수 'index'에 전달된 리스트(또는 튜플)는 키와 동일하지 않는다. 즉, 사전의 일부 도시가 누락되어 두 도시 ("취리히"및 "슈투트가르트")가 사전에 나타나지 않는다.

```
In [17]: my_cities = ["London", "Paris", "Zurich", "Berlin",
                      "Stuttgart", "Hamburg"]
         my_city_series = pd.Series(cities, index=my_cities)
         my_city_series
```

```
Out[17]: London       8615246.0
         Paris        2273305.0
         Zurich             NaN
         Berlin       3562166.0
         Stuttgart          NaN
         Hamburg      1760433.0
         dtype: float64
```

NaN 값으로 인해 다른 도시의 인구 값은 고정 소수점 형으로 바뀌었다. 다음 예제에서는 누락된 데이터가 없으므로 값은 '정수형'(int)이 된다.

```
In [18]: my_cities = ["London", "Paris", "Berlin", "Hamburg"]
         my_city_series = pd.Series(cities, index=my_cities)
         my_city_series
```

```
Out[18]: London     8615246
         Paris      2273305
         Berlin     3562166
         Hamburg    1760433
         dtype: int64
```

13.1.2.1 "isnull()" 과 "notnull()" 메서드

사전에 포함되지 않은 도시는 할당된 NaN 값을 얻는다. NaN은 "숫자가 아닙니다(not a number)"를 의미한다. 이 예에서는 '누락'이라는 의미로 볼 수도 있다. isnull() 및 notnull() 메서드를 사용하여 누락된 값을 확인할 수 있다.

```
In [19]: my_cities = ["London", "Paris", "Zurich", "Berlin",
                      "Stuttgart", "Hamburg"]
         my_city_series = pd.Series(cities, index=my_cities)
         print(my_city_series.isnull())
```

```
London       False
Paris        False
Zurich        True
Berlin       False
Stuttgart     True
Hamburg      False
dtype: bool
```

In [20]:
```
print(my_city_series.notnull())
```
```
London        True
Paris         True
Zurich       False
Berlin        True
Stuttgart    False
Hamburg       True
dtype: bool
```

사전의 값에 "None"이 있으면 "NaN"을 얻는다.

In [21]:
```
d = {"a":23, "b":45, "c":None, "d":0}
S = pd.Series(d)
print(S)
```
```
a    23.0
b    45.0
c     NaN
d     0.0
dtype: float64
```

In [22]:
```
pd.isnull(S)
```
Out[22]:
```
a    False
b    False
c     True
d    False
dtype: bool
```

In [23]:
```
pd.notnull(S)
```
Out[23]:
```
a     True
b     True
c    False
d     True
dtype: bool
```

13.1.2.2 누락된 데이터의 필터링

Series 메서드 dropna를 사용하여 누락된 데이터를 필터링 할 수 있다. 그것은 null이 아닌 데이터로만 구성된 급수(Series)를 반환한다.

```
In [24]: print(my_city_series.dropna())

London      8615246.0
Paris       2273305.0
Berlin      3562166.0
Hamburg     1760433.0
dtype: float64
```

13.1.2.3 누락된 데이터의 채움

대부분의 경우 누락된 데이터를 걸러 내고 싶지 않지만, 빈 틈에 알맞은 데이터를 채우고 싶은 경우에 적합한 방법이 fillna메서드 이다.:

```
In [25]: print(my_city_series.fillna(0))

London        8615246.0
Paris         2273305.0
Zurich              0.0
Berlin        3562166.0
Stuttgart           0.0
Hamburg       1760433.0
dtype: float64
```

나름대로 결과는 만족할 만 하다. 그러나 그건 "빈 갭을 적절한 데이터로 채우는 것"이라고 할 수는 없다. fillna메서드를 사전형식과 함께 호출한다면, 적절한 데이터, 즉 취리히 및 슈투트가르트 인구를 제공 할 수 있다.

```
In [26]: missing_cities = {"Stuttgart":597939, "Zurich":378884}
         my_city_series.fillna(missing_cities)

Out[26]: London        8615246.0
         Paris         2273305.0
         Zurich         378884.0
         Berlin        3562166.0
         Stuttgart      597939.0
         Hamburg       1760433.0
         dtype: float64
```

13.1.3 데이터 프레임

'데이터 프레임'(DataFrame)의 기본 아이디어는 스프레드 시트를 기반으로 하고 있다. 우리는 데이터 프레임의 데이터 구조를 테이블 형식과 스프레드 시트 형식으로 볼 수 있다. 그것은 정렬된 열의 콜렉션을 포함한다.

각 열은 고유한 데이터 유형으로 구성되지만, 각기 다른 열은 다른 유형을 가질 수 있다 (예 : 첫 번째 열은 정수로 구성 되고, 두 번째 열은 부울 값으로 구성된 경우). 데이터 프레임(DataFrame)에는 행 및 열 색인이 있다. 공통 색인을 가진 급수의 사전형과 같다.

```
In [27]: cities = {"name": ["London", "Berlin", "Madrid", "Rome",
                             "Paris", "Vienna", "Bucharest", "Hamburg",
                             "Budapest", "Warsaw", "Barcelona",
                             "Munich", "Milan"],
                    "population": [8615246, 3562166, 3165235, 2874038,
                                   2273305, 1805681, 1803425, 1760433,
                                   1754000, 1740119, 1602386, 1493900,
                                   1350680],
                    "country": ["England", "Germany", "Spain", "Italy",
                                "France", "Austria", "Romania",
                                "Germany", "Hungary", "Poland", "Spain",
                                "Germany", "Italy"]}
         city_frame = pd.DataFrame(cities)
         city_frame
```

Out[27]:

	country	name	population
0	England	London	8615246
1	Germany	Berlin	3562166
2	Spain	Madrid	3165235
3	Italy	Rome	2874038
4	France	Paris	2273305
5	Austria	Vienna	1805681
6	Romania	Bucharest	1803425
7	Germany	Hamburg	1760433
8	Hungary	Budapest	1754000
9	Poland	Warsaw	1740119
10	Spain	Barcelona	1602386
11	Germany	Munich	1493900
12	Italy	Milan	1350680

13.1.3.1 맞춤 색인

색인 (0,1,2,...)가 데이터프레임에 자동으로 할당되었음을 알 수 있다. 데이터프레임 객체에 사용자 정의 색인을 지정할 수도 있다.

```
In [28]: ordinals = ["first", "second", "third", "fourth",
                     "fifth", "sixth", "seventh", "eigth",
                     "ninth", "tenth", "eleventh", "twelvth",
                     "thirteenth"]
         city_frame = pd.DataFrame(cities, index=ordinals)
         city_frame
```

Out[28]:

	country	name	population
first	England	London	8615246
second	Germany	Berlin	3562166
third	Spain	Madrid	3165235
fourth	Italy	Rome	2874038
fifth	France	Paris	2273305
sixth	Austria	Vienna	1805681
seventh	Romania	Bucharest	1803425
eigth	Germany	Hamburg	1760433
ninth	Hungary	Budapest	1754000
tenth	Poland	Warsaw	1740119
eleventh	Spain	Barcelona	1602386
twelvth	Germany	Munich	1493900
thirteenth	Italy	Milan	1350680

13.1.3.2 열의 순서 재정렬

또한 데이터프레임의 열(column) 순서를 정의하거나 재정렬 할 수 있다.

```
In [29]: city_frame = pd.DataFrame(cities,
                                   columns=["name",
                                            "country",
                                            "population"],
                                   index=ordinals)
         city_frame
```

Out[29]:

	name	country	population
first	London	England	8615246
second	Berlin	Germany	3562166
third	Madrid	Spain	3165235
fourth	Rome	Italy	2874038
fifth	Paris	France	2273305
sixth	Vienna	Austria	1805681
seventh	Bucharest	Romania	1803425
eigth	Hamburg	Germany	1760433
ninth	Budapest	Hungary	1754000
tenth	Warsaw	Poland	1740119
eleventh	Barcelona	Spain	1602386
twelvth	Munich	Germany	1493900
thirteenth	Milan	Italy	1350680

13.1.3.3 기존 열을 데이터프레임의 색인으로 사용

다음 예제에서는 기존 열을 데이터프레임의 색을으로 사용하여, 보다 유용한 인덱스를 만들 수 있다. 국가 이름을 색인으로 사용한다.

```
In [30]: city_frame = pd.DataFrame(cities,
                                    columns=["name", "population"],
                                    index=cities["country"])
         city_frame
```

Out[30]:

	name	population
England	London	8615246
Germany	Berlin	3562166
Spain	Madrid	3165235
Italy	Rome	2874038
France	Paris	2273305
Austria	Vienna	1805681
Romania	Bucharest	1803425
Germany	Hamburg	1760433
Hungary	Budapest	1754000
Poland	Warsaw	1740119
Spain	Barcelona	1602386
Germany	Munich	1493900
Italy	Milan	1350680

또는 set_index() 메서드를 사용하여 열을 인덱스로 변환할 수 있다. "set_index()" 함수가 제자리에서 작동하지 않으면 선택된 열을 색인으로 사용하여 새 데이터 프레임을 반환한다.

```
In [31]: city_frame = pd.DataFrame(cities)
         city_frame2 = city_frame.set_index("country")
         print(city_frame2)

                      name  population
         country
         England    London     8615246
         Germany    Berlin     3562166
         Spain      Madrid     3165235
         Italy        Rome     2874038
         France      Paris     2273305
         Austria    Vienna     1805681
         Romania  Bucharest    1803425
         Germany   Hamburg     1760433
         Hungary  Budapest     1754000
         Poland     Warsaw     1740119
         Spain    Barcelona    1602386
         Germany    Munich     1493900
         Italy       Milan     1350680
```

앞의 예제에서 set_index() 메서드는 새 데이터프레임 개체를 반환하고, 원 데이터프레임은 변경하지 않은 것으로 나타났다. 선택적 매개변수 인 "inplace"를 '참'(True)로 설정하면 데이터프레임이 제자리에서 변경된다. 즉, 새 개체가 생성되지 않는다.

```
In [32]: city_frame = pd.DataFrame(cities)
         city_frame.set_index("country", inplace=True)
         print(city_frame)

                      name  population
         country
         England    London     8615246
         Germany    Berlin     3562166
         Spain      Madrid     3165235
         Italy        Rome     2874038
         France      Paris     2273305
         Austria    Vienna     1805681
         Romania  Bucharest    1803425
         Germany   Hamburg     1760433
         Hungary  Budapest     1754000
         Poland     Warsaw     1740119
         Spain    Barcelona    1602386
         Germany    Munich     1493900
         Italy       Milan     1350680
```

13.1.3.4 합계와 누적 합계사용

데이터프레임의 모든 열 또는 특정 열의 합계를 계산할 수 있다.

```
In [33]: print(city_frame.sum())
```

```
name          LondonBerlinMadridRomeParisViennaBucharestHamb...
population                                             33800614
dtype: object
```

```
In [34]: city_frame["population"].sum()
```

```
Out[34]: 33800614
```

"cumsum" 메서드를 사용하여 '누적 합계'(cumulative sum)를 계산할 수 있다.

```
In [35]: x = city_frame["population"].cumsum()
         print(x)
```

```
country
England     8615246
Germany    12177412
Spain      15342647
Italy      18216685
France     20489990
Austria    22295671
Romania    24099096
Germany    25859529
Hungary    27613529
Poland     29353648
Spain      30956034
Germany    32449934
Italy      33800614
Name: population, dtype: int64
```

13.1.3.5 열에 새로운 값 지정

앞의 예제의 변수 x는 팬다스의 급수형이다. 이전에 계산된 누적 합계를 인구수(population) 열에 다시 할당 할 수 있다.

```
In [36]: city_frame["population"] = x
         print(city_frame)
```

```
                name  population
country
England       London     8615246
Germany       Berlin    12177412
Spain         Madrid    15342647
Italy           Rome    18216685
France         Paris    20489990
Austria       Vienna    22295671
Romania    Bucharest    24099096
Germany      Hamburg    25859529
Hungary     Budapest    27613529
Poland        Warsaw    29353648
Spain      Barcelona    30956034
Germany       Munich    32449934
Italy          Milan    33800614
```

인구수 열의 값을 누적 합계로 바꾸는 대신, 누적 인구수 합계를 "cum_population"이라는 새 열로 추가하려고 한다.

```
In [37]: city_frame = pd.DataFrame(cities,
                                   columns=["country",
                                            "population",
                                            "cum_population"],
                                   index=cities["name"])
         city_frame
```

Out[37]:

	country	population	cum_population
London	England	8615246	NaN
Berlin	Germany	3562166	NaN
Madrid	Spain	3165235	NaN
Rome	Italy	2874038	NaN
Paris	France	2273305	NaN
Vienna	Austria	1805681	NaN
Bucharest	Romania	1803425	NaN
Hamburg	Germany	1760433	NaN
Budapest	Hungary	1754000	NaN
Warsaw	Poland	1740119	NaN
Barcelona	Spain	1602386	NaN
Munich	Germany	1493900	NaN
Milan	Italy	1350680	NaN

"cum_population"열이 NaN으로 설정되어 있는 것을 볼 수 있다. 이는 아직 데이터를 제공하지 않았기 때문이다. 이제 누적 합계를 이 열에 대입하자.

```
In [38]: city_frame["cum_population"] = city_frame["population"].cumsum()
         city_frame
```

Out[38]:

	country	population	cum_population
London	England	8615246	8615246
Berlin	Germany	3562166	12177412
Madrid	Spain	3165235	15342647
Rome	Italy	2874038	18216685
Paris	France	2273305	20489990
Vienna	Austria	1805681	22295671
Bucharest	Romania	1803425	24099096
Hamburg	Germany	1760433	25859529
Budapest	Hungary	1754000	27613529
Warsaw	Poland	1740119	29353648
Barcelona	Spain	1602386	30956034
Munich	Germany	1493900	32449934
Milan	Italy	1350680	33800614

사전형에 포함되지 않은 열 이름을 포함 할 수도 있다. 이 경우 해당 열의 모든 값은 NaN으로 설정된다.

```
In [39]: city_frame = pd.DataFrame(cities,
                                   columns=["country",
                                            "area",
                                            "population"],
                                   index=cities["name"])
         print(city_frame)

                 country area  population
         London    England  NaN     8615246
         Berlin    Germany  NaN     3562166
         Madrid      Spain  NaN     3165235
         Rome        Italy  NaN     2874038
         Paris      France  NaN     2273305
         Vienna    Austria  NaN     1805681
         Bucharest Romania  NaN     1803425
         Hamburg   Germany  NaN     1760433
         Budapest  Hungary  NaN     1754000
         Warsaw     Poland  NaN     1740119
         Barcelona   Spain  NaN     1602386
         Munich    Germany  NaN     1493900
         Milan       Italy  NaN     1350680
```

13.1.3.6 데이터프레임의 열 액세스

데이터프레임의 열(column)에 액세스하는 방법에는 두 가지가 있다. 결과는 두 경우 모두 "급수"이다.

In [40]:
```
# in a dictionary-like way:
print(city_frame["population"])
```

```
London       8615246
Berlin       3562166
Madrid       3165235
Rome         2874038
Paris        2273305
Vienna       1805681
Bucharest    1803425
Hamburg      1760433
Budapest     1754000
Warsaw       1740119
Barcelona    1602386
Munich       1493900
Milan        1350680
Name: population, dtype: int64
```

In [41]:
```
# as an attribute
print(city_frame.population)
```

```
London       8615246
Berlin       3562166
Madrid       3165235
Rome         2874038
Paris        2273305
Vienna       1805681
Bucharest    1803425
Hamburg      1760433
Budapest     1754000
Warsaw       1740119
Barcelona    1602386
Munich       1493900
Milan        1350680
Name: population, dtype: int64
```

In [42]:
```
print(type(city_frame.population))
```

```
<class 'pandas.core.series.Series'>
```

```
In [43]: city_frame.population
```

```
Out[43]: London        8615246
         Berlin        3562166
         Madrid        3165235
         Rome          2874038
         Paris         2273305
         Vienna        1805681
         Bucharest     1803425
         Hamburg       1760433
         Budapest      1754000
         Warsaw        1740119
         Barcelona     1602386
         Munich        1493900
         Milan         1350680
         Name: population, dtype: int64
```

이전 예에서 우리는 인구 열을 복사하지 않았음을 알 수 있다. "p"는 city_frame의 데이터 뷰(view)이다.

13.1.3.7 열에 새로운 값 지정

열(column) '면적(area)'영역이 아직 정의되지 않았지만, 열의 모든 요소를 같은 값으로 설정할 수 있다.

```
In [44]: city_frame["area"] = 1572
         print(city_frame)
```

```
             country  area  population
London       England  1572     8615246
Berlin       Germany  1572     3562166
Madrid         Spain  1572     3165235
Rome           Italy  1572     2874038
Paris         France  1572     2273305
Vienna       Austria  1572     1805681
Bucharest    Romania  1572     1803425
Hamburg      Germany  1572     1760433
Budapest     Hungary  1572     1754000
Warsaw        Poland  1572     1740119
Barcelona      Spain  1572     1602386
Munich       Germany  1572     1493900
Milan          Italy  1572     1350680
```

이 경우 정확한 면적 값을 도시에 할당하는 것이 좋다. 면적 값이 있는 리스트는 데이터프레임의 행의 수와 길이 가 같아야 한다.

In [45]:
```
# area in square km:
area = [1572, 891.85, 605.77, 1285,
        105.4, 414.6, 228, 755,
        525.2, 517, 101.9, 310.4,
        181.8]
city_frame["area"] = area
print(city_frame)
```

```
           country     area  population
London     England  1572.00     8615246
Berlin     Germany   891.85     3562166
Madrid       Spain   605.77     3165235
Rome         Italy  1285.00     2874038
Paris       France   105.40     2273305
Vienna     Austria   414.60     1805681
Bucharest  Romania   228.00     1803425
Hamburg    Germany   755.00     1760433
Budapest   Hungary   525.20     1754000
Warsaw      Poland   517.00     1740119
Barcelona    Spain   101.90     1602386
Munich     Germany   310.40     1493900
Milan        Italy   181.80     1350680
```

13.1.3.8 데이터프레임의 행 액세스

데이터프레임에서 행을 직접 액세스 할 수도 있다.

다음과 같은 방법으로 네 번째 도시의 정보에 액세스해보자.

In [46]:
```
city_frame.ix["Hamburg"]
```

Out[46]:
```
country       Germany
area              755
population    1760433
Name: Hamburg, dtype: object
```

13.1.3.9. 데이터프레임의 정렬

도시 면적에 따라 데이터프레임을 정렬해보자.

```
In [47]: city_frame = city_frame.sort_values(by="area", ascending=False)
         print(city_frame)
```

```
              country     area  population
London        England  1572.00     8615246
Rome            Italy  1285.00     2874038
Berlin        Germany   891.85     3562166
Hamburg       Germany   755.00     1760433
Madrid          Spain   605.77     3165235
Budapest      Hungary   525.20     1754000
Warsaw         Poland   517.00     1740119
Vienna        Austria   414.60     1805681
Munich        Germany   310.40     1493900
Bucharest     Romania   228.00     1803425
Milan           Italy   181.80     1350680
Paris          France   105.40     2273305
Barcelona       Spain   101.90     1602386
```

런던, 함부르크, 밀라노의 면적 값만 있다고 가정하자. 면적은 올바른 색인이 있는 급수의 형태이다. 우리는 이 급수를 다음과 같이 지정할 수 있다.

```
In [48]: city_frame = pd.DataFrame(cities,
                                   columns=["name",
                                            "country",
                                            "area",
                                            "population"],
                                   index=ordinals)
         some_areas = pd.Series([1572, 755, 181.8],
                                index=['first', 'eigth', 'thirteenth'])
         city_frame['area'] = some_areas
         print(city_frame)
```

```
                  name  country    area  population
first           London  England  1572.0     8615246
second          Berlin  Germany     NaN     3562166
third           Madrid    Spain     NaN     3165235
fourth            Rome    Italy     NaN     2874038
fifth            Paris   France     NaN     2273305
sixth           Vienna  Austria     NaN     1805681
seventh      Bucharest  Romania     NaN     1803425
eigth          Hamburg  Germany   755.0     1760433
ninth         Budapest  Hungary     NaN     1754000
tenth           Warsaw   Poland     NaN     1740119
eleventh     Barcelona    Spain     NaN     1602386
twelvth         Munich  Germany     NaN     1493900
thirteenth       Milan    Italy   181.8     1350680
```

중첩된 사전형 데이터는 데이터프레임에도 전달 될 수 있다. 외부 사전의 색인은 열과 내부 키로 사용된. 즉 중첩된 사전형의 키가 행 인덱스로 사용되는 것이다.

```
In [49]: growth = {"Switzerland": {"2010": 3.0, "2011": 1.8, "2012": 1.1, "2
013": 1.9},
             "Germany": {"2010": 4.1, "2011": 3.6, "2012": 0.4, "2013"
: 0.1},
             "France": {"2010":2.0,  "2011":2.1, "2012": 0.3, "2013":
0.3},
             "Greece": {"2010":-5.4, "2011":-8.9, "2012":-6.6, "2013":
-3.3},
             "Italy": {"2010":1.7, "2011": 0.6, "2012":-2.3, "2013":-1
.9}
             }
growth_frame = pd.DataFrame(growth)
growth_frame
```

Out[49]:

	France	Germany	Greece	Italy	Switzerland
2010	2.0	4.1	-5.4	1.7	3.0
2011	2.1	3.6	-8.9	0.6	1.8
2012	0.3	0.4	-6.6	-2.3	1.1
2013	0.3	0.1	-3.3	-1.9	1.9

열과 행에 있는 년도와 도시의 이름 위치를 변경하려면, 데이터의 전치(transpose)로 변경 할 수 있다.

```
In [50]: growth_frame.T
```

Out[50]:

	2010	2011	2012	2013
France	2.0	2.1	0.3	0.3
Germany	4.1	3.6	0.4	0.1
Greece	-5.4	-8.9	-6.6	-3.3
Italy	1.7	0.6	-2.3	-1.9
Switzerland	3.0	1.8	1.1	1.9

```
In [51]: growth_frame = growth_frame.T
growth_frame2 = growth_frame.reindex(["Switzerland",
                                      "Italy",
                                      "Germany",
                                      "Greece"])
print(growth_frame2)

             2010  2011  2012  2013
Switzerland   3.0   1.8   1.1   1.9
Italy         1.7   0.6  -2.3  -1.9
Germany       4.1   3.6   0.4   0.1
Greece       -5.4  -8.9  -6.6  -3.3
```

13.1.3.10 임의의 값으로 데이터프레임 채우기 (Filling a DataFrame with random values)

In [52]:
```
import numpy as np
names = ['Frank', 'Eve', 'Stella', 'Guido', 'Lara']
index = ["January", "February", "March",
         "April", "May", "June",
         "July", "August", "September",
         "October", "November", "December"]
df = pd.DataFrame(np.random.randn(12, 5)*1000,
                  columns=names,
                  index=index)
df
```

Out[52]:

	Frank	Eve	Stella	Guido	Lara
January	-781.041215	117.787895	2180.374161	-2645.463048	-2951.772690
February	576.866010	-1431.166890	1555.776353	1095.305416	24.506142
March	-294.570742	215.174579	-1207.805299	-185.542241	180.836481
April	-39.275891	437.748007	1608.230556	765.086180	427.799551
May	-384.002858	-404.826040	-721.249099	-1919.894775	-1328.414031
June	-796.291041	764.903253	279.801053	208.986606	1249.116668
July	-1526.541646	-351.597339	1001.005907	1284.692984	2539.351326
August	1253.417500	-985.031990	2039.460184	-444.700372	-158.703529
September	891.587167	-41.438336	276.976804	946.824916	-1358.[illegible]30737
October	1324.324525	616.141533	679.762558	-1106.008995	424.639544
November	1061.105232	586.251765	638.385884	-122.227949	-800.580306
December	105.901832	-2004.079440	-1321.391907	-162.980675	-1554.632082

13.1.3.11 "CSV" 형식 화일 읽기

우리가 모든 국가의 인구 데이터 (2014 년 7 월)와 함께 csv 파일을 읽고 싶다고 하자. 파일의 구분 기호로 '공백'(space)과 '쉼표'(comma)는 숫자에서 그룹을 구분하는 데 사용된다.

In [57]:
```
pop = pd.read_csv("countries_population.csv",
                  header=None,
                  names=["Country", "Population"],
                  index_col=0,
                  quotechar="'",
                  sep=",",
                  thousands=",")
print(pop)
```

```
                 Population
Country
China            1355692576
India            1236344631
European Union    511434812
United States     318892103
Indonesia         253609643
Brazil            202656788
Pakistan          196174380
Nigeria           177155754
Bangladesh        166280712
Russia            142470272
Japan             127103388
Mexico            120286655
Philippines       107668231
Ethiopia           96633458
Vietnam            93421835
Egypt              86895099
Turkey             81619392
Germany            80996685
Iran               80840713
```

화일(countries_population.csv)의 내용은 다음과 같다.

```
China , 1355692576
India , 1236344631
European Union , 511434812
United States , 318892103
Indonesia , 253609643
Brazil , 202656788
Pakistan , 196174380
Nigeria , 177155754
Bangladesh , 166280712
Russia , 142470272
Japan , 127103388
Mexico , 120286655
```

Philippines , 107668231

Ethiopia , 96633458

Vietnam , 93421835

Egypt , 86895099

Turkey , 81619392

Germany , 80996685

Iran , 80840713

13.2 팬다스를 이용한 데이터 시각화

과학적 데이터나 비즈니스 데이터를 숫자의 행과 열에 단독으로 표시하는 것은 거의 불가능하다. 오히려 다양한 종류의 다이어그램을 사용하여 데이터를 시각화한다.

이것은 정보의 전달을 보다 효율적이고 이해하기 쉽게 만든다. 즉, 복잡한 데이터를 보다 쉽게 액세스하고 이해할 수 있게 한다. 수치 데이터는 '라인 차트'(line chart), '막대 차트'(bar chart), '원형 차트'(pie chart), '히스토그램'(histogram), '산점도'(scatter plot) 등의 그래픽으로 인코딩 할 수 있다.

우리는 이미 출판 품질 플롯을 작성하는 강력한 기능을 보았다. 매트프로트립(Matplotlib)는 범례(legend), 눈금 레이블(tick label), 윤곽선(contour) 등과 같은 기본 구성 요소를 추가하여 플롯을 해석하기위한 기본적인 저수준(low-level)의 도구이다. 팬다스는 다양한 플로팅 구현의 가능성을 제공한다.

먼저, '라인차트'(line chart)의 예제를 살펴 보자.

13.2.1 팬다스의 라인 플롯

13.2.1.1 급수(Series)

팬다스의 급수(Series)와 데이터프레임(DataFrame) 객체 모두 플롯 방법을 지원한다. 급수(Series) 객체에 대한 간단한 예제를 살펴 보자.

우리는 범위에 대한 데이터로 간단한 파이썬 리스트 "data"를 사용한다. 석인은 x 값 또는 도

메인에 사용된다.

```
In [59]: %matplotlib inline
         import pandas as pd
         data = [100, 120, 140, 180, 200, 210, 214]
         s = pd.Series(data, index=range(len(data)))
         s.plot()
Out[59]: <matplotlib.axes._subplots.AxesSubplot at 0x1195a65d0>
```

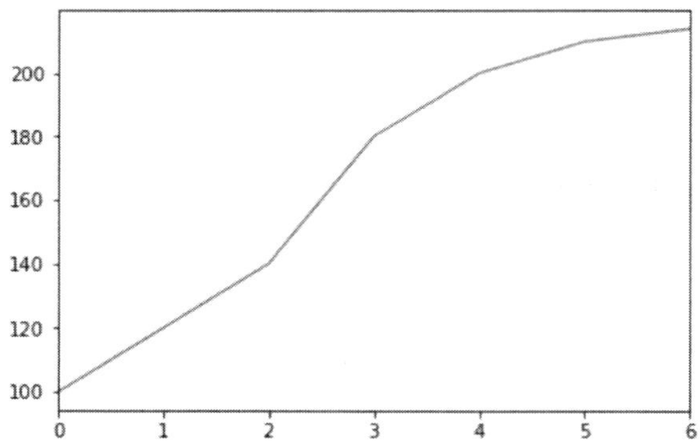

키워드 매개 변수 “use_index”를 ‘거짓’(False)으로 설정하여 색인 사용을 억제 할 수 있다. 위의 예에서는 같은 결과를 얻을 것이다 .

```
In [60]: s.plot(use_index=False)
Out[60]: <matplotlib.axes._subplots.AxesSubplot at 0x1196531d0>
```

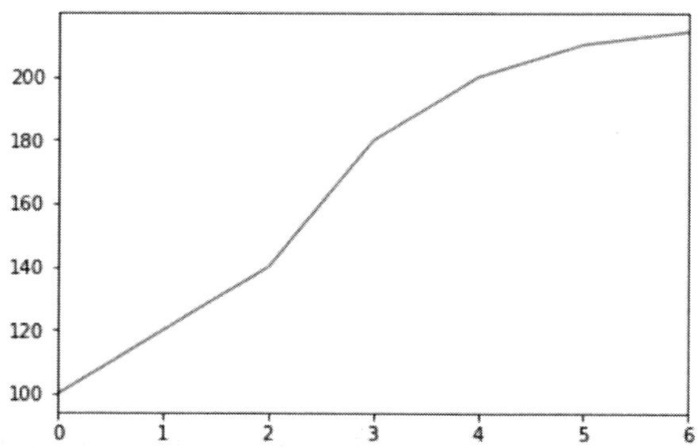

우리는 알파벳순으로 구성된 색인을 가진 급수를 가지고 확인해 보고자 한다.

```
In [61]: fruits = ['apples', 'oranges', 'cherries', 'pears']
         quantities = [20, 33, 52, 10]
         S = pd.Series(quantities, index=fruits)
         S.plot()

Out[61]: <matplotlib.axes._subplots.AxesSubplot at 0x1197bced0>
```

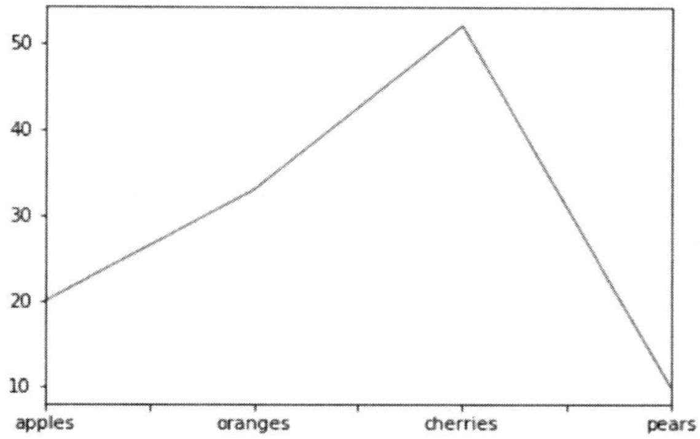

13.2.1.2 데이터 프레임의 라인 플롯

이제 데이터프레임의 플롯 방법을 소개 할 것이다. 우리는 인구 및 면적 수치로 사전형의 데이터를 정의한다. 이 사전형은 플로팅에 사용할 데이터프레임을 만드는 데 사용할 수 있다.

```
In [62]: import pandas as pd
         cities = {"name": ["London", "Berlin", "Madrid", "Rome",
                            "Paris", "Vienna", "Bucharest", "Hamburg",
                            "Budapest", "Warsaw", "Barcelona",
                            "Munich", "Milan"],
                   "population": [8615246, 3562166, 3165235, 2874038,
                                  2273305, 1805681, 1803425, 1760433,
                                  1754000, 1740119, 1602386, 1493900,
                                  1350680],
                   "area" : [1572, 891.85, 605.77, 1285,
                             105.4, 414.6, 228, 755,
                             525.2, 517, 101.9, 310.4,
                             181.8]
         }
         city_frame = pd.DataFrame(cities,
                                   columns=["population", "area"],
                                   index=cities["name"])
         print(city_frame)
```

```
              population     area
London           8615246  1572.00
Berlin           3562166   891.85
Madrid           3165235   605.77
Rome             2874038  1285.00
Paris            2273305   105.40
Vienna           1805681   414.60
Bucharest        1803425   228.00
Hamburg          1760433   755.00
Budapest         1754000   525.20
Warsaw           1740119   517.00
Barcelona        1602386   101.90
Munich           1493900   310.40
Milan            1350680   181.80
```

다음 코드는 데이터프레임 city_frame을 보여준다. "면적"선이 표시되지 않거나 x 축과 겹치기 때문에 '면적' 열에 1000을 곱해서 보여준다.

```
In [63]: city_frame["area"] *= 1000
         city_frame.plot()

Out[63]: <matplotlib.axes._subplots.AxesSubplot at 0x1195baed0>
```

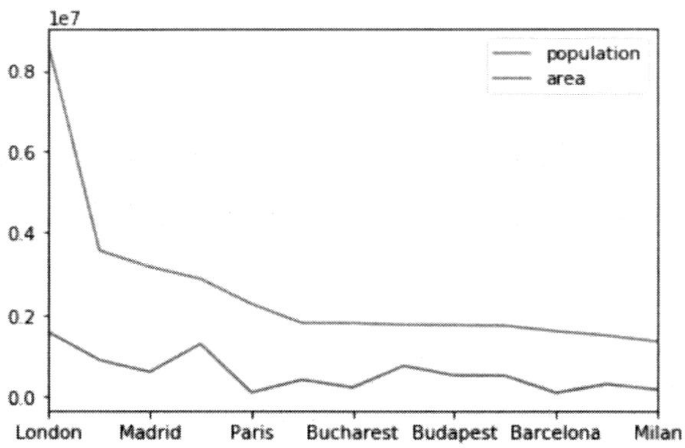

모든 도시 이름이 x 축에 표시되는 것은 아니기 때문에, 처음에 원했던 그래프에는 미치지 못한다. 우리는 명시적으로 xticks를 "range(len(city_frame.index))"로 정의함으로써 이를 변경할 수 있다. 또한 use_index를 '참'(True)으로 설정해서 0에서 len(city_frame.index)까지 표시할 것이다.

```
In [64]: city_frame.plot(xticks=range(len(city_frame.index)), use_index=True
         )

Out[64]: <matplotlib.axes._subplots.AxesSubplot at 0x119965ad0>
```

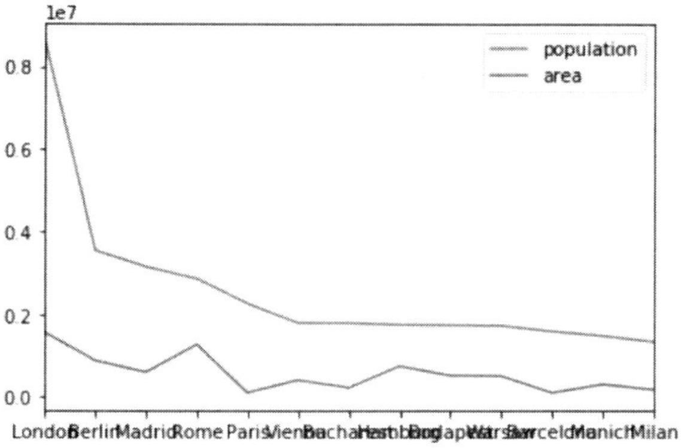

이제 새로운 문제가 생겼다. 즉, 도시 이름이 겹쳐 잘 안보이는 것이다. 디 문제를 해결하는 방법은, 도시명 문자열을 90도 회전 하여 세로로 인쇄하는 것이다.

```
In [65]: city_frame.plot(xticks=range(len(city_frame.index)),
                         use_index=True,
                         rot=90)
```

```
Out[65]: <matplotlib.axes._subplots.AxesSubplot at 0x119bf9210>
```

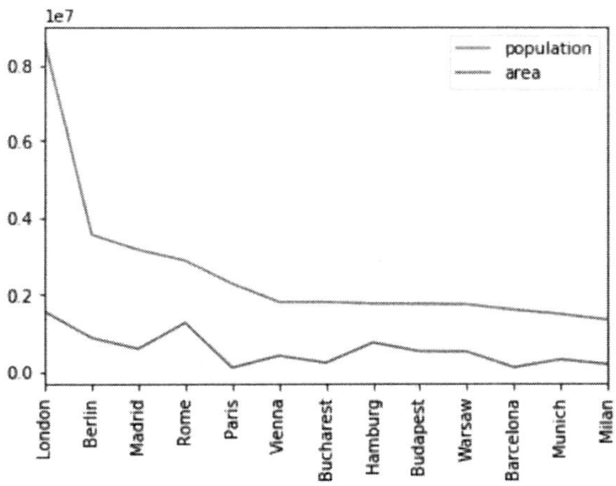

13.2.1.3 이동 축을 이용한 그래프

우리는 적절한 출력을 얻기 위해, '면적' 열을 1000 배로 늘렸다. 이것 대신, '쌍둥이 축'(twin axes)을 사용할 수 있다. 다음 예제에서는 원래의 '면적' 열을 얻기 위해 데이터프레임 city_frame을 다시 만들 것이다.

In [66]:
```
city_frame = pd.DataFrame(cities,
                          columns=["population", "area"],
                          index=cities["name"])
print(city_frame)
```

```
            population     area
London         8615246  1572.00
Berlin         3562166   891.85
Madrid         3165235   605.77
Rome           2874038  1285.00
Paris          2273305   105.40
Vienna         1805681   414.60
Bucharest      1803425   228.00
Hamburg        1760433   755.00
Budapest       1754000   525.20
Warsaw         1740119   517.00
Barcelona      1602386   101.90
Munich         1493900   310.40
Milan          1350680   181.80
```

In [67]:
```
import matplotlib.pyplot as plt
fig, ax = plt.subplots()
fig.suptitle("City Statistics")
ax.set_ylabel("Population")
ax.set_xlabel("Citites")
ax2 = ax.twinx()
ax2.set_ylabel("Area")
city_frame["population"].plot(ax=ax,
                              style="b-",
                              use_index=True,
                              rot=90)
city_frame["area"].plot(ax=ax2,
                        style="g-",
                        use_index=True,
                        rot=90)
```

Out[67]: <matplotlib.axes._subplots.AxesSubplot at 0x119de9e50>

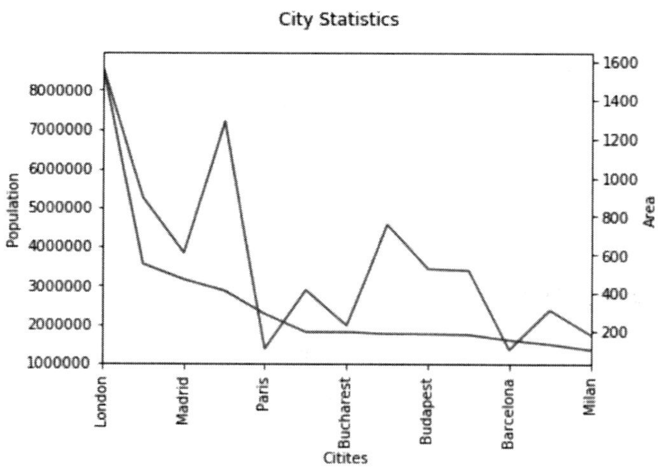

13.2.1.4 여러 개의 Y축을 가지는 그래프

데이터프레임 city_frame에 다른 축을 추가해 보자. '인구밀도'(population density)가 있는 열, 즉 평방 킬로미터당 사람 수를 추가해 보자.

In [68]:
```
city_frame["density"] = city_frame["population"] / city_frame["area
"]
city_frame
```

Out[68]:

	population	area	density
London	8615246	1572.00	5480.436387
Berlin	3562166	891.85	3994.131300
Madrid	3165235	605.77	5225.143206
Rome	2874038	1285.00	2236.605447
Paris	2273305	105.40	21568.358634
Vienna	1805681	414.60	4355.236372
Bucharest	1803425	228.00	7909.758772
Hamburg	1760433	755.00	2331.699338
Budapest	1754000	525.20	3339.680122
Warsaw	1740119	517.00	3365.800774
Barcelona	1602386	101.90	15725.083415
Munich	1493900	310.40	4812.822165
Milan	1350680	181.80	7429.482948

이제 우리는 세 개의 축을 하나의 그래프에 나타낼 것이다. 그러기 위해 값들(values)에 대해 세 개의 축을 만든다.

```
In [69]: import matplotlib.pyplot as plt
         fig, ax = plt.subplots()
         fig.suptitle("City Statistics")
         ax.set_ylabel("Population")
         ax.set_xlabel("Citites")
         ax_area, ax_density = ax.twinx(), ax.twinx()
         ax_area.set_ylabel("Area")
         ax_density.set_ylabel("Density")
         rspine = ax_density.spines['right']
         rspine.set_position(('axes', 1.25))
         ax_density.set_frame_on(True)
         ax_density.patch.set_visible(False)
         fig.subplots_adjust(right=0.75)
         city_frame["population"].plot(ax=ax,
                                       style="b-",
                                       use_index=True,
                                       rot=90)
         city_frame["area"].plot(ax=ax_area,
                                 style="g-",
                                 use_index=True,
                                 rot=90)
         city_frame["density"].plot(ax=ax_density,
                                    style="r-",
                                    use_index=True,
                                    rot=90)

Out[69]: <matplotlib.axes._subplots.AxesSubplot at 0x11a0986d0>
```

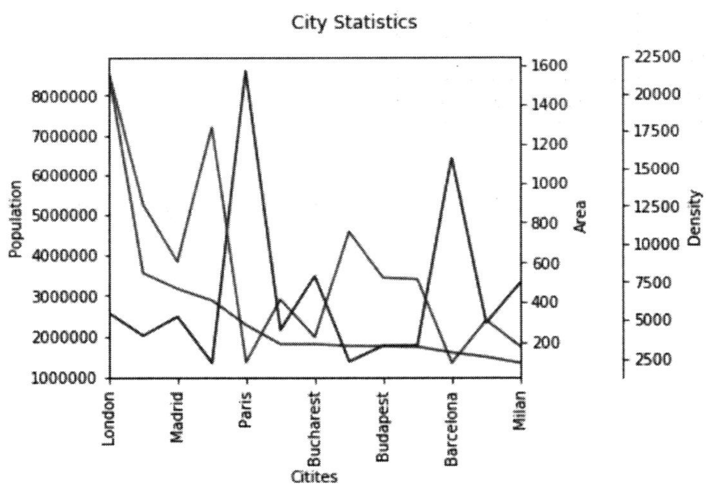

13.2.2 보다 복잡한 예제

웹 사이트의 방문자 통계가 있는 파일을 사용해 보자. 이 파일의 내용은 다음과 같다.

```
Month Year  "Unique visitors"  "Number of visits"  Pages  Hits  Bandwidth Unit
Jun 2010   11   13   42   290   2.63 MB
Jul 2010   27   39   232   939   9.42 MB
Aug 2010   75   87   207   1,096   17.37 MB
Sep 2010   171   221   480   2,373   39.63 MB
...
Nov 2016   234,518   374,641   832,244   4,378,623   167.68 GB
Dec 2016   209,367   323,845   598,081   3,627,830   145.41 GB
Jan 2017   219,153   346,011   633,984   3,827,909   158.36 GB
Feb 2017   255,869   409,503   752,516   4,630,365   189.43 GB
Mar 2017   284,557   467,802   891,505   5,306,521   221.30 GB
```

In [17]:
```python
# %matplotlib inline
import pandas as pd
data = pd.read_csv("python_course_monthly_history.txt",
                   quotechar='"',
                   thousands=",",
                   delimiter=r"\s+")

def unit_convert(x):
    value, unit = x
    if unit == "MB":
        value *= 1024
    elif unit == "GB":
        value *= 1048576 # i.e. 1024 **2
    return value

b_and_u= data[["Bandwidth", "Unit"]]
bandwidth = b_and_u.apply(unit_convert, axis=1)
del data["Unit"]
data["Bandwidth"] = bandwidth
month_year =  data[["Month", "Year"]]
month_year = month_year.apply(lambda x: x[0] + " " + str(x[1]), axi
s=1)
data["Month"] = month_year
del data["Year"]
data.set_index("Month", inplace=True)
del data["Bandwidth"]
data[["Unique visitors", "Number of visits"]].plot(use_index=True,
rot=90)
```

Out[17]:
```
<matplotlib.axes._subplots.AxesSubplot at 0x10de148d0>
```

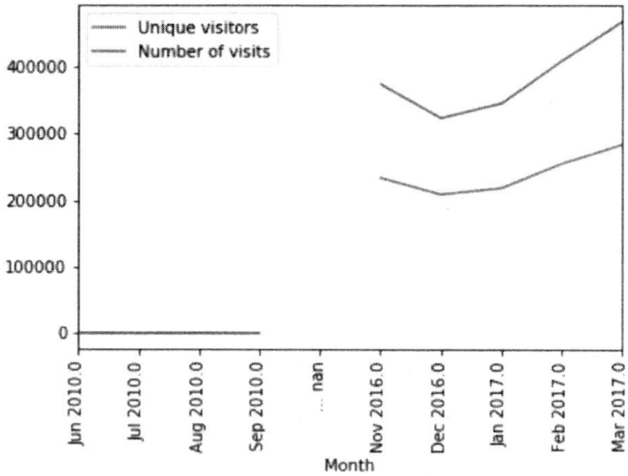

13.2.2.1 문자열 열을 부동소수점으로 변환

프로그래밍 언어의 사용 순위를 기록한 programming_ language_usage.txt라는 파일이 있다. 이 데이터는 TIOBE가 2017년 4월에 수집하여 작성한 것이며, 파일의 내용은 다음과 같다.

```
"Apr 2017"  "Language"  Ratings
1   Java     15.568%
2   C    6.966%
3   C++ 4.554%
4   C#  3.579%
5   Python  3.457%
6   PHP 3.376%
7   Visual Basic .NET   3.251%
8   JavaScript  2.851%
9   Delphi/Object Pascal    2.816%
10  Perl     2.413%
11  Ruby     2.310%
12  Swift    2.287%
13  Assembly language   2.168%
14  Objective-C 2.163%
15  R   2.138%
16  Visual Basic     2.058%
17  MATLAB  2.045%
```

```
18  Go   1.974%
19  Scratch 1.668%
20  PL/SQL   1.619%
```

백분율 열에는 백분율 기호가 있는 문자열이 들어 있다. read_csv함수로 데이터를 읽을 때 이것을 없앨 수 있다. 우리는 '변환자 함수'(converter function)를 정의해야 한다.

이 함수는 '변환 사전'(converters dictionary)을 통해 read_csv함수를 호출하고, 열 이름을 키로, 함수의 참조를 값으로 포함한다.

```
In [116]: #%matplotlib inline
          #import pandas as pd

          progs = pd.read_csv( "programming_language_usage.txt',
                              quotechar='"',
                              thousands=",",
                              index_col=1,
                              delimiter=r"\s+")  # 정규식 표현....

          del progs['Rank']
          print(progs)
          progs.plot(xticks=range(len(progs.index)), use_index=True, rot=90)
```

```
                       Percentage
"Language"
Java                       15.568
C                           6.966
C++                         4.554
C#                          3.579
Python                      3.457
PHP                         3.376
Visual-Basic-.NET           3.251
JavaScript                  2.851
Delphi-Pascal               2.816
Perl                        2.413
Ruby                        2.310
Swift                       2.287
Assembly-language           2.168
Objective-C                 2.163
R                           2.138
Visual-Basic                2.058
MATLAB                      2.045
Go                          1.974
Scratch                     1.668
PL/SQL                      1.619
```

Out[116]: <matplotlib.axes._subplots.AxesSubplot at 0x11cdcd1d0>

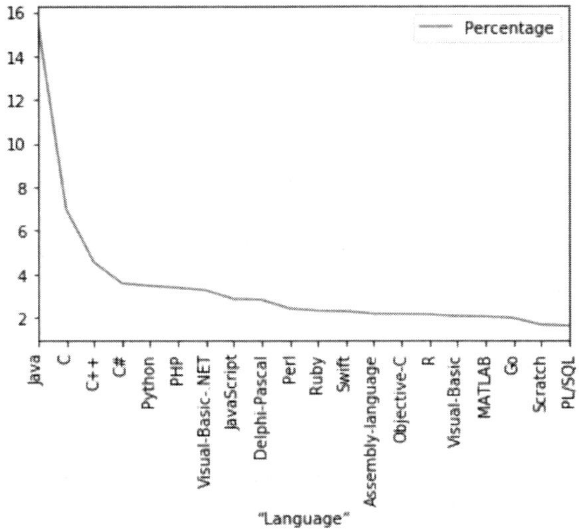

13.2.3 팬다스에서의 바 차트

판다스로 '바 차트'(플롯)을 작성하는 것은 플롯함수를 이용하여 플롯하는 것만큼 쉽다. '플롯'(plot) 메서드에 키워드 매개 변수 "kind"를 추가하고 "bar"로 설정하는 것이다.

13.2.3.1 간단한 예제

In [118]:
```
import pandas as pd
data = [100, 120, 140, 180, 200, 210, 214]
s = pd.Series(data, index=range(len(data)))
s.plot(kind="bar")
```

Out[118]: <matplotlib.axes._subplots.AxesSubplot at 0x11b2692d0>

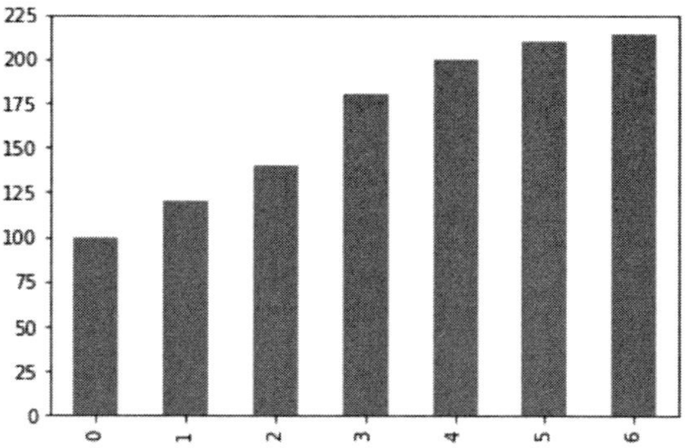

13.2.3.2 프로그래밍 언어 사용을 위한 막대 그래프

앞의 예제 데이터, 프로그래밍 언어 순위를 사용하자. 가장 많이 사용되는 6가지 프로그래밍 언어의 바 플롯을 다음과 같다.

```
In [111]: progs[:6].plot(kind="bar")
Out[111]: <matplotlib.axes._subplots.AxesSubplot at 0x11c4d0e50>
```

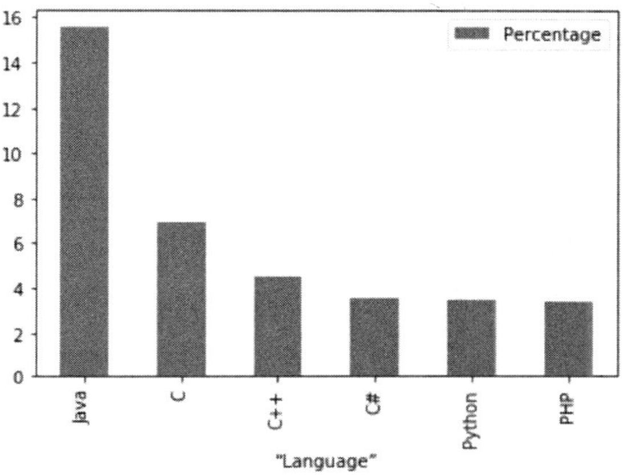

이제 모든 프로그래밍 언어를 포함한 전체 차트를 나타내 보자.

```
In [112]: progs.plot(kind="bar")
Out[112]: <matplotlib.axes._subplots.AxesSubplot at 0x11c790b10>
```

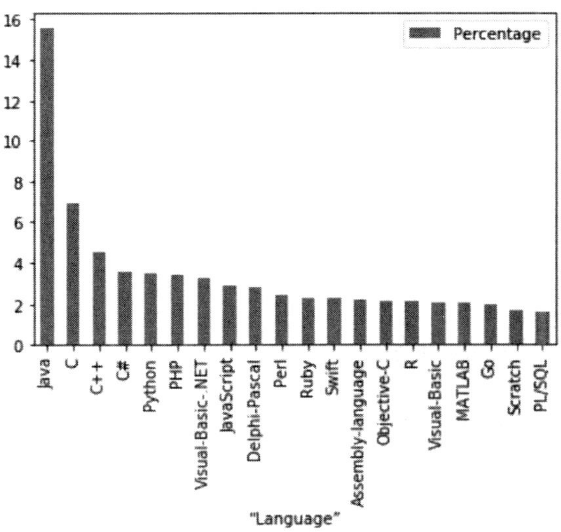

13.2.3.3 막대 그래프의 색상 지정

키워드 매개 변수 '색상'(color)에 리스트를 할당하여 막대를 개별적으로 색상을 변경할 수 있다.

```
In [113]: my_colors = ['b', 'r', 'c', 'y', 'g', 'm']
          progs[:6].plot(kind="bar", color=my_colors)

Out[113]: <matplotlib.axes._subplots.AxesSubplot at 0x11c8e9110>
```

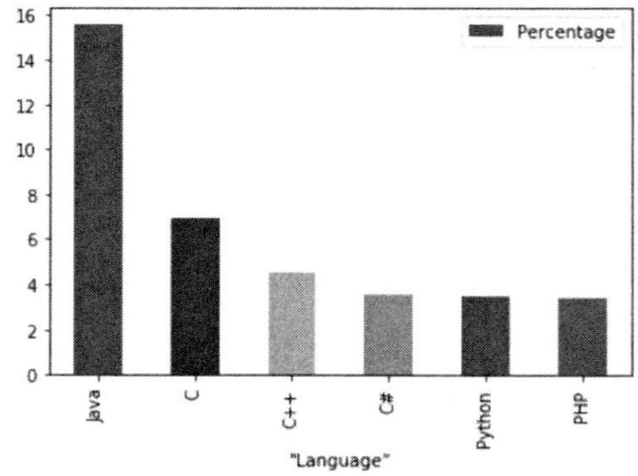

13.2.4 팬다스에서의 파이 차트

다음의 간단한 예를 살펴보자.

```
In [99]: import pandas as pd
         fruits = ['apples', 'pears', 'cherries', 'bananas']
         series = pd.Series([20, 30, 40, 10],
                            index=fruits,
                            name='series')
         series.plot.pie(figsize=(6, 6))

Out[99]: <matplotlib.axes._subplots.AxesSubplot at 0x11b702890>
```

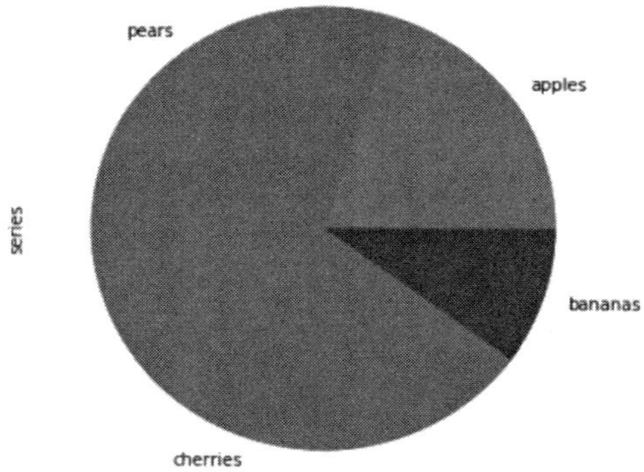

```
In [100]: fruits = ['apples', 'pears', 'cherries', 'bananas']
          series = pd.Series([20, 30, 40, 10],
                             index=fruits,
                             name='series')
          explode = [0, 0.10, 0.40, 0.7]
          series.plot.pie(figsize=(6, 6), explode=explode)

Out[100]: <matplotlib.axes._subplots.AxesSubplot at 0x11b3f0610>
```

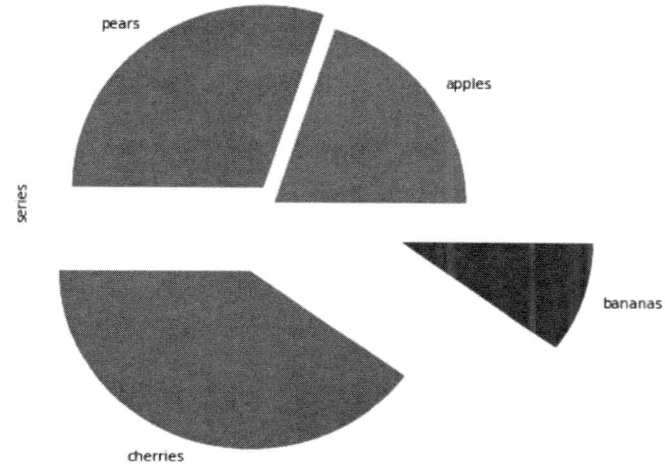

이전의 프로그램 사용 순위에 대한 데이터를 이용하여 막대 그래프를 파이 차트로 표현 하면 다음과 같다.

```
In [114]: import matplotlib.pyplot as plt
          my_colors = ['b', 'r', 'c', 'y', 'g', 'm']
          progs.plot.pie(subplots=True, legend=False)

Out[114]: array([<matplotlib.axes._subplots.AxesSubplot object at 0x11c9ca51
          0>], dtype=object)
```

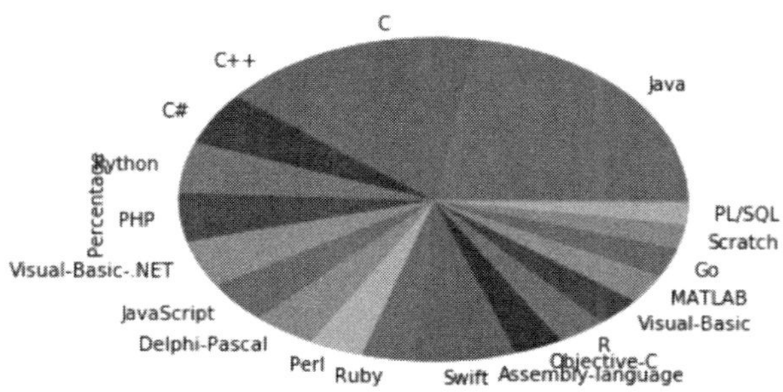

파이 그래프 안에 y 레이블 "백분율"이 표시되는 것은 보기 흉한 것처럼 보이므로, "plt.ylabel(' ')"로 설정하여 보이지 않게 할 수 있다.

```
In [115]: import matplotlib.pyplot as plt
          my_colors = ['b', 'r', 'c', 'y', 'g', 'm']
          progs.plot.pie(subplots=True,
                         legend=False)
          plt.ylabel('')

Out[115]: <matplotlib.text.Text at 0x11c477850>
```

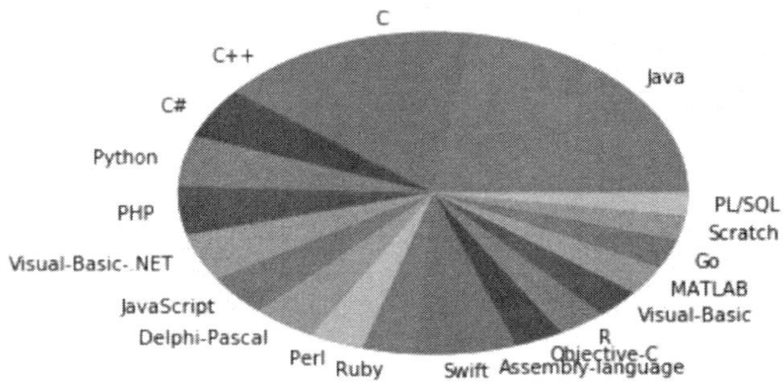

14장
파이썬에서의 날짜와 시간처리 (Python, Date and Time)

파이썬에는 날짜(Date) 및 시간(Time) 데이터를 처리하기위한 다양한 기능을 제공하고 있다. 표준 라이브러리에는 다음과 같은 관련된 모듈이 들어 있다.

- 시간(Time)
- 달력(Calendar)
- 날짜시간(Datetime)

이 모듈들은 간단하고 복잡한 방법으로 날짜와 시간을 조작하는 클래스를 제공한다. 특히, '날짜시간'(datetime) 클래스는 팬다스(Pandas)의 '시계열 급수'(timeseries에서 매우 중요하게 사용된다.

파이썬에서 시간을 다루는 가장 중요한 모듈은 시간(time), 달력(calendar) 및 날짜시간(datetime) 모듈 이다. 날짜시간(datetime) 모듈은 날짜(date), 시간(time) 및 시간 간격(interval)을 처리하기 위한 다양한 클래스, 메서드 및 함수를 제공하고 있다. 날짜시간(datetime) 모듈은 다음과 같은 클래스를 제공한다.

- 날짜 클래스(date class)의 인스턴스는 날짜를 나타내지만 연도는 1에서 9999 사이의 범위를 가질 수 있다.
- 날짜시간(datetime) 클래스의 인스턴스는 날짜와 시간으로 구성된다.
- 시간(time) 클래스는 '시간' 객체를 구현한다.
- 날짜시간(datetime) 클래스는 두 번 또는 두 개의 날짜 객체 간의 차이를 저장하는데 사용된다.
- '시간대정보'(tzinfo) 클래스는 시간(time) 및 날짜시간(datetime) 객체에 대한 시간대 지원을 구현하는데 사용된다.

자, 그럼, '날짜' 객체로 시작해 보자.

14.1 '날짜' 클래스

In [1]:

```
from datetime import date
x = date(1993, 12, 14)
print(x)
```

```
1993-12-14
```

1월 1일부터 9999년 12월 31일까지의 범위에서 날짜를 인스턴스화 할 수 있다. 이 속성은 min 및 max 속성(attribute)을 사용하여 조회할 수 있다.

In [2]:
```
from datetime import date
print(date.min)
print(date.max)
```

```
0001-01-01
9999-12-31
```

위의 '날짜' 인스턴스에 다양한 메서드를 적용할 수 있다. toordinal메서드는 프로레프틱 그레고리력 서수(proleptic Gregorian ordinal)를 반환한다.

프로레프틱 그레고리언은 그레고리언력을 1582년에 공식 소개된 날짜 이전까지 연장하여 생성된다.

In [5]:
```
x.toordinal()
```

Out[5]: 727911

"fromordinal"클래스 메서드를 사용하여 서수에서 날짜를 계산할 수 있다.

In [4]:
```
date.fromordinal(727911)
```

Out[4]: datetime.date(1993, 12, 14)

특정 날짜의 요일을 알고 싶다면 weekday 메서드를 사용하여 요일을 계산할 수 있습니다.

In [6]:
```
x.weekday()
```

Out[6]: 1

In [7]:
```
date.today()
```

Out[7]: datetime.date(2017, 5, 2)

'속성' 접근방식으로 일, 월, 년도를 액세스할 수 있다:

In [8]:
```
print(x.day)
print(x.month)
print(x.year)
```

```
14
12
1993
```

14.2 '시간' 클래스

'시간' 클래스는 '날짜' 클래스와 유사하게 구성된다.

In [9]:
```
from datetime import time
t = time(15, 6, 23)
print(t)
```

```
15:06:23
```

가능한 시간 범위는 다음과 같다.

In [10]:
```
print(time.min)
print(time.max)
```

```
00:00:00
23:59:59.999999
```

'시간','분' 및 '초'를 확인하려면 다음과 같이 하면 된다.

In [11]:
```
t.hour, t.minute, t.second
```

Out[11]: (15, 6, 23)

'시간' 인스턴스의 각 구성 요소는 'replace'를 사용하여 변경할 수 있다.

In [12]:
```
t = t.replace(hour=11, minute=59)
t
```

Out[12]: datetime.time(11, 59, 23)

날짜를 문자열과 같은 C언어 스타일로 렌더링 할 수 있다. C언어의 ctime 함수에 해당된다.

In [13]:
```
x.ctime()
```

Out[13]: 'Tue Dec 14 00:00:00 1993'

14.3 '날짜시간' 클래스

'날짜시간'(datetime) 모듈은 날짜와 시간을 조작하기 위한 함수와 메서드를 제공한다. 그것은 날짜와 시간 산술연산(arithmetic), 즉 더하기와 빼기를 위한 기능을 제공한다. 구현의 또 다른 초점은 '출력 조작'(output manipulation) 및 '형식화'(formatting)를 위한 속성 추출에 있다.

날짜와 시간 객체에는 다음과 같은 두 가지 종류가 있다.

- '나이브'(naive) 객체
- '인식'(aware) 객체

시간 또는 날짜 객체가 naive인 경우, 다른 날짜 또는 시간 객체와 비교하거나 찾기위한 정보를 포함하지 않는다. 그러한 나이브(naive) 객체가 특정 시간대에 속하는 경우, 예를 들어, '협정 세계시'(UTC:Coordinated Universal Time), 현지 시간 또는 기타 표준 시간대는 프로그램의 논리에 포함되게 된다.

반면에 '인식'(aware) 객체는 속한 시간대 또는 '일광 절약 시간제'(daylight saving time)에 대한 정보를 가지고 있다. 이렇게 하면 다른 '인식' 객체와 관련하여 자신을 찾을 수 있다.

그럼, 어떻게 '날짜시간' 객체가 인식되는지 어떻게 알 수 있을까? t.tzinfo이 None이 아니고 t.tzinfo.utcoffset(t)가 None이 아니면, t객체는 알고 있는 것이 다. 두 조건 모두 충족되어야 한다.반면에, t.tzinfo가 None이거나 t.tzinfo.utcoffset(t)가 None이면 객체 t는 '나이브' 객체이다.

자, 그럼 '날짜시간' 객체를 만들어 확인해 보자.

```
In [14]:   from datetime import datetime
           t = datetime(2017, 4, 19, 16, 31, 0)
           t

Out[14]: datetime.datetime(2017, 4, 19, 16, 31)
```

다음의 비교문이 '참'이기 때문에 '날짜시간' 객체 t는 '나이브' 객체이다.

```
In [15]:   t.tzinfo == None

Out[15]: True
```

현재 날짜로부터 '날짜시간' 객체를 생성할 것이다. 이 목적을 위해, pytz 모듈이 필요하다.

pytz 모듈은 Olson tz 데이터베이스를 파이썬으로 이식한 모듈이다. Olson 시간대는 이 모듈에서 거의 완벽하게 지원된다.

```
In [16]:  from datetime import datetime
          import pytz
          t = datetime.now(pytz.utc)
```

t.tzinfo와 t.tzinfo.utcoffset(t)가 None과 다르다는 것을 알 수 있으므로 객체 t는 '인식' 객체이다.

```
In [17]:  t.tzinfo, t.tzinfo.utcoffset(t)
Out[17]: (<UTC>, datetime.timedelta(0))
```

```
In [18]:  from datetime import datetime, timedelta as delta
          ndays=15
          start=datetime(1991,4,30)
          dates=[start-delta(days=x) for x in range(0,ndays)]
          dates
Out[18]: [datetime.datetime(1991, 4, 30, 0, 0),
          datetime.datetime(1991, 4, 29, 0, 0),
          datetime.datetime(1991, 4, 28, 0, 0),
          datetime.datetime(1991, 4, 27, 0, 0),
          datetime.datetime(1991, 4, 26, 0, 0),
          datetime.datetime(1991, 4, 25, 0, 0),
          datetime.datetime(1991, 4, 24, 0, 0),
          datetime.datetime(1991, 4, 23, 0, 0),
          datetime.datetime(1991, 4, 22, 0, 0),
          datetime.datetime(1991, 4, 21, 0, 0),
          datetime.datetime(1991, 4, 20, 0, 0),
          datetime.datetime(1991, 4, 19, 0, 0),
          datetime.datetime(1991, 4, 18, 0, 0),
          datetime.datetime(1991, 4, 17, 0, 0),
          datetime.datetime(1991, 4, 16, 0, 0)]
```

14.4 시간의 차이

'날짜시간' 객체를 이용하여 뺄셈을 하면 어떤 일이 발생하는지 살펴 보자.

```
In [19]: from datetime import datetime
         delta=datetime(1993,12,14)-datetime(1991,4,30)
         delta, type(delta)

Out[19]: (datetime.timedelta(959), datetime.timedelta)
```

위의 예제에서 볼 수 있듯이, 두 '날짜시간' 객체를 뺀 결과는 '시간델타'(timedelta) 객체가 된다. 'days'속성을 사용하여 경과 일 수에 대한 정보를 얻을 수 있다.

```
In [20]: delta.days

Out[20]: 959
```

```
In [21]: t1 = datetime(2017, 1, 31, 14, 17)
         t2 = datetime(2015, 12, 15, 16, 59)
         delta = t1 - t2
         delta.days, delta.seconds

Out[21]: (412, 76680)
```

델타를 일 단위로 더하거나 뺌으로써 새로운 '날짜시간' 객체를 계산하기 위해 '날짜시간' 객체에 '시간델타'(timedelta) 객체를 더하거나 뺄 수 있다.

```
In [22]: from datetime import datetime, timedelta
         d1 = datetime(1991, 4, 30)
         d2 = d1 + timedelta(10)
         print(d2)
         print(d2 - d1)
         d3 = d1 - timedelta(100)
         print(d3)
         d4 = d1 - 2 * timedelta(50)
         print(d4)

         1991-05-10 00:00:00
         10 days, 0:00:00
         1991-01-20 00:00:00
         1991-01-20 00:00:00
```

'날짜시간' 객체에 일 및 분을 추가하는 것도 가능하다.

```
In [23]: from datetime import datetime, timedelta
         d1 = datetime(1991, 4, 30)
         d2 = d1 + timedelta(10,100)
         print(d2)
         print(d2 - d1)

1991-05-10 00:01:40
10 days, 0:01:40
```

14.4.1 '날짜시간' 객체의 문자열 변환

'날짜시간' 객체를 문자열로 변환하는 가장 쉬운 방법은 str을 사용하는 것이다.

In [24]:
```
s = str(d1)
s
```

Out[24]: '1991-04-30 00:00:00'

14.4.2 strftime 함수를 이용한 변환

datetime.strftime(format) 메서드 호출은 명시적으로 형식 문자열(format string)에 의해 제어되는 날짜와 시간을 나타내는 문자열을 반환한다.

형식 지정 지시문의 전체 리스트는 strftime함수에서 찾을 수 있다.

In [25]:
```
print(d1.strftime('%Y-%m-%d'))
print("weekday: " + d1.strftime('%a'))
print("weekday as a full name: " + d1.strftime('%A'))
# Weekday as a decimal number, where 0 is Sunday
# and 6 is Saturday
print("weekday as a decimal number: " + d1.strftime('%w'))
```

```
1991-04-30
weekday: Tue
weekday as a full name: Tuesday
weekday as a decimal number: 2
```

월 형식지정:

In [26]:
```
# Day of the month as a zero-padded decimal number.
# 01, 02, ..., 31
print(d1.strftime('%d'))
# Month as locale's abbreviated name.
# Jan, Feb, ..., Dec (en_US);
# Jan, Feb, ..., Dez (de_DE)
print(d1.strftime('%b'))
# Month as locale's full name.
# January, February, ..., December (en_US);
# Januar, Februar, ..., Dezember (de_DE)
print(d1.strftime('%B'))
# Month as a zero-padded decimal number.
# 01, 02, ..., 12
print(d1.strftime('%m'))
```

```
30
Apr
April
04
```

14.5 문자열에서 '날짜시간' 객체 만들기

strptime함수를 사용하여 날짜와 시간을 포함하는 문자열을 파싱함으로써 새로운 '날짜시간' 객체를 생성할 수 있다.

strptime함수의 인수는 분석될 문자열과 형식 사양(format specification)이다.

```
In [27]: from datetime import datetime
         t = datetime.strptime("30 Nov 00", "%d %b %y")
         print(t)

2000-11-30 00:00:00
```

```
In [28]: dt = "2007-03-04T21:08:12"
         datetime.strptime(dt, "%Y-%m-%dT%H:%M:%S")

Out[28]: datetime.datetime(2007, 3, 4, 21, 8, 12)
```

```
In [29]: dt = '12/24/1957 4:03:29 AM'
         dt = datetime.strptime(dt, '%m/%d/%Y %I:%M:%S %p')
         dt

Out[29]: datetime.datetime(1957, 12, 24, 4, 3, 29)
```

datetime.strptime함수는 알려진 형식으로 날짜를 파싱하는 쉬운 방법이지만, 새로운 날짜 형식에 대한 새로운 '사양 문자열'(specification string)을 작성할 때마다 복잡하고 번거로움을 나타낼 수 있다.

dateutil.parser 모듈의 parse 메서드 사용하면 다음과 같다.

```
In [31]: from dateutil.parser import parse parse('2011-01-03')

Out[31]: datetime.datetime(2011, 1, 3, 0, 0)
```

```
In [32]: parse('Wed Apr 12 20:29:53 CEST 2017')

Out[32]: datetime.datetime(2017, 4, 12, 20, 29, 53)
```

15장 파이썬, 팬더스, 그리고 시계열 데이터 (Python, Pandas and Time Series)

이번 장에서는 '시계열 데이터'(time series)에 대하여 살펴 보고자 한다. '시계열 데이터'는 일련의 데이터 요소로, 시간 순서대로 나열 (또는 색인)된다. 일반적으로 '시계열 데이터'는 일정한 간격을 두고 있는 값의 시퀀스이다.

해당 시간과 연결된 측정 데이터로 구성된 모든 것을 '시계열 데이터'로 볼 수 있다. 측정은 불규칙하게 수행될 수 있지만, 대부분의 경우 '시계열 데이터'는 고정된 시간 간격으로 구성된다.

이는 데이터가 규칙적인 패턴으로, 즉 예를 들어 5ms마다, 매 10초마다 또는 매 시간별로 측정되거나 취해진다는 것을 의미한다. 종종 '시계열 데이터'는 '선형 차트'(line chart)로 표시된다.

이 장에서는 '팬다스'가 제공하는 도구를 사용하여 '시계열 데이터'를 다루고자 한다. 큰 '시계열 데이터'를 처리하는 방법과 '시계열'을 어떻게 수정하는지 배우게 될 것이다.

계속 진행하기 전에, 시간 처리 ('날짜시간', '시간', '달력' 객체들에 대한)를 처리하는 표준 파이썬 모듈에 대한 자습서를 살펴 보는 것이 유용할 수 있다.

15.1 판다스에서의 시계열 데이터

팬다스 급수(Series)는 타임 스탬프(time stamp)로 구성된 색인으로 만들어진다.

In [33]:

```
import numpy as np
import pandas as pd from datetime
import datetime, timedelta as delta
ndays = 10
start = datetime(2017, 3, 31)
dates = [start - delta(days=x) for x in range(0, ndays)]
values = [25, 50, 15, 67, 70, 9, 28, 30, 32, 12]
ts = pd.Series(values, index=dates)
ts
```

Out[33]:

```
2017-03-31 25
2017-03-30 50
2017-03-29 15
2017-03-28 67
2017-03-27 70
2017-03-26 9
2017-03-25 28
2017-03-24 30
2017-03-23 32
2017-03-22 12
```

```
dtype: int64
```

```
In [34]: type(ts)
```

```
Out[34]: pandas.core.series.Series
```

```
In [35]: ts.index
```

```
Out[35]: DatetimeIndex(['2017-03-31', '2017-03-30', '2017-03-29', '2017-03-28', '2017-03-27',
'2017-03-26', '2017-03-25', '2017-03-24', '2017-03-23', '2017-03-22'], dtype='datetime64[ns]',
freq=None)
```

```
In [36]: values2 = [32, 54, 18, 61, 72, 19, 21, 33, 29, 17]
         ts2 = pd.Series(values2, index=dates)
```

다른 급수와 마찬가지로 시계열 데이터에 산술 연산을 사용할 수 있다. 예를 들어, 두 개의 시계열 데이터에서 다음과 같이 할 수 있다.

```
In [37]: ts + ts2
```

```
Out[37]: 2017-03-31 57
         2017-03-30 104
         2017-03-29 33
         2017-03-28 128
         2017-03-27 142
         2017-03-26 28
         2017-03-25 49
         2017-03-24 63
         2017-03-23 61
         2017-03-22 29
         dtype: int64
```

두 급수(series) 사이의 산술 평균, 즉 급수의 값:

```
In [38]: (ts + ts2) / 2
```

```
Out[38]: 2017-03-31 28.5
         2017-03-30 52.0
         2017-03-29 16.5
         2017-03-28 64.0
         2017-03-27 71.0
         2017-03-26 14.0
         2017-03-25 24.5
         2017-03-24 31.5
         2017-03-23 30.5
         2017-03-22 14.5
         dtype: float64
```

다른 급수와 마찬가지로 색인이 동일할 필요는 없다.

```
In [39]:  import pandas as pd from datetime
          import datetime, timedelta as delta
          ndays = 10
          start = datetime(2017, 3, 31)
          dates = [start - delta(days=x) for x in range(0, ndays)]
          start2 = datetime(2017, 3, 26)
          dates2 = [start2 - delta(days=x) for x in range(0, ndays)]
          values = [25, 50, 15, 67, 70, 9, 28, 30, 32, 12]
          values2 = [32, 54, 18, 61, 72, 19, 21, 33, 29, 17]
          ts = pd.Series(values, index=dates)
          ts2 = pd.Series(values2, index=dates2)
          ts + ts2
```

```
Out[39]: 2017-03-17 NaN
         2017-03-18 NaN
         2017-03-19 NaN
         2017-03-20 NaN
         2017-03-21 NaN
         2017-03-22 84.0
         2017-03-23 93.0
         2017-03-24 48.0
         2017-03-25 82.0
         2017-03-26 41.0
         2017-03-27 NaN
         2017-03-28 NaN
         2017-03-29 NaN
         2017-03-30 NaN
         2017-03-31 NaN
         dtype: float64
```

15.2 데이터 영역의 생성

팬다스 모듈의 date_range 메서드를 사용하여 DatetimeIndex를 생성할 수 있다.

```
In [40]:  import pandas as pd
          index = pd.date_range('12/24/1970', '01/03/1971')
          index
```

```
Out[40]: DatetimeIndex(['1970-12-24', '1970-12-25', '1970-12-26', '1970-12-27', '1970-12-28',
'1970-12-29',  '1970-12-30',  '1970-12-31',  '1971-01-01',  '1971-01-02',  '1971-01-C3'],
dtype='datetime64[ns]', freq='D')
```

앞의 예에서, 시작일과 종료일을 date_range함수의 인자로 전달했다. 함스에 시작 또는 종료 날짜만 전달할 수도 있다. 이 경우, 키워드 매개 변수 'periods'를 설정하여 생성할 기간 수를 결정해야 한다.

In [41]:
```
index = pd.date_range(start='12/24/1970', periods=4)
print(index)
```

```
DatetimeIndex(['1970-12-24', '1970-12-25', '1970-12-26', '1970-12-27'],
dtype='datetime64[ns]', freq='D')
```

In [42]:
```
index = pd.date_range(end='12/24/1970', periods=3)
print(index)
```

```
DatetimeIndex(['1970-12-22', '1970-12-23', '1970-12-24'], dtype='d atetime64[ns]', freq='D')
```

예를 들어, 키워드 매개변수 'freq'를 문자열 'B'(Business)로 설정하여 영업일로만 구성된 시간 주기를 생성할 수도 있다.

In [43]:
```
index = pd.date_range('2017-04-07', '2017-04-13', freq="B")
print(index)
```

```
DatetimeIndex(['2017-04-07',  '2017-04-10',  '2017-04-11',  '2017-04-12',  '2017-04-13'],
dtype='datetime64[ns]', freq='B')
```

다음 예제에서는, 두 개의 날짜 사이에 월이 포함된 시간 빈도를 만든다. 윤년이 포함되어 있기 때문에 2016년이 2월 29일을 포함한다는 것을 알 수 있다.

In [44]:
```
index = pd.date_range('2016-02-25', '2016-07-02', freq="M")
index
```

```
Out[44]: DatetimeIndex(['2016-02-29', '2016-03-31', '2016-04-30', '2016-05-31', '2016-06-30'],
dtype='datetime64[ns]', freq='M')
```

키워드 매개변수 'freq'의 다른 별칭(aliases)는 다음과 같다.

별칭(aliases)	설명
B	영업일 빈도(business day frequency)
C	맞춤 영업일 빈도 (custom business day frequency–실험적)
D	달력 일 빈도(calendar day frequency)
W	주간 빈도 (weekly frequency)
M	월말 빈도 (month end frequency)
BM	영업월말 빈도(business month end frequency)
MS	월초 빈도(month start frequency)
BMS	영업월초 빈도 (business month start frequency)
Q	분기말 빈도 (quarter end frequency)
BQ	영업 분기 빈도 (business quarter endfrequency)
QS	분기초 빈도(quarter start frequency)
BQS	영업 분기초 빈도(business quarter start frequency)
A	년초 빈도 (year end frequency)
BA	영업년말 빈도(business year end frequency)
AS	년초 빈도 (year start frequency)
BAS	영업년초 빈도 (business year start frequency)
H	시간 빈도 (hourly frequency)
T	분 빈도(minutely frequency)
S	초 빈도(secondly frequency)
L	밀리초 빈도 (milliseonds)
U	마이크로초 빈도 (microseconds)

부록 A

Python 설치 방법

Python 프로그래밍을 실질적으로 하기에 앞서 Python설치 방법을 알아보도록 하자. 본 교재에서는 마이크로소프트사의 Windows 환경에서 Python을 설치해보려고 한다. Python은 윈도우 버전에 크게 상관없이 설치할 수 있으며, 리눅스나 맥OS와 같은 환경에서도 쉽게 설치할 수 있다.

Python 배포판은 여러 종류가 있지만, 본 교재에서는 아나콘다(Anaconda)를 설치해보도록 하자. 정식 Python을 설치할 수도 있으나, 그럴 경우, 사용자가 필요로 하는 라이브러리를 그때그때마다 추가 설치가 필요하기 때문에 수학, 과학 분야의 많은 패키지(NumPy, SciPy, IPython, pandas 등)가 담긴 아나콘다를 처음부터 설치하는 것이 최근의 트랜드이다. 한 가지 주의할 점은 정식 Python 이나 아나콘다 중 하나만 설치를 해야 한다. 그렇지 않으면 환경변수들이 엉켜버려 문제가 생길 수 있다.

아나콘다의 배포판은 아래 링크에서 다운로드해서 설치할 수 있다.

아나콘다 배포 사이트 : https://www.anaconda.com/download/

위의 링크를 접속하여 들어가면 아래와 같은 화면을 볼 수 있다.

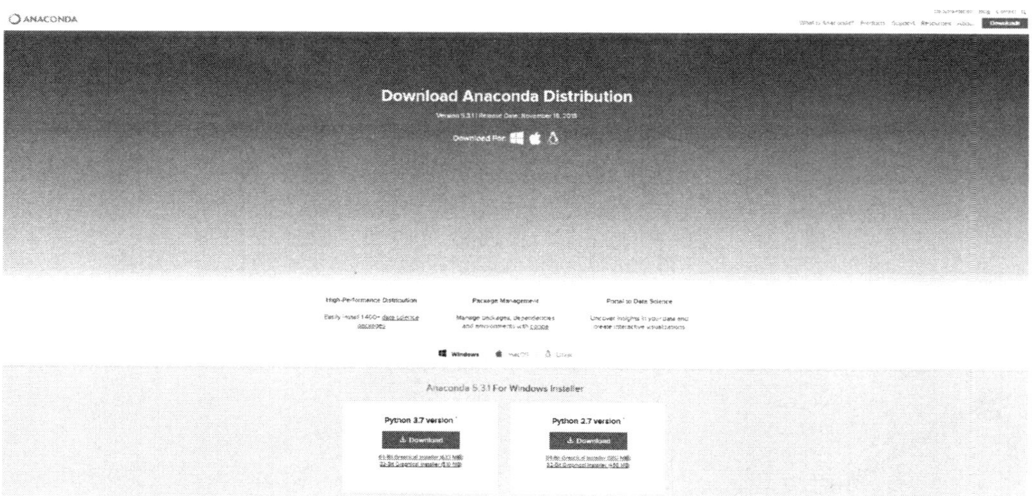

화면 하단에 보면 Python3.7 버전과 Python2.7버전이 있는데, 우리 책에서는 Python2.7 버전을 사용한다. Python2.7버전에는 '64-Bit Graphical Installer(580 MB)'와 '32-Bit Graphical Installer(458 MB)'가 있는데, 사용자의 운영체제에 맞추어 선택하면 되겠다. 본 교재에서는 다양한 라이브러리를 사용하기 위해 32비트용을 선택해 보도록 하겠다. 그럼, 오른쪽 하단 Python2.7 부분의 '32-Bit Graphical Installer(458 MB)'을 클릭해 보자.

클릭은 하면 실행시킬 파일을 저장할 위치를 선택하고 'Anaconda2–5.3.1–Windows–x86'다운로드를 시작한다.

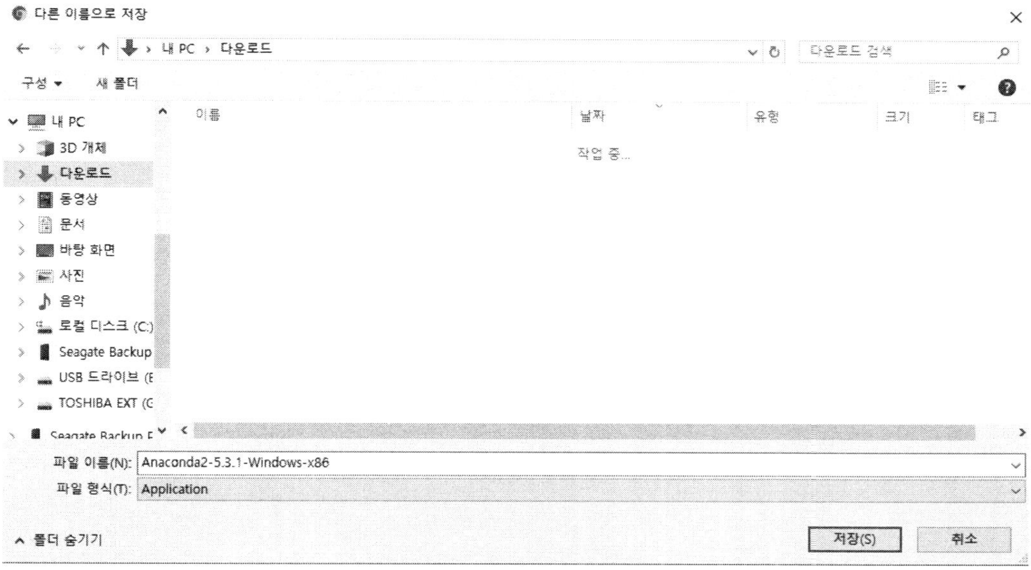

다운로드가 완료되면, 실행을 시켜보자. 그러면, 아래와 같은 창이 나타난다.

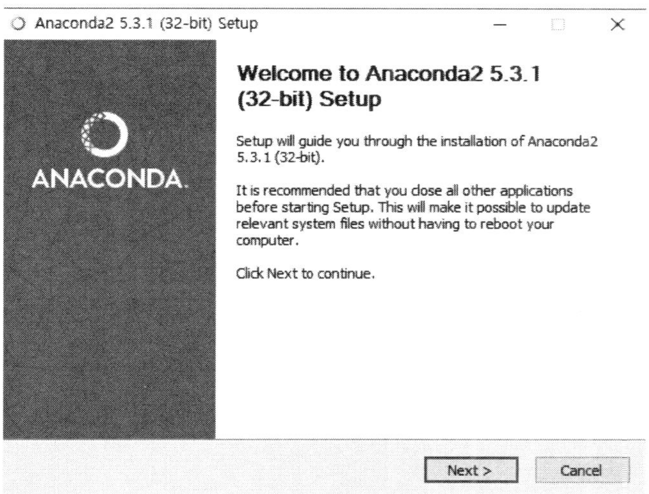

'Next' 버튼을 클릭해 보자.

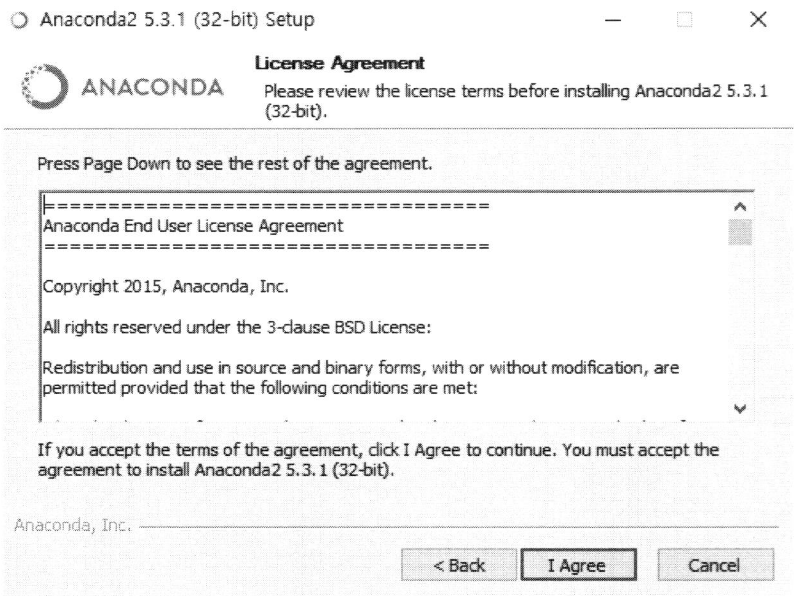

'I Agree' 버튼을 클릭해보자

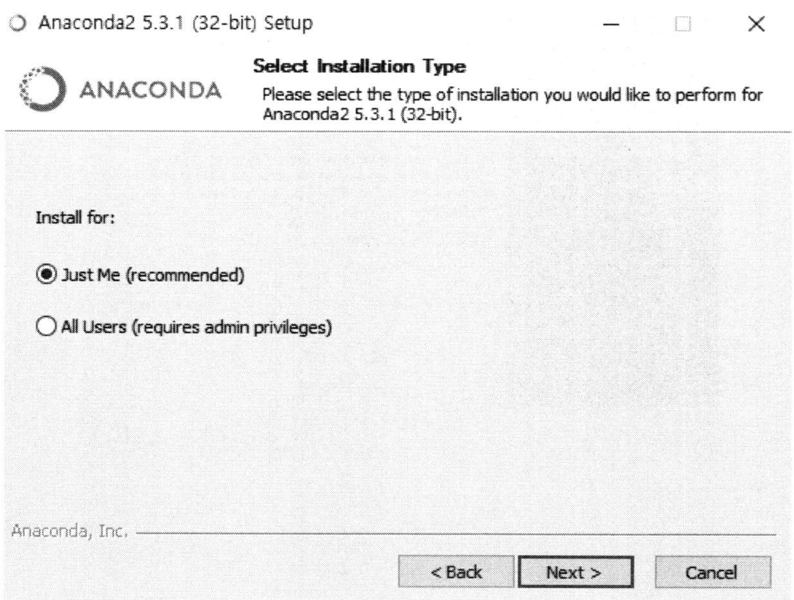

'Just Me'로 설치를 진행해 보자. Next를 클릭!

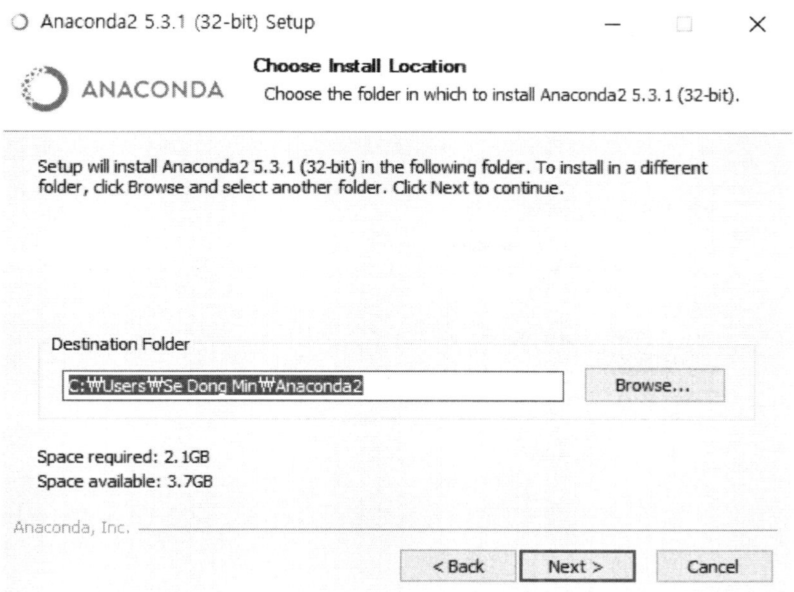

아나콘다가 설치될 위치를 설정할 수 있는데, 본 교재에서는 기본값으로 주어진 C:\Users\<사용자계정>\Anaconda2 에 설치해보도록 하자. 'Next'를 클릭해 보자.

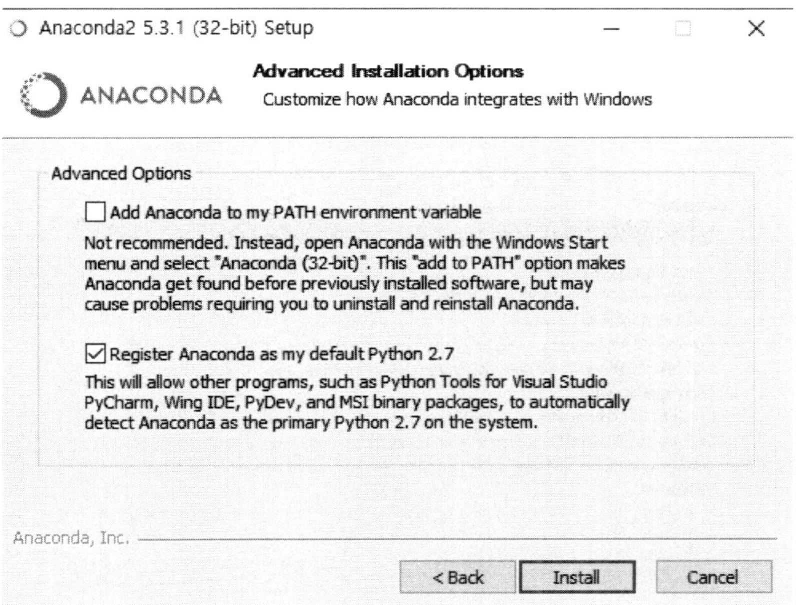

아나콘다의 경로를 환경 변수의 Path에 추가할지 설정하는 화면이 나올 것이다. 여기서 첫 번째 'Add Anaconda to my PATH environment variable' 은 uncheck 한다. 이유는 혹시 사용자 중 이전에 정식 Python을 설치했을 경우 중복의 가능성이 있기 때문이며, 아나콘다의 'python.exe'는 Path에 추가하지 않아도 시작 메뉴를 통해 사용 할 수 있기 때문이다. Install을 클릭해 보도록 하자.

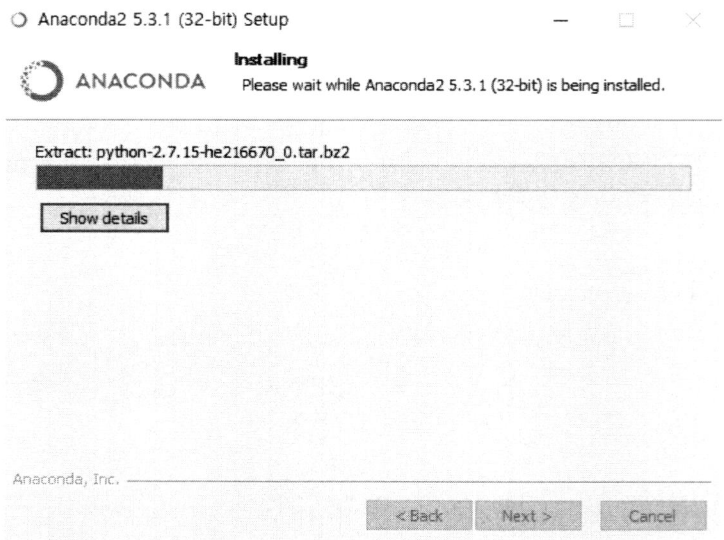

설치가 시작되고 있다. 인스톨될 파일이 많아 시간이 다소 걸릴 것이다.

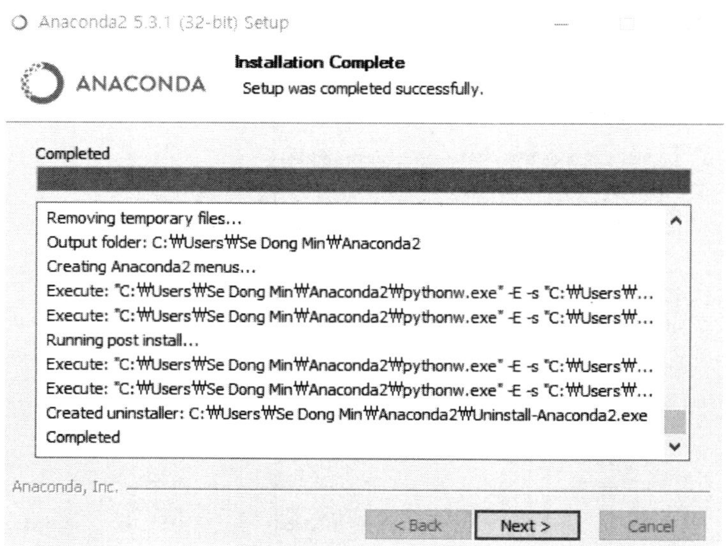

설치가 완료되었다. 'Next' 버튼을 클릭해 보자.

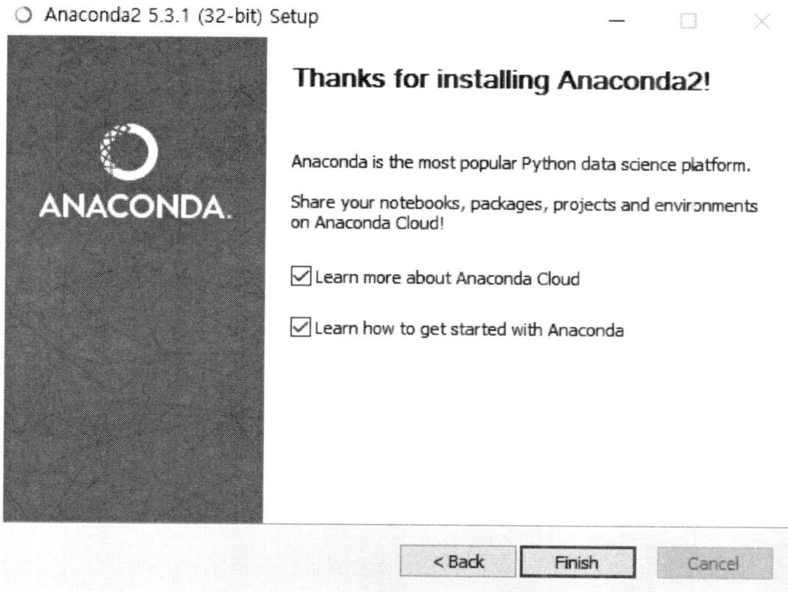

아나콘다 클라우드와 아나콘다 실행방법에 대해 알고 싶은 사용자를 제외하고는 두 개 박스를 모두 언체크 하고 'finish'버튼을 클릭하자. 이것으로 아나콘다의 설치는 완료 되었다.

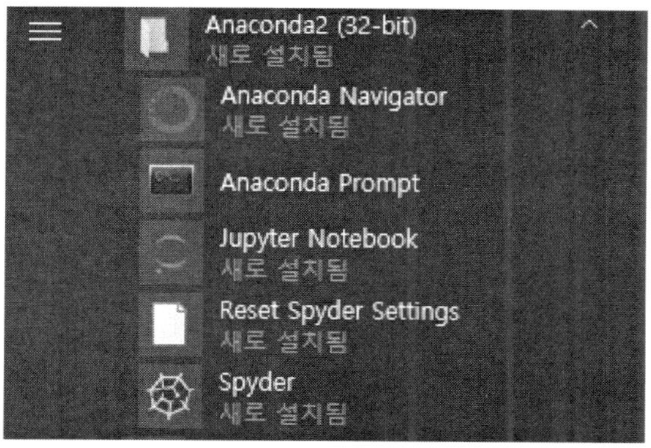

윈도우키를 눌러보면 아나콘다2(32-bit) 새로 설치되었음을 확인할 수 있으며 다음부록에서 설명된 주피터 노트북도 설치 되었음을 확일 할 수 있다.

이제부터 본문에서 배운대로 파이썬 프로그래밍을 재미있게 실행해 보자!

부록 B

The Jupyter Notebook

B.1 소개

Jupyter 프로젝트는 2010년에 프로토타입으로 처음 발표 된 IPython Notebook의 후속 프로젝트이다. Jupyter 노트북(이하 노트북)은 데이터 과학 프로젝트를 대화식으로 개발하고 발표하기 위한 매우 강력한 도구로써 콘솔(console)기반 프로그래밍을 대화형(interactive) 프로그래밍으로 확장하고 코드 생성, 문서화 및 실행, 결과 통보 등 전체 계산 프로세스를 수행하는데 적합한 웹 기반 응용 프로그램을 제공한다. 노트북의 직관적인 워크플로우는 반복적이고 신속한 개발을 가능하게 하므로 현대의 데이터 과학, 분석을 포함 하는 더 넓은 과학의 영역에서 노트북의 활용은 점점 증가하고 있다. 무엇보다도 노트북은 오픈 소스 Project인 Jupyter의 일부로 완전히 무료로 사용이 가능하다.

노트북은 웹 응용프로그램(web application)과 노트북 문서(notebook documents)의 두 가지 요소로 구성된다. 이 중 웹 응용프로그램은 브라우저(browser)를 기반으로 대화형 코드를 작성하기 위해 사용되며 텍스트, 수학, 계산, 리치미디어(richmedia) 출력을 결합한 도구를 의미한다. 노트북 문서(Notebook documents)는 텍스트, 수학, 이미지 및 객체의 리치미디어 표현을 비롯하여 웹 응용 프로그램에서 볼 수 있는 모든 내용의 표현을 뜻한다.

이 중 웹 응용프로그램의 주요 특징은 다음과 같다.

- 브라우저에서 코드 편집, 자동 구문 강조, 들여 쓰기 및 탭(tab)을 통한 자동 완성(completion), 인트로스펙션(introspection)[1] 기능
- 브라우저에서 코드를 실행하고 계산 결과를 출력
- HTML, LaTeX, PNG, SVG 등과 같은 리치 미디어 표현을 사용하여 계산 결과를 표시함. 예를 들어, matplotlib 라이브러리에서 렌더링 한 출판 품질 수준의 그림을 인라인(inline)에 포함 할 수 있음
- Markdown 언어를 사용한 코드 주석
- LaTeX을 사용하여 Markdown 셀 내에 수학 표기법을 쉽게 포함할 수 있도록 내장된 MathJax로 렌더링하여 표현

또한 노트북 문서는 다음과 같은 특징을 가진다.

- 노트북 문서에는 대화식 세션의 입력과 출력 뿐 아니라 코드 동반되나 실행되지는 않는 추

1) 코드 실행 중 메타데이터를 읽어오는 기능

가 텍스트가 들어 있다. 이러한 방식으로 노트북 파일은 세션의 완전한 전산 기록으로 활용할 수 있으며, 실행 가능한 코드에 설명 텍스트, 수학 및 풍부한 결과 표현을 끼워 넣을 수 있다. 이 문서는 내부적으로 JSON 파일이며 ipynb 확장자를 가진다. JSON은 일반 텍스트 형식이므로 버전 관리가 가능하며 동료와 공유

- 노트북 문서는 nbconvert 명령을 통해 HTML, reStructuredText, LaTeX, PDF 및 슬라이드 쇼를 비롯한 다양한 형식으로 내보낼 수 있다.
- 공용 URL에서 사용할 수 있는 .ipynb 노트북 문서는 Jupyter Notebook Viewer (nbviewer)를 통해 공유 할 수 있다. 결과적으로 노트북 문서는 Jupyter 다른 사용자가 노트북을 설치하지 않고도 동료에게 공유하거나 블로그 게시물로도 공유할 수도 있다.

이 장에서는, Jupyter 설치 및 기본 노트북 작성법, 관련 주요 용어, 온라인으로 노트를 쉽게 공유하고 게시 할 수 있는 방법을 다룬다.

B.2 설치

초보자가 노트북을 시작하는 가장 쉬운 방법은 Anaconda를 설치하는 것이다. Anaconda는 데이터 과학 분야에서 가장 널리 사용되는 Python 배포 판이며 가장 많이 사용되는 모든 라이브러리 및 도구를 기본적으로 탑재하고 있다. Anaconda는 Jupyter 뿐만 아니라 주요 Python 라이브러리인 NumPy, pandas 및 Matplotlib를 포함하고 있으며 이 외에도 총 1000개 이상의 라이브러리를 내장하고 있다. Anaconda 설치를 통해 무수히 많은 라이브러리 관리나 OS 종속성 문제에 대한 걱정 없이 데이터 과학 연구를 진행할 수 있다.

아나콘다가 설치된 경우 아래 그림과 같이 Jupyter 노트북의 'Launch'버튼을 클릭하여 노트북을 실행할 수 있다.

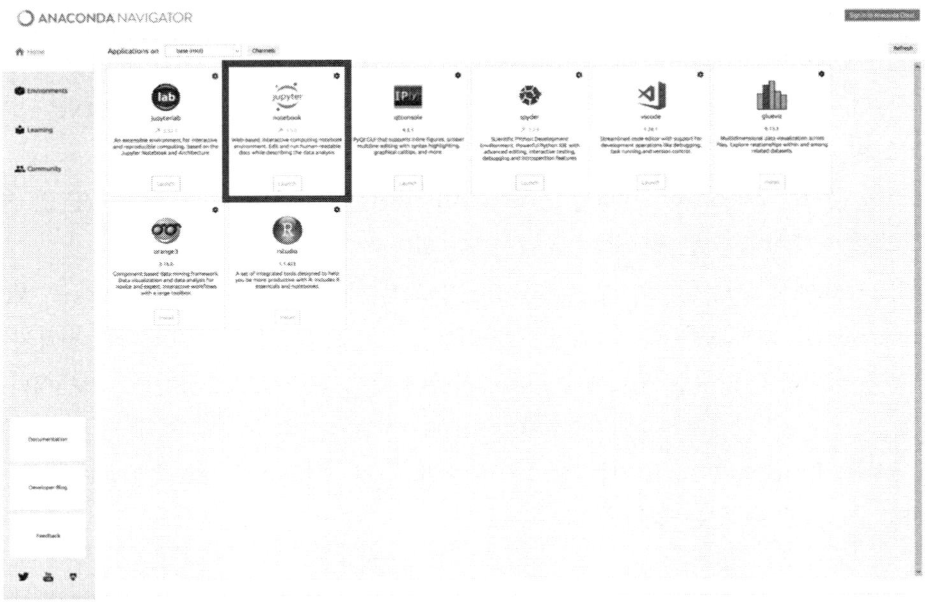

Anaconda 대시보드의 Jupyter 노트북 아이콘

※ Anaconda를 사용하지 않고 패키지를 수동으로 관리하는 것을 선호하는 고급 사용자인 경우 다음과 같은 pip 명령을 사용하여 Jupyter 노트북을 설치할 수 있다.

```
pip3 install jupyter
```

B.3 첫 번째 노트 만들기

이 섹션에서는 노트북의 실행과 저장, 구조, 인터페이스를 살펴볼 것이다. 앞으로 우리는 Jupyter 노트북을 사용하는데 핵심적인 몇 가지 용어에 익숙해 져야 한다.

B.3.1 Jupyter 실행하기

Windows에서 Jupyter를 실행하면 Anaconda가 시작 메뉴에 바로 가기를 추가하고 기본 웹 브라우저에서 다음 그림과 같은 창을 확인할 수 있다. 이 때 그림의 디렉토리는 Anaconda 설치 경로에 따라 사용자 별로 다를 수 있다.

Jupyter 노트북 실행 화면

이것은 사실 노트북이 아니라 노트북 대시보드(dashboard)이다. 노트북 대시 보드는 노트북을 탐색, 편집 및 작성하기 위한 런치 패드(launchpad)와 같은 역할을 하며 Jupyter 노트북을 관리하기 위해 설계 되었다.

대시 보드는 Jupyter의 시작 디렉토리에 포함 된 파일 및 하위 폴더에만 액세스 할 수 있다는 점에 유의해야한다. 단, 시작 디렉토리는 변경할 수 있다. Jupyter 노트북은 Windows의 명령 프롬프트 (또는 Unix 시스템의 터미널)에 'jupyter notebook'이라는 명령어를 입력하여 시작할 수도 있다. 이 경우 현재 작업 디렉토리가 시작 디렉토리가 된다.

눈치가 빠른 독자는 대시 보드 URL이 http://localhost:8891/tree와 같음을 알아냈을 것이다. Localhost는 웹 사이트가 아니지만 로컬 컴퓨터에서 자신의 컴퓨터에서 콘텐츠 제공하는 것을 의미한다. Jupyter의 노트북 및 대시 보드는 웹 응용 프로그램이며 Jupyter는 이러한 응용 프로그램을 웹 브라우저에 제공하기 위해 로컬 Python 서버를 시작한다. 이를 통해 Jupyter 노트북은 기본적으로 플랫폼에 독립적으로 실행할 수 있고 웹에서 쉽게 공유 할 수 있다.

대시보드 인터페이스는 대부분 직관적으로 이해할 수 있다. 노트북을 만들기 위해서는 첫 번째 노트를 만들 폴더를 찾고 아래 그림과 같이 오른쪽 상단의 "New" 드롭 다운 버튼을 클릭하고 "Python 3"(또는 원하는 버전)을 선택하면 된다.

새로운 노트북 만들기

드디어 첫 노트북을 만드는데 성공하였다. 이 때, 여러 노트북을 동시에 열 수 있기 때문에 각 노트북은 자체 탭을 사용한다. 대시 보드로 다시 전환하면 아래 그림과 같이 새 파일 Untitled.ipynb가 표시되고 노트북이 실행 중임을 알리는 녹색 텍스트가 나타난다.

새롭게 생성된 노트북 파일

※ ipynb 파일이란?

ipynb 파일은 JSON 형식으로 노트 내용을 설명하는 텍스트 파일이다. 텍스트의 문자열로 변환된 이미지를 포함하여 각 셀 및 해당 내용이 일부 메타 데이터와 함께 파일 안에 나열된다. 이 파일은 노트북의 메뉴 막대에서 "Edit > Edit Notebook Metadata"을 선택하여 직접 편집이 가능하다.

B.3.2 노트북 인터페이스

어쨌든 Jupyter는 본질적으로 고급 기능을 가진 워드 프로세서이므로 꽤나 친숙한 인터페이스를 가지고 있다. 메뉴를 확인해 보고 키보드 아이콘을 눌러(또는 Ctrl + Shift + P) 명령 팔레트의 명령 목록을 스크롤 해 보자.

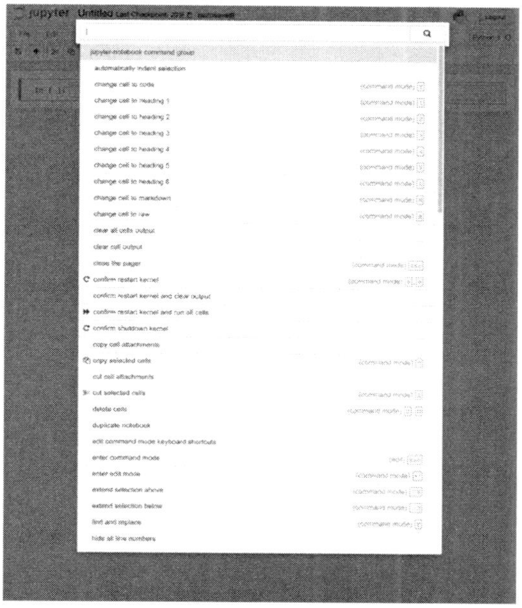

노트북에서 지원하는 명령 목록(Ctrl + Shift + P)

셀(cells)과 커널(kernels)은 Jupyter를 이해하는 데 있어서 뿐만 아니라 단순한 워드 프로세서 이상으로 만들어 주는 핵심 이기도 하다. 다행히 이러한 개념을 이해하는 것은 어렵지 않다.

커널은 노트북 문서에 포함 된 코드를 실행하는 "계산 엔진"이다. 셀이란 노트북에 표시 하거나 노트북 커널에서 실행할 텍스트를 담고 있는 컨테이너이다..

B.3.3 셀 (cell)

우리는 조금 후에 커널을 배우기에 앞서, 먼저 셀에 대해 이해할 필요가 있다. 셀은 노트북을 형성한다. 위의 섹션에 있는 새 노트북의 스크린 샷에서 녹색 윤곽선이 있는 상자가 바로 빈 셀이다. 셀에는 다음과 같은 두 가지 주요 유형이 있다.

- **코드 셀**(code cell)은 커널에서 실행될 코드를 포함하고 아래에 출력을 표시한다.
- **마크다운**(Markdown)**셀** 은 Markdown 포맷을 가지는 텍스트를 포함하며 실행시 해당 출력을 현재 위치에 표시한다.

새 노트의 첫 번째 셀은 항상 코드 셀이다. 고전적인 hello world 예제를 사용하여 테스트를 해보자. 셀에 "print('Hello Python!')"를 입력하고 셀 위에 위치한 툴바에서 Run 버튼 ⏯ Run

을 클릭하거나 Ctrl + Enter를 누른다. 결과는 다음과 같아야 한다.

```
In [1]: print('Hello Python!')
        Hello Python!

In [ ]:
```

셀 실행화면

셀을 실행하면 출력이 아래에 표시되고 왼쪽의 레이블이 In []에서 In [1]로 변경된다. 코드 셀은 왼쪽에 레이블이 있고 Markdown 셀에는 레이블이 없기 때문에 항상 코드와 Markdown 셀을 구별할 수 있다. 레이블의 "In"부분은 단순히 "Input"의 줄임말이며 레이블 번호는 셀에서 커널이 실행 된 시점을 나타낸다. 셀을 다시 실행하면 셀이 커널에서 두 번째로 실행 되었기 때문에 레이블이 'In [2]'로 변경된다. 나중에 커널을 자세히 살펴볼 때 이것이 왜 유용 할 지 명확해질 것이다.

메뉴 표시 줄에서 삽입을 클릭하고 아래에 셀 삽입을 선택하여 첫 번째 코드 셀 아래에 새 코드 셀을 작성한 후 다음 코드를 시도하여 결과를 확인해 보자. 혹시 차이를 발견 하였는가?

```
In [1]: print('Hello Python!')
        Hello Python!

In [*]: import time
        time.sleep(5)

In [ ]:
```

실행중인 셀의 레이블 표현

이 셀은 출력을 생성하기 까지 5초가 걸린다. Jupyter는 레이블을 In[*]으로 변경하여 셀이 현재 실행되고 있음을 알려준다.

일반적으로 셀의 출력은 셀 실행 중에 특별히 인쇄 된 텍스트 데이터뿐만 아니라 셀의 마지막 행의 값, 단일 변수, 함수 호출 또는 다른 것일 수 있다. 예를 들면 다음과 같이 함수 호출의 결과가 셀의 출력이 될 수 있다. 앞으로 노트북을 사용하여 프로젝트를 수행하는 경우 이것을 꾸준하게 사용하게 될 것이다.

```
In [1]: def say_hello(to):
            return 'Hello, {}!'.format(to)

        say_hello('Python')
Out[1]: 'Hello, Python!'

In [ ]: |
```

함수로부터 출력된 셀 수행 결과

B.3.4 키보드 단축키

셀의 테두리는 실행시 파란색으로 바뀌지만 편집하는 동안에는 녹색을 표현되는 것을 관찰할 수 있다. 항상 셀 중 하나는 경계선이 강조 표시되어 있으며 이는 현재 모드를 나타내는 하나의 "활성"셀이다. 이 대, 녹색은 "편집 모드"를 의미하고 파란색은 "명령 모드"를 나타낸다.

지금까지 Ctrl + Enter로 셀을 실행하였다. 하지만 노트북에는 훨씬 더욱 다양한 키보드 단축키들이 존재한다. 키보드 단축키는 셀 기반의 신속한 워크플로우를 가능하게 하기 때문에 Jupyter 환경에서 매우 인기있는 부분이다. 단축키 중 많은 것들은 명령 모드에 있을 때 활성 셀에서 수행 할 수 있다.

다음은 Jupyter의 키보드 단축키 목록을 보여준다. 당장 사용할 수 있는 것은 아니라고 할지라도, 이 목록은 노트북을 조작하는 방법에 대한 좋은 아이디어를 줄 것이다.

- Esc, Enter: 편집 모드(Enter)와 명령 모드(ESC) 전환
- (명령 모드에서)
- 위 / 아래 방향키: 셀을 위아래로 스크롤
- A 또는 B: 활성 셀 위 또는 아래에 새 셀을 삽입
- M: 활성 셀을 Markdown 셀로 변환
- Y: 활성 셀을 코드 셀로 설정
- D+D (Double D): 활성 셀 삭제
- Z: 셀 삭제 취소
- Shift + Up 또는 Down: 여러 셀 선택
- (여러 셀을 선택한 상태에서) Shift + M: 선택한 셀 병합
- (편집 모드에서)
- Ctrl + Shift + – : 커서를 기준으로 활성화 된 셀 분할
- Shift + 클릭: 여러 셀 선택

B.3.5 마크다운 (Markdown)

Markdown은 일반 텍스트의 서식을 지정하기위한 가볍고 배우기 쉬운 마크 업(markup) 언어이다. 구문은 HTML 태그와 일대일 대응되므로 HTML에 대한 사전 지식이 있으면 더 이해하기 쉬우나 필수적이지는 않다. 간단한 예는 아래와 같다. 단, Markdown셀 지정을 위해서는 활성 셀 왼쪽 빈 공간을 클릭하고 'M'을 눌러 Markdown으로 변환해야 함을 잊지 말자.

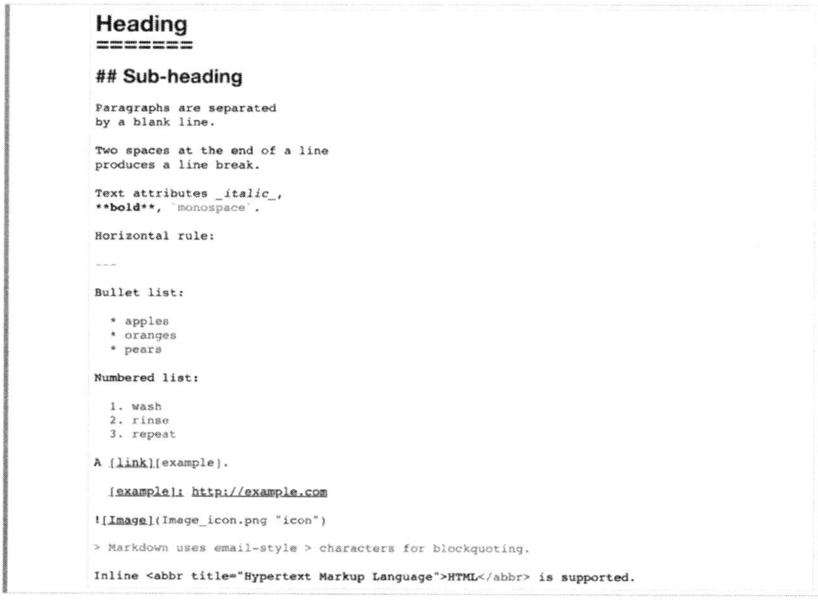

노트북에서의 markdown 표현

이미지를 첨부 할 때는 세 가지 옵션이 있다.

- 웹 상의 이미지 URL을 사용
- 동일한 git repo를 사용하는 것과 같이 노트와 이미지를 함께 보관하는 경우 로컬 URL을 사용
- "Edit > Insert Image"를 통한 이미지 첨부. 이 방법은 이미지를 문자열로 변환하고 노트 .ipynb 파일에 저장하기 때문에 .ipynb 파일을 훨씬 더 크게 만들 것이다.

B.3.6 커널 (Kernel)

모든 노트북의 보이지 않는 곳에서는 커널이 실행된다. 코드 셀을 실행하면 해당 코드가 커널 내에서 실행되고 모든 출력이 다시 셀로 반환되어 표시된다. 커널의 상태는 시간과 그리고 셀을 넘어서 유지된다. 커널의 동작은 개별 셀이 아닌 전체 노트북 문서와 관련이 있다.

예를 들어 하나의 셀에서 라이브러리를 가져 오거나 변수를 선언하면 다른 셀에서 앞서 선언한 변수를 사용할 수 있다. 이러한 특성으로부터 노트북 문서가 멀티미디어라는 점을 제외하면 스크립트 파일과 다소 유사하다고 생각할 수 있다. 다음의 예제를 통해 이 내용을 확인해 보자. 먼저 Python 패키지를 가져 와서 아래와 같이 함수를 정의한다.

```
import numpy as np
def square(x):
    return x * x
```

위의 셀을 실행하면 다른 셀에서 np와 square를 참조 할 수 있다.

이것은 노트북의 셀 순서에 관계없이 작동한다. 이것은 직접 확인 해 볼 수 있다. 실제로 y값을 바꿔 본 후 이전에 작성한 출력 셀을 다시 실행해 보자. 결과적으로 아래 그림과 같이 실행된다.

```
In [1]: import numpy as np

        def square(x):
            return x * x

In [2]: x = np.random.randint(1, 10)
        y = square(x)

In [5]: print('%d squared is %d' % (x,y))

          5 squared is 4

In [4]: y=4
```

실행 셀 위치에 따른 커널 동작 확인

일반적인 프로그래밍 언어에서 제어문은 위에서 아래로 실행되는 것이 일반적이다. 하지만 Jupyter 노트북에서는 In [5]와 같은 셀의 실행 순서는 이전 수행 결과 값이 있는지 즉 실행 순서를 알려주며 이는 커널이 셀을 넘어 전 프로그램 과정에서 동작하고 있음을 보여준다. 실행 순서나 이전 실행 값의 재설정을 원할 경우 커널 메뉴에서 사용할 수 있는 몇가지 기능이 있다.

- 다시 시작(Restart) : 커널을 다시 시작하여 정의 된 모든 변수 등을 지움
- 다시 시작 및 출력 지우기(Restart & Clear Output) : 위와 동일하지만 코드 셀 아래에 표시된 출력을 지움
- 다시 시작 및 모두 실행(Restart & Run All) : 위와 동일하지만 처음부터 끝까지 모든 셀을 실행함

커널 연산이 정체되어 중지 시키고 싶다면 Interrupt 옵션을 선택할 수 있다.

B.3.7 커널 선택하기

위에서 Jupyter가 커널을 변경 옵션을 제공한다는 사실을 확인하였다. 실제로 선택할 수 있는 옵션은 다양하다. 앞서 대시보드에서 파이썬 버전을 선택하고 새 노트를 만들 때에도 실제로는 사용할 커널을 선택한 것이다. 서로 다른 버전의 Python을 위한 커널뿐만 아니라 Java, C 및 심지어 Fortran을 포함하여 100 개 이상의 언어에 대한 커널이 있다. 데이터 과학자들은 Matlab 용 imatlab과 Calysto MATLAB 커널뿐 아니라 R 과 Julia 용 커널에도 특별한 관심을 가지고 있을 수 있다

B.3.8 노트 이름 지정

프로젝트 작성을 시작하기 전 의미 있는 이름을 지정하는 것이 좋다.다소 혼란스러울 수 있지만 노트북 응용 프로그램 자체에서 노트북의 이름을 짓거나 바꿀 수 없으므로 대시보드 또는 파일 브라우저를 사용해서 ipynb 파일의 이름을 바꾸어야만 한다. 이전에 만든 파일의 이름을 바꾸기 위해 대시보드로 돌아가 보자. 이전에 작성한 Untitled.ipynb의 이름을 가지는 기본 노트북 파일이 있을 것이다.

노트북이 실행 중일 때 노트북의 이름을 바꿀 수 없기 때문에 먼저 노트북을 종료해야한다. 가장 쉬운 방법은 노트북 메뉴에서 "File> Close and Halt"를 선택하는 것이다. 그러나 노트북 응용 프로그램에서 "Kernel> Shutdown"을 선택하거나 대시 보드에서 노트북을 선택하고 아래 그림과 같이 "Shutdown"를 클릭하여 커널을 종료 할 수 있다.

종료(Shutdown)을 사용한 커널 종료

커널을 종료한 후 대시 보드 컨트롤에서 노트를 선택하고 “Rename”를 클릭하면 노트의 이름을 바꿀 수 있다. 주의할 점은 브라우저의 노트북 탭을 닫아도 기존 응용 프로그램에서 문서를 닫는 것처럼 노트북이 종료되지 않는다는 것이다. 노트북의 커널은 탭을 닫더라도 백그라운드에서 계속 실행되기 때문에 실행을 종료하기 위해서는 종료(shutdown)를 클릭해 주어야 한다. 단, 브라우저를 종료하게 되면 커널의 실행이 종료되니 참고하자.

이름 바꾸기(Rename)를 사용한 노트북 이름 변경

B.3.9 노트북 저장 및 체크포인트(checkpoint) 설정

노트북은 정기적으로 저장하는 것이 좋다. “Ctrl + S”를 누르면 “Save and Checkpoint” 명령을 호출하여 노트북을 저장한다. 이 때 체크포인트란 무엇을 의미할까?

체크포인트란 일종의 백업(backup) 지점을 의미하며 새 노트북을 만들 때다다 노트북 파일과 더불어 체크포인트 파일이 생성된다. 이 파일은 노트북이 저장되는 디렉토리의 .ipynb_checkpoints 라는 숨겨진 서브 디렉토리 내에 위치하며 .ipynb 확장자를 가진다. 기본적으로 Jupyter는 기본 노트북 파일을 변경하지 않고 120 초마다 이 체크 포인트 파일에 노트를 자동 저장한다. “Save and Checkpoint” 명령어는 노트북 및 체크포인트 파일을 모두 업데이트 하기 때문에 예기치 않은 문제가 발생할 경우 “File > Revert to Checkpoint”를 통해 이전 체크포인트로 노트북을 되돌릴 수 있다.

B.4 노트북 공유하기

사람들이 노트북을 공유할 때 일반적으로 고려할 수 있는 두 가지 경우가 있다. 대부분의 경우 개인은 작업의 최종 결과를 공유하며 사전 렌더링(pre-rendering) 된 비 대화형 노트북을 공유한다는 것을 의미한다. 그러나 Git과 같은 버전 관리 시스템을 사용하여 노트북에서 공동 작업을 수행할 수도 있다.

B.4.1 공유 전 작업

공유된 노트북은 코드 셀의 출력을 포함하여 코드를 내보내거나 저장할 때의 상태 그대로 보여진다. 따라서 노트북을 공유 할 준비가 되어 있는지 점검하기 위해 몇 가지 준비가 필요하다.

1. "Cell > All Output > Clear" 클릭
2. "Kernel > Restart & Run All" 클릭
3. 코드 셀이 실행을 마칠 때까지 기다렸다가 예상대로 수행했는지 확인

위 과정은 노트북이 중간 단계 출력을 포함하지 않고 완성된 출력을 포함하도록 해 준다.

B.4.2 노트북 내보내기

Jupyter에는 HTML 및 PDF뿐만 아니라 "File> Download As" 하위 메뉴에서 찾을 수 있는 여러 가지 파일 형식으로의 내보내기 기능이 내장되어 있다. 개인 또는 소규모 그룹과 노트북을 공유하고 싶다면 이 기능을 유용하게 활용할 수 있다. 실제로 학술 기관의 많은 연구원들은 공개 되거나 또는 내부에서 제공되는 웹 공간을 사용할 수 있으므로, 노트북을 HTML 파일로 내보내어 동료와 결과를 쉽게 공유할 수 있다.

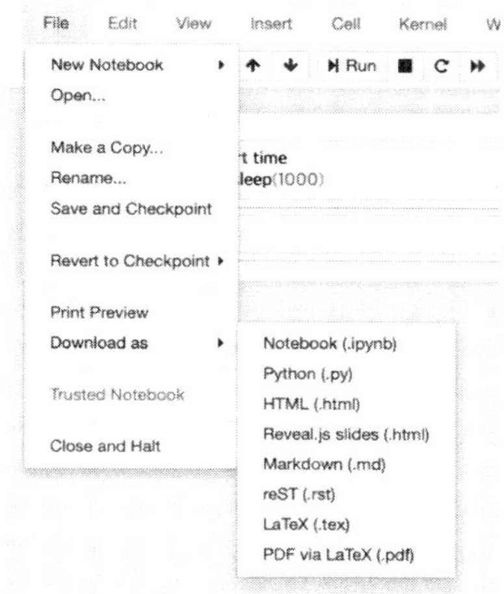

다른 이름으로 저장(Download as)를 통해 내보낼 수 있는 파일 유형

B.4.3 GitHub

GitHub에 공개된 노트북이 2018 년 초에 180만 개를 돌파하면서 Github는 Jupyter 프로젝트를 공유하는 가장 인기있는 독립 플랫폼이 되었다. GitHub은 .ipynb 파일을 저장소와 웹사이트의 gist 모두에서 직접 렌더링하는 기능을 지원한다. GitHub은 Gist[2]로 만든 저장소의 버전 제어 및 공동 작업을 위한 코드 호스팅 플랫폼으로 서비스를 사용하려면 계정이 필요하지만 기본 계정은 무료로 사용할 수 있다.

Gist를 사용하여 노트를 공유하려면 다음의 절차를 따른다.

1. 로그인 후 gist.github.com으로 이동
2. .ipynb 파일을 텍스트 편집기에서 열고 모두 선택 후 JSON을 복사
3. Gist에 노트북 JSON을 붙여넣기
4. Gist에 파일 이름을 지정하고 .iypnb을 추가
5. “Create secret gist” 또는 “Create public gist” 클릭

공개 Gist를 만든 경우 URL을 다른 사람과 공유 할 수 있게 되고 다른 사람들은 작업을 포크하고 복제 할 수 있게 된다.

2) https://www.quora.com/What-is-a-GitHub-gist

B.4.4 Nbviewer

NBViewer는 2015년까지 매주 수십만 권의 노트북을 렌더링하는 데 성공하여 웹에서 가장 인기있는 노트북 렌더러이다. 이미 Jupyter Notebook을 GitHub 또는 다른 곳에서 온라인으로 호스팅 할 수 있다면 NBViewer는 노트북을 렌더링하고 함께 공유 할 수 있는 URL을 제공한다. NBViewer는 Project Jupyter의 일환으로 무료 서비스로 제공되며 nbviewer.jupyter.org에서 다운로드 할 수 있다.

GitHub의 Jupyter Notebook 통합 이전에 개발 된 NBViewer를 사용하면 누구나 URL, Gist ID 또는 GitHub username/repo/file을 입력 하여 노트북을 웹 페이지로 렌더링할 수 었다. Gist ID는 URL 끝에 있는 고유 번호이다. 예를 들어, https://gist.github.com/username/1231d478a12e0bdf37e89sf37e89edf4e에서 마지막 백 슬래시 뒤의 문자열이 Gist ID 를 의미한다. GitHub 사용자 이름(username)이나 username/repo를 입력하면 사용자의 repo와 그 내용을 탐색 할 수 있는 파일 브라우저가 표시된다. NBViewer는 렌더링 할 노트의 URL을 기반으로, 노트북을 표시 할 때 표시되므로 누구와도 공유 할 수 있으며 원본 파일이 온라인 상태인 한 계속 작동한다.

찾아보기

ㄷ

ㄹ

ㅁ

ㅂ

ㅅ

ㅊ

ㅋ

ㅌ

ㅍ

ㅎ

A

F

G

H

I

J

K

L

M

N

O

P

Q

R

S

저자약력

- 이정환, 건국대학교 과학기술대학 ICT융합공학부
- 신항식, 전남대학교 공학대학 의공학과
- 민세동, 순천향대학교 의료과학대학 의료IT공학과
- 김경호, 단국대학교 공과대학 전자공학과

과학적 컴퓨팅을 위한 파이썬

인 쇄 : 2019년 8월 28일
발 행 : 2019년 9월 2일

지은이 : 이정환 · 신항식 · 민세동 · 김경호
발행인 : 송준
발행처 : 홍릉과학출판사

주 소 : 서울시 강북구 인수봉로 50길 10
전 화 : 02-999-2274~5 **팩스** : 02-905-6729
e-mail : hongpub@hongpub.co.kr
홈페이지 : www.hongpub.co.kr

ISBN : 979-11-5600-697-8 (93000)
정 가 : 25,000원

파본이나 잘못된 책은 교환하여 드립니다.